フランチェスコ・グイッチァルディーニ＝著
末吉孝州＝訳

フィレンツェ史

Francesco Guicciardini, *STORIE FIORENTINE*

ロレンツォ・ディ・メディチ（イル・マニーフィコ）の息子ピエロ

（画家はブロンヅィーノ）

アレクサンデル6世

（画家はピントゥリッキオ）

ヴァレンティーノ公チェーザレ・ボルジア

（イタリアの無名画家による）

①

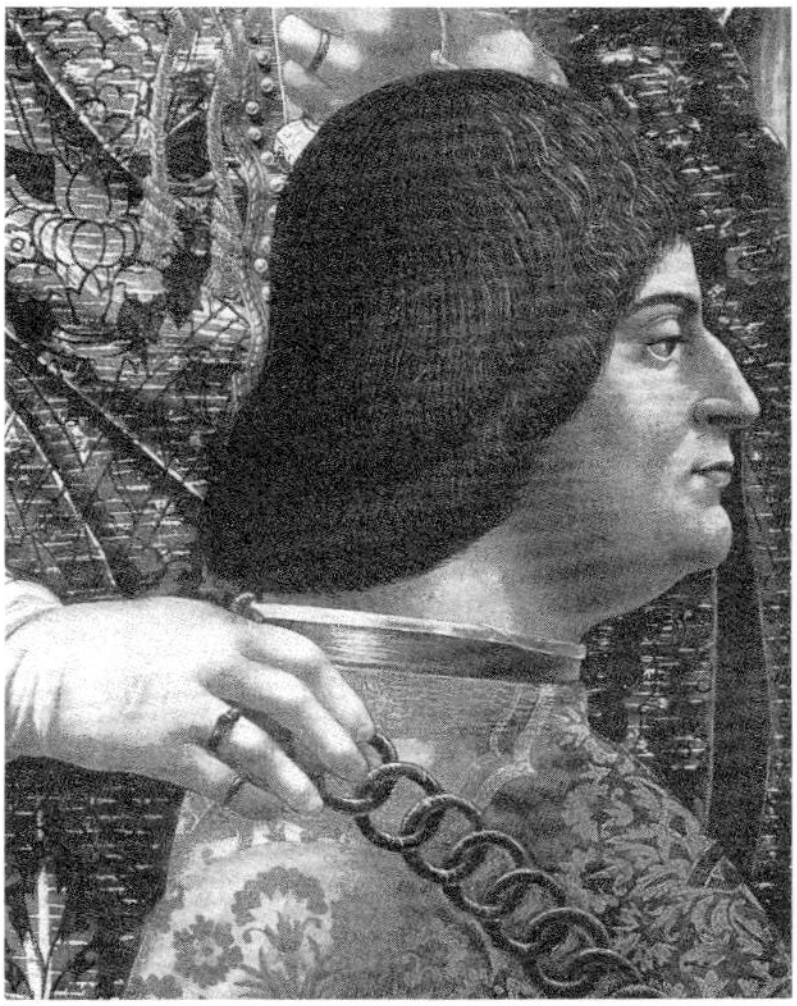

②

③

④

① ロドヴィーコ・イル・モロ（画家不明）

② アスカーニオ・スフォルツァ［枢機卿］（画家はピントゥリッキオ）

③ カテリーナ・スフォルツァ（画家はパルメッツァーノ）

④ サヴォナローラ（画はバルトロメーオ師による）

一四八六年頃のフィレンツェ（木版画）

サヴォナローラの処刑
（画家不明。フィレンツェ、サン・マルコ博物館所蔵）

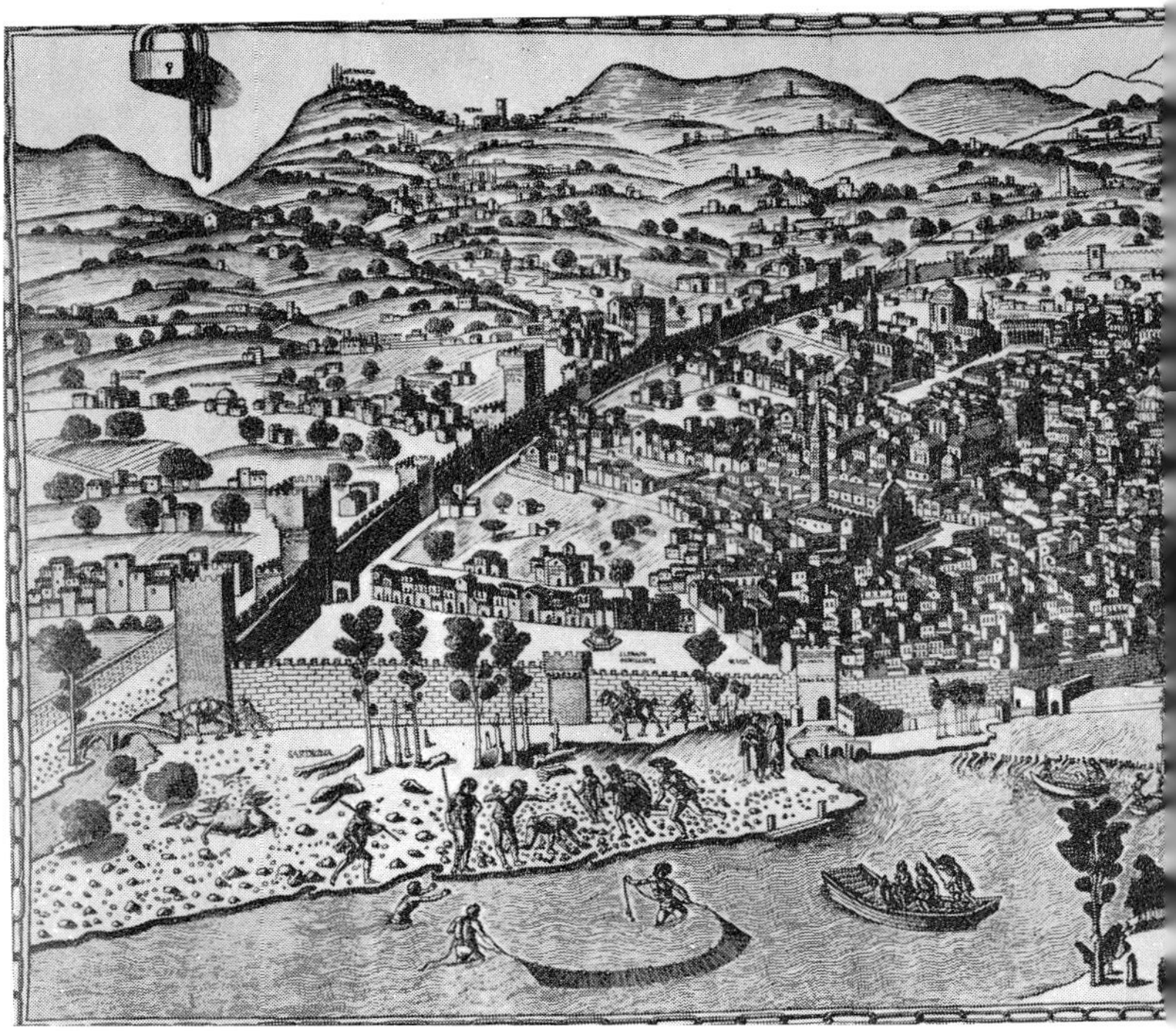

Firenze, circa 1486 (silografia)

一四九八年五月二十三日のサヴォナローラの処刑（画家不明）

ジョヴァンニ・ディ・ビッティ・デ・メディチ ▶
（画家はブロンヅィーノ）

ロレンツォ・イル・マニーフィコ
（ヴェロッキオによるテラコッタ胸像）

フェデリーゴ・ダ・モンテフェルトロ ▶
（画家はピエロ・デルラ・フランチェスコ）

フィレンツェ史

凡例

一、本書はフランチェスコ・グイッチァルディーニ（一四八三—一五四〇年）の『フィレンツェ史』の全訳である。テキストはロベルト・パルマロッキィの監修による『一三七八年から一五〇九年にかけてのフィレンツェの歴史』（Storie Fiorentine dal 1378 al 1509, Bari, Gius. Laterza & Figli 1931）を用いた。なお、テキストの詳細については巻末の「解説」二参照。

一、翻訳に当たっては次の二つの英訳本も参考にした。The History of Italy and History of Florence. Translated by Cecil Grayson. Introduction by John H. Hale. New York. Twayne. 1964. これは立派な訳であるが、残念ながら部分訳である。完全訳は次のものである。The History of Florence. Translated by Mario Domandi. New York: Harper & Row. 1970. 訳者のマリオ・ドマンディは既にRicordiも訳しており、英語圏におけるグイッチァルディーニ研究に大きく貢献している。

一、グイッチァルディーニは同一の人名、地名を時に異なって表記することがある。たとえば、パオロをパゴロとしたり、サヴォナローラについてはイエロニモ師としたりジローラモ師としたりしている。訳出に当たってはあえて統一することを避けた。テキストに従っている。

一、地名については、サルザーナ（Sarzana）をセレッザーナ（Serezzana）、リパフラッタ（Ripafratta）をリブラフラッタ（Librafratta）、あるいはリブラファッタ（Librafatta）、フォルリ（Forli）をフルリ（Furli）としているが、これらもテキストに従った。

一、フィレンツェの行政職は歴史的に複雑を極める。時代によって機能も異なっている。シニョリーア、ゴンファロニエーレ・ディ・ジュスティーツィア、プリオーレ、コレッジ、ポデスタ、カピターノ、クァランティア等々については訳注と巻末の「解説」三を参照していただきたい。なお、ゴンファロニエーレなど適切な訳語が見出されないものはあえて訳さず、そのまま用いた。また、訳語をあてたものも正確を期するためにルビを付した。

一、本書には夥しい人名が登場する。その際、敬称がしばしば添えられている。本書を読むに当たって、これらの敬称の正確な意味を知っておくことが必要となろう。

セル――公証人に対する敬称。

メッセル――主として騎士、法学博士（弁護士、判事、裁判官）に対して用いられる。

マエストロ――医者に対する敬称。

シニョーレ――領主、君主、一国の支配者に対する敬称。

モンシニョーレ――大司教、司教、枢機卿に対して用いられる。

一、一五〇〇年前後のイタリアの地図、および『フィレンツェ史』関係地図、年表をそれぞれ付した。巻末に人名索引を付した。

1500年前後のイタリア地図

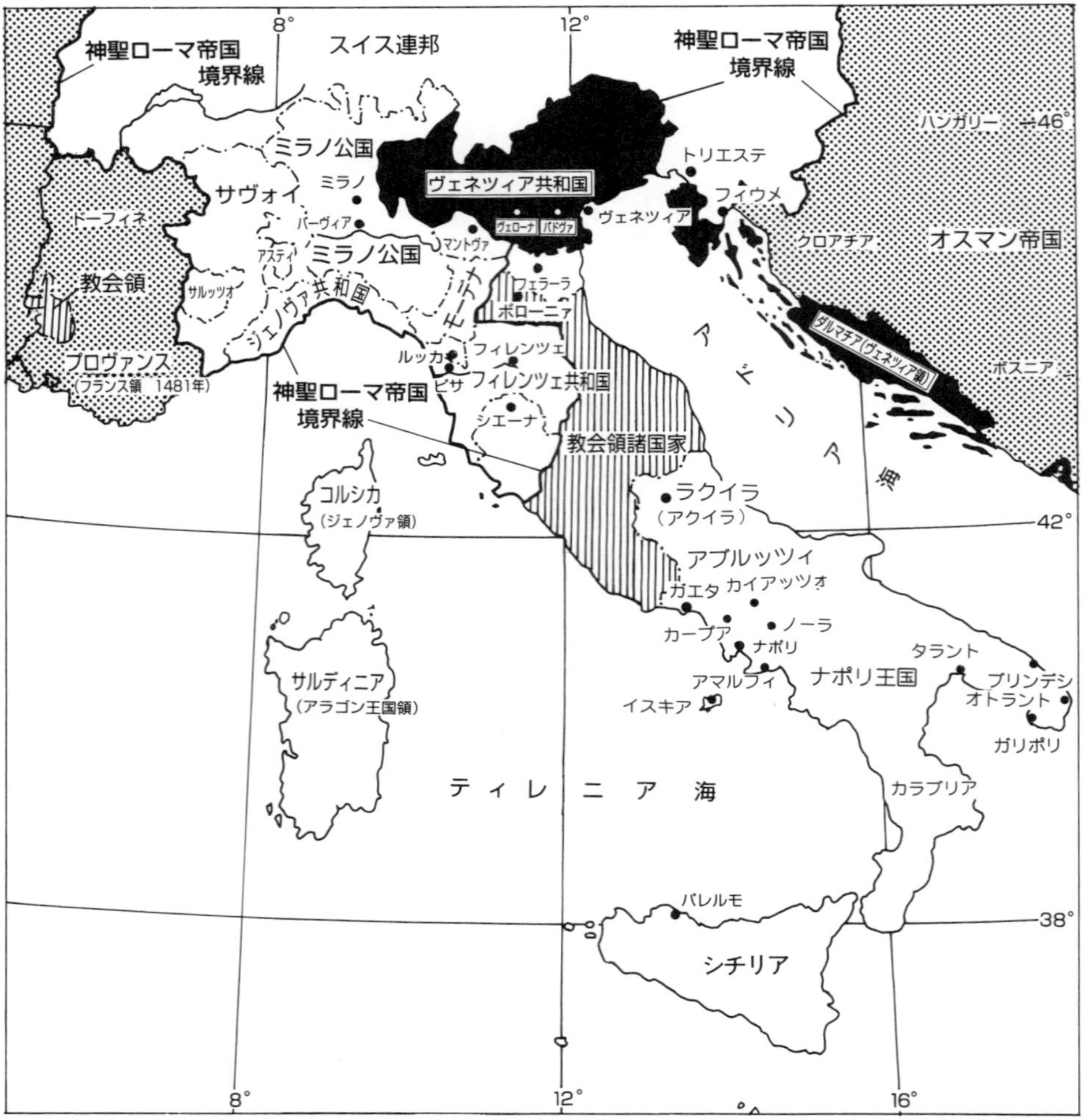

『フィレンツェ史』関係地図

（拡大図）

『フィレンツェ史』関係年表

（年）

一三七八　チオンピ（毛梳き工）の反乱。当時のゴンファロニエーレはルイジ・グイッチァルディーニ。
一三八二　有力市民層によるフィレンツェ寡頭支配体制の成立。
一四三四　コジモ・デ・メディチ、亡命先のヴェネツィアからフィレンツェに帰還、権力掌握。
一四四三　アラゴン王アルフォンソ五世、フランスのアンジュ家にとって代わり、ナポリ王を兼ねる。ナポリ王としてはアルフォンソ一世。
一四四七　ミラノ公フィリッポ・マリア・ヴィスコンティ没。ヴィスコンティ家の断絶。ミラノ公国の継承権をめぐっての争い。フランチェスコ・スフォルツァ、オルレアン公シャルル、アラゴン王アルフォンソ、三者の争い。
一四五〇　フランチェスコ・スフォルツァ、ミラノ公となる（―六六年）。
一四五三　コンスタンティノープルの陥落。オスマン・トルコの脅威増大。
一四五四　ロディの平和。フィレンツェ、ミラノ、ヴェネツィア、ローマ教皇参加。以後、四十年間にわたるイタリアの相対的平和。
一四五八　ナポリ王アルフォンソ一世没。フェルランド（フェルナンド）一世即位。
一四六三　教皇ピウス二世による十字軍提唱の最後の勅書。

一四六四　コジモ・デ・メディチ没。後継者は「痛風病み」のピエロ（―六九）。
一四六六　ミラノ公フランチェスコ・スフォルツァ没。後継者はガレアッツォ・マリア・スフォルツァ（―七六）。ピッティ陰謀事件（ピエロ・デ・メディチに対する暗殺計画未遂）。
一四六九　ピエロ・デ・メディチ没。後継者、ロレンツォ・デ・メディチ（イル・マニーフィコ）。弟ジュリアーノ。
マキァヴェリ生まれる。
一四七二　ロレンツォ・デ・メディチ、ヴォルテルラと戦う。これを掌握。
一四七六　ミラノ公ガレアッツォ・マリア・スフォルツァ暗殺される。ジァン（ジョヴァンニ）・ガレアッツォ・スフォルツァが継ぐ。
一四七八　パッツィ陰謀事件。（四月二十六日）ロレンツォは逃れるが、弟ジュリアーノは殺害される。ロレンツォの復讐。教皇シクストゥス四世とナポリ王フェルランドの同盟。翌年にかけてフィレンツェ攻撃。フィレンツェの危機。
一四八〇　ロレンツォの冒険的なナポリ行。ナポリ王フェルランドとの和約。フィレンツェ危機を脱す。ロレンツォのフィレンツェ凱旋。
一四八三　五月六日、フランチェスコ・グイッチァルディーニ、フィレンツェで生まれる。
一四九二　ロレンツォ・イル・マニーフィコ没。後継者、ピエロ・デ・メディチ。八月、教皇アレクサンデル六世即位。
一四九四　九月、フランス王シャルル八世のイタリア侵入。十一月、メディチ家、フィレンツェから追放される。十一月十七日、シャルル、フィレンツェ入城。十二月二十三日、サヴォナローラの影響下、コンシーリオ・グランデ（大会議）の成立。民主政権の樹立（—一五一二年九月一日）。

一四九五　シャルル八世のナポリ制圧。三月、対仏同盟（ヴェネツィア同盟）の成立、シャルルのフランス撤退。

一四九八　シャルル没。ルイ一二世即位。フィレンツェの政変。サヴォナローラの処刑。マキァヴェリ、「十人委員会《ディエチ・ディ・リベルタ・エ・パーチェ》」の書記に任命される。この年からグイッチァルディーニ、法律の勉強をはじめる。

一四九九　ルイ一二世、ミラノ公国の相続権を要求して、ロンバルディア占領。ロドヴィーコ・イル・モロ、ミラノ公国を失う。チェーザレ・ボルジア、ルイ一二世の援助でロマーニァ地方の征服に乗り出す（—一五〇二年）。

一五〇〇　スペイン、フランス両国によるグラナダ同盟。ナポリの分割を策す。

一五〇一　五月、チェーザレ・ボルジア、フィレンツェ領に侵入。内政・外政両面におけるフィレンツェの危機。グイッチァルディーニ、フェラーラ大学に移る。

一五〇二　六月、マキァヴェリ、チェーザレ・ボルジアのもとに派遣される。フィレンツェの行政改革。終身ゴンファロニエーレ制度の導入。ピエロ・ソデリーニの選出。

一五〇三　教皇アレクサンデル没、十一月、ユリウス二世即位。

一五〇四　リヨン条約。ルイ一二世、ナポリ王位継承権を放棄、アラゴン王フェルディナンドがナポリを領有。

一五〇五　グイッチァルディーニ、法律家として自立。マキァヴェリの「市民軍」（milizia）の組織化。

一五〇八　教皇ユリウス二世の提唱によるカンブレ同盟の成立。皇帝マクシミーリアーン、フランス王ルイ、アラゴン王フェルディナンド、ユリウス二世らによる対ヴェネツィア同盟。
グイッチァルディーニ、フィレンツェ政界の大物アラマンノ・サルヴィアーティーの娘マリアと結婚。『リコルダンツェ』『わが一族の追憶』『フィレンツェ史』の執筆。

一五〇九　カンブレ同盟によるヴェネツィア攻撃。五月十四日、アニァデルロの戦い。フランス軍、ヴェネツィア軍を破り、北イタリアを制圧。ユリウス二世のフランスに対する態度が変わる。二月以降、フィレンツェによるピサ包囲作戦の強化。アラマンノ・サルヴィアーティ、コッメサーリオとしてピサ作戦に参加。六月八日、ピサ降伏。『フィレンツェ史』はピサ作戦続行中の五月、突然、中断される。

一五一一　十月五日、ユリウス二世、アラゴン王、ヴェネツィアによる対仏大同盟「神聖同盟」の成立。ユリウス二世とルイ一二世との抗争。ルイ一二世によるピサ公会議の開催、ユリウスの弾劾。
グイッチァルディーニ、スペイン大使に任命される。

一五一二　四月十一日、ラヴェンナの戦い。戦闘そのものはフランス軍の勝利。しかし、以後、戦いは神聖同盟軍に有利となり、フランスはイタリアから撤退。中立を保っていたフィレンツェはユリウス二世とアラゴン王フェルディナンドの介入で、九月、ソデリーニ政権が倒れ、メディチ家が復帰。

マキァヴェリの失脚。グイッチァルディーニ、スペインにおいて最初の『リコルディ』「Q_1」・「Q_2」、フィレンツェの共和政体を論じた『ログローニョ論考』を書く。

一五一三　ユリウス二世没。メディチ家のジョヴァンニ枢機卿がレオ一〇世として即位。六月六日、神聖同盟のスイス軍、ノヴァラでフランス軍に大勝。次いでフランスに侵入、ディジョン包囲。

一五一四　一月、グイッチァルディーニ、スペインより帰国。四月、ルイ一二世、皇帝マクシミーリアーン、アラゴン王フェルディナンドと和平。六月、イギリス王ヘンリとも講和。イタリア経略の失敗を認める。

一五一五　ルイ一二世没。フランソア一世即位。ノヴァラ戦の雪辱を期しロンバルディアに侵入。マリニァーノの戦いで勝利してミラノ公国を掌握。フランソアとレオの和解。十二月、ボローニァ会談。

一五一六　アラゴン王フェルディナンド没。カルロス一世即位（一五一九年以降、皇帝カール五世）。グイッチァルディーニ、レオ一〇世よりモーデナの代官に抜擢される。翌年にはレッジョウのそれも兼ねる。
ジュリアーノ・デ・メディチ没。フィレンツェの実権はピエロの子、ロレンツォの手に帰す。レオ一〇世、ウルビーノ公フランチェスコ・マリア・デッラ・ローヴェレを武力でウルビーノから追放。ロレンツォ、ウルビーノ公を称する。

メディチ家系図Ⅰ

コジモ（祖国の父）の家系

- ジョヴァンニ・ディ・ビッチ（1368－1429）‖ピッカルダ（ナンニーナ）・デ・ブエリ
  - コジモ〔祖国の父〕（1389－1464）‖コンテッシーナ・デ・バルディ（1473没）
    - ピエロ・イル・ゴットーソ〔痛風病み〕（1416－69）‖ルクレーツィア・トルナブオーニ（1425－82）
      - ロレンツォ・イル・マニーフィコ〔大ロレンツォ〕（1449－92）‖クラリッサ・オルシニ（1450－88）
        - ルクレーツィア‖ヤコポ・サルヴィアーティ
          - フランチェスカ‖オッターヴィオ・デ・メディチ
          - マリア・サルヴィアーティ（1499－1543）‖ジョヴァンニ・デルレ・バンデ・ネレ〔黒軍団のジョヴァンニ〕
            - コジモ1世※2（1519－74）
          - ベルナルド・サルヴィアーティ
          - ジョヴァンニ・サルヴィアーティ
        - ピエロ（1472－1503）‖アルフォンシーナ・オルシニ（1472－1520）
          - ロレンツォ〔ウルビーノ公〕（1492－1519）‖マドレーヌ・ド・ラ・トウール・ドーヴェルニュ（1519没）
            - アレッサンドロ（1510－37）
            - カテリーナ（1519－89）‖アンリ2世（1517－59）
          - クラリッサ（1493－1528）‖フィリッポ・ストロッツィ（1488－1538）
        - マッダレーナ（1473－1519）‖フランチェスケット・チボー
        - ジョヴァンニ〔教皇レオ10世〕（在位1513－21）
        - コンテッシーナ（1478－1515）‖ピエロ・リドルフィ
        - ジュリアーノ（1479－1516）
          - イッポリート枢機卿〔庶出〕（1510－35）
      - ジュリアーノ（1453－78）
        - ジューリオ〔教皇クレメンス7世〕（在位1523－34）
      - マリア〔庶出〕‖レオネット・ロッシ
        - ルイジ・ロッシ〔枢機卿〕
      - ビアンカ‖グリエルモ・パッツィ※1
      - ナンニーナ‖ベルナルド・ルッチェライ
    - フィリッポ〔ピサ大司教〕（1464没）
    - ジョヴァンニ（1421－63）
    - カルロ〔庶出〕（1430－92）
  - ロレンツォ・イル・ヴェッキオ（1395－1440）‖ジネヴラ・カヴァルカンティ

※1．**パッツィ家の系図**（パッツィ陰謀事件に関係するもののみ）

- アンドレア
  - ピエロ
    - ガレオット
    - レナート
    - アンドレア
    - ジョヴァンニ
    - ニッコロ
  - ヤコポ
  - アントーニオ
    - フランチェスコ
    - ジョヴァンニ
    - グリエルモ＝ビアンカ〔ピエロ・デ・メディチの娘〕

※2．ジョヴァンニ・デルレ・バンデ・ネレの子コジモにおいてメディチ家の二つの家系が統一される。コジモは母方を通して祖国の父コジモに繋がり、父方を通してロレンツォ・イル・ヴェッキオに繋がる。メディチ家系図Ⅱ参照。

メディチ家系図Ⅱ

ロレンツォ・イル・ヴェッキオの家系

- ジョヴァンニ・ディ・ビッチ ‖ (1368－1429) ピッカルダ（ナンニーナ）・デ・ブエリ
  - コジモ〔祖国の父〕(1389－1464)
  - ロレンツォ・イル・ヴェッキオ ‖ (1395－1440) ジネヴラ・カヴァルカンティ
    - ピエールフランチェスコ ‖ (1430－76) ラウダミア・アッチァイウォーリ
      - ロレンツォ・イル・ポポラーノ ‖ (1463－1503) セミラミーデ・ダッピアーノ (－1523)
        - アヴェラルド (1488－95)
        - ピエールフランチェスコ ‖ (1487－1525) マリア・サルヴィアーティ
          - ロレンツィーノ※2 (1514－48)
          - ラウドミア ‖ (1518－) ピエロ・ストロッツィ
          - ジュリアーノ (1520－88)〔アルビ司教〕
          - マッダレーナ ‖ (－1588) ロベルト・ストロッツィ
        - ヴィンチェンツォ (1485－)
        - ラウドミア ‖ フランチェスコ・サルヴィアーティ
        - ジネヴラ
      - ジョヴァンニ・イル・ポポラーノ (1467－98)
        1）ルイザ・ディ・ロレンツォ・デ・メディチ
        2）カテリーナ・リアリオ・スフォルツァ※1
        - ジョヴァンニ・デルレ・バンデ・ネレ ‖ (1498－1526) マリア・サルヴィアーティ (1499－1543)
          - コジモ１世※3 (1519－74)
    - フランチェスコ ‖ マリア・グァルテロッティ

※１．ミラノ公ガレアッツォ・マリア・スフォルツァの娘。教皇シクストゥス４世の息子ジローラモ・リアリオ伯と結婚。リアリオ伯の死後、ジャコモ・フェロと結婚。次いでジョヴァンニ・メディチと結婚。その子がジョヴァンニ・デルレ・バンデ・ネレである。

※２．1537年、アレッサンドロ・メディチを暗殺。

※３．アレッサンドロ・デ・メディチが1537年、ロレンツィーノによって暗殺された後、本書の著者グイッチァルディーニによって擁立される。1537年、フィレンツェ公、1569年、初めてトスカーナ大公の称号を帯びる。以後、1737年まで、この家門がトスカーナ大公国を支配する。

ヴィスコンティ家およびスフォルツァ家系図

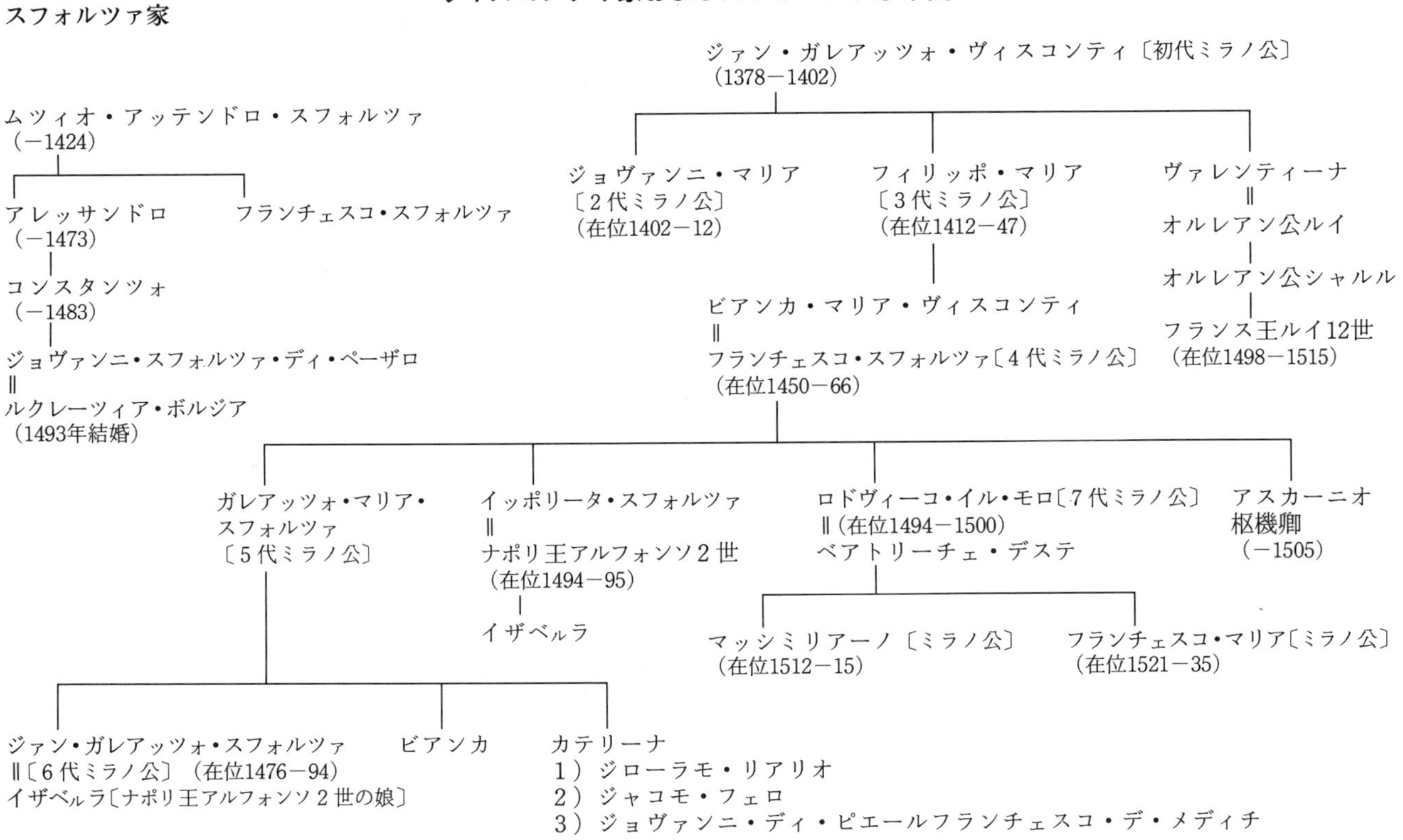
スフォルツァ家
ムツィオ・アッテンドロ・スフォルツァ（－1424）
アレッサンドロ（－1473）
フランチェスコ・スフォルツァ
コンスタンツォ（－1483）
ジョヴァンニ・スフォルツァ・ディ・ペーザロ
‖
ルクレーツィア・ボルジア（1493年結婚）
ジァン・ガレアッツォ・ヴィスコンティ〔初代ミラノ公〕（1378－1402）
ジョヴァンニ・マリア〔2代ミラノ公〕（在位1402－12）
フィリッポ・マリア〔3代ミラノ公〕（在位1412－47）
ヴァレンティーナ
‖
オルレアン公ルイ
オルレアン公シャルル
フランス王ルイ12世（在位1498－1515）
ビアンカ・マリア・ヴィスコンティ
‖
フランチェスコ・スフォルツァ〔4代ミラノ公〕（在位1450－66）
ガレアッツォ・マリア・スフォルツァ〔5代ミラノ公〕
イッポリータ・スフォルツァ
‖
ナポリ王アルフォンソ2世（在位1494－95）
イザベルラ
ロドヴィーコ・イル・モロ〔7代ミラノ公〕
‖（在位1494－1500）
ベアトリーチェ・デステ
アスカーニオ枢機卿（－1505）
マッシミリアーノ〔ミラノ公〕（在位1512－15）
フランチェスコ・マリア〔ミラノ公〕（在位1521－35）
ジァン・ガレアッツォ・スフォルツァ
‖〔6代ミラノ公〕（在位1476－94）
イザベルラ〔ナポリ王アルフォンソ2世の娘〕
ビアンカ
カテリーナ
1）ジローラモ・リアリオ
2）ジャコモ・フェロ
3）ジョヴァンニ・ディ・ピエールフランチェスコ・デ・メディチ

スペインおよびナポリ王家系図

付＝ハプスブルク家、ボルジア家

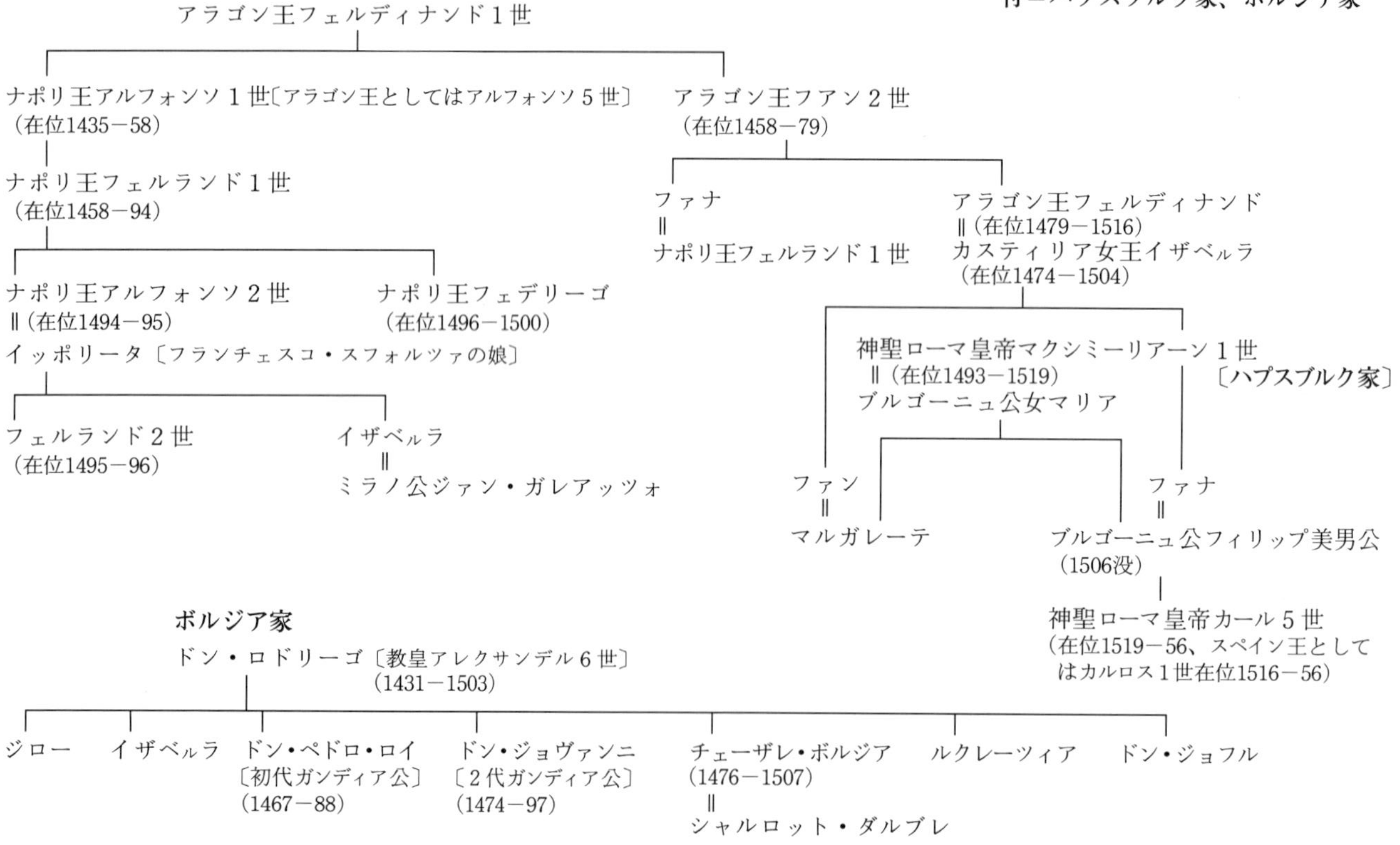
アラゴン王フェルディナンド1世
ナポリ王アルフォンソ1世〔アラゴン王としてはアルフォンソ5世〕
(在位1435－58)
ナポリ王フェルランド1世
(在位1458－94)
ナポリ王アルフォンソ2世
‖(在位1494－95)
イッポリータ〔フランチェスコ・スフォルツァの娘〕
ナポリ王フェデリーゴ
(在位1496－1500)
フェルランド2世
(在位1495－96)
イザベルラ
‖
ミラノ公ジァン・ガレアッツォ
アラゴン王ファン2世
(在位1458－79)
ファナ
‖
ナポリ王フェルランド1世
アラゴン王フェルディナンド
‖(在位1479－1516)
カスティリア女王イザベルラ
(在位1474－1504)
神聖ローマ皇帝マクシミーリアーン1世
‖(在位1493－1519)
ブルゴーニュ公女マリア
〔ハプスブルク家〕
ファン
‖
マルガレーテ
ファナ
‖
ブルゴーニュ公フィリップ美男公
(1506没)
神聖ローマ皇帝カール5世
(在位1519－56、スペイン王としてはカルロス1世在位1516－56)
ボルジア家
ドン・ロドリーゴ〔教皇アレクサンデル6世〕
(1431－1503)
ジロー
イザベルラ
ドン・ペドロ・ロイ
〔初代ガンディア公〕
(1467－88)
ドン・ジョヴァンニ
〔2代ガンディア公〕
(1474－97)
チェーザレ・ボルジア
(1476－1507)
‖
シャルロット・ダルブレ
ルクレーツィア
ドン・ジョフル

フランス王家系図

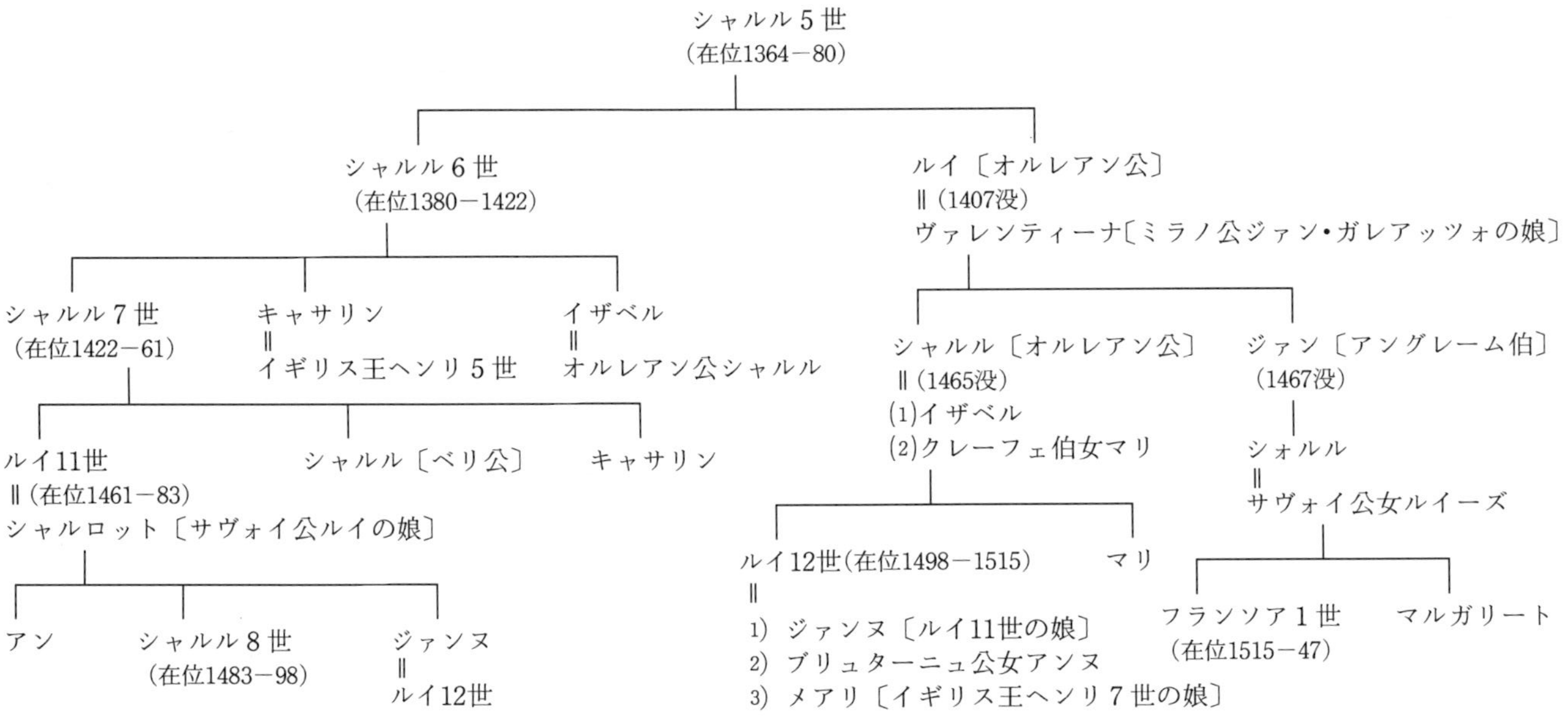

シャルル5世
(在位1364−80)
シャルル6世
(在位1380−1422)
ルイ〔オルレアン公〕
‖(1407没)
ヴァレンティーナ〔ミラノ公ジァン・ガレアッツォの娘〕
シャルル7世
(在位1422−61)
キャサリン
‖
イギリス王ヘンリ5世
イザベル
‖
オルレアン公シャルル
シャルル〔オルレアン公〕
‖(1465没)
(1)イザベル
(2)クレーフェ伯女マリ
ジァン〔アングレーム伯〕
(1467没)
ルイ11世
‖(在位1461−83)
シャルロット〔サヴォイ公ルイの娘〕
シャルル〔ベリ公〕
キャサリン
シォルル
‖
サヴォイ公女ルイーズ
ルイ12世(在位1498−1515)
‖
1) ジァンヌ〔ルイ11世の娘〕
2) ブリュターニュ公女アンヌ
3) メアリ〔イギリス王ヘンリ7世の娘〕
マリ
アン
シャルル8世
(在位1483−98)
ジァンヌ
‖
ルイ12世
フランソア1世
(在位1515−47)
マルガリート

フランス王家によるナポリ王国相続権要求の根拠

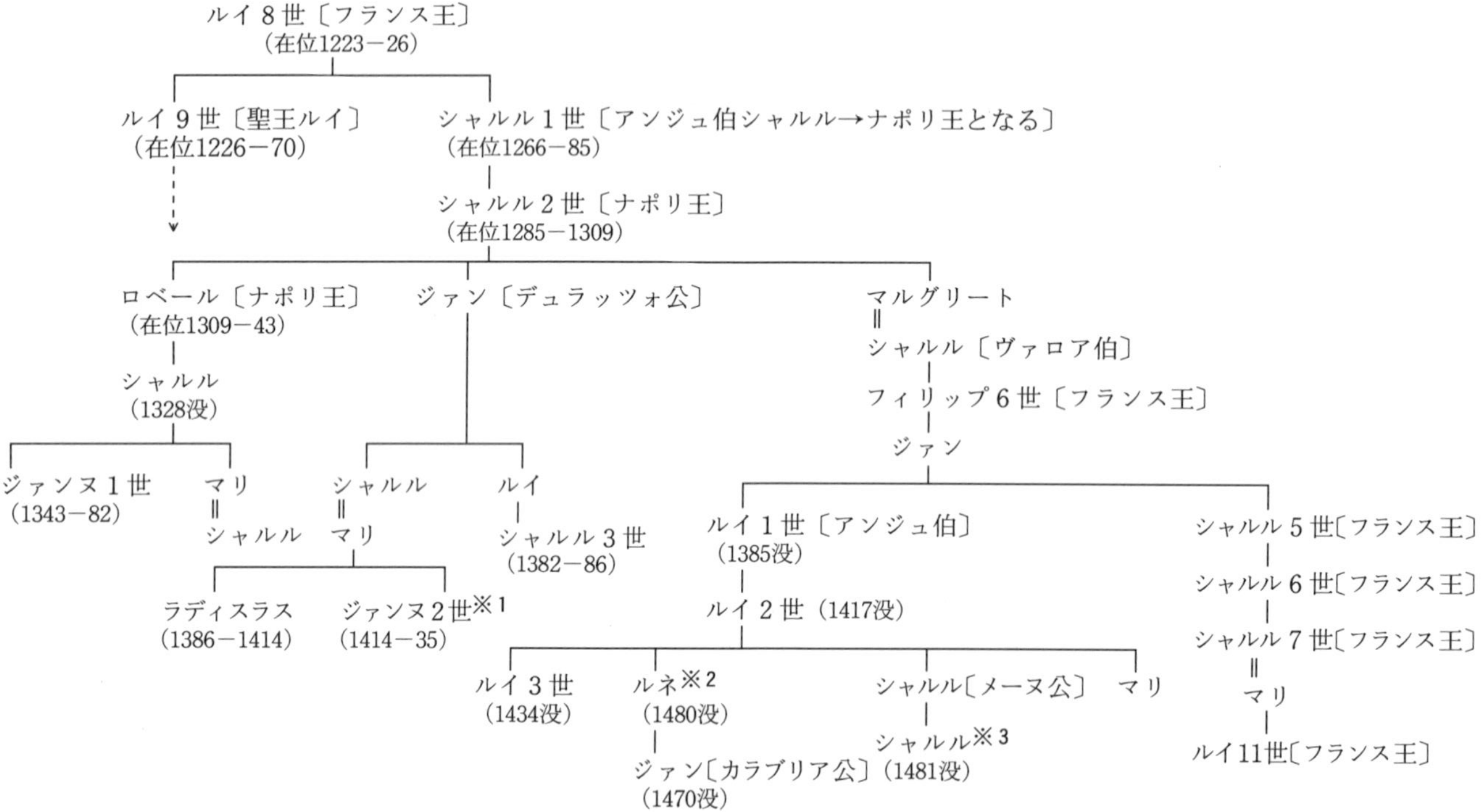

※１．ジァンヌ（ジョヴァンナ）２世が1435年、後継者なくして没する。その後、アラゴン家とアンジュ家がナポリ王位をめぐって争う（−1442)。結局、アラゴン王アルフォンソ５世が1442年、ナポリを征服、ナポリ王に就く。アルフォンソ１世である。

※２．アンジュ伯ルネが1480年に没するとフランス王ルイ11世はプロヴァンス、アンジュ、メーヌを王領に併合。フランスの中央集権化が進む。

※３．メーヌ公シャルルの子シャルルが1481年に没することによってアンジュ家の血統が絶える。シャルルは遺言書によって全領土を遺産としてルイ11世に贈る。

フィレンツェ史◉目次

第19章 ……… 286

第20章 ……… 298

第1章

一三七八年からコジモ・デ・メディチの死（一四六四年）までのフィレンツェ史の要約

ルイジ・グイッチャルディーニ(1-1)がゴンファロニエーレ・ディ・ジュスティーツィア(1-2)（正義の旗手）であった一三七八年、チオンピ(1-3)の乱が起こる。この反乱の原因となったのは、リ・オット・デルラ・グエルラ(1-4)（戦争の八人委員会）である。戦争の八人委員会は繰り返し、その職務に再選されていたために、有力市民《チッタディーニ・ポテンティ》たちの羨望と怒りをかっていた。このため、八人委員会は大衆《モルティテューディネ》の支持を固めて、この反乱を惹き起こしたのである。チオンピをフィレンツェの支配者とするためでなく、強力な政敵を抹殺しいつまでも政権の座にとどまるべく、チオンピをその道具として利用したのである。

しかし、この計画はまさに水泡に帰せんとする。なぜなら、いったん権力を掌握するや、チオンピは八人委員会の意向にではなく、自らのやり方に従って要職を任命し、フィレンツェを日々混乱に陥れようとしたからである。八人委員会はチオンピを抑えることができなかった。しかし、チオンピの一人であり、いまやゴンファロニエーレの地位に就いていたミケーレ・ディ・ランドがこのようなやり方では必ずやフィレンツェは破滅せざるを得なくなるのを見て取って、八人委員会とその支持者と了解に達しチオンピからその実権《ロ・スタート》を奪い取ることになる。フィレンツェは誰しも期待していなかった筋から安全と平和を取り戻したのである。しかし、これによって政権が貴族の手に戻ったわけではな

（1-1）本書の著者フランチェスコ・グイッチャルディーニの四代前の祖先。

（1-2）Gonfaloniere di Giustizia　一二九三年、正義の法令によって制定された共和国の行政長官。シニョリーア（政庁）を率いる。くじで選ばれ、任期は二カ月。一五〇二年、任期は終身となる（本文第23章参照）。

（1-3）Ciompi　羊毛工業の最下層の労働者。梳毛工。

（1-4）教皇庁との戦

い。むしろ政権は依然として平民と大衆の掌握するところとなる。その指導者となったのは、メッセル・ジョルジョ・スカーリと、メッセル・トッマーゾ・ストロッツィである。一般大衆の人気に支えられて、彼らはフィレンツェを三年間支配する。その間、彼らは数多くの邪悪な行為を犯している。とくにフィレンツェで最も栄誉ある人物の一人、ピエロ・ディ・フィリッポ・デリ・アルビッツィの首を刎ねている。彼はいかなる罪も犯していない。彼らは単に政敵を排除しようとしたにすぎない。これだけではない。メッセル・ドナート・バルバドーリやその他多くの無辜の人びとをも同じ刑に処している。しかしよくあるように、彼らもいつまでも許されず、大衆に見捨てられて、メッセル・ジョルジョは首を刎ねられる。メッセル・トッマーゾは逃亡して一命をとりとめるが、一族とともに永久追放に処せられる。彼らの早くからの支持者の一人であったメッセル・ベネデット・デリ・アルベルティも監禁される。

当時、フィレンツェではしばしば暴動が起こっている。しかし一三九三年になって、ついにパルラメント[1-5]（フィレンツェ人総会）が秩序を回復する。ゴンファロニエーレはマーゾ・デリ・アルビッツィであった。彼はアルベルティ一族をほとんどすべてフィレンツェから追放して、伯父ピエロの復讐を行ったが、政権は富裕にして賢明な人びとの手に委ねられ、一四二〇年に至るまでほとんど揺るぎのない統一と安全が持続するのである。そしてこれはまた驚くべきことではない。なぜならば、人びとは最近の数々の騒擾にまったく疲れ切っており、この安定した政権の下で平和に休息するのを喜んだからである。現にこの時期、統一されている時には、わがフィレンツェの力がいかに大きなものであるかが示されたのである。なぜならフィレンツェは十二年間にわたって、ジョヴァン・ガレアッツォ[1-6]との戦いに耐え抜いたからである。この戦争には莫大な金が費やされる。イタリア兵と外国兵を傭っ

争に当たって、一三七五年に任命された委員会。

（1-5）Parlamento 共和国が危機に直面した時など、しばしば召集されるフィレンツェ人の総会。大改革がなされるべきかどうか、またはバリーア（balia）を承認すべきかどうかを決定するためである。バリーアとは本来、権力を意味するが、ここでは危機を克服するために臨時につくられる委員会を指す。一定期間、危機克服のために大きな権限が与えられる。

（1-6）ジァン・ガレアッツォ・ヴィスコンティ、ミラノ公（c. 1351－1402）。

ての戦いなのである。しばしばフィレンツェは、バイエルン公や一万五千の騎士を擁するアルマニァック伯、皇帝ループレヒトをイタリアに招き寄せている。この戦争に決着がつくと、人びとはフィレンツェが当時力を出し尽くし、金銭的にも枯渇しているのであるから、しばしの間休息する必要があるものと思っていたのであるが、それにもかかわらず、フィレンツェは直ちにピサ攻略を始めている。ピサ攻略に当たっては、買収と征服に莫大な額の金を支払う[1-7]。これが終わると、引き続きナポリ王ラディスラオとの戦いに入る。この戦いでフィレンツェ人は見事な防衛戦を行ったのである。この際、コルトナを獲得するが、その代償金として相当額の金を支払っている。われわれはまたカストロカーロを購入する。かくしてフィレンツェは国内的にも対外的にも完全に成功している。国内的にはフィレンツェは自由で統一が保たれ、富裕な、良い、能力のある人びと[1-8]に支配されていたからである。対外的には強力極まる敵に対し、自らをよく防衛し、その支配地を大いに拡大したのである。フィレンツェの成功はかくも大きく、かくしてこの時期の政権は当然ながら、フィレンツェの歴史の中でも最も賢明にして最も栄光のある、最も幸福なものであったといえるのである。

一四二〇年から一四三四年にかけて、フィリッポ公[1-9]との戦いが行われる。他方、フィレンツェは二つの党派に分裂する。一方はニッコロ・ダ・ウッザーノを頭とする党派である。ニッコロ・ダ・ウッザーノは極めて賢明な、名声のある人物で、自由の擁護者である。他方は、ジョヴァンニ・デ・メディチとその子コジモを頭とする党派である。多くの反目、騒擾の後に一四三三年九月、次のようなことが生じる。当時のゴンファロニエーレはベルナルド・グァダーニであったが、ニッコロ・ウッザーノの党派（ニッコロは既に亡くなっている）がシニョリーア[1-10]（政庁）を抱き込み、コジモ・デ・メディチを政庁舎《パラジョ》に投獄し、次いで間もなく、彼を弟のロレンツォ、従兄弟のアヴェラルドとともにヴェネ

（1-7）フィレンツェはピサをミラノ公ジァン・ガレアッツォの庶子ガブリエーレ・マリア・ヴィスコンティから二十万フィオリーニで買収。ピサ人はこれに反抗、武器をとる。フィレンツェ軍によるピサ包囲。一四〇六年併合。

（1-8）uomini da bene e buoni e valenti 名門貴族層による支配がグイッチァルディーニの理想であった。

（1-9）フィリッポ・マリア・ヴィスコンティ、ミラノ公（一三九二—一四四七年）。

（1-10）フィレンツェの最高行政立法機関。八名のプリオーレ（高官）からなる。任期はゴンファロニエーレと同じく二カ月。巻末の「解説」三参照。

ツィアに追放する。数カ月以内にはメッセル・アニョーロ・アッチァイウォーリも逮捕され拷問にかけられたあげく、ギリシャに追放されている。

　コジモが追放された後、政権を握っていたのはリナルド・デリ・アルビッツィ、ニッコロ・バルバドーリ、ペルッツィ家、ビスケリ家、グァダーニ家、カステルラーニ家、ストロッツィ家、その他同様の者たちである。しかし、彼らは政権を維持していく術を知らなかった。翌年の九月、ニッコロ・コッキをゴンファロニエーレとするシニョリーア（政庁）の任期が始まると、パルラメント（フィレンツェ人総会）が召集される。これとともに、大きな騒動と危険が生じる。反対派（ニッコロ・ウッザーノ派）が武器をとったからである。しかし、パルラメントはコジモを召還し、反対者の指導者を駆逐する。三三年の騒動も三四年の騒動も、ともに九月の初めに任務に就くシニョリーア（政庁）によって惹き起こされたものであった。このシニョリーアは聖ヨハネの日(1-11)に選出されるものであったので、これ以後、この時期のシニョリーアは聖ヨハネの日の前日に選出されねばならぬという条例が出される。この習慣はそれ以来、サヴォナローラ時代の数年間を除いて今日まで引き継がれて来ている。

　コジモの帰還は多くネリ・ディ・ジーノ・カッポーニ、ピエロ・ディ・メッセル・グイッチァルディーニ(1-12)、ルーカ・ディ・メッセル・マーゾ・デリ・アルビッツィ、それにアラマンノ・ディ・メッセル・ヤコポ・サルヴィアーティに負っているが、とくにネリとピエロの力によるものであった。

　コジモがフィレンツェに帰還すると、彼は支配グループの頭目とされ、市民によるバリーア（特別最高行政委員会）が選出される。権力を握るために、コジモは彼の敵すべてをフィレンツェから追放する。しかも、彼らの数は多くにのぼり、すべての者が最も高貴で富裕な家門に属する者である。次いで、コジモは彼らの代わりに、身分の低い、卑しい者どもを多く抜擢する。かくも多くの高貴な人

（1-11）洗礼者聖ヨハネの日は八月二十九日。命日である。

（1-12）フランチェスコ・グイッチァルディーニの曾祖父である。この時以来、メディチ家とグイッチァルディーニ家との関係は深まっていく。メディチ家の友人となるのである。

間を排除することは賢明ではない、なぜならフィレンツェは彼らを失うことによって大きな損失を蒙ることになろうから、とコジモに献言する者もいたが、これに対してコジモは、サン・マルティノの布地さえあればフィレンツェは良い人間で満たされることになろう、と答えたといわれる。これによってコジモは、名誉と財を与えれば卑しい人間も貴族になれるということを暗に示そうとしたのである。

　当時、フィレンツェには大家門[1-13]と呼ばれている多くの高貴な家柄があった。彼らはかつて強大で、力のない人びとを圧迫していたために、ジアーノ・デッラ・ベッラの働きによってフィレンツェの要職、とくにプリオーレ[1-14]とコレッジ[1-15]のポストに就くのを阻止されてきた。彼らに対しては多くの条例や厳しい法令が定められ、彼らの権力を抑制してきたのである[1-16]。しかしそれにもかかわらず、法が彼らのために留保しているいくつかの役職が存していた。外交使節とディエチ・ディ・バリーア（戦争のための十人委員会）のそれである。大家門はこの方面で重要な役割を果たしていたのである。コジモは彼らに対してとくに敵意を抱いていたわけではない。なぜなら、彼らは政権から排除されていたために、コジモが逆境にあった時も、とくにコジモを傷つけたわけではないからである。それにもかかわらず、コジモは彼らの強大さと尊大さとを考えると、愛することも信頼することもできなかった。コジモは、法によっていまだ彼らに留保されている要職を奪い取るために、しかも彼らが同意するようなやり方でそれを行うために、一つの法律を通過させる。これはプッチョ・プッチの助言によるものといわれているが、一般にデ・グランディ（大きな）と呼ばれているこれら大家門は今後、ポポロ（一般人）と呼ばれるべきであるという内容の法律である。これによって、コジモは彼らに対する法的不適性を除去したことになり、他の市民同様、すべての要職に選出される道を開いたのである。当初、この措置のために彼らはコジモを大いに多としたのであるが、この法の結果は実に次のようなも

（1–13）di famiglia

（1–14）Priorato　シニョリーアを構成する、二カ月任期の高官をいう。八名である。詳細は「解説」三参照。

（1–15）Collegi　「十二人の良い人びと」(Dodici Buonuomini) と「十六人ゴンファロニエーリ・ディ・コンパニーア」(Sedici gonfalonieri di Compagnia) からなるシニョリーアの諮問機関。「十二人」と「十六人ゴンファロニエーリ・ディ・コンパニーア」はフィレンツェの三大要職である。詳細は「解説」三参照。

（1–16）一二九三年一月の正義の法令による。大家門、マグナーテと宣告されると、その者は政治力を失うことになる。逆に、ポポロと

のであった。すなわち、彼らは一度も役職の候補者として指名されることもなかったし、一度もそれに選出されることもなかったのである。今まで除外されていたこれらの役職に就けるどころか、以前は法律によって当然与えられていた役職をも失うことになったのである。

コジモは、数多くの市民たちを任期五年のバリーア（特別最高行政委員会）のメンバーに任命することによって、政権の基盤を強化する。彼はまた、内・外を問わずフィレンツェのすべての要職の新しい候補者名簿を作成させる。しかしバリーアの権限は極めて強力なものであったので、コジモの時代ではプリオーレがくじで選ばれることは一度もなかった。くじの代わりにアッコピアトーリ[1-17]によって、コジモのやり方に従って選出されたのである。バリーアの任期五年が切れると、コジモはその権限をさらに五年間延長させるのである。

コジモは、誰であれ彼を支持してきた市民たち[1-18]が、恐れねばならなくなるほど強大になり過ぎないようとくに注意している。その目的のために、コジモはシニョリーアと課税をしっかり掌握している。思うがままに人を抜擢し、あるいは退けることができるように、である。他の問題では、市民たちは後のロレンツォの時代においてよりも、より大きな権限を有し、より自由に行動することができた。コジモは己れの権力が安全であるかぎり、市民たちに大きな自由を好んで与えている。後になって、ネリ・ディ・ジーノが他のいかなる人物にもましてフィレンツェで大きな名声を博しており、おそらくは頭も良いのを認めると、コジモは彼を潜在的に恐れねばならぬ危険な人物と疑うが、他の誰にもましてしばしば、彼を内・外を問わずフィレンツェの重要なすべての問題で使っている。しかし同時に、彼はルーカ・ピッティに大きな信頼を寄せはじめる。ルーカ・ピッティはとくに能力があるというわけではなかったが、極めて快活、寛大で勇気があり、フィレンツェの誰よりも友人に対して献身

宣告されれば要職への道が開かれることになる。

（1-17）Accoppiatori 三大要職およびゴンファロニエーレ選出に当たる行政職。詳細は「解説」三参照。

（1-18）cittadini グイッチァルディーニにとって市民たちというのは有力貴族層を指す。

的であった。この人物にはいかなる問題でさえ安心して任せることができる、とコジモは考える。恐れねばならなくなるような頭脳の持ち主ではないからである。したがって、様々なプラティケ[1-19](特別会議)において、とくに重要でない問題が議論されている時には、ネリが話を終えると、ルーカ・ピッティがいまネリの話した意見とまったく正反対の意見を述べはじめる。次いで、コジモの命令で多くの者がルーカの意見に同意し、ネリの意見に反対する。ネリは何が始まっているかを感じ取る。しかし、彼はコジモの権力が抗し難いことを知っており、彼と断絶することは頭を壁にぶち当てるようなものであることを悟っていた。賢明なネリは何も見ないふりをし、忍耐し、適切な時と機会の来るのを待っている。

当時、バルダッチョ・ダン・ギアーリという名の歩兵隊長がいた。極めて勇敢な人物で、その職業の練達の士であり、兵にも大きな信頼をかち得ている。ところで、バルダッチョはネリの極めて親密な心を許した友人である。コジモは彼らの友情を恐れていて、政変を起こすのに適したこの道具をネリの手から奪い取ろうとする。コジモは、ネリが大使あるいは政府代表としてフィレンツェを離れるのを待っている。その機会が来ると、ゴンファロニエーレのメッセル・バルトロメーオ・オルランディーニに、バルダッチョを政庁舎《パラジョ》に呼び出させる。バルダッチョが部屋に入ると、突然、そのためにそこに呼ばれていた数人の男によって窓の外の地面に投げ出されるのである。

コジモが帰還した当時、フィレンツェはフィリッポ公との戦争にあって、ヴェネツィアと同盟していた。この同盟は十二年間、あるいは十四年間ほど続き、一時、教皇エウゲニウス[1-20]とナポリ王アルフォンソ[1-21]も加入している。これらの事柄はよく知られていることなので、これについてはこれ以上触れない。またフランチェスコ伯[1-22]の成功についても、またいかにして彼がフィレンツェの援助の下にミラノ

(1-19) 公式の会議体ではないが、フィレンツェが重大な外政・内政問題に直面した際、特別に召集される諮問会議。召集される人数によって、小会議(stretta)と拡大会議(larga)に分けられる。名門の有力市民層が構成員。プラティケ(pratiche)は複数形。個々の会議はプラティカ(pratica)。

(1-20) エウゲニウス四世(一四三一—四七年)。

(1-21) 大アルフォンソ、在位は一四三五—五八年。

(1-22) 後のミラノ公フランチェスコ・スフォルツァ。フィリッポ・マリア・ヴィスコンティが一四四七年没すると、ヴィスコンティ家は断絶する。ミラノにアン

公国を手に入れたかについても語るつもりはない。私の言えるのは次の点のみである。すなわち、ヴェネツィア人がフランチェスコ伯に対抗してミラノ公国の防衛に乗り出した際、フィレンツェ人は何度も会議を開いて、いかなる行動を取るべきかについて議論する。なぜなら、フランチェスコ伯もヴェネツィア人もともにフィレンツェの友人であり、同盟者であったからである。多数の者がヴェネツィア人との友情をとって、伯に対してヴェネツィア人を援助しようとしたのである。しかし、コジモはそのようには考えなかった。そして、様々な理由を引き合いに出して伯を援助した方がはるかに良いことを証明する。コジモの意見が優勢となり、これによってフランチェスコ伯がミラノ公国を獲得することになったのである。そしてこれがイタリアの救済となったことが後になって判明する。なぜなら、フランチェスコがミラノを獲得しなかったならば、疑いもなくヴェネツィア人がミラノの支配者となり、間もなく全イタリアの支配者となっていたであろうからである。このようなわけで、当時、フィレンツェとイタリアがその自由をコジモ・デ・メディチに負っていたことは明らかである。

フランチェスコ伯はミラノ公となったが、ヴェネツィア人と和解するに至らなかった。ヴェネツィア人の意図は、和解しないでおいて、この問題を常にミラノ公に突き付けておくことであったからである。なぜならば、ヴェネツィア人によれば、ミラノ公は新たに実権を握ったが簒奪であり、そのうえ金がない。これを守るためには武装を続けなければならないであろう。そうであれば、おのずと涸渇し力尽きてしまうであろうと判断したからである。公はこのようなヴェネツィア人の意図に気づいている。ヴェネツィア人が和平に応じてこないのであれば、為すべきことは大軍を集め、ヴェネツィア人に戦いを挑み、フィリッポ公の死後、ヴェネツィア人が占拠した領土を武力をもって回復し、ヴェネツィアを以前の国境に追いやることであると決意する。このような軍事行動に必要な兵を、ミラノ

ブロジアーナ共和国成立。しかし、フランチェスコ・スフォルツァ、ナポリ王アルフォンソ、オルレアン公シャルルの三者がミラノ公位継承権をめぐって争う。最終的にフランチェスコ・スフォルツァがミラノ公となるが、一四五二年、ヴェネツィアがミラノに宣戦。
なお、フランチェスコ・スフォルツァの妻ビアンカ・マリアは亡くなったフィリッポ・マリアの娘である。他方、オルレアン公シャルルの母ヴァレンティーナは初代ミラノ公ジァン・ガレアッツォの娘である。系図参照。

公は多数集めることはできるであろう。(1-23) しかし金が不足しているために、これらの兵を傭い入れることができない。ナポリ王アルフォンソは公の敵で、彼からはいかなる援助も得る見込みはない。中立を維持したい教皇についても同様である。これらのことを見極めた公は、計画を実現するためにフィレンツェに財政的援助を求めてくる。

コジモやより賢明な人びとは、ヴェネツィア人が強大になり過ぎるのを阻止するために経済的援助を与えるつもりになっている。しかし、要求された金額は莫大な額である。さらにコジモもその他の人びとも、この問題を公けに持ち出すのに消極的であった。大衆は平和を享受しており、将来、危険を冒すようなことには反対で、また金を費やすということになると完全に嫌悪感を示すであろうことを知っていたからである。コジモとその友人たちは公に書簡を送り、われわれは公に対して好意を抱いているが、しかし辛棒せねばならぬと告げる。時機が悪いからだというのである。他方、ヴェネツィア人についていえば、彼らが慎重に振舞い、親切さと優しい言葉をもってフィレンツェ人の好意を得て、援助は必要ない、単に中立であるだけでよろしいと言っておれば、必ずや彼らはその計画を簡単に実現していたことであろう。しかし、彼らはまさにその逆のことをする。傲岸さと頑固さのために、彼らはフィレンツェ人がミラノ公フランチェスコを援助する道を拓いたのである。ヴェネツィア人はナポリ王アルフォンソと条約を結んだ後、フィレンツェに告げて、君たちのためにこの同盟に一つの席を設けておいたので参加するように要求してくる。フィレンツェはこれを拒否する。イタリアは目下、平和であるので新しい同盟を結成する必要はない、と返答するのである。この返答に深く傷つけられたヴェネツィア人は、ヴェネツィア領内にいるフィレンツェ商人を虐待した後、追放処分にしている。彼らはまた、アルフォンソ王にもまったく同じ措置を取らせている。フィレンツェ人はこの報

(1-23) 当時、フランチェスコ・スフォルツァは傭兵隊長として、兵の間に絶大な名声を保っていたからである。

に接すると、直ちにメッセル・オット・ニッコリーニをヴェネツィア派遣の大使に任命して、安全通行証を要求する。これに対し、ヴェネツィアは拒否してくる。フィレンツェが、恐れのためであれ、あるいはヴェネツィア領内での商業活動を続けたいという欲求のためであれ、いかなる要求をしても、それに屈するであろうと考えての措置である。しかし、まさにその正反対のことが生じたのである。フィレンツェの大衆は大いに憤激する。このため支配者たちは、フィレンツェが武装を整え、ヴェネツィア人を攻撃することに関して容易に大衆を説得することができたのである。次いでフィレンツェは、ディエティサルヴィ・ディ・ネローネをミラノ公のもとに派遣し、領土の相互防衛のための同盟を彼と結んで多額の金を彼に与えることになる。公はヴェネツィア人との戦いに入り、ナポリ王アルフォンソはわれわれを攻める。これらの結果はあらゆる歴史書の中で祝福されているので、ここで触れる必要はない。

われわれに対してヴェネツィア人の取った措置が彼ら自身の考えに基づいたものであったのかどうか、私には分からない。あるいは、ミラノ公に好意を抱く誰かがあのような挑発をすれば、フィレンツェの大衆が激怒するのを十分に知りつつ巧みなやり方でフィレンツェの援助を得るために取るべき方法はこれであると、ヴェネツィア人に信じさせたのではないのかどうかも、私は知らない。もしこの計画がこのようにして生まれたのであれば、それが極めて頭の良い、ある人間によって仕組まれたものであったに違いないことは確かである。たとえそれがどうであれ、この例は次のことを示すものである。すなわち、大衆《ポポリ》に命令を下し、彼らを強制することが絶対にできない者は、おまえの意志を大衆に行わせるためには苛酷さよりも愛と優しさをもってした方がはるかに良い結果をもたらすであろう。もちろん、大衆に命令を下し服従させることができれば話は別である。これがどこの大衆にとっても真実であるとすれば、わがフィレンツェについても真実である。われわれは毎日、その例を何千となく見ているのである。苛酷な手段によって大衆を強制できるのであれば、彼らはいかなることも為すであろう。恐怖あってのことである。しかし大衆にそのような恐怖がなければ、いかに恐れさせ、脅し、不安を与えても、いかなることも強制し得ないであろう。おまえは優しさと希望を与えることによってのみ成功するのである。(1-24)

ロディにおいて一方にミラノ公とフィレンツェ人、他方にヴェネツィア人との間に平和が実現される。次いでナポリにおいて平和と全イタリアの一般同盟の宣言がなされる。この同盟から除外されたのはジェノヴァ人とリーミニの領主シジスモンド・マラテスタ(1-25)のみである。フィレンツェは対外的に不安があり、国内的にも騒動があったが、これ以後、長い間、戦争に見舞われることはなかった。これについて私は、知っている限り、より詳細に語りたいと思う。なぜならば、ロディの平和(1-26)から現在までの期間を扱う歴史書をいまだ何びとも書いていないからである。

平和が締結された後、ヴェネツィア人は即刻、傭い入れた隊長ヤコポ・ピッチニーノ伯を解雇する。その真の理由を次にあげる。まず第一は、傭兵契約《コンドッタ》料の負担から解放されることである。ヤコポを傭うための負担は十万ドゥカーティである。第二の理由は、ヤコポを傭っている期間、本来の傭兵隊長であるバルトロメーオ・コリオーネ・ディ・ベルガモ(1-27)にも同額の十万ドゥカーティを支払うことに同意していたからである。ヤコポを解雇すれば、バルトロメーオは六万ドゥカーティで済むのである。第三の理由は、ヴェネツィア国民を救済するためである。なぜなら、ヤコポ伯の兵隊が宿営するところでは、どこでもその地の人びとは多大の迷惑と損害に苦しんだからである。

フィレンツェとミラノはこの解雇の知らせに真実、不快感を抱く。ヤコポ伯は大きな名声に包まれ

(1-24) グイッチァルディーニは一五一二年以降、一五三〇年にかけて訓戒の書、いわゆる『リコルディ』を書き綴っていくが、ここに既にその萌芽を見ることができる。『グイッチァルディーニの「訓戒と意見」――リコルディ』(拙訳、太陽出版、一九九六年)参照。

(1-25) 傭兵隊長。一四六七年没。ブルクハルトは彼について悪徳と放埒、戦争の才能と高い教養が稀有な形で結びついた人物としている。

(1-26) ロディの平和が結ばれた背景は、コンスタンティノープルのトルコによる陥落(一四五三年)である。トルコの脅威が現実のものとなって来たのである。

た隊長である。職を失い放浪している兵を引きつけるのは確実である。これによってイタリアのどこかで面倒なことをしでかし、再び戦争へと火を点ずるのではないかと疑いを抱いたからである。おそらくヴェネツィア人からの秘密の命令に基づいているのかもしれないのである。さらに、一般的平和の実現に一定の役割を果たした教皇ニコラウス[1-28]が、この時期に没している。後を継いだのはカリストゥス[1-29]である。これらすべてを考慮して、ミラノ公とフィレンツェはそれぞれの大使を通してヴェネツィアに対して次のように強く要請する。すなわち、少なくともイタリアの事情がもう少し落ち着くまで、ヴェネツィアはヤコポ伯を傭っておくべきであるというのである。しかし、ヴェネツィア人はこれに耳を貸そうとはしない。ヤコポ伯はヴェネツィアを立ち去る。彼が何をしでかすかをイタリア全体が固唾をのんで見守る中、ヤコポ伯は父ニッコロ・ピッチニーノの昔の借りを返すという口実のもとにシエーナを攻撃する。これに対し同盟国、とくに教皇とミラノ公フランチェスコは憤激する。彼らはシエーナ人のために軍を派遣する。次いで、ヤコポ伯を激しく追撃する。ヤコポは逃げ場を失う。ナポリ王アルフォンソが彼のために、数隻のガレー船を送って彼と彼の兵を無事ナポリ王国に迎え入れなかったならば、ヤコポ伯は確実に万事休していたことであろう。このことから明らかなように、ヤコポ伯はナポリ王の同意のもとに行動していたのである。アルフォンソ王は常に落ち着くことなく、平和にじっとしていられないのである。後に王はジェノヴァを攻撃する。またヤコポ伯をロマーニァに派遣するが、これは私の思うに、マラテスタに対抗するためである。マラテスタを一般同盟から外したのはアルフォンソ王なのである。

この時期、シエーナは依然として分裂しており、毎日、新しい亡命者を出していたので、フィレンツェはナポリ王に疑念を抱き、かつ恐れている。ピオムビーノ問題に、彼が依然として干渉していた

（1-27）コレオーニ（Colleoni）であるが、グイッチァルディーニはコリオーネ（Coglione）と表記する。

（1-28）ニコラウス五世（一四四七―五五年）。

（1-29）カリストゥス三世（一四五五―五八年）。

からである。王がその周辺の諸都市のうち、どの都市であれその一つでも獲得するようなことになれば、フィレンツェは深刻な危険にさらされることになろうと恐れられたからである。なにしろ、生来、野心的で落ち着くことのないアルフォンソを、隣人として持つことになるからである。[1-30] フィレンツェは当時、深刻に分裂している。事態が変わるのを熱望する不満分子が多くいたからである。さらに、政権はいつものごとく精力的ではなかった。事実として弱体化しているように思われた。危険を除去し、権力を確固たるものにすべく、有力市民たちは思いをめぐらす。すなわち、意見を同じくするゴンファロニエーレを選んで即刻、フィレンツェから悪い体液を一掃した方がよいというのである。コジモはそのようには考えなかった。ネリもコジモの意見に同意したが、ネリはこのあと直ぐ没する。コジモもネリも次のように判断してのことであろう。すなわち、ナポリ国王の動きや国外での様々な疑惑や不信を考えると、目下、フィレンツェ国内で厄介な問題を惹き起こすのは賢明ではないと考えたのである。これが一四五七年における状況であったが、この年、ジェノヴァ攻略に全力を傾けていたナポリ王が亡くなる。ナポリ王国は彼の一人息子、庶出のドン・フェルランドのものとなる。アルフォンソの死後、国外からの騒乱と危険が収まると、コジモはいまや敢然と己れの権力の安定のために意を尽くす。一四五八年、ルーカ・ピッティがゴンファロニエーレに選出されると、パルラメントが召集される。[1-31] これによってフィレンツェ政府およびその権限が適切な形に再編成され、その構成も変わる。次いで、数多くの市民を追放に処し、市民権を奪う。この結果、コジモとその支持者が、完全かつ確実にフィレンツェの支配者となるのである。ルーカ・ピッティはフィレンツェ市民によって騎士に叙せられ、絶大な名声と信頼をかち得る。疑問の余地なく、彼こそはコジモに次いでフィレンツェの第一市民と称せられるのである。

(1-30) シエーナはフィレンツェの隣国でライバル都市である。

(1-31) このパルラメントによってコジモ政権の安定が実現される。コジモ政権の基礎となる百人会 (Il Cento) が新たに制定される。

同年、教皇カリストゥスが亡くなり、教皇ピウス(1-32)がその後継者となる。以前はシエーナのアエネアス・シルヴィウス・ピッコロミーニとして知られていた人物である。彼はナポリ王国のドン・フェルランドを、国王として正式に承認する。そしてドン・フェルランドの親族にさえなっている。というのも、国王として承認されるために、ドン・フェルランドは庶出の娘をマルフィ公国を持参金として教皇の甥に嫁がせているからである。しかしその直後、ナポリ王を称しているルネの息子、カラブリア公のジァン・ダンジュが、ナポリ王国の継承権を主張して(1-33)、昔からのアンジュ家とアラゴン家との対立を新たにむし返す。ジァン・ダンジュはフランス王の代理としてジェノヴァを支配しているが、そのジェノヴァから大艦隊を擁して出航しナポリ王国に到着する。ここで彼は、フェルランド王の義兄のセッサ公やタラントの諸君主たち、その他、王国の多くの領主や諸侯と同盟を結んでいる。国王に対する反乱が多発しているのである。ロマーニァで国王に仕えていたヤコポ伯も、王を裏切っている。報酬の悪さもあって、ヤコポ伯はフランス人とより有利な利益のある合意に達し、フランス人に仕えてナポリ王国に侵入するのである。ナポリ王は追い詰められているのを知り、イタリア各地の支配者に援助を求める。ナポリでの同盟に従って援助の義務を果たせというのである。他方、フランスはカラブリア公ジァンの方にこそ援助を与えるよう強く要請してくる。教皇とミラノ公フランチェスコは、フェルランド王に援助を与え、ヴェネツィア人は中立を保つ。コジモとより賢明な人びとにとっては、拱手傍観すべきであるように思われた。溺死せんとしている者の衣類を見守るのである。他人の危難を救うために、なぜコジモが自らの権力を失う危険を冒すべきなのか。さらに、五四年にヤコポ伯がシエーナを攻撃した際、ナポリ王アルフォンソはヤコポを援助したのであるから、同盟を破ったのは国王の方である。したがって、いまや彼に対する同盟の義務は無効になったものといってよい

(1-32) ピウス二世(一四五八―六四年)。

(1-33) シチリア王国、ナポリ王国の継承権はアンジュ家にある。一二六五年、教皇クレメンス四世がフランスの聖王ルイ(ルイ九世)の弟シャルル・ダンジュにこれを与えたことによる。後のフランス王シャルル八世によるイタリア侵入はこの相続権に基づくものである。本文第11章一五八頁以下参照。

のである。

戦争の結果は次のようなものである。国王フェルランドはサルノで悲惨な敗北を喫す。王の主要な傭兵隊長シモネッタはこの戦いで戦死している。このため、王は間もなく王国を失うのではないかと一般に思われた。事実、カラブリア公ジァンがこの勝利に乗じて即刻、次の手を打っていたならば、王は確実に国を失っていたであろう。しかし、カラブリア公ジァンと同盟していた王国内の諸侯たちの行動は、極めて緩慢であった。その理由は、彼らが密かに戦争を長引かせようと欲していたからなのか、あるいは運が国王ドン・フェルランドに幸いしたのか、いずれにせよ彼らは絶好の機会を見失ってしまう。国王はローマとミラノからの援助を得て力を回復させ、新たな戦闘に備えて準備するだけの時間的余裕を得たのである。次いで両軍の戦闘が行われ、最終的にカラブリア公は敗退するのである。国王はその勝利をどこまでも追求する。このため、カラブリア公は王国から逃走し、友人の諸侯たちを見捨てねばならなかった。諸侯はできるだけ早く国王と和解する。ヤコポ伯はミラノ公の仲介でナポリ王国を離れ、ミラノに行く許しが与えられる。そこでミラノ公フランチェスコの庶出の娘ドルシアーナと結婚するためである。

ほぼこの時期、一四六(四)年にコジモ・デ・メディチが没する。コジモは長年にわたって痛風に苦しんでいた(1-34)。もっとも、これによってコジモはフィレンツェの運営に支障を来たすようなことは一度もなかった。死ぬ前に、コジモは葬儀が豪華にならないよう申し付ける。この点、彼の意志は尊重される。それにもかかわらず、彼は自由な一都市がその市民の一人に与え得るあらゆる栄誉を与えられる。なかんずく、その中には公けの法令による祖国の父(padre della patria)という称号がある。コジモは極めて賢明な人間であった。当時のわれわれの知り得る他のいかなる市民よりも富裕であっ

(1-34) 痛風はメディチ家の遺伝病である。コジモが没するのは一四六四年八月一日である。

た。彼の寛大さ、気前のよさ、とくに建築に対する金の入れようは、一市民のそれではなく、一国王のそれであった。彼はフィレンツェにメディチ宮、サン・ロレンツォ教会、フィエーゾレのラ・バディア、サン・マルコ修道院、カレッジョを建てた。彼は、祖国フィレンツェ以外の地にも、エルサレムにさえ建物を立てている。しかも彼の建物は豪華で高価なだけでなく、最高の知性をもって建てられたものである。彼は約三十年間にわたって、フィレンツェの首長であった。このような彼の地位、智恵、財、それに豪華さは、かくも偉大なものであったため、ローマの衰亡以来、私人としてのいかなる市民といえども、彼ほど大きな名声を享受した者はかつていなかったであろう。しかしこれらすべてにもかかわらず、コジモは一私人として、家庭で気取りのない生涯を送り、無限といえる財産と商売を守ってきたのである。商売は大いに成功する。したがって、パートナーとして、あるいは執事としてコジモと一緒に仕事をした者は、いずれも金持ちになったのである。

第2章

ピエロ・デ・メディチの政権――ヤコポ・ピッチニーノ、ナポリで殺害される――ディエティサルヴィ・ディ・ネローネとルーカ・ピッティ――フランチェスコ・スフォルツァの死――ピエロ・デ・メディチに対する陰謀――フィレンツェ、ミラノ、ナポリの同盟――コレオーネの軍事行動――ピエロの死

ピエロ・デ・メディチの政権

コジモが亡くなると、その息子ピエロ[2-1]がフィレンツェの首長となる。彼が父親ほどの智恵や称讃すべき資質を持っていなかったことは確かである。それにもかかわらず、彼は善良な性格で慈悲心に富んでいた。彼を取り巻く有力市民たちは、彼とうまくやっていた。それはピエロの善良な性格のためばかりでなく、痛風というほとんど致命的な疾患によって身体の自由がきかず、ほとんど廃人同様であったため、政務を彼らに任せていたからである。その中のある者たちは大きな権限を簒奪して、あわよくば彼から政権を奪い取ろうとまでしたのである。これについては後に触れられよう。

一四六四年にはさらに（etiam）教皇ピウスも亡くなる。後を継いだのはパウルス[2-2]である。バルボ家出身のヴェネツィア人である。当初、パウルスはフィレンツェに対してたいそう友好的で献身的で

（2-1）痛風病みのピエロ（Piero il gottoso）。

（2-2）パウルス二世（一四六四―七一年）。グイッチァルディーニはパゴロ（Pagolo）と表記している。

あった。このような友好的な関心は、アクイレイアの総主教《パトリアルカ》であるカルマルリンゴ枢機卿の死とともに逆転することになる。レヴァントでトルコに抗して亡くなったこの枢機卿(2-3)は、極めて富裕であった。彼はフィレンツェに大量の宝石や金貨、その他の動産を持っていた。これらの財産を、彼はスカラムピ家の人びとに遺贈する。その一人がメッセル・ルーカの弟ルイジ・ピッティの娘婿にあたる。教皇はその財産を、教会財産であるとしてその引き渡しを要求するが、メッセル・ルーカはその親族を擁護して教皇の引き渡し要求を拒否する。ルーカの権力はそれほど大きかったのである。これに対し教皇は激怒する。このため、ルーカ一族は最終的には教皇の要求に応ぜざるを得ない。これによって教皇は大いに満足する。

ヤコポ・ピッチニーノ、ナポリで殺害される

この時期、ヤコポ・ピッチニーノ伯は、岳父のミラノ公フランチェスコの好意によって、ナポリ王フェルランドと和解する。次いで再度、国王に仕えることになる。国王から金を受け取った後、ヤコポ伯はミラノからナポリ王国に赴く決意を固める。国王を訪ね、かつて彼も彼の父もアルフォンソ王に対してそうであったように、ひたすらフェルランド王の良き召使として仕える以外、何も欲していないことを国王に確信させるためである。ナポリに着くと、ヤコポ伯は想像を絶するほどの栄誉と好意をもって迎えられる。毎日、数時間にわたって、国王はヤコポと秘密の会談を行っている。しかし、ヤコポが国王に暇乞いをし、出発しようとすると、国王は彼と彼の秘書官ブロッカルドを逮捕し投獄する。数日後、ヤコポ伯は殺害される。ミラノ公フランチェスコは、これに対して大いに不快感を示す。伯を保護すると言いながら、実は裏切ったではないか、と言うのである。ミラノ公の娘イッポリー

(2-3) 枢機卿ルイジ・スカラムピは一四六五年三月二十二日、ローマで亡くなっている。なお、カルマルリンゴとは教皇の名誉随行員のポストである。

タは、ナポリ王の息子ドン・フェデリーゴと一緒にシエーナまで来ている。王の長男カラブリア公アルフォンソと結婚するために、ナポリに向かう途中である。ミラノ公フランチェスコは娘に、追って沙汰があるまでシエーナにとどまるよう命じて、その間、結婚を破棄する意図があることをそれとなく匂わす。フィレンツェ人もその立場からして、これらすべてのことに極めて不愉快である。なぜならば、フィレンツェ人も共通の利益のために、ミラノ公とナポリ王との同盟を維持したいと望んでいたからである。多くの市民たち、ミラノ公フランチェスコの友人たちは、公けにもまた私的にも、ともに公に働きかける。公にとっても公の友人たちにとっても、あれほどの安定をもたらしてきた友情を破らないよう説得するのである。結局、ミラノ公はナポリ王との友情を破ることはなかった。ミラノ公はナポリ王によるヤコポ伯殺害に同意を与えていた、と多くの人びとは信じている。その理由は一つには、伯が軍事的にあまりにも大きな名声を博していると考えていたためであり、もう一つの理由は、ミラノ人が伯の父ニッコロ・ピッチニーノを深く愛していたことを覚えていたからであるというのである。それにもかかわらず、私はそれが事実であるとは断言し得ない。そのような判断を下している人は推測によってそうするのであって、証拠に基づいてではないからである。なぜなら、仮りにそのような合意がなされていたとすれば、秘密に包まれていると信じてよいからである。さらに推測というものは、しばしば人を誤らせるものである。ミラノ公の共犯を信じている人びとは、ヤコポ伯の死が先にあげたような理由からしてミラノ公にとって有益であると考えられるという事実によってのみ、そのように信じようという気になるのである。ところで、このような推測は大いに当たっているかもしれない。しかし、私としてはそれについていかなる判断も下すつもりはない。

ディエティサルヴィ・ディ・ネローネとルーカ・ピッティ

これと同じ時期、フィレンツェには新しい不和が生じはじめる。その大部分がメッセル・ディエティサルヴィ・ディ・ネローネの野心によって引き起こされたものである。彼は極めて機敏であった。大変な金持ちで、大いに尊敬されていた。しかし、現在享受している高い地位と名声に満足せず、メッセル・アニョーロ・アッチャイウォーリと共謀して、ピエロ・デ・メディチを退けようと計画する。メッセル・アニョーロ・アッチャイウォーリも大変権威のある人物である。強力な支持者を擁しているメッセル・ルーカ・ピッティが役に立つ道具となろうと考えて、彼らはルーカ・ピッティと交渉をはじめる。貴下をフィレンツェの首長にするつもりだと言って、ルーカ・ピッティにそれを信じさせる。もっとも、二人の間には次のような了解があったといわれている。すなわち、ピエロを排除するや否や、直ちにメッセル・ルーカをも片付けるというものである。これは簡単なことであろうと彼らは考えたのである。なぜなら、メッセル・ルーカはとくに有能といえる人間ではないからである。計画を実行するに当たって、彼らは手はじめに選挙袋[2-4]を閉じるべきであるとそれとなくほのめかす。すなわち、シニョリーア（政庁）や要職はくじによって選ばれるべきであって、選挙（elezione）によって[2-5]ではないというのである。これはピエロによって受け入れられる。なぜならば、このような提案は大衆に好まれているので、それに反対でもすれば面倒なことになるからである。共謀者二人の友人であったニッコロ・ソデリーニが、くじでゴンファロニエーレに選ばれると、彼らはフィレンツェのすべての重要事項を決定してきた百人会議を廃止しようと試みる。ピエロとその友人たち、その中にはメッセル・トッマーゾ・ソデリーニ、メッセル・アントーニオ・リドルフィ、メッセル・ルイジ・グイッチァルディーニ[2-6]、メッセル・ヤコポ・グイッチァルディーニ、メッセル・オット・ニッコリーニ、

（2-4）ボルセ（borse）。有資格者の名札の入れられた袋。この袋から取り出された名札について票決がなされる。票決は白い豆、黒い豆で争われる。黒が賛成、白は反対。

（2-5）選挙によって、とはすなわち a mano 手によることであるが、これは選出を操作できることを意味する。これらについては「解説」三を参照。

（2-6）本書の著者グイッチァルディーニの祖父。一四九〇年に没する。ルイジはヤコポの兄。したがってグイッチァルディーニの大伯父。

その他の人びとがいたが、彼らは公然とこの提案に反対する。このため、最終的にはこの提案は阻止される。ピエロの権力に対抗するその他多くの試みが、ニッコロ・ソデリーニによってなされたので、彼の在任期間中、フィレンツェは非常に興奮した状態に陥っている。しかし彼が職務を離れると、物事は決着したかのように思われた。

フランチェスコ・スフォルツァの死

一四六五年の末(2-7)(一四六六年三月八日)、ミラノ公フランチェスコが没する。その後を継いだのは長男のガレアッツォである。ガレアッツォは、諸侯と戦っているフランス王ルイに傭われてフランスにいる。父の死の知らせを受け取ると、ガレアッツォは変装して急ぎミラノに帰国している(2-8)。スフォルツァ家がフィレンツェ人の友人として、フィレンツェ人はこのような事態に心を悩ます。なぜなら、スフォルツァ家がミラノで権力の座に就いたのはつい最近のことであるからして、政変の可能性も否定し得ないと危惧されたからである。そのうえ、ミラノ公の力と名声を常に恐れていたヴェネツィア人が、公の亡くなった今、公の息子たちに戦いを挑むのではないかとも思われたからである。ミラノの現状維持を計るためには全力を尽くすという点で、フィレンツェ人は一致していた。かくも長い歳月、フィレンツェの安全を保証して来たのはミラノであったからである。フィレンツェ人は直ちに、ミラノに大使としてメッセル・ベルナルド・ジューニとメッセル・ルイジ・グイッチァルディーニを派遣して弔意を申し述べ、いつもの外交儀礼を尽くすとともに、その他ミラノが必要とすれば、フィレンツェの全兵力を提供する旨を伝えることである。また、二人の大使の役目は事態を観察し、何が為されねばならないかを報告することである。ミラノに到着して二人の大使が見たのは、すべての臣下が服従を誓って

(2-7) 当時のフィレンツェの暦では新年は三月二十五日に始まる。一四六五年の末とは今日の暦では六六年三月である。

(2-8) ガレアッツォを傭っていたのはルイ一一世である。変装して帰国したのは身代金目あての下級騎士の手から逃れるためである。

いることである。しかし他方、資金不足のため、またヴェネツィア人の攻撃に対する恐れのために大混乱に陥っているのも見て取っている。このような理由からして、ミラノは大使に貸付金を求める内容の書簡をフィレンツェに送るよう要請する。その担保としては、ミラノの最も安定した収入源を提供するという約束もなされる。

ピエロ・デ・メディチに対する陰謀

この要求はフィレンツェでプラティカ（特別会議）にかけられて承認される。大使は二万ドゥカーティを提供するよう命ぜられる。これは直ちに送金されるであろう。しかし実際に送金する時になって、メッセル・ルーカ、メッセル・アニョーロ、それにメッセル・ディエティサルヴィが、ミラノ国に対するピエロの大きな名声を傷つけようとして貸付金を阻止する。このため、貸付金は送金されない。これはフィレンツェにとって大きな恥辱であり不名誉なことであった。このため、感情が日ごとに高まりつつある。この論争が解決されるためには、いずれか一方が勝たねばならないことは明らかである。確かに多くの話し合いがなされ、意見の一致が見られたとして、市民たちはそれを断言し、必ず約束を守るとも誓っている。しかしピエロがカレッジ[2-9]に出かけた時、敵はその帰路を狙って彼を殺害しようとする。武装した刺客がサンタンブロージョ・デル・ヴェスコヴォに配される。フィレンツェへの帰路、ピエロはいつもここを通っていたからである。彼らがこの場所を利用できたのは、メッセル・ディエティサルヴィの兄弟がフィレンツェの大司教であったからである。しかし、ピエロとメディチ家の運命の女神[2-10]がそうさせたのであろう。ピエロは今回に限っていつもの路を取らなかったために無事、フィレンツェに帰り着いている。争いが毎日悪化して行くにつれて、フィレンツェは多く

(2-9) コジモ・デ・メディチの建てた有名なメディチ家の別荘。

(2-10) la buona fortuna 歴史に働く運命は次第にグイッチァルディーニの重要な概念になっていく。

の武装した人間や武器で一杯になる。双方とも、外からの援助を手配していたからである。ついに、ピエロの支持者であったルベルト・リオーニがゴンファロニエーレになる。シニョリーア（政庁）のメンバーもピエロ側である。敵は恐怖に駆られる。メッセル・ルーカは敵方に巧みに籠絡されていたが、いまやピエロのもとに戻って来る。パルラメントが召集される。パルラメントは、メッセル・アニョーロ・アッチャイウォーリとその息子たち、メッセル・ディエティサルヴィとその息子たちおよびその兄弟たち、それにニッコロ・ソデリーニをフィレンツェから追放処分にする。これらすべてがピエロの望みに従って処理される。この際、父コジモとは異なって、ピエロが大変慈悲深いことが判明する。なぜならば、罰しないで放置しておくとあまりにも危険になり過ぎるように思われた人間は別として、何びとをも罰するのを許さなかったからである。メッセル・ルーカはフィレンツェに留まることを許されたが、力を奪われ地位も名声も失った。これはルーカの愚かさに対するふさわしい罰であった。彼は高い地位を楽しんできたが、これは彼の値打ちをはるかに越えるものであった。この地位をより高めようとして、ルーカは持てるもののすべてを失ったのである。

フィレンツェ、ミラノ、ナポリの同盟

フィレンツェにおけるこのような政変は、イタリアに多くの動きを惹起する。ヴェネツィア人はこうした混乱した状況からして、フィレンツェは彼らの計画に対抗し得ないであろうと夢想する。彼らはとくに、ヴェネツィアに亡命しているわがメッセル・ディエティサルヴィとニッコロ・ソデリーニの議論に心動かされる。わが亡命者たちはヴェネツィア人に次のように説く。すなわち、フィレンツェ政府を打倒し彼らを権力の座に就けることがいかに容易なことであるか、その後、わがフィレンツェ

がヴェネツィアを援助すれば、ヴェネツィアのいかなる企ても容易に実現されるであろう、というものである。この結果、教皇、ヴェネツィア人、フェラーラ公[2-11]ボルソとの間に一つの陰謀が生まれる。フェラーラ公ボルソは、わが亡命者たちの友人である。その陰謀とは、すなわち、数カ月たつとヴェネツィア人の傭兵隊長バルトロメーオ・コリオーネの傭兵契約が切れるが、その際、彼は自由な騎士としてミラノ公ガレアッツォか、あるいはわれわれに対して行動を起こすというものである。フィレンツェはこれを耳にすると、メッセル・トッマーゾ・ソデリーニとヤコポ・グイッチァルディーニを大使としてヴェネツィアに派遣する。できれば彼らを説得して、元の一般的な平和の道に戻すためにである。ヴェネツィアから、彼らはミラノに赴く予定である。ミラノ公と協議し、もし必要とあれば、われわれ共通の安全のために必要とされる措置を決定するためである。ヴェネツィアに到着すると、彼らは極めて栄誉ある形で迎え入れられる。滞在の期間中ずっと彼らの耳にするのは、大変心地よい一般論である。しかし細かい点になると、ヴェネツィア人の意図をうかがわせるいかなることも聞き出せない。ヴェネツィアから彼らはミラノに行き、共通に取るべき行動方針について協議し、数日後、フィレンツェに帰国している。これらのヴェネツィアの動きはミラノ公やわれわれにとって危険であったが、同じように、ナポリ王フェルランドにとっても危険であった。したがって、それぞれの国の防衛のために、これら三国の間に特別の同盟が結成される。すべての国の安全のために必要な計画が練られるのである。しかしバルトロメーオ・ダ・ベルガモの攻撃準備がこの間、日々その速度を増している中、フィレンツェ人は同盟国の準備が極めて緩慢になされていると考え、メッセル・アントーニオ・リドルフィをナポリに、メッセル・ルイジ・グイッチァルディーニをミラノに派遣し、それぞれに急ぐよう要請している。この同盟の指揮官となったウルビーノ公フェデリーゴ[2-12]は、シニョーレ・ル

(2-11) フェラーラ公国はエステ家の支配下にあった。ボルソ（一四三〇―七一）、エルコーレ一世（―一五〇五年）、アルフォンソ一世（―一五三四年）。パウルス二世によってボルソがフェラーラ公になるのは一四七一年四月十四日である。

(2-12) フェデリーゴ・ダ・モンテフェルトロ（一四四四―八二年）、通称大フェデリーゴ。

ベルト・ダ・サンセヴェリーノに率いられたわれわれ自身の兵とともに直ちにロマーニァに入る。同盟の傭い入れたシニョーレ・アストッルレ・ディ・ファエンツァは、数日もたたないうちにロマーニァで裏切ってヴェネツィア側に身を投ずる。ボローニァとイーモラは同盟側につき、ペーザロはヴェネツィアに、リーミニは中立を保つ。

コレオーネの軍事行動

四月に向かって、バルトロメーオはヴェネツィア領を離れロマーニァに向かう。ロマーニァからトスカーナ領に入り、フィレンツェ共和国を打倒するためである。バルトロメーオには、メッセル・アニョーロ・アッチァイウォーリ、メッセル・ディェティサルヴィとニッコロ・ソデリーニが従っている。ミラノ公ガレアッツォはこの知らせを受け取ると、直ちに大軍を率いてロマーニァに入り、ウルビーノ公と合流する。ガレアッツォ公の軍には二千名の騎兵が入っている。その費用はフィレンツェが支払っている。ミラノ公は数多くの兵を持っているが、彼らを装備させるだけの金がないからである。これに対し、われわれには十分な兵がいない。そのため彼の兵を傭い入れて、かくして公の必要とわれわれの必要とをともに満たしたのである。ナポリ王の傭兵隊長ドン・アルフォンソ・ディ・ダヴォーレスもまたロマーニァに入り、ウルビーノ公と合流する。わが軍の宿営は戦場にあって、バルトロメーオ・コリオーニのそれと向かい合っている。ミラノ公ガレアッツォがフィレンツェに到着しピエロ・デ・メディチの館に客となった後、ついに相対峙していた両軍の間にムリネルラで素晴らしい戦闘が交わされる。勝敗は決せられなかったが、同盟側に有利であった。数日後、わが軍はナポリ王国の兵によって強化される。このため、勝利は目前に迫っているかのように思われる。しかしまさにこの時、ミラノ公ガレアッツォは兵の大部分を率いてミラノに帰ってしまう。これは子供の所業といえたが、私の思うに、フィレンツェから期待通り金を得られなかったからである。このため、状況は行き詰まってしまう。したがって、誰もが和平を考えはじめる。停戦協定が結ばれ、数日後には戦闘行為が止む。バルトロメーオはヴェネツィア人の領土に帰る。名声を高めることもなく、あるいは期待していた望みを達成することもなかった。

バルトロメーオがロンバルディア[2-13]に帰った後、フィレンツェは約一年間、平和を享受する。次いで一四六九年になると、教皇パウルスがリーミニに対する教皇庁の要求を実現すべく兵を集める。リーミニはシニョーレ・ジスモンド[2-14]の庶出の息子ルベルト・マラテスタの支配下にある。教皇はルベルトを勅書や懲戒をもって攻撃する。ルベルトが自暴自棄に走りヴェネツィアに身を投ずるのではないかと恐れた同盟国は、ルベルトを傭い入れ、いかなる攻撃に対しても彼を保護することを約束する。それにもかかわらず、激怒した教皇は兵をリーミニに送る。ヴェネツィアから援軍の約束を得ていたからである。さらに彼は、同盟国が防衛ということで一つにまとまることはないものと思い込んでいたからである。同盟側も同盟側で、何を為すべきかについて長々と議論を重ねている。しかし合意に達することができなかったので、当分の間、ルベルトにはリーミニが敵の手に落ちるのを阻止できるだけの援軍を送り、同時にローマには大使を派遣することを決定する。派遣の理由は、同盟側がリーミニを保護下に置いたのは教会を害するためではなく、単にリーミニがヴェネツィア人の手に落ちるのを阻止するためである、ヴェネツィア人は教会の所有地を常に占拠して来たではないかと言って正当化するためである。同盟を結成しリーミニを保護下に置いたのは、ひとえにイタリアの平和のためであることを教皇に論証するためである。また、やがて互いの不和を打開するための何らかの方法が見

(2-13) ロンバルディアとなっているが、二行前ではヴェネツィアである。ヴェネツィアが正しい。

(2-14) シジスモンド・マラテスタ。

出されることを約して、教皇に兵をリーミニから撤退するよう要請するためである。ルベルトも教皇庁に対する義務を怠ることはないであろうからというのである。教皇が兵の撤退を拒絶した場合には、大使は次の点を強調するよう指令されている。すなわち、イタリアの平和を維持し、ルベルトに対する約束を守るために、同盟諸国はルベルトを守り、あらゆる手段を用いてその目的を達成するであろう。ルベルトを攻撃する者は誰であれ攻撃されよう。これにはいかなる例外もあり得ないであろう、というものである。フィレンツェは、メッセル・ニッコリーニと、メッセル・ヤコポ・グイッチァルディーニを派遣する。彼らはミラノ公の大使たちと行を共にする。この時期、リーミニ包囲が強化されつつある。ナポリ王は隊長のカラブリア公ドン・アルフォンソにトロントを越えさせる。これによって彼は無事、ウルビーノ伯(2-15)と合流することができる。ウルビーノ伯にとってこの援軍は非常に歓迎すべきものであった。なぜなら、彼は教会軍を恐れていたからである。フィレンツェは伯にシニョーレ・ルベルト・ダ・サンセヴェリーノを、ミラノ公の兵の一部とともに派遣する。しかし、多数ではない。なぜなら、ミラノ公はこの問題にやや冷淡であったからである。両軍が対峙し、合戦が行われ、ウルビーノ伯が教会軍を壊滅させている(2-16)。

当初、教皇は昂揚した精神を保っているように思われた。しかし約束されていたヴェネツィア人からの援軍が来ないと、考えが講和を結ぶ方に傾きはじめる。同盟側はいかに対処すべきかについて合意に達することができなかったので、フィレンツェで会談が持たれる。そこにはナポリ王国とミラノ公の大使たちも出席している。ナポリ王とミラノ公の意見の食い違いのために、いかなる協定も達せられない。しかし会談はナポリに移されて続く。フィレンツェを代表する大使は、メッセル・オット・ニッコリーニである。様々な交渉が進められていた。ナポリ王はヴェネツィア側につくのではないか

(2-15) グイッチァルディーニはウルビーノ公フェデリーゴ・ダ・モンテフェルトロを時に伯conteとしている。実はフェデリーゴ・ダ・モンテフェルトロがウルビーノ公になるのは一四七四年のことである。

(2-16) 一四六九年八月二十九日、リーミニの戦い。

と考える者も出てくる。しかし最終的には多くの会議を経た後、一四七〇年になって、ナポリ王、ミラノ公、われわれを含む同盟が更新される。これには全イタリアの一般的平和と同盟に関する一定の条項が付け加えられているが、これについては後に触れられよう。

ピエロの死

一四六九年十二月、講和条約が締結される前に、ピエロ・デ・メディチがフィレンツェで没する。(2-17) 彼の死は全フィレンツェを悲しませる。なぜなら、六六年の事件が示しているように、ピエロはのんびりした、慈悲深い男で、常に親切であったからである。六六年の際、彼は必要最小限の罰しか与えなかった。事実、その罰でさえ有力市民たちによって押し付けられたものであった。自ら望んだ以上の罰であった。彼は二人の息子を残した。ロレンツォとジュリアーノである。兄のロレンツォはわずか二十歳か二十一歳の若さであったため、(2-18) 内外の多くの人びとはピエロの死とともに政変が起こるのではないかと思った。しかしそうはならず、ピエロの亡くなった晩、あるいはおそらく翌日の晩であったであろう、フィレンツェの華ともいうべき六百人以上の市民たちがサント・アントーニオに集い、現在の政府と団結を維持し、ピエロの息子たちを権力の座に据えることに同意する。全フィレンツェがこのように一致したのは、おそらくトッマーゾ・ソデリーニの努力によるものであろう。当時、トッマーゾ・ソデリーニはおそらく市民の中でも最も名声のある、最も賢明な人物であったであろう。しかし彼はロレンツォを自由に扱えるものと思っていた。なぜならロレンツォは若かったし、さらに権力を掌握するに当たってソデリーニにいわば借りがあるからである。しかしこの点、ソデリーニはうまくいかなかった。政府の威信を高め、フィレンツェの団結力を見せるために、三十万ドゥカーティ

(2-17) ピエロが亡くなるのは十二月二日である。サン・ロレンツォ教会に葬られる。

(2-18) この時、ロレンツォは二十一歳、弟ジュリアーノは十六歳である。

の財政法案が上程され、すべての会議で可決される。講和がまだ結ばれていないので、このような措置はその時代の要求するものであった。かくして、権力は相続によってロレンツォ・デ・メディチの手に移る。ロレンツォ[2-19]はその死に至るまで大きなヴィルツウをもってフィレンツェを支配し、それに成功したのである。これについては次に触れよう。

(2−19) Lorenzo il Magnifico ロレンツォ・イル・マニーフィコ(一四四九−九二年)。豪華公ロレンツォ、あるいは大ロレンツォとも呼ばれている。

第3章

トルコに対する一般同盟のための交渉――ロレンツォ・デ・メディチの政権――教皇シクストゥス四世の選出――ヴォルテッラとの戦い――二つの同盟――ミラノ公ガレアッツォの死

トルコに対する一般同盟のための交渉

既に述べたように、一四七〇年、ナポリ王、ミラノ公、それにフィレンツェ人との間に同盟が締結される。この同盟条約には次のような一条項が入れられていた。すなわち、三国はそれぞれ教皇のもとに大使を派遣し、教皇にこの同盟を祝福し、またこの同盟に参加するよう要請するというものである。三国は、五五年、教皇ニコラウスのもとで結成されたのと同じ条件で、イタリアのすべての国の加入する一般同盟を狙っていたのである。しかし、ナポリで締結された特殊同盟は維持されねばならないし、いかなる形でもこの一般同盟によって損われてはならないとされたのである。

　この条項を入れた理由は、トルコ皇帝(3-1)がヴェネツィアからネグロポンテとその他の土地を奪い取ったことである。ナポリ王フェルランドは思う。ヴェネツィアに対して戦いを続けることは、己れ自身の国を重大な危険にさらすことになろう。これほど長い海岸線と、これほど多くの地域が、トルコによる攻撃にさらされているのであるから。このような理由からフェルランドはヴェネツィア人に近寄

（3-1）メフメト二世（一四五一―八一年）。コンスタンティノープル、バルカン半島、エーゲ海にあるヴェネツィア領を数多く占領。ヨーロッパに脅威を与える。オスマン帝国隆盛の基礎を置く。

り、彼らと同盟を結びたいと望んだのである。そうなれば、ヴェネツィア人とともに共通の危険から身を守る措置を取ることができよう。彼はヴェネツィア人との同盟を己れ自身の手で実現したかったであろう。しかし、ミラノ公とフィレンツェ人がこの同盟を認めなかったならば、彼もヴェネツィア人もイタリア問題のために十分安全と感ずることができず、このためトルコ問題の処理にのみ掛かり切ることはできなくなるであろうと考える。さらに彼は思う。すなわち、ミラノ公とフィレンツェ人と同盟し、次いでヴェネツィア人と一般同盟に入ることによって、己れの望むところをヴェネツィア人から受け取ることができるのみならず、これほど重大な危険にあってトルコと戦うために全イタリアの援助を手にすることも容易となるであろう。かくして、彼は極めて抜け目なく、この特殊同盟を推進し、しかもその中に先に触れた一般同盟に関する一条項を挿入したのである。一般同盟を成立させるために、三国はそれぞれローマに大使を派遣する。フィレンツェは、メッセル・オット・ニッコリーニと、ピエールフランチェスコ・デ・メディチ(3-2)を任命する。しかし数日後、オットが亡くなる。そのため、ヤコポ・グイッチァルディーニが彼に代わってローマに赴く。

この使命は極めて困難なことが判明する。また予想以上に時間を要する。同盟国はその特殊同盟を維持することを望んだ。教皇もこれに反対しなかったが、教皇の名誉が尊重されるような形で維持されるのを欲する、とのみ付け加えている。しかし、いかなる提案を行っても、教皇は必ず難クセをつける。その真の理由は、実は教皇が協定に達するのをまったく望んでいなかったことに存する。なぜなら、イタリアが平和であれば、教皇はトルコに進撃せねばならなくなろうと考えたからである。そして、トルコ進撃には消極的であった。金がかかるからである。しかし一般同盟が締結されなければ、教皇は何はともあれ、まずイタリアに平和が実現されねばならぬといえる口実が与えられることにな

(3-2) コジモ・デ・メディチの弟ロレンツォの子、すなわちコジモの甥である。フィレンツェで大きな名声を有していた。この家系から後のトスカーナ大公コジモ一世が出る。系図参照。

ろうから。

同盟諸国からの困難もあった。なぜなら、ミラノ公はこの同盟には気がすすまなかったからである。しかし最終的には、ナポリ王とヴェネツィア人の強い決意のもとに、ミラノ公も教皇も同意することになる。ミラノ公はナポリ王と手を切らざるを得なくなるのを避けるためであり、教皇は同盟に加入しないイタリアでの唯一の国にならないためにである。このようにして、全イタリアの一般同盟が成立する。ナポリ王フェルランド、ミラノ公ガレアッツォ、それにフィレンツェ人の特殊同盟も維持される。次いで、対トルコ戦のための一般援助金についての話し合いが始まる。ナポリ王フェルランドが熱心に主張している問題である。この話し合いにはヤコポ・グイッチァルディーニ(3-3)が一人で加わっている。ピエールフランチェスコがフィレンツェに帰国していたからである。

問題を内にはらんでいる物事というものは、ほんのちょっとした故障が持ちあがっても、もうそれで実現されずに終わるということはしばしば見られるが、このたびもそのようなことが生じたのである。条約文書を作成するに当たって、二、三の語句をめぐって対立が生まれる。ミラノ公の大使が一定の語句を挿入するのを望んだのであるが、教皇がそれを拒否する。語句そのものはそれ自体、重大なものではなかった。この結果、ミラノ公はこの同盟に批准しなかった。フィレンツェ人の批准は到着していたが、フィレンツェの大使はこれに署名しなかった。また、この文書を作成した書記官も署名していない。これがフィレンツェを支配している人びとの意志であった。すなわち、ミラノ公との関係を断ちたくなかったのである。しかし、署名してはならないという決定は公けの決定ではなかった。政権を握っている者に大きな負担をかけないためにである。かくして実際は、この問題は中途半端のまま放置される。

(3-3) グイッチァルディーニの敬愛する祖父である。

ロレンツォ・デ・メディチの政権

この時期、すなわち一四七〇年頃、ロレンツォ・デ・メディチは、次に述べるような出来事が示しているように、フィレンツェの支配権を確立しはじめる。シニョリーア（政庁）を選出せねばならぬアッコピアトーリ[3-4]は百人会によって選ばれていたが、その手順は次のようなものである。支配階層は夜会に集い、個人的に了解し合い、ここで誰をアッコピアトーリにすべきかを話し合う慣わしであった。アッコピアトーリとその他の要職のための氏名が決定されると、百人会にかけられる。この会議は一般的に、支配階層の言うがままになるのである。しかし、この百人会が時折り提出された名簿から逸脱しはじめると、ロレンツォとその友人たちはアッコピアトーリにおける突然の変化のために、政権が簡単に変化してしまうのではないかと恐れはじめる。多くの私的な長い会合を重ねた後、次のような決定を行っている。すなわち、今後五年間というもの、七月と八月任期のシニョリーア（政庁）が同じ任期中のアッコピアトーリとともに、新しいアッコピアトーリを選出する権限を有することになるというものである。ひとたびこれが決定されると、メッセル・アニョーロ・デルラ・ストゥーファがゴンファロニエーレを務めるシニョリーアが即刻、コレッジョと百人会を召集し法律を通過させる。彼らが職務を去る前日の朝である。政権は確保され、ロレンツォはこの措置によって大きな権力と名声を手にしたのである。力を増すにつれ、ロレンツォはフィレンツェの支配者となり、何びとの言いなりにもならないと決意しはじめる。メッセル・トッマーゾやその他、名声に包まれ、一門の支持を得ている人びとがあまりにも強力にならないように気を配っている。ロレンツォは、彼らが大使職やその他フィレンツェの要職に就くのを許している。しかし同時に、抑えてもいる。時には、始めたばかりの仕事を途中でやめさせることもあった。他方、ロレンツォは有力な親族を欠いた身分の低い人

（3-4）本文三六頁訳注（1-17）参照。

びと、何ら恐れる必要のない人びとに好意を示す。メッセル・ベルナルド・ブオンジローラミ、アントーニオ・プッチといった人びとである。一年か二年たつと、メッセル・アニョーロ・ニッコリーニ、ベルナルド・デル・ネロ、それにピエールフィリッポ・パンドルフィーニ、その他同様の人びとに好意を示している。ロレンツォがよく口にしていたといわれているものに、次のような言葉がある。曰く。父が私と同じようにしてメッセル・ルーカやメッセル・ディエティサルヴィ、メッセル・アニョーロ・アッチァイウォーリ、その他の人びとに少しばかり圧力をかけていたならば、六六年に危うく権力を失うところまで行くことはなかったであろう、というものであった。

教皇シクストゥス四世の選出

イタリアの事情が少しばかり鎮静化してきた時に、教皇パウルスが亡くなる。彼の後を継いで選出されたのは、サヴォーナ人のフランチェスコである。彼はフランチェスコ派の修道僧となり、次いでこの修道会の総会長となったサン・ピエトロ・イン・ヴィンクラ枢機卿である。教皇名はシクストゥスである。(3-5) シクストゥスが教皇に選ばれて間もなく、わが領土に新たな紛争が生じる。この紛争はヴォルテッラ領にあるみょうばん鉱をめぐってのものである。(3-6) みょうばん鉱はヴォルテッラのものであったが、ロレンツォはこれを自分のものにしようと望む。ヴォルテッラ人がこれを嫌がると、ロレンツォは自分の望みが叶えられない場合には名声に傷がつくのではないかと恐れはじめる。名誉のためとばかり、ロレンツォはヴォルテッラ人に強い圧力をかけはじめる。他方、ヴォルテッラ人は憤激する。ただし、なぜ彼らがあれほどまで憤激したかについては、私は詳しくは知らない。敵意と疑惑が生まれる。彼らは必ずしもシニョリーアに服従しているわけではないので、ついに一四七二年、彼らは武

(3-5) フランチェスコ・ダ・ローヴェレ、教皇シクストゥス四世(一四七一―八四年)。

(3-6) みょうばん(明礬)は羊毛工業にとって重要な意味を持っていた。媒染剤として使われる。

器をとり、わが統治に服従を拒み反乱に踏み切る。

ヴォルテルラとの戦い

フィレンツェは、ヴェネツィア人、あるいはナポリ王フェルランドのいずれかが反乱の火を点じたのではないかと強い疑惑を抱く。なぜなら、ヴォルテルラ人はヴェネツィア人、ナポリ王に対してだけでなく、ミラノ公ガレアッツォを除いて全イタリアに大使を派遣していたからである。このため、フィレンツェはできるだけ素早く強力に反乱の火を消そうと決意する。フィレンツェの有力市民二十人に戦争遂行のためのバリーア（大権）が与えられる。ミラノ公ガレアッツォのみならず、ナポリ王と教皇もともにこの火を鎮火させるための援助を惜しまないつもりだとしていることを耳にすると、二十人バリーアはヤコポ・グイッチァルディーニをコッメサーリオ[3-7]・ジェネラーレ（総代理）に任命し、兵を集め、ヴォルテルラの農村部《コンタード》を奪還するよう命令を下す。メッセル・ボンジァンニ・ジァンフィリアッツィ[3-8]が、ウルビーノに派遣される。この軍事作戦の隊長に選ばれたウルビーノ公を迎えるためである。

ヴォルテルラの農村部《コンタード》は、打撃を加えることなく即座に奪還される。この少し後、ウルビーノ公が到着する。メッセル・ボンジァンニは、コッメサーリオとしてヤコポとともに陣営にとどまるよう命令される。ヴォルテルラ包囲が直ちに開始される。ウルビーノ公はヴォルテルラを攻略するためにあらゆる努力を払い、軍事的なあらゆる手を打つ。ヴォルテルラ人は激しい攻撃にさらされ、外からの援軍の希望もなく、その窮境を脱するいかなる可能性もないのを見て降伏する。条件は生命財産の保証である。しかし、ヴォルテルラを占領するに際して、大きな騒動が起こり、無防備の市は完全に略

（3-7）コッメサーリオに相当する訳語が見当たらない。したがって、あえて訳さないでおく。外国との戦争やフィレンツェ領内の紛争などに際して、特別に任命され、兵の徴集やその他、輜重関係の仕事に当たる重要なポストである。

（3-8）グイッチァルディーニの母シモーナはこのボンジァンニの娘である。

奪される。これはウルビーノ公に原因があるとされている。コッメサーリオたちは略奪を阻止しようとあらゆる努力を払っている。略奪はフィレンツェにとっても不愉快なことであった。なぜならば、ヴォルテルラを無傷のままで、また反乱以前にそうであったように豊かな状態で取り戻したかったからである。多くの人びと、とくにヴォルテルラ人はこの略奪がフィレンツェの命令で実行されたものと信じているが、これは誤りである。なぜなら、フィレンツェはこの突発事件であれほど動顚するようなことはかつてなかったからである。

二つの同盟

翌一四七四年には、イタリア諸国の間で、新しい結合と同盟の動きが見られる。教皇はナポリ王フェルランドの親友である。ウルビーノ伯も同様に、ナポリ王に全身全霊をもって傾倒している。いまやナポリ王は、このような支持を利用してイタリアの支配者たらんと欲する。これは、ミラノ公、その他の国々にとって極めて迷惑なことである。その結果は、ミラノ公、ヴェネツィア人、フィレンツェ人による防衛同盟の結成である。のちに、フェラーラ公エルコーレもこの同盟に加わる。しかも名目的なものでなく、あるいは支持者としてでもなく、まさに重要な同盟者としてである。ミラノ公はヴェネツィア人に接近し歓待しはじめる。愛情と善意の証拠を機会があればできるだけ示そうとする。ヴェネツィアの大使には最高の栄誉を与え、特別に優先させる。外交上の栄誉や優先権については、ヴェネツィアの大使はローマにおいても、その他イタリアのどこにおいても物議をかもして来た問題なのである。ミラノ公はヴェネツィア人に、対トルコ戦のための援助金を与える。一四七五年、フィレンツェは贈り物として一万五千ドゥカーティを与えている。これはガレー船を武装させるために使われる。

この同盟は、教皇にとっても、ナポリ王にとっても不愉快極まるものであった。ナポリ王とウルビーノ公は自らローマにやって来る。この同盟を粉砕すべく、何らかの方策を考えようという、ただそれだけのためにである。一番良い方法は、かつてニコラウスの時代(3-9)に、次いでパウルスの時代(3-10)に結成されたように、全イタリアの一般同盟を提唱することであると結論づけられる。これは、教皇がトルコに対して宗教を防衛するために必要であると称せばよいのである。彼らは、ヴェネツィア人が容易にこの一般同盟を受け入れるであろうと考えていた。当時、ヴェネツィア人を激しく圧迫しているトルコ人との戦いで、援助金を得るためにもたやすく受け入れるであろうと考えている。ヴェネツィア人が同盟に加入するのを欲し、これに対し、ミラノ公とフィレンツェが望まないのであれば、彼らの同盟は破られることになろう。ミラノ公とフィレンツェ人も一般同盟に加入するのであれば、この一般同盟が特殊同盟を粉砕するという所期の目的を達成することになろう。彼らはこのように考えたのである。

同盟国の要人たちは、このような術策を見抜いていた。それぞれの国がともにローマにその大使を派遣する。大使たちは互いに決してばらばらになってはならないという命令を受けている。彼らは教皇との、あるいは枢機卿とのすべての交渉、あるいは謁見に一緒に立ち合い、特殊同盟を維持できるならば喜んで一般同盟に加入するであろう旨、返答するよう命ぜられている。このような返答は教皇にもナポリ王にも気に入られなかったので、交渉は打ち切られる。しかし数カ月後、交渉は再び始まる。教皇もナポリ王も依然として、あの特殊同盟を粉砕したいと望んでいたからである。さらに、彼らの計画は日ごとに、より容易になりつつあった。なぜなら、ヴェネツィア人はその対トルコ戦に当

（3-9）一四五四年のロディの平和およびナポリでの一般同盟（本文四一頁参照）。

（3-10）一四七〇年（本文五七―五八頁参照）。

たってキリスト教諸君主の援助を熱烈に望んでいたのに対し、ミラノ公は望んでいなかったからである。ヴェネツィア人が戦争に従事している限り、彼らを恐れるいわれはないとミラノ公は考える。しかし平和になれば、ミラノ公国が安全であるという保証はなくなる。ヴェネツィア人とミラノ公との間には悪感情が芽生えている。ミラノ公がナポリ王と提携し、その同盟者になるつもりでいるようにしばしば思われたからである。彼はその目的のための交渉さえ行っていたのである。しかし、それを実際に実現させることはなかった。おそらくフィレンツェがそれに同調することはなかろうと感じ取っていたからである。なぜなら、フィレンツェはそれほどの気紛れ、移り気を是認することはないからである。

ミラノ公ガレアッツォの死

次いで、ミラノ公ガレアッツォが死ぬ。これは大きな事件、大きな騒動の始まりである。一四七六年十二月二十六日、サン・ステーファノの日、ミラノにおいて公はジョヴァンニ・アンドレア・ダ・ランポニァーノによって殺害される。[3-11] あとには幼い息子ジョヴァン[3-12]・ガレアッツォが残される。このため臣下が騒動を起こすのではなかろうかと誰もが恐れる。そのようなことにでもなれば、フィレンツェにとっては極めて不愉快なことになろう。スフォルツァ家との長期間にわたる友情と関係のためばかりでなく、わがフィレンツェが何かあった際にミラノから引き出して来た安全と名声のためにである。メッセル・トッマーゾ・ソデリーニと、メッセル・ルイジ・グイッチァルディーニは、直ちに大使に任命され、急拠、ミラノに向け出発する。ミラノに到着し、すべてが整然としているのを見て、彼らは事態を安全に正しい方向に導くためにできる限りのことをする。その結果、公国はミラノ公ガ

(3-11) グイッチァルディーニのテキストではランポニァーノ（Lampognano）となっているが、一般にはランプニァーニとされる。犯行は三人でなされた。ランプニァーニ、カルロ・ヴィスコンティ、ジローラモ・オルジアーティである。この犯行の背後には人文主義者のコーラ・デ・モンターニなる人物がいる。暴君からミラノを解放せよというものである。サルスティウスのカテリナ陰謀の影響を受けたものとされている。

(3-12) 一般にはジァン・ガレアッツォである。

レアッツォの妻マドンナ・ボーナの手に委ねられる。マドンナ・ボーナが息子のためにミラノを掌握し、それを守ることになる。すべての政務はメッセル・チェッコ・シモネッタの手に任される。チェッコ・シモネッタはカラブリア出身で、身分は卑しかったが、フランチェスコ公の書記官として、また秘書官として高い評価を与えられて来た人物である。その後、ガレアッツォ公のもとで最高の名声を博している。次いでマドンナ・ボーナのもとで、運命の女神は彼に拘束されない絶対的な権力とミラノ公国全体の統治権を与えることになる。マドンナ・ボーナとガレアッツォ公の弟たち、すなわち、モンシニョール・アスカーニオ枢機卿と、バリ公のロドヴィーコ・スフォルツァ(3-13)との間で一定の取り決めがなされる。これらの事柄に決着がつくと、二人の大使をミラノに置いておくのは無用のことと思われたので、メッセル・ルイジがフィレンツェに召還され、メッセル・トッマーゾがミラノに留まることになる。メッセル・トッマーゾの地位は名誉あるものであった。二つの国家の和合のためであり、また一フィレンツェの大使、とくにトッマーゾのような、極めて有能な一大使が享受した信頼、力、権威のためである。

次いで、公国に騒動が起こる。シニョール・ロドヴィーコとモンシニョーレ・アスカーニオが、シニョーレ・ルベルト・サンセヴェリーノと共謀して政権奪取のため事を起こそうとしたからである。その疑惑が明るみに出ると、シニョーレ・ロドヴィーコはピサに、アスカーニオ枢機卿はローマに監禁され、シニョーレ・ルベルトはミラノ領から追放される。この件には、わがフィレンツェとその政府が関与している。その合意のもとに処理されたのである。フィレンツェの意図は公国をガレアッツォ公の息子たちのために保護する以外の何物をも求めなかったのである。したがって、マドンナ・ボーナの政権とメッセル・チェッコの権威を支持したのである。わがフィレンツェが平和で平穏のうちに

(3-13) ロドヴィーコ・イル・モロである。

あったならば、マドンナ・ボーナの政権とメッセル・チェッコの権威は疑いの余地なく維持されていたであろう。しかし、フィレンツェにこれから語られるような出来事が起こって、全イタリアにおける多くの変化、紛争、騒乱の原因となったのである。

この時期、フィヴィッツァーノおよびその他多くの城塞の領主であるスピネッタ侯という一人物が、後継者を残さずに没する。メッセル・アントーニオ・リドルフィとメッセル・ヤコポ・グイッチァルディーニが、この国を受け取り統治下に置く手はずを整えるために派遣される。これは極めて重要なことであった。この地方におけるわれわれの利益を確実なものにしたからである。

第4章

パッツィ陰謀事件——大聖堂の中での襲撃、ジュリアーノ・デ・メディチの殺害——鎮圧措置——陰謀事件の結果

パッツィ陰謀事件

既に述べたように、フィレンツェはロレンツォ・デ・メディチの手によって支配されていた。ロレンツォはフィレンツェの首長であった。ロレンツォの傍らには多くの貴族や賢明な市民が侍っており、互いにフィレンツェの多くの要職や顕職を分かち合い、重要な事柄を処理していた。それにもかかわらず、多くの事柄においてロレンツォは己れ自身の考えと己れ自身の意志にのみ従って行動し、他の人びとのそれを無視した。しかも彼は、フィレンツェのいかなる人間であれ、恐れねばならぬほど、強大にならないようとくに注意している。

当時、フィレンツェで最も富裕な一門はパッツィ家(4-1)であった。パッツィ一門は世界の各地で商業活動を行っていたので、彼らはイタリア内外で大きな名声を博していた。しかし、パッツィ家は多くの家柄と姻籍関係を持つフィレンツェ貴族であったけれども、また一門の人びとも大変豪華で気前がよかったけれども、政治権力となると一度も大きな権力を握ったことはなかった。なぜなら彼らは、あまりにも身分が高く力が強いと考えられていたからである。(4-2)これは、一共和国の人間なら容赦するこ

(4-1)パッツィ(Pazzi)家については系図参照。

(4-2)これについては本文三五―三六頁参照。

とのできない事柄なのである。それにもかかわらず、パッツィ一門の貴族性、その姻籍関係、その富、その物惜しみしない寛大さは、彼らに多くの尊敬と友人たちをもたらしたのである。この家門の首長はヤコポである。完全な紳士で、非常に尊敬されていた人物である。ただし、悪徳もあった。賭博と口汚くののしることである。ヤコポには子供がいなかった。したがって、一門の全員がヤコポの寵愛を求めて競い合っている。生存中の寵愛であれ死後のそれであれ、その双方を得ようと望んだのである。多くの甥の中には、レナートがいる。ヤコポの弟ピエロの息子である。一門のうちの他の誰にもまして、賢い繊細な人物である。一門の他の者と異なって、彼はフィレンツェの人びとに好かれていた。もう一人の甥のグリエルモはアントーニオの息子で、ピエロ・デ・メディチの娘(4-3)と結婚している。ロレンツォの義理の兄弟である。その他にも、フランチェスコという名のもう一人の甥がいる。フランチェスコもアントーニオの息子である。元気溌剌な、じっとしていられない野心的な人間である。彼はやもめで、大部分、ローマで時を過ごしている。ここで彼は高位聖職者などと親しい関係を結んでいる。とくに教皇シクストゥスの甥、ジローラモ・リアリオ伯(4-4)とは昵懇である。教皇はこのジローラモに、イーモラとフォルリを与えている。

　ロレンツォには、パッツィ家はあまりにも強力であり、彼らに少しでも好意を示せば、それだけ力を増して己れの地位を脅かすようになるのではないかと思われた。こうした理由からして、ロレンツォは彼らをフィレンツェの要職から締め出している。ロレンツォは彼らの地位にふさわしいような形で彼らを処遇することができなかったのである。憤懣が生まれはじめ、対立と憎悪がむき出しになり、疑惑が芽生える。教皇シクストゥスとロレンツォを嫌っているジローラモ伯がパッツィ家に好意を示しているので、なおさらそうである。このような嫌悪感が生じた原因は、シクストゥスが教皇になっ

(4-3) ビアンカ・デ・メディチ。ロレンツォの姉である。

(4-4) 一四七一年、ジローラモ・リアリオはガレアッツォ・マリア・スフォルツァの庶出の娘カテリーナ・スフォルツァと結婚している。ジローラモ・リアリオは十七年後の一四八八年四月十四日、チェッコ・デル・オルソによって殺害される。カテリーナ・スフォルツァと子供たちは反乱側に捕えられる。しかし、城砦の司令官はカテリーナ・スフォルツァに忠誠を誓って、カテリーナの直接の命令がない限り城砦の引き渡しに応じない。反乱側が引き渡しを要求してカテリーナを城砦に入れると、カテリーナは

た時にまで遡る。当時、イーモラが売りに出ている。ロレンツォはフィレンツェがそれを買い入れることを望んでいる。ロレンツォは、教皇の銀行家であった彼自身か、あるいは教皇の財務官であったパッツィ家が教皇に金を提供しない限り、教皇はイーモラを購入するだけの金を用意することができないだろうと考える。ロレンツォはパッツィ家に教皇に金を提供しないよう要請している。なぜなら、教皇が購入できなければ、イーモラはわれわれの手に入るであろうからである。パッツィ家はこの点、約束している。しかしすぐ後に、パッツィ家は教皇に購入資金三万ドゥカーティを与えている。しかも彼らは、教皇とジローラモ伯にロレンツォの行った要請について告げ口をしている。怒りの発作に駆られた教皇は、ロレンツォから大きな利益のあがる口座を取りあげている。ロレンツォの方はロレンツォで、パッツィ家について激しく非を鳴らし、フィレンツェはイーモラを失ったと言ってその責任をパッツィ家に帰している。これは正当な非難である。[4-5] これらすべての結果として、刺々しい気分が日ごとに増大していく。ロレンツォはパッツィ家の富と権力が増大していくのを阻止すべく様々な方法を絶えず考えていて、七六年には、遺言なき（ab intestato）遺産相続に関する一法律を成立させている。この法の力によって、パッツィ家はボッロメイ家の一婦人の遺産相続権を奪われている。これは古い法の解釈によれば、パッツィ家に属しているのである。

　この件はパッツィ家を動顚させる。フランチェスコは背が低いためにフランチェスキーノという綽名がつけられていたが、ほとんどローマに住んでいる。このフランチェスキーノが、ローマでジローラモ伯を相手に、ロレンツォを権力から追い落とす方策について陰謀を企みはじめる。フランチェスキーノは、ジローラモ伯に言葉巧みに次のように説いて信じ込ませる。すなわち、ロレンツォは彼の不倶戴天の敵であり、教皇シクストゥスが亡くなれば彼を迫害し、ついには彼からロマーニャの領地

城砦に籠って降伏を拒否し、抵抗。ロドヴィーコ・イル・モロとロレンツォが兵を派遣、反乱側を一掃する。オッタヴィオ・リアリオがフォルリ、イーモラの領主となり、カテリーナはその摂政。

（4-5）グイッチァルディーニは領土拡大論者なのである。『リコルディ』に曰く。「しばしば言って来たことだが、フィレンツェ人がその小さな領土を獲得したのは、ヴェネツィア人あるいはその他イタリアの諸君主がその広大な領土を獲得したのに比べて、さらに驚嘆すべきことである。なぜなら、自由はトス

を奪うことになろう、と言うのである。ピサの大司教メッセル・フランチェスコ・サルヴィアーティが、この話し合いに加わる。まだ身分が低かった頃（in minoribus）、フランチェスコ・サルヴィアーティは、教皇の支持によって空位になったフィレンツェの大司教のポストを手に入れようとしていた。しかし、ロレンツォが公共の権威をもって彼に反対し、ロレンツォ自身の義理の兄弟メッセル・リナルド・オルシニにそれを与えさせている。後になってピサの大司教座が空席になると、フランチェスコ・サルヴィアーティは教皇の強い意志でそれを手にするが、この際もロレンツォがそれに不快感を示したために、実際に就任するまでにはフランチェスコは長いあいだ待たねばならなかったのである。この侮辱のために、フランチェスコ・サルヴィアーティはロレンツォの最大の敵となるのである。

　この連中はその目的を実現するための最良の方法を論じて、フィレンツェに対する戦争は適切でないと結論する。なぜなら、戦争は時間がかかるし、危険も多い。また結果が確実でないからである。さらに戦争となれば、イタリアの他の国家もフィレンツェの救援にやって来るのは明らかである。方法は唯、一つしかなかった。ロレンツォを殺害することである。これは極めて簡単なことのように思えた。なぜなら、ロレンツォは襲撃されるなどとは少しも疑わず、常に一人で武器も持たずに歩き回っていたからである。この連中は、ロレンツォが死ねば、彼らの多くの親類縁者やその大きな力を利用して、大衆の支持をかち得ることができるであろうと期待したのである。大衆は昔の自由を再び手にしたいという希望と欲望から、彼らに従ってくるであろうと信じたのである。これらの結論に達しても、ロレンツォの弟、ジュリアーノが障害として残る。なぜならば、ロレンツォと一緒にジュリアーノも殺すことは極めて困難であったからである。またジュリアーノを生かしておくことは、何も為さなかったに等しい。ジュリアーノは大衆に人気があったからである。さらに、ジュリアーノがいれば

カーナの隅々まで深く根付いているので、フィレンツェの拡大はいずこにおいても抵抗に出合ったからである。……さらに、ローマ教会が近くに存したことが、フィレンツェにとって極めて大きな障害であったし、現在もそうである。なぜなら、教会は現にその根を深く根付かせているので、われわれの領土拡大の大きな障害となってきたのである」（「B」一三二＝拙訳『グイッチャルディーニの訓戒と意見』（太陽出版）参照）。

支配層の市民たちは彼のもとに馳せ参じ、彼を頭目として武器をとり、彼に従うであろうからである。そこで彼らは、兄弟の一人がフィレンツェを離れるまで待機しようと決定する。そのような機会はすぐに到来するであろうと思ってのことである。なぜなら、ジュリアーノがピオムビーノの領主の娘と結婚するという噂が流れていたからである。この噂が本当であれば、当然、ジュリアーノはピオムビーノに赴いて娘に会うことになろう、これは理にかなっているように思われたのである。しかし、この結婚話が不調に終わると、ロレンツォがローマに来るまで待とうということになる。ローマに赴くということは、ロレンツォ自身、口にしていたことである。ロレンツォがローマにいる間にジュリアーノを殺害し、ロレンツォはローマで拘留するというものである。しかし、この期待もまた挫折することになる。このため彼らは、二人を同時に殺害することに決定する。なぜなら、この時期になると多くの人びとが陰謀に加わっていたので発覚するのではないかという危惧が生じていたからである。二人の殺害計画がどのような方法と手順によって実行に移されたかを、次に語ろう。

この陰謀に加わっていたのはジローラモ伯だけではなかった。教皇もこれを知っていて、承認していたのである。ただ、教皇としての尊厳を考えて、実行に当たってのすべての手配を甥のジローラモ伯に任せたのである。教皇の親しい友人で、教皇と完全に意見の一致していたナポリ王フェルランドも、この陰謀に加わっている。ナポリ王はフィレンツェがヴェネツィアとミラノの同盟国になったことに対して立腹しており、フィレンツェに新政権が生まれれば、思うがままにフィレンツェを扱えるものと確信していたのである。さらに彼は、己れ自身の力と権威、教皇の支持、思うがままに扱えるフィレンツェ共和国、等々を考えれば、全イタリアの支配者になることも可能であると考えたのである。ミラノ公ガレアッツォはいまや死していないのである。事実、ガレアッツォが生きていれば、ナポリ王フェルランドはこのような愚かな企てに巻き込まれることはなかったであろう。長年、ナポリ王に献身的であったウルビーノ公も、この陰謀について知っていた。さらに、チッタ・ディ・カステルロ[4-6]もこの陰謀の後押しをしている。チッタ・ディ・カステルロは教会に代わってメッセル・ロレンツォ・ジュスティーニが統治しており、彼もまた陰謀について知っていて、それを支持していたからである。メッセル・ロレンツォ・ジュスティーニは、ロレンツォの大敵である。というのも、メッセル・ロレンツォの競争者メッセル・ニッコロ・ヴィッテルリ・ダ・カステルロを、ロレンツォ・デ・メディチは終始、支持していたからである。

これらすべての支持は、勇気のある、いつでも事を起こす用意のある大司教とフランチェスキーノの熱情に火をつけただけではない。メッセル・ヤコポを説得することにも成功したのである。メッセル・ヤコポはしばらくの間、この陰謀には冷淡で、立ち入ることはなかった。ロレンツォを憎悪していなかったからではない。この企てがいかに危険であり困難であるか、一門の大きな地位と富を賭けたものであることを、より慎重に考えていたからである。このヤコポを説得すると、彼らはいまや計画を実行に移そうとする。大司教は計画に従ってピサに行く。フランチェスキーノは既にフィレンツェに戻っている。ジョヴァン・フランチェスコ・ダ・トレンチーノは、ロマーニァのジローラモの領地に行く。メッセル・ロレンツォはチッタ・ディ・カステルロに行く。彼らはそれぞれ、定められた日に騎兵と歩兵を率いてフィレンツェに集結するよう命ぜられている。

大聖堂の中での襲撃、ジュリアーノ・デ・メディチの殺害

一四七八年四月、これらの準備がなされると、サン・ジョルジョ枢機卿[4-7]がピサを出発する。サン・

（4-6）教皇シクストゥス四世は既に一四七四年、当時、ニッコロ・ヴィッテルリの支配下にあったチッタ・ディ・カステルロを攻撃し、ニッコロ・ヴィッテルリを駆逐している。ロレンツォとヴィッテルリは同盟関係にあった。

（4-7）サン・ジョルジョ枢機卿の本名はラッファエルロ・リアリオ・サンソーニで、ジローラモ伯の甥である。

ジョルジョ枢機卿はジローラモ伯の弟か、あるいは甥であるが、当時、ピサで勉学中であった。枢機卿は若年であったため、陰謀については何も知らされていない。彼らは枢機卿を、モントゥーギにあるメッセル・ヤコポ・デ・パッツィの邸に泊まらせる。ローマへ赴く途中であることを装ってのことである。次いで、フィレンツェに入る前に、枢機卿はフィエーゾレにあるロレンツォの別邸に行く。正餐に招待されていたからである。陰謀家たちはここでその計画を実行しようとしていた。しかし、ジュリアーノが気分が勝れず姿を見せなかったために、実行されない。したがって、延期されてフィレンツェで行うことになる。枢機卿が日曜日の朝、[4-8]……日、フィレンツェに到着し、ロレンツォと朝食を共にすることになるが、ロレンツォの邸宅で実行するだけの時間がないと彼らは考える。さらに、ジュリアーノはおそらく朝食には来ないであろうとも考え、それで彼らはその朝、サンタ・リペラータ[4-9]で実行することにする。サンタ・リペラータでは厳粛なミサが行われることになっていたからである。ロレンツォとジュリアーノは、必ずや出席するであろう。

　枢機卿はミサに出かける。同行しているのは大司教のサルヴィアーティ、ジョヴァン・バティスタ・ダ・モンテセッコ、その他、多数のペルージア人たちである。この連中は暗殺のために同行しているのである。ジョヴァン・バティスタ・ダ・モンテセッコはジローラモ伯の傭兵隊長であり、同じく暗殺のため来ているのである。ミサを唱えている司祭が聖体拝領を行った瞬間、これが合図であったが、ジュリアーノと腕を組んで教会内に入って来たフランチェスキーノ・デ・パッツィが、ジュリアーノに襲いかかり殺害する。近くにいたメッセル・ヤコポの書記、セル・ステーファノという男がその他二、三の暗殺者とともにロレンツォに襲いかかる。しかし沈着さに欠けていたためか、肩に傷を負わせただけである。ロレンツォはそばに飛び退いて短剣を抜いて身を守る。次いで二、三のお付きの者

（4-8）テキストには日曜日の朝となっていて日付が記されていない。四月二十六日である。

（4-9）フィレンツェの古い大聖堂。新しいサンタ・マリア・デル・フィオレはその跡地に立つ。ディーニは古い呼称を用いている。

がロレンツォの助太刀に駆けつける間、ロレンツォは安全なところに遁れる。乱闘の中にあって、ロレンツォと一緒にいたフランチェスコ・ノリが殺される。ついに、ロレンツォはまわりにいた者と数人の僧の助けを得て聖具室に連れ込まれる。生き延びたのである。彼らは聖具室の扉を閉じて、ロレンツォの生命を守るべく見張っている。

これらのことが教会で行われている間、大司教(4-10)はその少し前に、何も知らされていない多くの親類縁者、友人たち、それにペルージア人たちに伴われて教会を離れている。シニョリーア（政庁）を訪ねたいという口実のもとに政庁舎に行き、これを占領しようとするのである。メッセル・ヤコポは自宅に待機していて、合図を待っている。馬に乗って市に駆けつけ〝自由〟の叫びをもって大衆を決起させる合図である。しかし、政庁舎での大司教の計画は失敗していた。戦いはじめるや直ちに反撃され、身をもって政庁舎内の他の部屋に逃げ込まざるを得なかったのである。騒動を聞きつけると、シニョリーアは政庁舎に入る扉を閉じさせ、いかなる者に対してもこれを守り防衛するための準備を固めさせる。メッセル・ヤコポが到着し、扉が閉じているのを目にすると、強引に政庁舎内に押し入ろうとする。しかし、上の塔から石を投げつけられて撃退される。この間、こうした騒ぎがフィレンツェ市全体に広がり人びとを驚かす。しかしロレンツォが生きていること、攻撃された政庁舎が守り抜かれたことを耳にすると、政府の友人たちは勇気づいて武装する。ある者は政庁舎に行って助太刀し、ある者はサンタ・リペラータに行ってロレンツォを外に出して安全に館に連れて行く。大衆についていえば、彼らは人気のあるジュリアーノの殺害を酷たらしい野蛮な行為と見なした。とくに、犯行の現場が教会であり、聖日であったからである。政庁舎がロレンツォ側についたのを知って、大衆は勝利がそちらの方向にあるのを知る。さらに、政庁舎を占領しようという試みは、彼らから自由を奪お

（4-10）もちろん、ピサの大司教フランチェスコ・サルヴィアーティである。

うとする試みであるように思われたのである。かくして、大衆は市内を走り回って、〃パッレ、パッレ〃と叫んだのである。パッレ(4-11)がメディチ家の紋章だったからである。誰も彼もがロレンツォについたので、メッセル・ヤコポはフィレンツェから逃亡せざるを得なかった。次いで、ロレンツォの友人たちがフィレンツェを支配すると、その勝利を利用しはじめるのである。

鎮圧措置

先に触れたように、大司教は政庁舎内に閉じ込もっていたが、引き出されて即刻、政庁舎の窓から吊るされる。彼とともに兄弟のヤコポも吊るされる。陰謀のすべてに通じていたからである。長年、大司教の敵であったもう一人のヤコポ・サルヴィアーティも吊るされる。このヤコポは陰謀については何も知らない。彼らは和解していて、たまたま運悪く、その朝、大司教のあとについて政庁舎まで一緒に行ってしまったのである。すべてのペルージア人および彼らと一緒にいた武装した者どもも、ともに吊るされた。その中には、興奮と混乱の中にあって、まったく無実であった者も二、三含まれてさえいた。フランチェスキーノも捕えられる。戦闘の際、自ら足首を傷つけていたため逃亡することができず、自宅に隠れねばならなかった。彼はそこから政庁舎に移され、直ちにその他の者とともに吊るされる。枢機卿はサンタ・リペラータで捕まる。大衆の怒り、憤激は凄じかったが、辛うじて生命は助かる。ジョヴァン・バティスタ・モンテセッコも捕えられる。その日のうちに五十人以上が吊るされている。私にはフィレンツェがかつてこのような苦悩の一日を経験したことは一度もないように思われる。メッセル・ヤコポは翌日、捕えられる。逃走していたが、まだフィレンツェ領を出ていなかったのである。尋問された末、吊るされる。相続に関する法律が通って以来、このような復讐

(4-11) パッレとはパッラの複数形。丸いたまを指す。メディチ家の紋章は丸薬を示しているとされている。

をずっと心に念じていた、と彼は告白している。ヤコポは次のように言ったといわれている。すなわち、このような事件を惹き起こすことになったのは、多くの支持があり、援助があってそれらを頼りにしていたが、それとは別に何よりもフランチェスキーノの幸運を全面的に信じていたからである、と言うのである。これに対し、尋問者の一人であったメッセル・ボンジァンニ・ジァンフィリアッツィは、ロレンツォの最強の幸運をもっと恐れるべきであった、(4-12)とヤコポに答えている。レナートも同日、吊るされる。以前、レナートはメッセル・ヤコポとその他の人びとのロレンツォに対する意図を予知して、彼らに忍耐するよう勧めている。その理由は、ロレンツォの商業活動は乱脈を極めているので、数年もしないうちに必ずや破産するであろうからというものである。ひとたびロレンツォが財産と名声を失えば、政治権力も失うであろう。〝ロレンツォには必要とする金はいくらでも貸し与えなさい。われわれの方により大きな損失であるにしても、それだけロレンツォの破産は早まるであろうから〟。これがレナートの忠告であった。しかし最後には、自分の言葉が無視されているのを悟り、彼らが何をしでかそうとしているのかを知ると慎重に別邸に引きこもり、事が起こっている時にはその場にいないようにする。その別邸でレナートは捕えられ、吊るされる。彼が賢明であり、大衆の間に人気もあり、尊敬されていたということが、彼を破滅させたのである。なぜなら、権力を握っている人びとは彼を排除するのは有益であると思ったからである。

ジョヴァン・バティスタ・ダ・モンテセッコは数日間、囚人として拘留されていた。徹底的な尋問がなされたが、その際、主人のジローラモ伯の命令でフィレンツェに来たこと、ロレンツォを殺害する任務を引き受けたことを自白する。しかし殺害がサンタ・リペラータでなされることを聞いて恐れを抱き、その任務を拒否したのである。これがロレンツォの生命を救ったのである。なぜなら、この

(4-12) ボンジァンニ・ジァンフィリアッツィは既に注で記したように(六五頁訳注3-8)、グイッチァルディーニの母方の祖父であるが、これらの話をおそらく、父あるいは母から伝え聞いたものと思われる。

ように練達な、勇敢な、しかも経験を積んだ人物が仕事をしていれば、確実にロレンツォを仕留めていたであろうからである。彼は斬首刑に処せられる。枢機卿は何日間も拘留される。ローマ滞在のわがフィレンツェ人商人に対して教皇が復讐をしないように、それを保証するためである。ひとたびその保証がなされると、枢機卿は釈放され、名誉あるやり方で自宅に送り届けられる。ロレンツォを攻撃したセル・ステーファノとベルナルド・バンディーニは、二人とも逃亡する。より確実な安全を求めて、ベルナルドはトルコに渡る。しかし翌年、ロレンツォは彼を見つけ出して、フィレンツェに連行させ、縛り首にしている。グリエルモも捕えられたが、ロレンツォの姉であった彼の妻の嘆願が尊重されて釈放される。グリエルモの弟ジョヴァンニとレナートの兄弟たち、すなわち、アンドレア、ニッコロ、それにガレオットも捕えられる。全員が無実であったが、それにもかかわらず、ヴォルテルラの監獄に永久監禁に処せられる。彼らの財産はすべて没収され、紋章は市のあらゆる場所から撤去される。フィレンツェに留まったパッツィ家の者は改名せよ、と命じられる。とくに、邸宅の名はそうである。死せる者、追放された者の娘や姉妹たちは一定期間、結婚を許されない。数年後、この禁令は解かれる。ヴォルテルラに監禁された者たちは獄から釈放されたが、永久にその地に追放されたままである。

陰謀事件の結果

この騒動はロレンツォにとって極めて危険なものであった。危うく権力と生命を失うところであった。しかし、これによってロレンツォは大きな名声と利益を得たので、その日はロレンツォにとって最も幸福な日となったのである。彼の弟ジュリアーノは死んで、いまやこの世にいない。生きていれば彼と財産を分け、権力をめぐっても争わねばならなかったであろう。ロレンツォの敵は見事に一掃された。しかも公けの武器を用いてである。ロレンツォに対する疑いや不安がないわけでもなかったが、それも一掃されてしまった。大衆はロレンツォのために武器をとったのである。ロレンツォが生きていないのではないかと疑った群衆は、彼の邸館に押しかけ、会いたいと叫ぶと、ロレンツォはこれに応じて窓際に姿を現わしたが、これはすべての者にとって大きな喜びであったのである。ついに彼らは、ロレンツォをフィレンツェの支配者として承認したのである。自己防衛のために、フィレンツェはロレンツォに一つの特権を与える。すなわち、武装した兵を好きなだけ多く引き具して出歩いてよいという特権である。要するにロレンツォの権力は絶対なものとなり、その時以来、彼は何物にも拘束されることのない、完全な支配者として行動するのである。事実、ほとんどフィレンツェの君主として行動するのである。ロレンツォの権力は確かにその日までも大きかったが、しかし疑わしいものであった。それがいまや、最大のものとなり、確実なものとなったのである。これが市民間の分裂と軋轢の結末である。一方は根絶され、他方の頭目はフィレンツェの支配者となるのである。かつては仲間であったロレンツォの支持者と信奉者は、家臣同様の身分となる。大衆は奴隷となる。権力は世襲されるものとなる。権力が賢明な人物から愚かな人物へと移ることはしばしば生じるが、この人物[4-13]がフィレンツェを奈落の底へと突き落とすことになる。

（4-13）この人物とはすなわち、大ロレンツォの子ピエロ・デ・メディチである。

第5章

教皇シクストゥス四世のロレンツォおよびフィレンツェに対する行動——教皇とナポリ王、フィレンツェに戦いを挑む——ジスモンディーナ法——フィレンツェ人の勝利——ポッジョ・インペリアーレにおけるフィレンツェ人の敗北

教皇シクストゥス四世のロレンツォおよびフィレンツェに対する行動

フィレンツェのこうした陰謀事件はフィレンツェ政府にとって極めて危険であったが、他方、これから重大な戦争が惹き起こされることになる。ナポリ王フェルランドと教皇シクストゥスは、フィレンツェを支配している人びとを深く傷つけたこと、そのため彼らとの間にはもはや信頼感あるいは友情があり得ないことを悟っていた。このため彼らは、秘密裏に内乱を通して実現しようとしてきたことを公然と外的な力を用いて企てようと決意する。彼らの企てに一定の法的基礎を付与するために、教皇はロレンツォを破門に処し、フィレンツェに対しては聖務停止令[5-1]を布告する。ピサの大司教を縛り首にし、サン・ジョルジョ枢機卿を捕虜にしたことに対してである。フィレンツェはこのような侮辱に対して力強く応ずる。フィレンツェは公式の書簡をすべてのキリスト教徒諸君主に送り、自らを正当化し、教皇を弾劾する。イタリアの代表的な法学者に、聖務停止令が無効で法的に（de iure）

（5−1）interdisse la città 聖務、秘蹟、その他すべての宗教儀式が禁止される。日常生活に支障が出る。

根拠を欠いていることを証明させてさえいる。教皇とナポリ王は、破門や宗教的戦いから、武器を使っての世俗的戦争へと進んで、その隊長としてウルビーノ公フェデリーゴを傭う。シエーナ人と合意に達した後、彼らはシエーナ経由で兵を派遣し、われわれを攻撃する。カラブリア公にして王の長男でもあるアルフォンソが、フェデリーゴ公に同行して騎馬で進む。カラブリア公とウルビーノ公が、この軍事行動全体の責任を負っている。他方、ヴェネツィア人とミラノが同盟義務に従って、フィレンツェに重装騎士と歩兵を送ってくる。もちろん、十分な兵力ではない。敵の兵力は数において優越している。そのため、わが軍は戦場でそれに対抗し得ないので、ポッジョ・インペリアーレ(5-2)に撤退している。コッメサーリオ・ジェネラーレは、ルイジ・グイッチァルディーニとヤコポ・グイッチァルディーニである。事態はうまくいっていない。同盟全体によって任命された総司令官がいないので、わが同盟国の兵が当然そうあらねばならぬはずなのに、われわれに対して服従しないからである。このために敵軍はいっそう、その優越した力をもってどこでも好きなところで勝手気ままに攻撃することができたのである。彼らはラッダ、レンチーネ、ブローリオ、カッキアーノ、それにラ・カステリーナを占領する。ラ・カステリーナは二十九日間、包囲されている。

教皇とナポリ王、フィレンツェに戦いを挑む

その後、フェラーラ公エルコーレが同盟国の指揮を執るために到着する。敵軍がより強力なのでポッジョから降りず、むしろ略奪戦やゲリラ戦をもってシエーナ人を苦しめようとする。フェラーラ公は軍をポッジョにしっかり留めておく。なぜならば、この要地は強力なもので、わが国境地帯の諸都市を奪った敵が、フィレンツェ市に近接した都市を攻撃するのを阻止することができるからである。敵

(5-2) ポッジボンシの別名である。

はこのことに気づき、時を浪費したくなかったので、この年の末には軍をヴァルディキアーナ方面に移動させ、モンテ・ア・サン・サヴィーノに陣営を敷く。これはフィレンツェを仰天させる。なぜなら、モンテはその強力な城塞からしても、またフィレンツェ領内の他の都市に通ずる要衝としても重要であったからである。フィレンツェはできる限り援軍を送ることにする。メッセル・ボンジァンニ・ジァンフィリアッツィは、コッメサーリオとして即刻派遣される。ピティリアーノ伯と合流してモンテを救援するために必要な措置をとり、兵の配置に最善を尽くすよう命令されている。ポッジョの方はどうなったかというと、敵軍が出払ったことによって、その方面でのわが軍の方が優勢になり、シエーナ領を広汎にわたって略奪し、二、三の地を占領することさえしている。もっとも、重要な地点ではない。このような状況のもとで、フィレンツェはいまや隊長とヤコポ・グイッチァルディーニに命じて、この地域を防衛するために必要な兵を残して、その他をモンテに向かわせる。ピティリアーノ伯とメッセル・ボンジァンニの指示するように適切に兵を配置するためである。モンテに着くと、多くの議論を経て、意見の相違もあったが、彼らは敵軍の野営地の近くに同じく野営する。そこにいる間、数日間の停戦が提案される。わが方はこれを受け入れる。既に秋で、年の終わりに近いのを考えて、この際、敵からできるだけ時を奪うのが有利と思われたからである。敵がこれを提案したのは、生来慎重なウルビーノ公が攻撃にもろいと危惧していた側面を強化したいと望んだからである。これにわが軍は気づいていない。しかし停戦期間が終了すると、モンテの住民が自発的に降伏する。(5-3) 確実にあと数日間は持ちこたえることができたはずであり、目の前に援軍がいたにもかかわらず降伏したのである。さらに、年の暮れも差し迫っているのであるから、包囲が間もなく解かれるであろうことを認識せねばならなかったにもかかわらず、である。

(5-3) モンテ・ア・サン・サヴィーノはアレッツォの南南西約十八キロのところにある。

このようにモンテが失われたことは、フィレンツェの人びとを唖然とさせるとともに焦ら立たせる。これは、フィレンツェ人の一般の予想に反していたからである。モンテは強力で忠実そのものと考えられていた。隊長もコッメサーリオも兵も臆病であるとして厳しい非難にさらされ、弾劾される。モンテを救援するに際して勇気が欠如していたために、モンテの住民が救援の望みを断たれて降伏したものと人びとは信じていたからである。それにもかかわらず、賢明な人びと(5-4)は、降伏の原因となったのはモンテの数人の指導者の悪意であることを理解していた。これらの悪意ある人びとが少しずつ、本来ならばわれわれに忠実であろうとする大衆を説得していったのである。したがって、わが兵は許されて然るべきなのである。なぜならば、不利な条件下でしか敵と戦えなかったからである。

(5-4) グイッチァルディーニの祖父ヤコポ、大伯父ルイジたちを指していよう。母方のボンジァンニやピティリアーノを弁護しているのである。

ジスモンディーナ法

同じ時期、フィレンツェでは、オット・ディ・バリーア（八人委員会）によって、ちょっとした騒動が惹き起こされる。この制度がつくられたのは大昔である(5-5)。本来、刑事問題に大きな権限を有していた委員会である。この八人委員会は判決手続においてはその必要はないが、その判決においてフィレンツェの法令に従わねばならない。しかし国事犯の場合、八人委員会は一切の法を超えた、拘束されない絶対的な権限を有していた。この自由を八人委員会に与えたのは、当時権力を握っていた人びとである。その目的は、政府を中傷したり、転覆しようとする人びとを粉砕するための棍棒を持たせることである。その起源は暴力と独裁に根ざしているが、八人委員会は極めて健全な手段であることが後に判明する。その国の事情に通じた者なら誰でも知っているように、フィレンツェでは邪悪な心が八人委員会に対する恐怖によって抑制されない限り、何びとも生きていけないのである。

(5-5) 一三七八年制定。オット・ディ・グァルディア（監視の八人）Otto di Guardia と呼ばれる。「解説」三参照。

その恐怖とは、犯罪を発見し処罰する際の機敏さから生まれたものである。さて、この役所は刑事事件には完全な権力を有していたが、民事事件に関与することは明確に禁止されていた。しかし、この規則はまったく守られていない。少しずつ、たまたまこの役職にいる人びとの利害や、この役職に関係せねばならぬ人びととの方法や支援のために、多くの民事事件を導入しはじめる。もちろん、何らかの間接的な理由からして刑事事件と称してはいるが。このようにしてずっと事態が悪化し続けている中、ついに、ロレンツォはこれらを矯正しようと決意を固める。一法案が提出される。ここには八人委員会の権限外の、あらゆる種類の事例が記述され、区別されている。この法案は当時、八人委員会の一員であったジスモンド・デㇽラ・ストゥーファによって立案されたので、ジスモンディーナ法と呼ばれている。この法案はいくつかの役所で受け入れられたが、当時任務についていた八人委員会はこれを好まない。ある日、突然、他の役所、あるいはフィレンツェを支配している人びとと協議することなく、彼らは法案を破り去り焼却する。このような行為を完全に彼ら自身の権限で、しかも今このような時期に犯すことは、国家に対する犯罪のように思われた。権威ある地位に就いていた人びとは大いに気分を害して、八人委員会のメンバーを直ちに解任し、他の人びとを代わりに任命する。しかし、彼らはそれ以外罰することをしなかった。政府に害をなそうといった意図からではなく、軽率さからそのような行為に走ったということが間もなく判明したからである。風聞によれば、彼らがそのような行為を犯したのは、八人委員会の書記官たちに唆されてのことであるという。書記官たちは己れの威信を高めるために、あらゆる事件に権限を持ちたかったからである。ジスモンディーナ法は再確認され、すべては収まる。しかし今日、この法は守られていない。(5-6)

（5-6）今日とは、すなわちグイッチァルディーニが本書を執筆している一五〇八年から九年のことである。

フィレンツェ人の勝利

モンテを取った敵は冬の宿営に入る。フィレンツェは翌年のための準備に入る。その目的のためにわがフィレンツェは、同盟国にもっと重い負担をかけさせようとして、同盟国に対して、われわれの危険を強調し援軍を送るよう圧力をかける。メッセル・トッマーゾ・ソデリーニが、大使としてヴェネツィアに派遣される。ジローラモ・モレルリは既にミラノに滞在している。これらの人びとは再三にわたって次のように指摘する。昨年の夏、同盟国の兵とわが兵からなる混成軍は十分に強力ではなかった。したがって、合戦を行って敵と雌雄を決することができなかった。よりいっそうの努力がなされず、敵がこのままわが都市を征服し、われわれを弱体化しつづけていくのなら、われわれにとっても同盟国にとっても極めて不利な形で敵と合意に達せざるを得なくなろう。たとえわれわれが同盟を破棄し信頼を裏切るくらいなら、むしろ死を選んだ方がよいと思っていたとしても、必要やむなくそのようにならざるを得なくなるであろう。同盟国がわれわれを援助して、わが国を維持させたいと望むならば、同盟義務に従って態度を改め、昨年をはるかに越える強力な援軍を送る必要があろう。さらに大使たちは、これに付け加えて指摘する。すなわち、同盟国が兵を送ってきても敵の兵力と拮抗するものであれば、敵に抵抗することはできても、われわれの救済には十分ではなかろう。なぜならば、われわれ自身の兵および敵の兵の双方によって、わが市民および臣民に加えられた損害は極めて大きく、かつ高額であるため、このようなことが続けばおそらくわれわれはそれに耐えることができなくなろう。とくに戦争のすべての経費、すべての負担が個人的な財布によって維持されねばならないからである。少しずつわれわれの富は消耗されつつあるので、やがては涸渇してしまうであろう。救援がなければ、われわれは間もなくばらばらになってしまうであろう。このような災厄に対する唯一の救済策は、われわれ自身にとっても同盟国にとっても、敵をわが領土から駆逐し、どこまでも追撃し、敵国にまで戦いを進めることのできるほどの兵力を集めることである。

このような議論と論証は、われわれの目的を実現するための多くの着想を生み出す。二つの提案がなされる。その一つは、戦争をトスカーナから他に外らすため一艦隊を編成し、それをもってフェルランド王の海岸線を劫略するというものである。もう一つは、アンジュ家をイタリアに呼び寄せ、ナポリに向かわせるというものである。しかし、これらいずれの方策も採用されなかった。同盟国にとってはあまりにも費用がかさむからである。これらの方策の代わりに、われわれの防衛はリーミニの領主ルベルト・マラテスタによってなされることになる。ルベルトを隊長として傭い入れるというのである。ルベルトがペルージアで兵を集めることになる。ペルージアを教会に対する忠誠から解放した後、その他の教会領諸国家を攻撃するというのである。成功の機会を確実にするために、その軍にカルロ・ダ・モントーネ伯が配される。ペルージアにおけるカルロ・ダ・モントーネの名声、人気、その地における彼の同志が、この都市で反乱を惹き起こすかもしれないと期待されたからである。同盟軍の総司令官であったフェラーラ公と、ミラノ軍の隊長マントヴァ侯が、シエーナの敵の宿営に向けて進撃することになる。

同盟国はフランス王[5-7]から一定の援助を得ようと望んでいた。同盟国はおのおの、フランス王に大使を派遣する。わが大使はメッセル・グイドアントーニオ・ヴェスプッチである。その目的は、教皇の不正を訴え、フランス王がその他の君主とともに教皇を公会議に召喚するよう説得することである。また、わが防衛のために援軍を送るよう要請することもある。なぜなら、フランス王はしばしば重装騎兵を多数イタリアに送ろうと約束していたからである。しかし実際には、これらの要請は役に立た

(5-7) ルイ一一世。ただし、ロレンツォ自身はルイの援助を求めようとはしなかったという説もある。フランスの王がイタリアに侵入してその力を試すなどということを決して思いつかないように。そうなればイタリアはおしまいだ云々。ニッコロ・ヴァローリは『ロレンツォの生涯』でロレンツォの言葉としてこれをあげているという。ブルクハルト『イタリア・ルネサンスの文化』(世界の名著、ブルクハルト、責任編集柴田治三郎、中央公論社、一五八頁)。

なかった。フランス王の好意の内容は、単に教皇に書簡と大使を送り、威嚇し、かつ抗議の申し入れをすることでしかない。

これらの準備は一四七九年になされる。これらを実際に移しはじめようとしている時、たまたまミラノの亡命者シニョーレ・ルベルト・サンセヴェリーノが、ナポリ王フェルランドから兵と支持を与えられてジェノヴァに侵攻し、そのままピサの門前にまで迫るといった事態が生じる。ピサはこのような戦いを予期していなかったので、必要な対策がすべてなされていなかった。メッセル・ボンジァンニ・ジァンフィリアッツィと、ヤコポ・グイッチァルディーニが即刻、コッメサーリオとして派遣される。その直後には、フェラーラ公がピサ方面に進撃する。その結果、敵の攻撃は抑えられる。また、ピサにおける陰謀が明るみに出る。シニョーレ・ルベルトは配下の兵が数において劣っているのを見て、ミラノからの援軍が来れば包囲されるであろうことを恐れて、わが領土から撤退し立ち去る。

このような危険を片付けた後、フェラーラ公とメッセル・ボンジァンニはポッジョに行く。ヤコポはアレッツォ領に赴いて、そこで数日後、わが隊長のマニーフィコ・ルベルト・マラテスタ（大マラテスタ）と合流している。彼らはカルロ・ダ・モントーネ伯の到着を待っている。伯はコルトナで病を得て、同地にとどまっていたからである。数日後、伯が没する。これによって、われわれが伯に寄せていた大きな期待は水泡に帰す。伯はペルージアで大きな名声を博しており、また信奉者も多くいた。われわれはそれに期待していたのである。それにもかかわらず、作戦は手元にある兵をもって続けられる。そして間もなく、ペルージア領にあるいくつかの城塞がわが軍の手に落ちる。カラブリア公とウルビーノ公によって指揮されていた教皇軍、ナポリ軍は、シエーナ近くに陣を張っている。そのため、ペルージア領の防衛に手が回らなかったからである。敵軍はペルージア方面に別動隊を送ってくる。その指揮官は、教皇の甥の聖省長官と、[5-8]メッセル・マッテオ・カープアの二人である。彼らが到着すると、わが軍との合戦が行われる。見事な戦闘の後に、われわれは輝かしい勝利を収める。多くの兵馬を捕獲し、敵陣地を略奪する。この戦闘の間、わが隊長、大ルベルト・マラテスタの分別と整然たる兵の統率は、至るところではっきりと示されたのである。[5-9]

シエーナ方面ではいまだ注目すべきことは何も生じていない。ポッジョでのわが軍は敵を攻撃するというよりも、わが領土を防衛する方にかかり切っていたからである。敵はわが軍を恐れていたので、あえて強行してわが都市を攻撃してくることはない。また、あえて合戦を挑んでくることもない。ポッジョ要塞があるので、不利な戦いを強いられるからである。しかしペルージアでの敗戦の報らせを聞くと、敵はペルージアに向け進撃せざるを得ない。そこで合戦を行うためである。放置しておけば、ペルージアそのものが陥落するかもしれないと恐れたからである。わが軍は既にペルージア湖に面したいくつかの城塞に陣を敷いていたが、この報らせを聞くと、安全のためにコルトナの麓まで撤退する。兵力において劣っていたからである。しかし、ポッジョのわが軍は敵軍が立ち去ったいま、何の抵抗も受けずにポッジョを降りカゾーリを包囲する。カゾーリはシエーナ人の大きな城で、ヴォルテルラ側でわが領土に隣接している。ひとたび砲列が敷かれるや、城は簡単に落ち、次いで略奪される。この略奪と戦利品の分配をめぐって、フェラーラの兵とマントヴァ侯の兵の間で大きな争いが生じ、武器を手にしての喧嘩に発展する。喧嘩を収めたのは、わがコッメサーリオのボンジァンニとジローラモ・デリ・アルビッツィであるが、大変な苦労を要したのである。

（5-8）ジョヴァンニ・デルラ・ローヴェレ。

（5-9）一四七九年七月二十七日、ラ・マッジョーネの戦い。

ポッジョ・インペリアーレにおけるフィレンツェ人の敗北

ペルージアにおける戦勝と、カゾーリの占領は大成功であった。このため、われわれは確実に戦争に勝てるのではないかと思われたのである。勝利は目睫に迫っているかのように思われた。しかし運命は変化し、理に従えば当然われわれのものであったはずの栄光と幸福は敵のものとなる。カゾーリの略奪の際に生じたフェラーラ人とマントヴァ人との争いは、依然としてくすぶり続けていた。とくに、これら二人の君主の間には、長年にわたる敵意と反目が積もりつもっていたから、なおさらのことである。これ以上の物議を避けるためには、隊長を離さねばならなかった。したがって、マントヴァ侯はペルージア領に派遣されて、あの大ルベルトと合流する。フェラーラ公はそのままポッジョにとどまり、シニョール・ゴスタンツォ・ディ・ペーザロとともに、シエーナでの戦いを進めることになる。

したがって、わが軍は二つに分割される。二つの軍の兵力はほぼ等しい。これが一つにまとまれば、敵より優勢であったろう。しかし分割されると、それぞれの兵力は敵に比べて甚だ劣ったものとなる。このような事態を見極めた後、敵はその軍を集結したまま、シエーナとヴァルディキアーナの中間地点に配置させようと決断する。そうすれば、ポッジョにあるわが軍が行動を起こせば直ちに、三、四日のうちに接近することができよう。ポッジョのわが軍はその恐怖に縛られて、砲兵による包囲攻撃を企てることもできないし、一大会戦を行うこともできないでいる。ポッジョのわが軍は略奪戦、ゲリラ戦しかできない、意味のない単位にまで縮小されてしまったのである。他方、敵軍は、ペルージア付近のわが軍が行動を起こしても、同じようにそれを抑えることができよう。敵軍はわがいずれの軍よりも強大であり、その位置から出撃して、わがいずれの軍であれ撃滅する機会を捉えることができるであろう。このように敵は計算していたのである。たとえそのような機会が生じなくとも、この一年を通して、われわれに戦争の負担をかけさせておくだけでも価値があると判断していたのである。ウルビーノ公は次のような辛辣なことを言っていたといわれる。すなわち、戦争の第一年目はフィレンツェ人は生き生きとして強力であろう。第二年目は何とかやっていけよう。第三年目はこれでおしまいさ。ウルビーノ公はその第三年目を待っていたのである。

　このような彼らのもくろみは完全に成功している。ペルージア近くのわが軍が行動を起こすや否や、敵は圧倒的に優勢な兵を擁して進撃してくる。このため、われわれは安全な場所を求めて撤退せざるを得ない。わが軍は砲兵による包囲攻撃も企てることができなかった。なぜなら、後になって包囲を解かざるを得なくなるのは不名誉なことであろうからである。わが軍は、単に一時的に出撃してはペルージア人を困らすだけのものになってしまっているのである。城塞を攻撃しても、大砲ではなく素手で戦わねばならない。シエーナ近くのわが軍についても同じことがいえた。敵軍はこのような巧みな戦術を用いて、わが兵を彼ら自身の兵以上に身動きできないよう、がんじ搦めにしていたのである。このような状況を打開するための話し合いで、誰もが両軍を合流させねばならないことを認めている。合流させれば、優勢な兵力をもって敵を攻撃できるからである。しかし、そのような合流は不可能であった。一つには、フェラーラ人とマントヴァ人との対立のためであり、一つには、大ルベルト・マラテスタとわが隊長シニョール・ゴスタンツォ・ディ・ペーザロが仇同士であって、同じ陣営内で相容れるものではなかったからである。したがって、唯一それに代わるべきものは、両軍をともに強化して、いずれの軍もそれだけで敵と対決できるようにすることである。しかし、これは実現し得ないであろう。ヴェネツィア人の援助が生ぬるく、消極的であったからである。ミラノからの援助についても同じことがいえた。とくに当時、シニョーレ・ロドヴィーコとアスカーニオ枢機卿、それにシニョーレ・ルベルト・ダ・サンセヴェリーノが、ナポリ王の教唆と援助のもとに、トルトナ、その他のミラノの諸都市を奪い取っていたからである。(5-10) この結果、マドンナ・ボーナは女性であったこともあって、恐怖のために、また説得されたために、彼らを帰国させる。若い息子のため、国の統治を任せるためである。しかしミラノに入ると、彼らは直ちにメッセル・チェッコを獄に送り、後に首を刎ねている。(5-11)

ミラノから支払いを受けていたマントヴァ侯と、同盟軍全体の総司令官であったフェラーラ公エルコーレは、ミラノのこうした騒動を耳にすると、当然、ミラノに行かざるを得ない。しかし、エルコーレはその兵を弟メッセル・ジスモンド・デステに指揮させて、ポッジョに残している。しかしわが軍は弱体化し、敵の方はその戦術を続行しつつ、何の決着もつかないまま、いたずらに夏は過ぎて行く。ペルージア人はこ以上戦争に耐えられないとして教皇にその旨を伝え、ついに同盟国側と合意に達しようとする。ちょうどこのような時、敵はポッジョ・インペリアーレのわれわれの守備が手薄であること、またメッセル・ジスモンドとわがコッメサーリオのジローラモ・デリ・アルビッツィが統率している陣営が大いに乱れているとの情報を得る。彼らは既に、ある要塞の数人と了解に達していて、いまや敵はキウジ橋を出て強行軍でポッジョのわが軍を攻撃してくる。この突然の攻撃に恐れをなしたわが軍は、堅固な要塞に対する信頼を失って防衛することさえしない。不面目にも逃走し大敗を喫するのである。

この敗北はフィレンツェの心臓に打撃を与える。仰天する中、いまやフィレンツェの自由の防衛のみを考え、できる限り散り散りになった兵を集め再編成しようと努める。フィレンツェは直ちに同盟国に援助を求め、急拠、ペルージア領からその軍を呼び戻す。そのため、ペルージアとの平和交渉は

(5-10) 八月のことである。

(5-11) このクーデタの後、シニョーレ・ロドヴィーコは次第にミラノ公国の実権を握っていく。メッセル・チェッコの処刑は十月、パーヴィアで行われている。

そのまま放棄される。シニョーレ・ゴスタンツォは、アレッツォに派遣されてその地方の防衛に当たる。彼は大ルベルトと行を共にできないので、わが軍はサン・カッシアーノに移動する。敵は大勝利の後、コルレを包囲する。包囲は約六十日間続く。しかし、いかなる援軍も来ないため、ついにコルレは……[5-12]月に降伏する。

(5-12) テキストには月名が明記されていないが、十一月十四日である。

第6章

ロレンツォ・デ・メディチのナポリ行――ナポリ王との講和――フィレンツェ政府の改革

ロレンツォ・デ・メディチのナポリ行

ポッジョでの大敗の後、ヴェネツィアは少々援軍を送ってくる。それにもかかわらず、フィレンツェはコルレが間もなく失われるものと認識している。コルレ包囲の圧力が苛酷なものであったからである。ほとんど冬の宿営に入る時期ではあったが、フィレンツェは翌年直面せねばならぬ大きな危険について思い悩んでいる。とくに、ミラノ公国がナポリ王側につくのではないか、あるいは少なくとも(saltem)中立を保つのではないかと危惧していたからである。われわれの安全を計るには、同盟国からかつてないほどの大規模な援助を受けるか、あるいは可能な限り最も寛大な条件で講和を結ぶか、そのいずれかでなければならないことをフィレンツェは認識していた。したがって、ルイジ・グイッチァルディーニを大使としてヴェネツィアに派遣し、前年にメッセル・トッマーゾ・ソデリーニがそうしたように、われわれの状況をヴェネツィア政府に説明させる。打開策は一つしか存しなかった。それは敵国にまで乗り込んで戦争を遂行することである。われわれの弱さ、さらにミラノの政変を考えれば、われわれの唯一の希望はヴェネツィアの政庁に存するのである。わが大使はこうした論点を展開したが、結果はわれわれの望むようなものではなかった。これを受けて、メッセル・ルイジはフィレンツェに書簡を送り、ヴェネツィア人は昨年行ったような援助を越えるいかなる援助も行うことはないだろう、とフィレンツェに警告する。ロレンツォ・デ・メディチは、こうした状況が彼の政権にとっていかに危険なものであるかを認識する。このような長期間にわたる危険な戦争が続けば、フィレンツェはその苛酷な重みに耐えきれず、市民たちは単純に彼を権力の座から引きずり降ろすことによって救いを求めるのではないかと危惧したのである。このために、ロレンツォは気持ちを完全に切り換えて和平について考えはじめる。平和を手にし得る唯一の方法は、ナポリ王を懐柔することである、とロレンツォは考える。教皇を宥めることができようとは思えなかったからである。十二月六日の夜、自分の意図を少数の者に打ち明けた後、あるいは誰にも打ち明けなかったかもしれないが、ロレンツォは十人委員会に命じて、約四十人ほどの有力市民から成る特別会議《プラティカ》を召集させる。ここでロレンツォは市民たちに向かって、諸兄を呼んだのは私の決意を伝えるためである、と述べる。その決意がどのようなものであるかを諸兄に承知していただきたいからである。しかし、これに対する忠告は無用である。平和が必要なことは理解している。フィレンツェはこれほど強力な敵に対して孤立して身を守ることはできないし、同盟国はその義務を果たす意志はないからである。敵は私を憎んでいるのであって、フィレンツェではないと主張している。とくに、ナポリ王はフィレンツェの敵ではない、と言っている。フィレンツェを愛しその友情を望んでいるが、それを得る唯一の方法は善意のむち打ちによるしかないように思われる。他のいかなる方法も効を奏さないからである。王はここまで言っているのである。これらすべてのことを考え合わせて、私は身をもってナポリに行く決意である。この旅は極めて役に立つように思われる、とロレンツォは言う。敵が私のみを要求しているのであれば、いまや私は彼らの掌中にある。もはやフィレンツェ全体を虐る必要はなくなるであろう。私を得て満足しているのであるから。彼らが実際に私などを求めているのでなく、フィレンツェの友情を求めているだけなら、この旅は即刻それを明らかにするであろう。同時に、より良き和平条件を手にするのを容易にするであろう。しかし彼らがより以上のものを求めているのであれば、この旅はそれを暴露することになろう。その際には、諸兄は自由と領土を守るためにより効果的な手段を見つけねばならなくなろう。私がいかなる危険を冒そうとしているのかを私は承知している、とロレンツォは言う。しかし、私は個人的な安全をはかるより、公共の幸福を選んだのである。すべての市民は祖国に対して一般的な義務を有しているからであるが、私の場合、とくにその義務がある。他の誰よりもフィレンツェから、より大きな恩恵と、より大きな地位を与えられているからである。私の望みは、ここにいる諸兄が私の地位と権力を守ってくれることである。私自身、私の家、私の家族を諸兄の手に委ねる。なかんずく、神が公共の正義、私の個人的な良き意図を汲んで私を救けて下さるよう、弟の血、私自身の血をもって始まった戦争が私自身の手でいまや終結するよう望んでいる。

このような言葉は、あらかじめこのことについて何も知らなかったすべての人びとを驚かせる。意見が分かれる。極めて重大な問題であったからである。しかし、ロレンツォが助言を求めているのではないことが分かっていたので、彼に反対する者はいなかった。フィレンツェとフィレンツェ政府を体制派の友人たちの手に委ねて、その夜のうちにロレンツォは出発する。(6-1) 翌日、サン・ミニアート・アル・テデスコから、ロレンツォはシニョリーアに宛てて一書簡を送っている。彼の計画をシニョリーアに伝えなかったことを詫び、時勢はまさに言葉ではなく、むしろ行動を要求しているものと思ってのことである、と言っている。ロレンツォは旅行の理由をあげている。しかも、十人委員会および彼の召集した特別会議で口頭で(viva voce)述べたのとほとんど同じ言葉で理由をあげている。リヴォ

(6-1) 十二月六日。

ルノに到着すると、そこにはロレンツォを迎えるためにナポリ王フェルランドの派遣してきたガレー船が二、三隻停泊している。フィレンツェから、フィレンツェ国民の名のもとに合意に達すべしという指令を受け取ると、直ちにロレンツォはナポリに向けて海路、出発する。ナポリ王フェルランドは既にロレンツォの意図について知らされていた。私の思うに、当時ナポリで和平交渉を行っていたミラノの大使たちからである。ロレンツォの要請を受けて、ナポリ王はガレー船をポルト・ピサーノに派遣してきたのである。そしてロレンツォの出発の前に、平和の前触れを告げるかのように、王はカラブリア公をしてフィレンツェに十日間の停戦を呼びかけている。フィレンツェはこれを受け入れている。

ロレンツォの旅はヴェネツィア人を怒らす。そのことについて知らされていなかったからである。ヴェネツィア人は、平和はもう既に締結されていて、ロレンツォの旅にはその裏に既定の事実があって、われわれは見捨てられたのだと信じたのである。彼らはフィレンツェを助けるために送っていた軍隊を撤退させ、トスカーナからロマーニァに向かうよう命じている。平和条約が結ばれていなかった場合には、この措置はそれを阻止することになろう。結ばれていたならば、この措置はそれを明るみに出す助けとなろう。いずれにせよ、軍隊を移動することはヴェネツィアの軍事的立場を強化することになろう。次いでヴェネツィアは、ミラノとフィレンツェに同盟を更新するよう求めてくる。同盟が破綻したのは、いくつかの条項が守られなかったからであるという内容の流言がローマやその他の地で広がっているからというのが、ヴェネツィア人の言い分である。いかなるものにせよ、世にある疑念を払拭するためにも同盟を更新するのは良いことである、とヴェネツィア人は言うのである。ミラノはこれに同意する。しかしフィレンツェは、ナポリで行われている交渉をひっくり返さないいために拒絶している。

ミラノとヴェネツィア人は、大《マニーフィコ》ルベルト・マラテスタを隊長として傭う。しかし、フィレンツェの隊長としての任務が一年かそこら残っているので、フィレンツェの許可を得なければ、己れをヴェネツィア人に結びつけるのをルベルトは欲しない。ヴェネツィア人はその許可をフィレンツェに強く求めてくるので、フィレンツェはやむを得ず、不承不承ながらそれを許している。戦争が続行するような場合に備えて、ルベルトを完全に遠ざけないためにである。休戦期間中、メッセル・ロドヴィーコ・ダ・カンポフレゴーソと、(6-2) メッセル・アゴスティーノ・ダ・カンポフレゴーソが、秘かにわれわれからセレッザーナを奪う。(6-3) フィレンツェはカラブリア公とウルビーノ公に対して、これは約束に反するではないか、これはあなた方の部下によってなされたのであると言って抗議する。フィレンツェは困惑を装う。そしてセレッザーナの返還を求めて、書簡を通して、また大使を派遣して強く迫るふりをする。しかし、これらはすべて無益であった。フレゴージ家の頑固さのためであるか、あるいはカラブリア公とウルビーノ公の二人が実際にわれわれの利益に反して力を尽くしたためなのか、そのいずれかである。

この時期、フィレンツェはまったく弱体化していた。その権威も減じていた。それは長期にわたる戦争のためであり、また多数の人びとがいまや政府について悪口を言い、改革を求め、官職や税の分配が少数者の手によってなされるのではなく、諸々の会議によってなされればどれほど良いかを大声で叫び出す勇気を持つに至ったからでもある。そのような大胆不敵さが、なぜ可能となったのか。それは、ナポリ王がロレンツォを捕えて放さないものと、多くの人びとが信じていたからである。ロレンツォは絶望に駆られ、自らを性急に、安全を保証する約束も得ずに、敵のナポリ王の腕の中に投げ

(6-2) ジェノヴァの名門、フレゴージ家。
(6-3) 今日のサルザーナ。

入れてしまったものと人びとは思ったのである。たとえロレンツォが身の安全の保証を受け取っていたとしても、ナポリ王はそれらを尊重することはなかろうと思っていたのである。なぜならばナポリ王は、過去の経験が示しているように、たとえばヤコポ伯(6-4)やその他多くの人びととの場合のように信頼の置けない人物であったからである。このような噂が膨れあがって日ごとに力を増していくにつれ、戦争に備えようなどと思うのは不可能になっていた。事実、政治権力に携わってきた多くの家門は、現政権を嫌っているからにせよ、あるいはロレンツォは帰還することはなかろうと考えたからにせよ、政変を求め、ジローラモ・モレルリを擁立しはじめる。ジローラモ・モレルリは大きな名声を博しており、おそらくフィレンツェで他のいかなる人物よりも賢明な人物であったからである。ロレンツォについて彼も同じように考えているように思われたために、政権を掌握している人びとは彼に疑惑を抱く。これはモレルリの帯びている権威のためばかりでなく、彼のどこか不吉な言動のために生じたのである。政権の友人たちは、ロレンツォが帰還するまで政権を維持し政変を阻止することが大切と考えて、力を尽くして信頼できるシニョリーアを選出したのである。

(6-4) ヤコポ・ピッチニーノ伯、ナポリで殺害されている。本文四八—四九頁参照。

ナポリ王との講和

ナポリに着くと(6-5)、ロレンツォはナポリ王から最大の栄誉をもって迎えられる。ロレンツォがナポリ王を説得しようと努めたのは次のような点である。すなわち、私を亡き者にするより、フィレンツェに平和を与え、私を権力の座にとどめておいた方がフィレンツェからあなたの得るものは遙かに多いであろう。なぜなら、フィレンツェの政権が変わったなら、フィレンツェは多数の人びとの手に落ちることになる。これらの人びとと国王のあなたは、うまくやって行くことはできますまい。私一人と

(6-5) 到着は十二月十八日。

なら話は別である、といった具合である。来る日も来る日も、ナポリ王は逡巡している。一方で、王は教皇からロレンツォを殺すよう唆されている。他方では、ロレンツォの言い分を信じている。しばしの間、王はロレンツォの不在のためにフィレンツェで政変が起こるかどうかを見ている。このような引き延ばしはロレンツォをぞっとさせる。しかし、フィレンツェでは何事も起こりそうもない。ついに王は、ロレンツォの命を助け和平を決意する。それにもかかわらず、平和条約の締結は何日間も延期される。なぜなら、王はできるだけ教皇を怒らせないように事を運ぼうとしたからである。ローマからの許可が来るのが遅れているため、王はまず、平和条件がどのようなものであるかを確認したうえでロレンツォの出発を許す。ロレンツォは直ちに海路、フィレンツェに帰還する。ロレンツォは歓喜と愛をもって迎え入れられる。最大級の歓迎である。その最中、待ちに待った平和条約のニュースが到着する(6-6)。これによって、ロレンツォは巨大な信用を得るのである。ロレンツォの決断は危険で、おそらくあまりにも大胆に過ぎると思われたかもしれないが、その結果は幸福で、栄光あるものであった。

われわれの観点からすれば、この平和条約は敗北者の平和という様相をいくつか示している。われわれの同盟の保護下に置かれていたロマーニァの領主たちは含まれていなかった。もっとも、国王と妥協ができていて、口頭で彼らを許すと約束している。占領された領地の返還は約束されていない。その代わり、返還については国王の自由裁量に任されていた。事実、国王は後になって一四八一年三月末日、ヴィコ、チェルタルド、ポッジボンシ、コルレ、それにモンテ・サン・サビーノをわれわれに返還したのである。ラ・カスティリーナ、その他の土地は、シエーナ人と国王との協定に従ってシエーナ人の手に残された。さらにわれわれは、一定額の金を支払わねばならなかった。しかし、概し

（6-6）和平が締結された日付は正確には分からない。一般に一四八〇年三月六日といわれている。

て、この平和はわれわれの状況を考えれば不利なものではなかった。この条約はまた、イタリアの一般同盟を要求しており、特殊同盟にとって代わる。ヴェネツィア人にこれを同意させるために、イタリアのすべての君主が彼らに大使を派遣することになる。かつて五四年に、ナポリ王アルフォンソに派遣したのとまったく同様である。ナポリ王、ミラノ、フェラーラ、それにフィレンツェが同盟条約に批准する。教皇も批准する。[6-7]しかし、ヴェネツィア人は新しい同盟の考え方を好まず、批准していない。事実、誰もが驚いたことに、彼らは教皇と新しい同盟を結んだのである。[6-8]フィレンツェでは、メッセル・アントーニオ・リドルフィと、ピエロ・ディ・ルトッツォ・ナージが大使として選ばれ、教皇とナポリ王にわれわれの祝辞を伝えさせている。次いで、十一人の使節がローマに派遣される。譴責からの赦免を願うためである。その使節は次のような人びとである。ヴォルテッラ司教のメッセル・フランチェスコ・ソデリーニ、メッセル・ルイジ・グイッチァルディーニ、メッセル・ボンジァンニ・ジァンフィリアッツィ、メッセル・ピエロ・ミネルベッティ、メッセル・グイダントーニオ・ヴェスプッチ、ジーノ・カッポーニ、ドメニコ・パンドルフィーニ、アントーニオ・デ・メディチ、ヤコポ・ランフレディーニ、ピエロ・メルリーニ[6-9]……といった人びとである。多くの仰々しい儀礼や嘆願の末、彼らは赦免を得る。

フィレンツェ政府の改革

フィレンツェの外交問題が解決すると、政権を握っている人びとには国内問題が混乱しているように思われる。そのため、これを政権基盤を強化することによって解決しようとする。適当な会議を経て、彼らは三十人の市民たちに数カ月の間、バリーア（絶対権限）を与える。後に、これに二百十名

（6-7）教皇が意志に反して一般同盟に批准するのは七月二十八日、オトラントがトルコの手に落ちるからである。

（6-8）四月。

（6-9）ピエロ・メルリーニは使節に選ばれていない。ここに挙げられていない他の人びとはマーゾ・デリ・アルビッツィ、ジョヴァンニ・トルナブオーニ、ベルナルド・ダ・グッビオである。しかしベルナルドはローマに行っていない。教皇との謁見には十二人が臨む。大使のアントーニオ・リドルフィが加わるからである。

のグループを加える。これらの人びとが新しい候補者名簿を作成し、新しい税を提案し(6-10)、次いで四十人を選んで、本来の三十人の市民に付け加えて七十人とする(6-11)。この七十人がその後の五年間、大きな権限を持つことになる。すなわち、シニョリーアやその他の要職・顕職を選出し、フィレンツェの法令を定めることになる。これはコンシーリオ・デ・セタンタ（七十人会）と呼ばれるが、時折り再任されるので、ほとんど終身の会議となる。さらに、戦争が終わり十人委員会が解体されると、六カ月ごとに八人の市民が七十人会の中から選ばれ、オット・ディ・プラティカ（八人委員会）を構成して国家の重要な外交問題を監視し、十人委員会が戦時中に行ってきたような仕事を平和時に行うことになる。このようにして、彼らは政体を再編し改革したのである。かくして、ロレンツォにはより大きな権力と安定性が与えられることになる。

（6-10）一四八〇年四月十日。

（6-11）四月十九日。

第7章

フェラーラ公に対するヴェネツィア人の戦い（一四八二年）――一般同盟の介入――教皇は同盟側に与《くみ》する――ロドヴィーコ・スフォルツァ、バニョーロの平和をもたらす――教皇シクストゥス四世の死とインノケンティウス八世の即位――サルザーナ作戦とピエトラサンタの征服

フェラーラ公に対するヴェネツィア人の戦い（一四八二年）(7-1)

平和条約が成立した時から一四八（二二）年まで、イタリアは平穏であった。しかしこの合間に、ヴェネツィア人とフェラーラ公との間に国境をめぐって、また二国間の昔からの協定をめぐって意見の食い違いが生まれている。ヴェネツィア人は、このような意見の相違を二つの点からして許せないものと思う。まず、ヴェネツィア人は生来、傲岸であったからであるが、第二に、以前からフェラーラを自由自在に扱うことに慣れていたからである。他方、フェラーラ公エルコーレはナポリ王フェルランドの娘婿であるという事実によって、またナポリ王、ミラノ、フィレンツェと同盟関係にあるということによって大胆になり、いつもとは異なって強情に振舞っている。ヴェネツィア政庁のフェラーラにおける代表が司教代理によって破門されると、その結果、ヴェネツィア人は教皇シクストゥスの助

（7-1）ヴェネツィアによる宣戦布告は一四八二年五月三日である。

言と同意を得て断固、戦争に踏み切る。勝利は迅速さにかかっているように思われたので、ヴェネツィア人は大艦隊をポー河に浮かべ、陸上では二つの軍が投入される。一つは、フェラーラ方面にシニョーレ・ルベルト・ダ・サンセヴェリーノの指揮の下に、他の一軍はロマーニァにあの大ルベルト・マラテスタの下に配置する。これらをもって、ヴェネツィア人はフェラーラ公国を激しく攻撃しはじめる。同盟国は大いに狼狽する。同盟の義務のためではなく、ヴェネツィア人がフェラーラを奪った場合には全イタリアにとって危険となるからである。同盟国はフェラーラに兵とコッメサーリオを送る。兵の数は不十分で必要を満たすものではないが、隊長はウルビーノ公フェデリーゴとする。彼の存在と権威が物を言うであろうと期待してのことである。(7-2)

一般同盟の介入

カラブリア公は義理の兄弟を助けるために、ナポリ王国を出発する。しかし、ヴェネツィア人を支持している教皇が教皇領の通過を拒否してきたために、サヴェッリ家とコロンナ家と組んで教会領を荒らしはじめる。教皇とジローラモ伯、それにシニョーレ・ヴィルジーニオ・オルシニが教会領の防衛に乗り出してくる間、フィレンツェ人はチッタ・ディ・カステルロを教会への服従から解放し、ニッコロ・ヴィッテルリを元の地位に回復させている。ニッコロは、反対党の頭首メッセル・ロレンツォ・ジュスティーニによって廃されていたのである。カラブリア公に対して防衛している教皇を助けるために、ヴェネツィア人は大ルベルトを派遣する。このため、ロマーニァでの軍事行動は緩慢となる。しかし、フェラーラ方面それ自体ではヴェネツィア人はいかなる抵抗にもあわず、ロヴィーゴを全プレジーネとともに奪い、フィケルオーロを包囲する。陸と海から激しくこれを攻撃する。フィケルオー

(7-2) 同盟側はフィレンツェ、ナポリ、ミラノ、マントヴァ、ボローニァ、これに対しヴェネツィア側には教皇、ジェノヴァ、シエーナ、リーミニがつく。

ロは猛烈に防衛している。内部に勇敢な人びとがいたからである。さらにウルビーノ公がポー河の一方の堤に陣取っていて、彼らをできるだけ援助していたからである。そのため、これを奪うのにヴェネツィア人は四十日、あるいは五十日間ほどかかったのである。この間、ウルビーノ公はこれら沼沢地の悪い空気のために病に倒れ、間もなく亡くなる。ウルビーノ公の死は同盟国にとって大きな損失であった。なぜなら、彼は非常に信頼のおける、能力のある、また権威のある人物であったからである。

この時期、大ルベルトは、ヴェッレトリ近くで教皇軍とともにカンポ・モルトと呼ばれている場所でカラブリア公と戦闘を行う(7-3)。長時間にわたる恐ろしい、また見事な戦闘のやりとりの末、カラブリア公が敗退する。カラブリア公とともに戦った多くのローマの領主たちは捕えられたが、公はどうにか逃れ、敵の手に落ちるのを避けることができた。この栄光ある勝利の後、戦闘中に耐えねばならなかった激しい緊張のために、大ルベルトは病を得て、ローマに至り、そこで輝かしい名声のうちに亡くなる。彼はサン・ピエロ教会に埋葬される。墓碑名はイタリア語で次のように記されている。

われはルベルト、来て、見て、
無敗の公を破ってローマを救った。
われは公の名声を消し、わが命を消した(7-4)。

彼は、ウルビーノ公がフェラーラで亡くなったのと同じ時期に亡くなる。ある者に言わせれば、同じ日であったという。

(7-3) 八月二十一日。

(7-4) Ruberto son, che venni, vidi, e Vinsi Lo infitto Duca, e Roma liberai: E lui di fama e me vita strinsi.

これらの出来事はヴェネツィア人に大いに有利に働く。カラブリア公は敗退し、フィケルオーロは陥落し、ウルビーノ公は亡くなる。いまや進むべき道にいかなる障害もなくなったシニョーレ・ルベルト・ダ・サンセヴェリーノは、軍を率いてポー河を渡河し、必要な場所に多くの橋を架け、砦を築く。ラグスクーロの砦はこの地の弱さを考えると、とくに重要なものであった。次いで、彼はフェラーラの城門にまで進撃してくる。仰天した公は、フェラーラを放棄してモーデナに移動しようとするが、フィレンツェのコッメサーリオとしてそこにいたメッセル・ボンジァンニ・ジァンフィリアッツィの力強い言葉と説得によって思いとどまる。(7-5) 勝利は確かにヴェネツィア人の掌中にあるかのようであった。強力な軍隊があり、ポー河には大艦隊が浮かんでいる以上、ヴェネツィア人はフェラーラの首根っこを押さえたも同然である。さらに、同盟国からの援助は不十分であり、その他の援助の望みもなかった。大敗北の後、ナポリ王は教皇領を強行に突破することはほとんどできなかった。ミラノはパルマのロッシ家と戦っていた。彼らはヴェネツィア人に希望を託して、ミラノに対して反乱を企てたのである。ミラノは全力をあげて強力なサン・セコンドを取ろうとしていたからである。サン・セコンドは難攻不落の地である。フィレンツェ人に関していえば、彼らは独りこのようなヴェネツィアの洪水に対して戦うこともできなかったし、その意欲もなかったのである。多くの者が関わり合っている物事にしばしば起こりがちであるが、一人が冷淡になれば、他の者もいい加減な気持ちになるものである。

(7-5) グイッチァルディーニは母方の祖父を誇りにしている。

教皇は同盟側に与《くみ》する

しかし、ヴェネツィア人はいまだイタリアを支配する運命《さだめ》になっていなかったので、新しい風が吹きはじめる。条件が変化するや否や、フェラーラは救われる。それだけでなく、ヴェネツィア人は、イタリア本土におけるすべての領地があわや失われんとするほどの大きな危険を冒すことになる。なぜなら、その日までヴェネツィア人を支持してきた教皇とジローラモ伯が、同盟側に加わってフェラーラの防衛に手を貸すといったことが生じたからである。(7-6) このような教皇とジローラモ伯の動きに対しては、様々な説明が可能である。ヴェネツィア人が何らかの協定(7-7)を守らなかったことに対して、彼らが腹を立てたのか、あるいは同盟国によってなされた何らかの約束に引かれたのか、あるいはヴェネツィア人が勝てば、彼らの力は強大になり、その結果はヴェネツィア人の友人であれ敵であれ、いずれも彼らの言うがままに従わざるを得なくなるのを恐れたのか、そのいずれかである。いずれにせよ、教皇はヴェネツィア人に対しフェラーラ攻撃を中止し、いままで占領した土地を返却するよう命ずるのである。ヴェネツィア人が服従を拒むと、しばらくして彼らに破門と聖務停止令を宣言する。同盟国はクレモナで会議を開いて防衛策を検討する。ジェノヴァを除いて、イタリアのすべての国から使節が集まる。カラブリア公、シニョーレ・ロドヴィーコ・スフォルツァ、ロレンツォ・デ・メディチ、マントヴァ侯、メッセル・ジョヴァンニ・ベンティヴォーリオ、それに私の思うにジローラモ伯、これらすべての人びとが会議のためにやって来る。マントヴァの枢機卿フランチェスコ・ダ・ゴンツァーガも来る。彼は教皇特使である。会議が終わると、教皇特使とカラブリア公はフェラーラに赴いてその防衛に専念し、軍を拡大している。シニョーレ・ロドヴィーコはサン・セコンドを取り、ロッシ家の力を完全に粉砕する。スフォルツァ家のすべての兵力が動員可能となった今、同盟国はミラノ側からブレッシァ領のヴェネツィア人を攻撃することによって、フェラーラの救援に乗り出すことを決定する。この作戦は急がれた。なぜなら、シニョーレ・ルベルト(7-8)がミラノで同志を集め反乱を起こさせようと望んで、フェラーラ領を離れ、アッダ河に橋を架け、はるばるミラノの城門にまで遠征してい

(7-6) 十二月二十三日、教皇、ナポリ、ミラノ、フィレンツェ間の同盟が成立。「至聖の同盟」Lega Santissima(レガ・サンティッシマ)。

(7-7) 協定にはフェラーラ公国の分割がある。

(7-8) シニョーレ・ルベルト・ダ・サンセヴェリーノ、ヴェネツィアの傭兵隊長。

たからである。しかし、ミラノに騒ぎが起こらないのを見て取ると、何事も為さずに舞い戻ってくる。合戦をするにはいまや遅すぎるので、双方とも武器を置いて休息することになる。

この同じ夏の間、フィレンツェは、七八年の戦争の際シエーナがわれわれから奪った領土を回復している。それは次のように行われた。シエーナは新政府を樹立していたが、次いでこの政府は多くの市民を追放しはじめる。亡命者たちは国境地帯に集合していて、教皇あるいはナポリ王から援助を受けているものと思われていた。こうしたことに脅威を感じたシエーナ政府は、フィレンツェと同盟して安全と支持を求める。この時、彼らはラ・カステルリーナその他の地を返還している。次いでフィレンツェはセレッザーナを包囲するが、これを取ることはできなかった。ルニジァーナに十分な兵を持っていなかったからである。しかもその不十分な兵ですら、長く同地に留めておくことはできなかった。ロンバルディアに回さねばならなかったからである。

翌年、同盟軍はヴェネツィア軍に比して極めて強力かつはるかに優勢であったため、アソラとブレッシァ領、ベルガモ領の多くの土地を取る。これらの勝利をかち取っている間、カラブリア公はラゴスクーロの砦の防備が手薄であること、急襲すればいつでも占領することが可能なことを知る。そこでの勝利はフェラーラ戦争を完全に終結させるであろう。公はフェラーラに向けて兵を率いて急行する。しかしポー河では嵐のため、命じておいた船がオスティアに時間通りに着かず、渡河することができない。船を待つうちに、兵を率いて公の後を追って来たシニョーレ・ルベルトが追い付き、公の先に砦に入る。

カイアッツォ伯ジョヴァン・フランチェスコとメッセル・ガレアッツォの二人は、ともにシニョーレ・ルベルト・ダ・サンセヴェリーノの息子であったが、同年、この二人がシニョーレ・ロドヴィーコと秘密に交渉する。鞍替えして、シニョーレ・ロドヴィーコに仕えようというのである。当初、彼らは父親も同行するであろうと言って、シニョーレ・ロドヴィーコに期待を抱かせてさえいる。次いで、父親が同行しそうもないことを知ると、彼らは信頼している友人たち数人を連れて密かにヴェネツィア人の陣営を去り、同盟国側に身を投じる。この動きは極めて重要であった。ヴェネツィア人がシニョーレ・ルベルトに疑惑を抱き、おそらく彼を隊長として使うのをやめるのではないかと考えられたからである。しかしシニョーレ・ルベルトが事態を知ると、賢明にもヴェネツィア人のある城塞に出向き、城代を呼んで、ヴェネツィア政庁によって与えられている権威、隊長としての職権をもって己れを逮捕して政庁に引き渡すよう命じる。城代はこれを拒否している。こうした行為、またその他の行為からして、ヴェネツィア人は安心して使節を彼のもとに派遣する。ルベルトを元気づけ、以前にもまして信頼している旨を彼に確信させるためである。

ヴェネツィア人は極めて抜け目なく、多くの平和交渉を行っている。とくに、教皇を相手にしてである。それは彼らが平和を念じてのことではなく、同盟諸国の間に疑惑を生み出し同盟を解消させるためである。彼らの考えでは、少なくとも平和の希望を与えれば、同盟国の戦争準備は鈍化するであろうからというものである。しかし、同盟国の方では彼らの策略を見通している。平和についての思惑などまったくない。それだけではなく、この年の暮れにはミラノで同盟国会議が開かれ、翌年の強力な戦争遂行のための準備がなされる。この年の冬、ヴェネツィア人は不安に駆られて、防衛のための兵や資金を調達しようと様々な努力をしている。夏が来ると、カラブリア公は戦闘を開始する。公の軍は極めて強力である。このため、シニョーレ・ルベルトはあえて野戦に訴えようとはしなかった。したがって、同盟側はいずれの都市であれ、攻撃すれば容易に奪うことができる。ヴェネツィア人は脅かされ、しかも希望もなく、日ごとに名声が失われていく。必要な糧食を調達することもできず、力は弱まっていく。しかし、海軍の方は王国[7-9]のガリポリを取ることができた。ブレッシァにせよ、ベルガモにせよ、失われるのを回避する手立てがないことは、ヴェネツィア人にいよいよ明らかになりつつあった。ブレッシァあるいはベルガモが失われれば、その後、敵はいよいよ力と名声を増し、領民の助力も得て、イタリア本土のヴェネツィア領を征服することになろう。

ロドヴィーコ・スフォルツァ、バニョーロの平和をもたらす

しかし、このような危険の真只中にあっても、ヴェネツィア人は運命の女神によって見捨てられることはなかった。ヴェネツィア人は、イタリア外に対しては、イタリアの防衛の砦であり誇りである。イタリア内にあっては、イタリアの災厄であり疫病であるという名声を保ってきたが、これもヴェネツィアの運命なのである。同盟軍はバニョーロに陣取っている。このような状況の中で、一方のシニョーレ・ロドヴィーコは疑いを抱く。すなわち、ヴェネツィア人が打倒されればカラブリア公は同盟国に支えられて、即刻、彼をミラノから追い出すのではないかと恐れたのである。シニョーレ・ロドヴィーコは、甥のジョヴァン・ガレアッツォの名のもとにミラノを支配しているのであり、しかもこのジョヴァン・ガレアッツォはカラブリア公の娘婿なのである。ヴェネツィア人は彼が権力を維持するのを秘密裏に支持したのかもしれない。おそらく、ミラノ公にすることさえ約束しているかもしれない。また、一定額の金の授受もあったかもしれない。いずれにせよ、シニョーレ・ロドヴィーコはシニョーレ・ルベルト・ダ・サンセヴェリーノと交渉して、ついに一条約が結ばれる。[7-10] その条件は同盟側にとって不名誉なものであった。すなわち、戦争の期間中、ヴェネツィア人から奪ったすべての土地と都市

（7-9）ナポリ王国。

（7-10）一四八四年八月七日、バニョーロの和平。

を同盟側は返還する。逆に、ヴェネツィア人はナポリ王[7-11]とフェラーラ公から奪ったものを返還する。ただし、ロヴィーゴと全プレジーネは除外される。さらに、ヴェネツィア人はフェラーラ領における古くからの免税権、様々な特権と優越的立場を保持する。さらに、ミラノはロッシ家から奪った領地を保持する。しかし、セレッザーナをめぐってのフィレンツェとフレゴージ家との争いについては何も言及されていない。また、シエーナの現政権を同盟に加入させる問題についても触れられていない。シニョール・ルベルトはそのままヴェネツィア人に仕え、全イタリアのカピターノ・ジェネラーレ（総司令官）の称号を持つ、というものである。

この条約はすべての同盟国にとって等しく腹立たしいものであった。なぜなら、イタリアをヴェネツィアから守るための絶好の機会が当分のあいだ失われたように思われたからである。同盟国はまた、その品位のない条件についても不満であった。とくに、フェラーラ公にとってこれは不愉快であった。昔の隷属状態に戻らねばならなかったし、またプレジーネを失ったからである。プレジーネはフェラーラにとって極めて重要な意味を持っていたからである。さらにこれによって、ヴェネツィア人はフェラーラの城門からわずか四ミーリアの地点にまで進出して来ることになる。この条約はフィレンツェ人にとっても不愉快なものであった。なぜなら、これはセレッザーナ[7-12]およびシエーナに対するフィレンツェ人の利害を無視していたからである。フィレンツェ人は、その利害関係を承認してもらいたいと望んでいたのである。フェラーラの防衛のために、また全体の幸福のために、フィレンツェ人はその役割以上のことをしてきたではないか。それにもかかわらず、いまや無視されているではないか、とフィレンツェ人は不満を訴える。しかしミラノ公国を欠いては戦争を続けることができないので、同盟国はすべてこの条約に批准したのである。

（7-11）ナポリ王国から奪ったガリポリとナルドは返還される。

（7-12）サルザーナ（グイッチァルディーニはセレッザーナ Serezzanaと表記する）は一四七九年、ジェノヴァのフレゴージ家に奪われていたが、フレゴージ家はこれをジェノヴァのサン・ジョルジョ銀行に売却している。

教皇シクストゥス四世の死とインノケンティウス八世の即位

平和が来るや否や、教皇シクストゥスが没する。(7-13) 彼は常に何かをしでかさずにはおれない人間であったが、極めて有能な人間でもあった。平和を憎悪していたために、彼の教皇在位期間中、イタリアは絶えざる戦争におかれていた。戦争はシクストゥスにとって自然の欲求であった。今回の平和条約は彼を不愉快にし激怒させている。これは一般によく知られていた事実なので、彼が死んだのはこの平和のためであると噂される。この噂は対句の形で一般に親しまれている。

残忍なシクストゥスを恐れさすものは何もない、
しかし平和という言葉を聞くや否や彼は死んだ

シクストゥスを継いだのは、………(7-14) ジェノヴァ人のマルフェッタ枢機卿である。インノケンティウス八世と呼ばれる。

(7-13) 一四八四年八月十二日。

(7-14) テキストには本名が記されていない。ジァンバティスタ・チボーである。在位一四八四―九二年。

サルザーナ作戦とピエトラサンタの征服

この時期、フィレンツェ人はナポリ王とミラノの援助を得てセレッザーナを取り戻そうとして、そこに兵を派遣しようとする。必要な兵を用意し、ヤコポ・グイッチァルディーニをコッメサーリオとして派遣し、既にセレッザーナを包囲しはじめた時、兵の糧食を積んだラバを何頭か送り届けようとして、フィレンツェの指揮官パオロ・ダル・ボルゴがピエトラサンタまで来た時、そこで襲撃され略奪されるという事件が突発する。ピエトラサンタはジェノヴァ人の領地である。パオロのラバがピエトラサンタの住民に奪われたのである。直ちに軍はセレッザーナを出発して、ピエトラサンタを取り囲む。この行動を正当化したのは平和条約の一条項である。それは、ある者がその所有物を回復しに行き、その際、他の者によって阻止された場合、その者を攻撃することができるというものである。フィレンツェはこの事件を極めて巧みに処理する。というのも、ピエトラサンタは都市そのものの価値からしても、またルッカに対する作戦上の便利さ、重要さからしても、セレッザーナよりもはるかに値打ちのある都市であったからである。わが兵がピエトラサンタ周辺に野営していると、数千の歩兵がピエトラサンタ救援のためにジェノヴァのリヴィエラから進撃してくる。それは途中、何の抵抗にも遭わなかった。わが軍には歩兵がいない。その地方の荒々しい地形では、騎兵は役に立たないからである。わが軍は包囲を解いて撤退を余儀なくされる。野営地が極めて危険となったからである。しかし、フィレンツェはこの不名誉をそのまま放置しておくことはない。軍は、歩兵その他、必要な装備をもって強化される。ボンジァンニ・ジァンフィリアッツィとアントーニオ・プッチが、ヤコポ・グイッチァルディーニとともにコッメサーリオとして派遣される。資金の世話をしてこの作戦に重みを与えるためである。ピエトラサンタの包囲は極めて激しいものであった。このため、いかなる援助も中に届くことはない。しかし住民は勇敢に防衛する。空気の悪さのため、わが陣営では多くの者が病気になる。三人のコッメサーリオも例外ではない。彼らはピサに移されるが、ここでメッセル・ボンジァンニとアントーニオ・プッチは没する。ピエトラサンタの住民は救援に絶望して、ついに降伏する。条件は生命、財産の保証である。この条件は守られる。ピエトラサンタの獲得は快挙であった。(7-15) 都市そのものの素晴らしさもさることながら、セレッザーナ作戦のための飛び石ともなるからである。また、ピエトラサンタはルッカ人の口にはめられた轡《くつわ》であって、以後、ルッカ人は絶えざる恐怖のう

(7-15) ピエトラサンタを取るのは一四八四年十一月七日である。

ちに生きねばならなくなる。また、ピエトラサンタはルニジアーナにおける、その周辺の都市に対しても強力な道具となるのである。

第8章

ナポリ王に対する領主《バローニ》の反乱——インノケンティウス八世に対する同盟国の交渉——平和条約——フィレンツェ人のサルザーナ取得——ロレンツォ・デ・メディチの国内政策

ナポリ王に対する領主《バローニ》の反乱

インノケンティウスが教皇になると、新しい戦争と紛争がイタリアに勃発する。その理由は一四八四年、ナポリの不満を抱いた多くの領主や君侯が、(8-1) アクイラの住民とともにナポリ王フェルランドに反乱を起こし、インノケンティウスの保護下に入ったからである。反乱分子を使ってナポリ王を破滅させ、ナポリ王国を利用してこれを彼の調停下に置こうとした教皇は、シニョーレ・ルベルト・ダ・サンセヴェリーノを隊長として傭う。ルベルトを派遣してナポリ王と戦うためである。この軍事行動はミラノとフィレンツェにとって大いに不愉快である。教皇の意図を初めから知っていた彼らは、可能なあらゆる手段を用いて、ナポリ王フェルランドを援助すべく準備を整えている。僧侶の限りない貪欲さを抑制するとともに、同盟義務を果たすためでもある。彼らは干渉しないよう教皇を説得しようと努める。干渉するようなら教皇を攻撃せざるを得なくなろう、と断言する。同じように、シニョーレ・ロドヴィーコはヴェネツィア人を説得しようと努力する。すなわち、教皇の意図はイタリア全体

(8-1) 彼らはアンジュー家の支持者である。フェルランドの苛酷な支配とカラブリア公アルフォンソの残忍さに焦立っての反乱である。指導的な領主の一人、アクイラのモントーリオ伯を会談と称して、罠にかけ捕虜にしたアルフォンソに対してアクイラ住民は憤激しインノケンティウスに忠誠を誓っている。教皇軍はアブルッツィに侵入し、インノケンティウスは名実ともに反乱領主の頭目となる。

にとって有害であるので、平和のためにシニョーレ・ルベルトを教皇に仕えさせないようヴェネツィア人に要請するのである。彼がいなければ教皇は無力で、イタリアを騒がせることはないであろうからである。ヴェネツィア人はこれを約束する。しかしその後、彼らはルベルト・ダ・サンセヴェリーノに許しを与えている。その理由は、教皇を敵に回したくなかったからなのか、あるいは彼らの慣わし通り、他の者が戦っている間、それを眺めながら自分たちは中立を保ち、利益を得るのを好んだからなのか、そのいずれかである。

インノケンティウス八世に対する同盟国の交渉

ナポリ王国の事情は数多くの反乱によって大いに危険となっていたが、シニョーレ・ルベルトがいまにも到着しようという状況の中で、いっそうあやふやなものとなっていく。同盟国からの援助がなければ、ナポリ王には救いがない。しかし、同盟国の援助があっても戦争が全体として王国領内でなされるようであれば、その援助も役に立たないことになろう。唯一の救済策は、ローマ領内で戦争を行うことにあるように思われた。その目的のために、シニョーレ・ヴィルジーニオ、ニッコラ・ダ・ピティリアーノ伯、その他のオルシニ家の領主たちが傭い入れられる。カラブリア公は同盟軍の一部を率いてローマ領に入る。ここにとどまって兵員を増加し、次いでブラッチァーノ(8-2)にいるオルシニ一門との合流を待ったのである。この間、シニョーレ・ルベルトはノメンターノ橋を占領する。この戦いの最中、ルベルトの息子フランチェスコの口が大砲の一撃で吹き飛ばされてしまう。次いでルベルトは、オルシニ家の他のいくつかの領地を奪う。このような状況下で、バティスタ・オルシニ枢機卿、シニョーレ・ジューリオ、シニョーレ・オルガンティーノたちは、一門の他の人びとの意志に逆らっ

(8-2) ローマの北西約二十五キロ付近に位置する。

て教皇と合意したために、多くの都市は教皇側につくのである。カラブリア公は、事態がどれほど切迫したものになって来たかを悟る。なぜなら、これらの領地の喪失は極めて重大であったからである。自国内で国王は大きな危険に瀕していた。いまや、いっそうの努力がなされなければ、同盟軍をブラッチァーノにいるシニョーレ・ヴィルジーニオとニッコラ・ダ・ピティリアーノ伯のそれと合流させることは不可能のように思われる。合流できないとなると、これはまた彼らと彼らの領土は敵の思うがままに扱われることになろう。これらの緊急事態をフィレンツェ人と協議するために、カラブリア公はモンテプルチアーノに来る。ここで彼は、話し合いのために八人委員会《オット・ディ・プラティカ》のうちの二人を派遣するよう求める。ジョヴァンニ・セッリストーリと、ピエールフィリッポ・パンドルフィーニが派遣される。フィレンツェに戻って、彼らは次のように報告する。すなわち、公の望みは王国内での戦争を他に外らすためにペルージァを攻撃していただきたいというものである、云々。公のこの提案はフィレンツェとミラノで議論される。その結論は次のようなものである。すなわち、そのような攻撃は何事をも解決し得ないであろう。なぜなら、ペルージァへの作戦行動は、一四七九年の経験が示しているように、極めて困難な企てであるからである。それより必要なのは、教皇をその急所で、すなわちローマ領で叩くことである。このために、公とオルシニ一門が合流できるよう兵を大いに強化しようと決意する。合流できれば戦争は終わったも同然である、と彼らは考えたのである。

　計画に従って、兵が送られる。しかし、ミラノ兵が非常に遅れている。シニョーレ・ロドヴィーコが金を惜しんで小出しに使ったからである。しかし、フィレンツェ人の強い要請のもとに、シニョーレ・ロドヴィーコもついに、その当てがわれた兵員数を出す。フィレンツェ人はこの戦争が始まった時、ヤコポ・グイッチァルディーニをミラノに大使として派遣しているが、実は、まさにこのためにこそ派遣していたのである。カラブリア公はこの兵を率いて、ピティリアーノまで進出したが、そこで何日間も時を無駄に過ごしている。シニョーレ・ルベルトが有利な地形を利用して、その通過を阻止していたからである。ついに、彼らはカンパニァーノの丘で夕方にかけて戦闘を行う。敵は不利になり、後退しつつある。事実、わが軍は彼らに激しい打撃を加え続けたので、夜が来なかったならば、疑いもなく敵は大敗を喫していたであろう。優勢なわが軍はついに敵軍を突破して、ブラッチァーノに着く。敵はいまや、野戦でわれわれに太刀打ちできない。わが軍はオルシニ一門によって失われたすべての領地を回復する。枢機卿によって放棄された領地は同盟側に戻り、その他の領地も同じく獲得する。

これより先、同盟国が行動に出ようとしていることを知った教皇は、枢機卿サン・ピエロ・イン・ヴィンコラ(8-3)を通して、ロレーヌ公(8-4)と交渉を始めている。ロレーヌ公は、ナポリ王国に対するアンジュ家の相続権を相続している。教皇は、ロレーヌ公がイタリアに侵攻するならば、ナポリ王国を手に入れるのを援助しようとロレーヌ公に約束している。交渉は成功している。フランス王とジェノヴァ人の助けを得て、ロレーヌ公は侵攻の準備に入る。彼はフィレンツェに大使を派遣してくる。ナポリ王フェルランドを援助するのをやめるように、また教会と闘うことをやめるように、そしてこのたびのロレーヌ公の事業に際して公を援助するように要請するためである。その際、大使たちはフィレンツェ人に対して次のように注意を促している。すなわち、かつてフィレンツェ人はナポリ王フェルランドから大きな損害を蒙っているではないか、それに対しフランス王家からは大きな利益を与えられてきたではないか、さらに教会に対しては昔のように献身的に仕えるのが正しいのではないか、と言うのである。これに対してフィレンツェ人は、次のように応える。当然ながらフィレンツェは平和を望ん

(8-3) ジュリアーノ・デルラ・ローヴェレ、教皇シクストゥス四世の甥。後のユリウス二世。

(8-4) ロレーヌ公ルネ(René)。

でいる。平和を維持するためにフィレンツェは、数年前にナポリ、ミラノとの同盟を結んだのである。後になって教皇は、その職務にまったく反して新たな戦争を始めたのである。フィレンツェは信義を守るために、同時に他人の領土を占拠しようとしている人びとを阻止するために、やむなくミラノと手を結んで、ナポリ王フェルランドの擁護に乗り出したのである、云々。さらにフィレンツェ人は、これに付け加える。教皇はそれまではロレーヌ公については一言も触れていない。事実、教皇がこの戦争を始めたのは己れ自身のためなのである。教皇はいまや、己れの目的を達成するための道具として公を利用しているのである。ロレーヌ公の名と名声を利用するのであって、公を利するためではないのである。フィレンツェは、教皇の真の意図がより明白になるまでは、いま取っている立場を変えることはできない。教皇の意図がはっきりした時になって、フィレンツェは同盟国と協議し、名誉の許す限りフランス王家に対する恩義を尊重することになろう、というものである。

平和条約

この最後の譲歩は、大使たちを立腹させないために返答の中に付け加えられたものである。これらの大使たちはロレーヌ公のみを代表しているのではなく、フランス王をも代表していたからである。われわれはフランス王に対して慎重に振舞わねばならなかった。わが商人たちのためにである。しかし、ミラノではそのような恐れがないために、大使たちがその要求を述べた時には、はるかに強硬な返答を受け取ることになる。それにもかかわらず、日ごとに迫ってくるロレーヌ公の侵攻は、大きな恐怖の原因となる。ロレンツォ・デ・メディチは、フィレンツェ内でフランス王家がいかに一般に人気があり愛されているか、これに反して（e converso）ナポリ王フェルランドが大衆にいかに憎悪されているかを考えはじめる。ロレンツォは、もしかしたらあまりにも大きな責任を負ってしまったのではないかと恐れはじめる。とくに、ナポリ王フェルランドを支持するという決定が、多くの有力市民たちを不快にしていたからである。イタリアに外国人が入って来るのを好まなかったヴェネツィア人が、ナポリ王と既に合意を達していなかったならば、ロレンツォはその政策をあるいは変えていたかもしれないのである。しかし突然の平和条約で、すべてに決着がつく。インノケンティウスは、ナポリ王国内の領主たちが敗北しつつあり、しかもある者は既に国王の旗の下に復帰しているのを知っていた。また、同盟側がローマ領を支配していて、いまやローマそれ自体、危険に曝されているのも分かっている。このような理由からして、教皇は突然、同盟国側と平和条約を結ぶ。[8-5]これを仲介したのは、ジァン・ヤコポ・トリヴルツィオと、カラブリア公の秘書ジョヴァンニ・ジョヴィアーノ・ポンタノである。この条約はローマの利益を考慮したものであるが、領主たちとアクイラはナポリ王の裁量に任される。また、シニョーレ・ルベルトは教皇によって職を解かれ、ローマから立ち去らねばならなかった。セレッザーナ、その他フィレンツェの利害については何も触れられていなかったが、これはフィレンツェにとって大いに不満であった。

和平が成立すると、解雇されたシニョーレ・ルベルトは兵をヴェネツィアに導こうとロマーニァに向かって行くが、ロマーニァ領の通過を拒否される。戦闘を避けようとすれば、選択の余地はない。やむなく兵を敵の手に委ね、少数の騎士とともにラヴェンナに向かい、ラヴェンナからヴェネツィアに行くのである。ナポリ王は和平の報を受け取ると、それを公表する前に、サルニ伯コッポラとその秘書[8-6]、メッセル・エンポー[8-7]、メッセル・アネッロ[8-8]その他数名の、秘かに敵対行為を計った者たちを即刻逮捕させ、正当な罰として彼らの財産を没収している。その価値は三十万ドゥカーティ以上とされ

(8-5) 一四八六年八月十一日。

(8-6) アントーニオ・ペトルッチ。

(8-7) メッセル・ピエトロ・パオロ・エンポー。

(8-8) ブレルロ伯メッセル・アネッロ・アルカーノ。

ている。次いで彼は、抱えている彼の問題に決着をつけようとする。王の敵はいまや孤立し、ほとんど抵抗らしい抵抗もなし得なかったので、彼らすべてを一掃する。事実、フェルランドはいまや王国の完全にして絶対的な支配者となるのである。彼以前のいかなる王も、長期間にわたってフェルランドのような支配者であったことはかつてないのである。この戦争は、王にとって思いがけない一大幸運と見なされるようになる。この戦争は、封建領主に対する支配を確実にする機会を王に与えたからである。

　教皇は最初の事業に成功しなかった。この結果、教皇は完全に考え方を変えて、平和の維持を計るとともに、フィレンツェと親密な関係を結ぼうと決心する。教皇は、庶出の息子フランチェスケットに、ロレンツォ・デ・メディチの娘マッダレーナを迎える。また、ロレンツォの幼い息子ジョヴァンニ(8-9)を枢機卿にしている。教皇とロレンツォの間柄は極めて親密であり、ロレンツォは生涯を通して教皇を自在に扱うことができたのである。これがまたロレンツォの名声をいっそう高めるのである。平和条約はフィレンツェが負担した費用に見合った形でなされず、フィレンツェの利益を無視していたので、フィレンツェはナポリ王とシニョーレ・ロドヴィーコに対して激しく不満をぶっつける。正義に動かされて、両者はセレッザーナに対する作戦の際、フィレンツェに援助することを約束する。フィレンツェがその領地を回復するのを望んでいること、また素早くそれを行おうとしていることは誰の目にも明らかであったので、一四八七年、ジェノヴァ人はセレッザネルロを包囲する。ピエトラサンタで蒙った損失に復讐するためである。ここは極めて強力で、普通のやり方では征服できそうに思われなかったので、ジェノヴァ人の技師の一人が一つの計画を考案する。地下に穴を掘り進め、城壁の下をくぐり、それを越えようというものである。次いで爆薬を仕掛け、それに火を点じようというも

(8-9) ジョヴァンニ・デ・メディチ、後の教皇レオ一〇世。

のである。そうすれば、爆薬の力によって城塞は吹き飛ばされ、破壊されることになろうというのである。

フィレンツェ人のサルザーナ取得

フィレンツェがこの突然の攻撃の知らせを受けると、持てる兵を掻き集めてピエトラサンタに送り、次いで可能な限り多くの歩兵を傭うよう命令を下す。ヤコポ・グイッチァルディーニとピエロ・ヴェットリが、コッメサーリオとして派遣される。手持ちの兵をもって、彼らはセレッザネルロに接近する。救援の希望を与えて住民の気力を維持させるためである。しかし、傭い入れた兵とミラノから来るはずの援軍によって軍が強化されるまでは、戦闘を行う意図はない。この間、ジェノヴァ人はトンネルを掘り続けていて、既に城塞の半月堡の下まで掘っている。さらに進んだところで非常に硬い塊に突き当たってしまい、これを崩すには大変な時間がかかると思われる。敵軍はどんどん増加されつつある。これに対する恐れのために、彼らは塊が崩されるまで待つ気にはなれない。到達した地点で、彼らは爆薬を仕掛け火を点じる。爆発は凄じいものであった。半月堡は口を開け崩れ落ちる。中にいた十二人、あるいは十六人が殺されている。城塞全体が震動したが、しかし崩壊するまでには至らない。なぜなら、トンネルが城塞の下まで十分掘られていなかったからである。しかし、この計画が素晴らしいものであり、うまくいくことが明らかになる。

恐ろしい爆発に怯えた住民たちは、大いに苦痛の兆しを見せはじめ、これ以上、持ちこたえることはできない旨ほのめかす。フィレンツェ軍が行動を起こすのが当を得ているように思われる。これ以上、行動を延ばせば、遅きに失するかもしれないからである。翌朝、この日は復活祭であったが、フィレンツェ軍は敵を攻撃する。これに続いた見事な英雄的な戦いで、わが軍が勝利する。敵は完全に敗退し、多くの者が捕虜となる。その中にはジァン・ルイジ・デル・フィエスコがいる。この勝利の後、わがコッメサーリオと軍隊はセレッザーナに向け移動してその包囲に入る。これにはアラゴン兵、スフォルツァ兵も加わっていて、軍は強化されている。こうして幸せな成功が続く。サン・フランチェスコを無理やり手に入れた後、セレッザーナそのものを激しく攻撃し、砲撃する。新たに激しい攻撃が準備されていることを聞いた住民たちは、生命財産の保証を条件として降伏する。(8-10)

ピエトラサンタとセレッザーナに対する作戦の結末はこのようなものであった。フィレンツェとその政権に大いなる栄光を与えて終了したのである。この勝利はまた、ピサとその方面における他のわれわれの諸都市にとって大きな安全を与えるものと当時思われたのである。またこの勝利はジェノヴァ人には屈辱として跳ね返る。翌年、深く傷ついたジェノヴァ人は、多くのガレー船や船舶をもってリヴォルノを包囲する。困難に困難を重ねて、彼らは海上に木製のプラットフォームを構築する。その上に大砲を備え付けて、われわれの砦を砲撃しようというのである。われわれのコッメサーリオ、ピエロ・ヴェットリはそこの灯台にいる。ピサにはリヴォルノ救援の責任者であるコッメサーリオがいる。ヤコポ・グイッチァルディーニと、ピエールフィリッポ・パンドルフィーニと、ピエロ・カッポーニである。彼らはリヴォルノが失われるのではないかと恐れている。しかしジェノヴァ人にとって逆風が吹きはじめると、彼らは兵力を十分に強化し、リヴォルノ救援に向かうことができた。これ以上、何も為し得ないのを知って、ジェノヴァ人は立ち去るのである。

翌年、カラブリア公アルフォンソの娘イザベルラがミラノ公ジョヴァン・ガレアッツォに嫁ぐために途中、リヴォルノに立ち寄る。彼女の父アルフォンソと夫ジョヴァン・ガレアッツォに敬意を表し

(8-10) 一四八七年六月二十二日。

て、また彼らとフィレンツェとの同盟を考慮して、フィレンツェは彼女を手厚く歓迎することにする。ヤコポ・グイッチァルディーニ、ピエールフィリッポ・パンドルフィーニ、それにパオラントーニオ・ソデリーニが、コッメサーリオとして派遣され彼女に挨拶する。威儀を正して彼女を迎え入れ歓迎の意を表する。

ロレンツォ・デ・メディチの国内政策

この時期、ネロ・カンビがゴンファロニエーレである。新しいシニョリーアを選出する時期が来ていた。シニョリーアを選ぶには、プリオーレとコレッジョのメンバーの三分の二の出席がなければ選ぶことができないようになっている。たまたま多くのメンバーがフィレンツェを留守にしていて、定足数に達しない。したがって、定時にくじ引きがなされない。別荘から彼らを召集するために、使者が馬で駆けつける。しかし定足数に達するのは夜になってからである。その時になって、やっと名札がくじ引きされる。怒ったゴンファロニエーレは、同僚たちに、許可なくしてフィレンツェを離れていた三人、あるいは四人のメンバーを公職追放にすべし、という提案を行う。彼らは躊躇している。もう少し事情を聴取しないままでこの提案に同意するのに、二の足を踏んでいるように思われる。これに対しゴンファロニエーレは、これは支配している人びとの意志である、と彼らに告げる。これはロレンツォ・デ・メディチと権力を握っている市民たちを不愉快にさせる。なぜなら、仮にシニョリーアが支配者と協議することなく市民を公職追放することが習慣になれば、彼ら自身の権力はあってなきがごとくになり、ある日、六票をもってフィレンツェから追放されることにもなりかねないと思ったからである。ゴンファロニエーレの任期が終わると、この問題を特別会議《プラティカ》が再び取りあげる。公職追放されたメンバーを元に戻し、ネロ・カンビが終身の公職追放の処分に処せられる。

この時期、全イタリアは平和であり、事もなくのんびりと幸福に推移していたので、フィレンツェはその国内問題の多くを再編成しようとする。シニョリーアを任命する権限が七十人会から奪われ、選出されたアッコピアトーリに与えられる。これによって、物事はいっそう厳しく管理されるようになる。さらに要職の選出、税制、モンテ、それに物品税といった、その他多くの事柄が再編成されねばならないように思われた。法や会議による障害、煩わしさを避けるために、権限と権力が十七人の市民に与えられる。フィレンツェのすべての問題に対する十七人委員会の権力は、フィレンツェの全人口のそれに匹敵するほど大きなものとなる。選ばれたこれら十七人は次のような人びとである。ロレンツォ・デ・メディチ、ヤコポ・グイッチァルディーニ、ベルナルド・デル・ネロ、ニッコロ・リドルフィ、ピエールフィリッポ・パンドルフィーニ、ジァヴァンニ・セッリストーリ、メッセル・アニョーロ・ニッコリーニ、メッセル・ピエロ・アラマンニ、……アントーニオ・ディ・ベルナルドである。(8-11) ヤコポ・グイッチァルディーニが任期中に亡くなると、息子ピエロが父に代わって選出される。これらの人びとはフィレンツェに多くの改革をもたらす。なかでも、物品税は白い貨幣《モネーテ・ビアンカ》で支払わねばならぬという命令を再び下す。(8-12) 白い貨幣とは、他のそれとは四分の一だけ価値のあるものである。同じ措置が、フィレンツェの支配下にある臣民の支払う税金や固定資産税についても適用される。これによってフィレンツェの収入は大いに増加したのである。しかし、一般大衆や下層民から大きな不満の声があがる。この法律によって生活必需品や食糧の値段があがったので、彼らは苦しんでいたからである。

同じ年、教皇インノケンティウスは重い病に臥し、誰もがもう助からないものと思い込む。二人の

(8-11) 他のメンバーは次の人びとである。フランチェスコ・ピエロ・ジョヴァンニ・デ・ディニ、ベルナルド・ルッチェライ、アントーニオ・タッディ、マーゾ・アレッサンドリ、マーゾ・デリ・アルビッツィ、パオラントーニオ・ソデリーニ、ジュリアーノ・サルヴィアーティ、バルトロ・バルトリーニ、アニョーロ・ミニアーティである。グイッチァルディーニはピエールフィリッポ・パンドルフィーニをあげているが、ピエロ・アラマンニの後任である。ヤコポ・グイッチァルディーニが亡くなると息子ピエロが父に代わって選出されるとあるが、実際は最初からメンバーの一員であった。

(8-12) 新しいクァト

大使、グイドアントーニオ・ヴェスプッチとピエロ・グイッチァルディーニが即刻ローマに赴いて、フィレンツェの名のもとにあらゆる努力を払って、ロレンツォの息子ジョヴァンニが枢機卿として枢機卿会議に入るのを許されるよう働きかけることになる。ジョヴァンニは教皇インノケンティウスによって枢機卿の地位を与えられているが、その任命は公表されていなかったし、枢機卿の帽子も受け取っていなかった。年齢のためである。しかし教皇が予期せずして全快したので、大使たちはローマに行くことはなかった。

　翌年の一四九一年、ロレンツォは公共の安寧のために平和を維持しようと、あらゆる手を打とうとしている。ある者の言によれば、ロレンツォは政体を再編成し己れを終身ゴンファロニエーレの地位に就かすことに専念していた、とされている。ロレンツォはピサを何とか活気づけようと決心している。ピサは人口が稀薄となり、商業に支障を来たすようになっていたからである。この仕事をロレンツォは海の領事《コンソーリ》(8-13)に任せるが、その選出の方法を変えている。従来は投票によっている。人数は五人で、権限もありきたりのものであった。さて、ロレンツォはいまや彼らを七十人会の中から任命させる。人数は三人にして、大きな権限を持たせる。選ばれた人びとはロレンツォ・モレルリ、フィリッポ・デルラ・アンテルラ、それにピエロ・グイッチァルディーニである。彼らの役目はピサの改革を行うことである。また、リヴォルノの要塞化と大船の武装化に携わって、ジェノヴァとの戦いの前にそうであったように、フィレンツェが航海に乗り出して行くことができるようにすることであった。しかし、このような計画が構想されつつあった時、次に述べるような突発事が起こって中断されることになる。この時期にはセレッザーナの防備は強化されていて、ほとんど難攻不落の都市になっている。なぜなら、フィレンツェはこの地をロンバルディア方面から来るいかなる大軍が来ようとも、それを

リーノ貨幣の銀の含有量の問題で、新しい貨幣は四ダナーリの価値があるが、古い貨幣は三ダナーリである。新貨幣で税を支払わねばならなくなると、古い貨幣を持っている者にとっては事実上の増税ということになる。

(8-13) 一四二一年に作られた機関で、海上貿易に伴う問題を扱う。

食い止めることのできる場所にしたいと望んでいたからである。ポッジョ・インペリアーレとその地域全体にわたって、極めて堅固な、美しく造られた建造物が建てられていく。そしてフィレンツェには法秩序と繁栄が支配していた。

第9章 ロレンツォ・デ・メディチの死――ロレンツォの肖像画――祖国の父コジモとの比較

ロレンツォ・デ・メディチの死

フィレンツェは完全な平和を楽しんでいた。権力を握っていた市民たちは緊密に団結しており、政権は強力であったためにあえてこれに反対しようとする者はいなかった。大衆は毎日、見世物や祝祭や目新しい催し物の供応を受け、食糧は市《まち》に満ちていた。商売はすべて繁栄していた。天才と能力ある者が輩出していた。なぜなら、芸術家、学者、才能ある者はすべて歓迎され、栄誉を与えられていたからである。国内では完全な平和と静けさが満ち、国外では最高の栄光と名声を博していた。それには多くの理由が存した。フィレンツェには非常に権威のある政府と一人の指導者がいたこと、当時、その領土も拡大していたこと、フェラーラを助け、次いでフェルランド王を助けるにあたって主たる役割を果たしていたこと、教皇インノケンティウスを完全に掌握していたこと、ナポリとミラノとを結び付けていたこと、かくして事実上、全イタリアを支える支柱となっていたこと、等々である。しかし、まさにその時にすべてをひっくり返すようなことが生じて、フィレンツェだけでなくイタリア全体を混乱に投げ入れたのである。一四九一年、ロレンツォは長期間、病に臥していた。当初、医者たちは深刻なものと思わず、そのため当然なすべき処置を怠っていたようである。病は長引き、悪化していった。一四九二年四月八日、ロレンツォは永眠する。

ロレンツォの肖像画

彼の死の重大さは数多くの前兆に示されている。少し前に彗星が現われていたこと、狼の咆哮する声が聞かれたこと、サンタ・マリア・ノヴェラ教会でものの怪にとりつかれた女性が、双方の角に炬火をつけた雄牛が街を焼いていると大声で絶叫していたこと、数頭のライオンが仲間うちで争いを始め、そのうちの美しい一頭が殺されたこと、最後に、ロレンツォの死の前日あるいは前々日にサンタ・レパラータ教会のキューポラの頂塔に落雷があり、巨大な数個の石を跳ね飛ばしたが、それらの石はメディチ宮の方向に落下したことである。またある人びとは、ロレンツォの主治医であったピエロ・リオーニ・ダ・スポレート師が、当時イタリアで最も秀れていたと評された医師であったが、絶望のあまり井戸に身を投げ溺死したこともその前兆と見なしたのである。もっとも、身を投げたのではなく放り込まれたという人もいたが。

亡くなった時、ロレンツォ・デ・メディチは四十三歳であった。二十三年間にわたり、フィレンツェを支配してきたのである。六九年、父のピエロが没した時、ロレンツォはわずか二十歳であった。まだ若かったため、メッセル・トッマーゾ・ソデリーニとか、その他、年長の政治家たちの保護下にあったといえよう。しかし、極めて短期間のうちに権力を手にし、名声を博し、自らの欲するままにフィレンツェを支配することができたのである。彼の権威は日ごとに高まり、七八年の事件(9-1)の後にはいっそう大きくなり、ナポリからの帰還後はさらに高まった。死に至るまで、ロレンツォはフィレンツェを支配し、あたかも独裁者であるかのように完全にそれを掌握していた。この人物の偉大さは類まれ

(9-1) パッツィ陰謀事件、本文第4章七一頁以下参照。

なものであり、フィレンツェではそれに対抗し得る市民がかつて見出されず、彼の大きな名声は生前も死後も変わらないのであるから、彼のやり方や性格を詳細に述べたとしても場違いになることはなかろうと思う。事実、それは極めて有益であろう。もちろん、私は経験からこれらのことを知っているのではない。なぜなら、ロレンツォが没した時に私は小さな子供であったから。(9-2) しかし、私は本物の情報源と信頼すべき人びとからこれらの情報を得ているのであって、欺かれていない限り、これから私の書こうとしていることは真実そのものなのである。

ロレンツォには多くの並み外れた美徳が見出される。彼にはまた、いくつかの悪徳も見られた。そのあるものは生まれつきのものであり、あるものはやむを得ないものであった。彼は強大な権威を有していたがために、彼の時代にはフィレンツェに自由はなかったといえるかもしれない。しかし、名目だけ自由で実際には一人の市民が権力を握っているような都市にあって、可能な限りの栄光と幸福に満ち溢れていたのである。当然ながら、彼の行った物事のあるものは批判の対象となろう。彼の行為は極めて傑出した偉大なものであるが、それらについて耳にする場合よりも、実際に調べてみた方がずっと称讃に値することが分かる。なぜなら、これは彼の欠陥からではなく、時代と、時代の慣習からして、彼の行為は軍事的偉業(9-3)を含んでいないからである。また、古代人にあれほどの名声をもたらした類の軍事的技術や訓練の偉業でもないからである。ある都市の輝かしい防衛であるとか、ある城砦のあっというような占領とか、合戦の際の戦術とか、敵に対する勝利とか、そういったものではない。彼の偉業は軍事的な栄光に輝いているものではない。しかし、われわれは実際、彼のうちに市民生活に結びついた美徳のあらゆる徴候、証拠を見出すことができよう。何びとといえども、たとえ彼の敵でさえ、あるいは彼に反感を抱く者でも、彼の精神が偉大で特異なものであったことを否定し

（9-2）ロレンツォが亡くなった時、グイッチャルディーニは九歳であった。

（9-3）軍事的偉業を叙述することが、人文主義的歴史叙述の一つの特徴である。

得ないのである。これを否定することは愚かなことであろう。なぜなら、このことは彼が二十三年間にわたってフィレンツェを支配し、しかも絶えず権力と栄光を増していったという事実によって、明白に証明されているからである。ことにフィレンツェが言論において極めて自由であり、多くの陰謀家や騒動を惹き起こす人びとに満ちみちていることを思う時、このことははっきりするのである。さらに、フィレンツェの領土は狭く、すべての市民に役職を与えて満足させるということは不可能であるため、少数の人びとを満足させるためには当然ながら他の人びとは除外されねばならないのである。

彼の偉大さはまた、イタリアや諸外国の君主の間で得た友情や信頼といった点でも証明されている。教皇インノケンティウス、フェルランド王、ガレアッツォ公、フランス王ルイ、トルコ皇帝、スルタンにあってさえ、そうである。晩年、ロレンツォはスルタンから贈り物としてキリン、ライオン、去勢馬等を受け取っている。これらすべてはひとえに、これら諸君主とロレンツォが巧みにうまく接することができるという能力を有していたことに起因するのである。ロレンツォの演説を聞いた者の間では、彼の偉大さは公的なものであれ私的なものであれ、その機知に溢れた鋭い演説によっても証明されている。その演説によって、彼は何度もいろんな場所で大きな名声を博したのである。とくにクレモナ会議(9-4)での演説は名高いものである。

彼の判断は健全で賢明であった。しかし、彼の知性に釣り合うようなものではない。彼は数回にわたって性急な行為に走っている。ヴォルテッラとの戦争を惹き起こしている(9-5)。ヴォルテッラ人から明《みょう》礬《ばん》鉱を奪おうとしたために、ヴォルテッラ人は反乱を企てざるを得なかった。その結果、イタリアをひっくり返すような火を点じたのである。もっとも、実際には結果としてうまく収まったが。七八年の事件の後、教皇とナポリ王に対してロレンツォがもっと穏やかな態度を示していたなら、戦争には

(9-4) これについては本文一〇九頁参照。
(9-5) これについては本文六五―六六頁「ヴォルテッラとの戦い」参照。

ならなかったかもしれない。しかし、傷つけられた側の立場をあくまで貫こうとし、また加えられた犯罪を小さなものと考えたくなかったために戦争が起こり、それは彼とフィレンツェを大きな危険にさらすことになったのである。ナポリへの彼の旅[9-6]はあまりにも大胆に過ぎ、あまりにも性急な決断と見なされた。なぜなら、彼は自らの身を、信頼し得ない、完全に信義のない、まさに敵そのものである一国王に委ねたからである。彼もフィレンツェも、ともに平和を切実に必要としていたという事実が、彼の行動の弁解となろう。しかしそれにもかかわらず、フィレンツェに留まっていてもまったく同じ結果をもたらすことができたと考える人もいるのである。その場合には、より安全が保証され、少なからざる優位に立ってなされたはずである。

彼はいかなる人間にもまして栄光と卓越を望んだ。しかし、その欲望を重要でない物事にまで持ち込んだことで批判されよう。詩作や遊戯やその他の気晴らしなどで、彼と肩を並べるような、あるいは彼を手本にするような者には、誰であれ腹を立てた。この欲望はまた、重要な事柄においても強烈に示された。彼はすべてのことでイタリアの諸君主と同等に競い合おうと欲した。これはシニョーレ・ロドヴィーコ[9-7]を大いに不快にさせたのである。しかし全体としては彼の野心は称讃に値し、いずこにおいても、イタリア外においてさえ、彼に栄光と名声をもたらしたのである。なぜなら、このような野心あってこそ、同時代のフィレンツェは芸術と技能の一切において、他のすべてのイタリア諸都市を圧倒して優位に立つことができたからである。

彼はピサに大学を創設した。主として学芸の研究のためである。人びとが多くの理由をあげて、パドヴァや、あるいはパーヴィアほど学生が集まらないのではないかと言った時、彼は他の大学よりも多くの教授陣を擁するだけで満足であると答えたのである。彼の時代、イタリアで最も秀れた、最も

（9-6）本文九六頁以下参照。

（9-7）ミラノのロドヴィーコ・イル・モロである。

著名な人びとがピサ大学で教鞭をとり、高額の報酬を受け取っていたのである。なぜなら、彼はそれらの人びとを迎えるためには費用も惜しまず、労も惜しまなかったからである。フィレンツェでは人文主義の研究がメッセル・アニョーロ・ポリツァーノの下で、ギリシャ語が最初はメッセル・デメトリオ[9-8]、次いでラスカリス[9-9]の下で、哲学と芸術がマルシリオ・フィチーノ[9-10]、ジョルジョ・ベニーノ、ピーコ・デッラ・ミランドラ伯[9-11]、その他秀れた人びとの下で栄えていた。

ロレンツォはまた、世俗語の詩や、音楽、建築、絵画、彫刻、その他すべての精神的・職人的技術に同じように好意を示したので、フィレンツェにはこれらすべての素晴らしいものが溢れたのである。これらの芸術が栄えたのは、ロレンツォが万能人としてそれらの目利きであり、才能を見分けることができたために、芸術家は彼を喜ばすために互いに競い合ったからでもある。さらにロレンツォは限りなく気前がよかった。すべての才能ある人びとに、生計の手段や仕事に必要な一切の道具を与えたのである。一つの例をあげよう。ギリシャ語文献の図書館を設立しようと決意した時、彼は碩学ラスカリスをはるばるギリシャに派遣して古代の良い文献を集めさせている。

同じこの気前のよさが、イタリアおよび外国の諸君主の間で彼に名声と友情をもたらした。どれほど高くつこうとも、彼はいかなる形であれ、豪奢さを省くことはなかった。このため、彼は権力者の好意を維持することができたのである。その結果はリヨンにおいて、ミラノにおいて、ブルージェその他の地において、豪奢な金の使い方と贈り物のため、支出が増大し利益が減少する原因となった。なぜなら、銀行業務がリオネット・デ・ロッシやトッマーゾ・ポルティナリといった無能な人びとに任されていたからである。さらに、彼の勘定はきちんとしていなかった。なぜなら、彼は商売のことは何も知らず、気にもかけなかったからである。幾度か業務がうまくいかなくなり、破産の淵に立た

(9-8) デメトリオ・カルコンディラス。

(9-9) コンスタンティン・ラスカリス。シャルル八世のイタリア侵入後、フィレンツェを去ってフランスに行く。

(9-10) 一四三三―九九年。プラトン・アカデミーの魂と称せられ、プラトン、プロティノスの著作を多数翻訳し、プラトニズムをヨーロッパへと波及させる。コジモの別荘カレッジはフィチーノに贈られ、アカデミーの集合場所となる。

(9-11) 一四六三―九四年。哲学の綜合を目指す公開討論会のために書かれた『人間の尊厳について』は有名である。なお、訳注（12―11）参照。

されている。

かくして彼は、友人の金やあるいは公金に手をつけざるを得なくなったのである。七八年には、彼はピエールフランチェスコ・デ・メディチの子供たち(9-12)から六万ドゥカーティを借りている。返済不能になると、数年後、彼はムッジェロの財産とともに、カファジュオーロを彼らに譲渡して弁償している。当時、戦争に当たって彼は隊長への支払いを自ら株主であるバルトリーニ銀行を通して行うようにした。彼の命令によって一定額の支払いが差し控えられたが、その額は約八パーセントにのぼった。これによってフィレンツェは損害を受ける。なぜなら、バランスをとるため、傭兵隊長は兵隊を削減したため、その分だけフィレンツェが補充せざるを得なかったからである。

また他の時に、ロレンツォは自分自身の必要のために公金に手をつけている。これは時に莫大な額にのぼっている。八四年には破産を避けるために、シニョーレ・ロドヴィーコから四千ドゥカーティを借り、さらに四千ドゥカーティを得るために、かつてフランチェスコ・スフォルツァ公によってロレンツォの祖父コジモに与えられたミラノの宮殿を売却せねばならなかった。気前のよい、豪華な性格であることは分かっているが、目に涙をたたえて売却したものと信じてよい。

ロレンツォは生来、傲慢であった。誰であれ、彼は反対されるのを好まなかった。ほとんど直観的に理解されるのを望んだ。したがって、重要な事柄においても彼の言葉数は少なく曖昧であった。普段の会話では滑稽味があり気持ちよかった。家庭生活は豪華というより、つましかった。ただし、晩餐会ではフィレンツェに来た多くの高貴な外国人のためにふんだんに振舞った。彼は大変好色で、性欲が強く色事に執拗で、何年でも続いた。多くの人たちは、これが彼の肉体を弱め、若くして死に至らしめた原因と考えている。何年間も続いた彼の最後の情事は、ドナート・ベンチの妻バルトロメー

(9-12) ピエールフランチェスコの息子たちとは、ロレンツォ・イル・ポポラーノ（一四六三―一五〇三）とジョヴァンニ・イル・ポポラーノ（一四六七―九八）である。イル・ポポラーノとは庶民的な人という綽名である。ピエールフランチェスコ・デ・メディチについては本文六一頁、および系図参照。

ア・デ・ナージとのそれである。愛想のよい気のいい婦人であったが、とくに美しいというわけではない。ロレンツォはすっかり彼女に魅せられていて、ある冬、彼女が田舎に滞在していた時期、彼女に会うために数人の仲間を連れて夜の第五時、あるいは第六時にフィレンツェを離れ、大急ぎで馬を駆って出て行く。しかし、夜明け前にはフィレンツェに戻っているよう時間を見計らって帰って来る。彼の供をしていたルイジ・デルラ・ストゥーハとブッタ・デ・メディチは、これらの急ぎ旅に不平を言ったことがある。バルトロメーアはこれを耳にして、ロレンツォに告げ口をすると、ロレンツォはルイジをスルタンのところへ、ブッタをトルコ皇帝のところへ、大使として派遣してしまう。彼ほど偉大な人物、名声ある人物、英知に満ちた人物が、四十歳にもなって、若くもなければ美しくもない女性の虜となり、単純な若者にとってさえ不名誉となるような仕方で行動するとは、考えてみれば狂気のように思われるのである。

ある人たちは、ロレンツォは生まれつき残酷で復讐心が強いと思っている。パッツィ陰謀事件の際、あれほど多くの血が流された後になってさえ、罪のない若者を投獄し、少女たちには結婚を禁止するなどは、彼の示した苛酷さのためである。しかし、あの事件は彼にとって極めて苦いものであった。したがって、異常な怒りも驚くにあたらない。さらにわれわれは、時とともに彼の気持ちが和らいで、娘たちが結婚するのを許し、パッツィ家の若者たちが自由にされ、領土の外に出て生活するのを見て、ロレンツォが満足している姿を知っている。その他の彼の措置からしても、ロレンツォは残忍でもないし血に飢えた人間でもないことが分かる。

最も重大な、最も厄介な彼の欠点は猜疑心であった。それはおそらく、生まれつきのものではなく、共和国を押さえておかねばならぬという認識、すなわち、為されねばならぬことは何であれ、行政官を通して、またフィレンツェの憲法に従って、自由の見せかけ、自由という外的形式をもって為される必要があるという認識から来たものであろう。したがって、権力を掌握しようとしはじめた、彼の経歴の開始期にあって、彼は高貴さ、富、力、名声ゆえに、一般に高く評価されそうな市民たちを可能な限り抑えつけようとしたのである。これらの人びとが国家の信頼し得るような家柄あるいは背景の出であれば、彼らにはふんだんに国家の要職が与えられていたのである。すなわちそれは、大使職や特別委員《コッメサーリオ》、その他の名誉職である。しかし、ロレンツォは彼らを信頼しなかったので、官職候補者名簿を扱う役人、徴税役人を、彼の個人的な秘密に通じた人びと、彼が抜擢して名声を与えてやった人びと、彼の援助がなければいかなる力もないような人びとの中から選んだのである。次のような人びとがそれである。

メッセル・ベルナルド・ブオンジローラミ、アントーニオ・ディ・プッチョ、ジョヴァンニ・ランフレディーニ、ジローラモ・モレルリ（彼は非常に力をつけたので七九年にはロレンツォは彼を恐れるようになる）(9-13)、メッセル・アニョーロ・ニッコリーニ、ベルナルド・デル・ネロ、メッセル・ピエロ・アラマンニ、ピエールフィリッポ・パンドルフィーニ、ジョヴァンニ・ボンシ、コジモ・バルトリ、その他の人びとである。もっとも、すべて、それぞれ異なった時期に選ばれている。

時折りロレンツォはメッセル・トッマーゾ・ソデリーニ、メッセル・ルイジ・グイッチァルディーニおよびヤコポ、メッセル・アントーニオ・リドルフィ、メッセル・ボンジァンニ・ジァンフィリアッツィ、メッセル・ジョヴァンニ・カニジァーニといった人びとを疎んじたものである。後にはフランチェスコ・ヴァローリ、ベルナルド・ルッチェライ、ピエロ・ヴェットリ、ジローラモ・デリ・アルビッツィ、ピエロ・カッポーニ、パオラントーニオ・ソデリーニ、その他の人びともこれに入る。

（9-13）一四七九年、フィレンツェを離れ、ナポリ王のもとに滞在していた折り、モレルリが権力を掌握する可能性があった。本文一〇一頁参照。

アントーニオ・ディ・ベルナルドのような人物は、単なる職人にすぎなかったが、モンテ局(9-14)を任されて一躍有名になっている。彼の権威は大変に大きく、フィレンツェの三分の二を支配していると称されたほどである。立法公証人であったセル・ジョヴァンニは、プラートヴェッキオの一公証人の息子であった。彼はロレンツォの愛顧に浴し、高位のポストをすべて歴任した後、残るポスト、正義のゴンファロニエーレをうかがうほどになったとしても不思議とは思われないであろう。コルレの一粉屋の息子であったメッセル・バルトロメーオ・スカラは、政庁《シニョリーア》の先任事務官のポストからゴンファロニエーレに昇進したが、これにはすべての指導的市民が憤激し、面目を失った。

要するに、私がいま触れた上流階級の人びとは、いろいろな物事に対して発言力を持っていたけれども、ロレンツォは百人会や選挙リストの作成(9-15)や徴税問題にこれら多くの信頼できる平凡な人びとを交えたので、彼らが物事を処理することになったのである。

さらに、この同じ猜疑心のため、彼は有力な家柄の間で結婚による結び付きが行われないように監視する。事実、彼は心配の種にならないようなやり方で人を結婚させようとしている。時には、彼の恐れている結婚を避けるために、幾人かの上流階級の若者を普段ではとうてい受け入れられそうもない婦人と強制的に結婚させようとしたりしている。かくして、重要ではない結婚は別として、いかなる結婚も彼の同意と関与なしには成立しないようになるのである。

これと同じ不信感のために、ロレンツォはローマやナポリ、ミラノに常駐の事務官を配置しておき、そこに駐在している大使が彼の意志から決して離れることのないよう注意している。この事務官は俸給を支給される公僕で、駐在大使の用務に仕えるべき義務があるが、実際は、ロレンツォと直接連絡していて、何が行われているか、その情報を送っているのである。私は、彼が数多くの武装した護衛

(9-14) Il Monte 一三七八年に創設され、フィレンツェの公債を扱うものであったが、一五世紀になると課税および財政問題で大きな権限を持つようになる。「解説」三参照。

(9-15) スクィティニ(squittini)、三大要職に就く資格者名簿の作成に当たる。

を伴って出歩いたことを非難するつもりはない。彼らに対しロレンツォは特別の扱いをし病院や聖所を与えているが、これはパッツィ陰謀事件の結果、そうなったからである。それにもかかわらず、このようなことは、一共和国、一市民に特有のことではなくて、むしろ独裁者と圧政下の都市に特有のものである。事実、彼のもとにあってフィレンツェは自由でなかった、とわれわれは結論せねばならない。もっとも、彼以上に良い独裁者、あるいは彼以上に好ましい独裁者を頂くことはできなかったであろうが。

彼の生まれつきの傾向と善良さは、無数の良い結果をもたらした。独裁の必要性はそれとともにいくつかの悪をもたらしたが、しかしそれらは穏健なものであり、必要の限界を超えるものではなかった。極めて稀に濫用が見られたが、それは自分勝手な意志と自由裁量の結果であった。抑圧されていた人びとは彼が死んだことを喜んだが、権力を握っている人びとと、時に彼に侮辱されたことのある人びとでさえ、非常に悲しんだ。なぜなら、このような変化がどのようになるか判断できなかったからである。彼は一般大衆および下層民に弔われた。彼らは、彼の生存中に絶えずふんだんな施し、喜び、催し物、その他のお祭り騒ぎを楽しんでいたからである。彼の死は学芸や絵画、彫刻その他同様な芸術に秀でたイタリアのすべての人びとをも深く悲しませた。なぜなら、彼らはロレンツォから高額の謝礼をもって作品の依頼を得ていたか、あるいは他の君主たちからロレンツォ以上の厚遇をもって迎えられていたからである。他の君主たちは、彼らに良い待遇をするのをやめれば、直ちに彼らがロレンツォのもとに走るのを恐れていたのである。

彼は三人の息子を残した。二十一歳になる長男のピエロ、次男のジョヴァンニ枢機卿は父の死のわずか数週間前に枢機卿の帽子を受け取り枢機卿の地位に就いている。三男のジュリアーノはまだ少年であった。ロレンツォは重々しい雰囲気をたたえていたが、中背で、醜い、薄黒い顔をしていた。彼の声と抑揚は嗄れていて不快であった。話しつきは鼻声のようであった。

祖国の父コジモとの比較

多くの人びとはコジモとロレンツォのどちらが偉大であったかを考えている。ピエロ(9-16)はより敬虔でより温厚ではあったが、その他すべての能力の点で両者に劣っていることは疑いない。この問題に応えるにあたって、コジモの方がより健全であり、より良い判断力を持っていたように思われる。なぜなら、コジモは権力を創り出し、創り出した後にそれを三十年間にわたり確実に、いわば反対を受けることもなく享受したからである。彼は疑念を抱いていたネリとかその他の人びとを寛大に扱うことができ、彼らと絶交することもなく、しかも自らの安全を減ずることもなかった。国家のことにいろいろ熱心に献身していたが、決して自分の仕事と私的な事柄をなおざりにしなかった。事実、勤勉に抜け目なく仕事を行ったために、富は常に、彼の地位に必要な、たとえ膨大な額にのぼったとしても、支出を超えていた。コジモは決して公金に手をつけなかった。あるいは個々の市民の金を横領することはなかった。

ロレンツォの判断力はコジモほど良くない。相続した権力を保つという唯一の関心事しかなかったにもかかわらず、である。しかし彼はパッツィ陰謀事件とか、ナポリへの旅といった大きな危険にもかかわらず、それを保持した。商売や私人としての事柄には適していなかった。それが悪化すると公金に、おそらく時には私人の金にも手をつけた。これは大いに彼にとって不名誉なことであり、信用を失うものである。しかし彼には、雄弁、能力、万能の才が豊かに存した。彼はこれらすべての高貴

(9-16) コジモの息子、痛風病みのピエロを指す。

な活動に喜びを見出し保護している。コジモにはこのような資性は完全に欠如している。コジモの演説は、とくに若い時に不器用であったといわれている。

両者の気前のよさは並み外れていたが、その現われ方は異なっていた。コジモの場合、フィレンツェやフィレンツェ外に、建物や教会を、または彼の名声を永続させ、いつまでも生き生きとさせておく事物を建設するという形をとった。ロレンツォはポッジョウ・ア・カイアノに豪奢な建物の建設を始めたが、完成する前に没した。確かにその建物は大したものであったが、コジモの仕事と比べると、取るに足らない。他方、ロレンツォは贈り物に物惜しみしなかった。そしてこの点の彼の豪華さは、諸君主と諸君主を取り巻く人びととの大きな友情を築いた。これらの理由をもって、私の判断によれば、次のように結論付けることができる。すなわち、すべてを考えてみて、コジモの方がより能力のある人物であったということである。それにもかかわらず、両者の能力と幸運は極めて偉大であったがために、イタリアはローマの没落以来、おそらく彼らに匹敵するほどの民間の市民を持ったことはないのである。

ロレンツォの死のニュースがフィレンツェに届いた時（なぜなら彼はカレッジの別荘で亡くなったから）、多くの市民が直ちに彼の息子ピエロを訪ねて行った。長男であったため、権力の座に着くはずであったからである。次いで、フィレンツェで葬儀が執り行われた。華やかさもなく、豪華さもなかった。フィレンツェのすべての市民が出席した。誰もが弔意のしるしを着けて、フィレンツェ市民の父にして支配者が死んだことを示したのである。全体としてみれば、ロレンツォの生存中、幸福であったフィレンツェは、彼の死後、多くの災厄と不運に見舞われたため、彼の喪失感が何倍にも増幅し、その名声も増幅したのである。

第10章

ピエロの相続――ピエロの性格と政策――インノケンティウス八世の死とアレクサンデル六世の即位――ピエロ、オルシニ家およびナポリ王に接近し、ロドヴィーコ・スフォルツァと離反する――イタリア侵攻をめぐってのロドヴィーコ・スフォルツァとシャルル八世との交渉

ピエロの相続

ロレンツォが死んだ後、有力市民たちは一緒に集って、ピエロに権力が移るよう決定する。様々な会議を経て、彼らはピエロに父ロレンツォの享受したのと同じ栄誉、優遇、特権を与え、そのすべての権限と権力を譲渡するのである。教皇、ナポリ、ミラノ、その他すべてのイタリアの諸君主、支配者は、ロレンツォの死に大きな悲しみを表わし、大使をフィレンツェに送って哀悼の意を示す。彼らは、ロレンツォの息子たちをフィレンツェに取り持ち、国家の安寧のためにもピエロに父の地位を相続させるようフィレンツェに要請するのである。彼らの誰も彼もが、ピエロの好意と善意を求めて競い合う。その中でもとくに、シニョーレ・ロドヴィーコの友情の披瀝は大きなものがある。(10-1) 彼はシニョーレ・ルベルトの息子メッセル・アントーニオ・ダ・サンセヴェリーノを大使として派遣してくる。こ

(10-1) その後のロドヴィーコ・イル・モロの政治行動との著しいコントラストが示される。

のメッセル・アントーニオは、ロドヴィーコが高く評価し尊敬している人物である。この人物を通して、シニョーレ・ロドヴィーコはピエロに可能な限りの愛情と善意の兆しを示したのである。フィレンツェ全体が一致してピエロを強く支持しており、諸君主の積極的な支持もある。ピエロの経歴の初めは、このように幸先がよい。このように大きな幸運、大きな権力に少しばかりの思慮分別が伴ってさえいたならば、ピエロの地位は磐石で不動のものであったはずであろう。しかし彼の小さな頭脳のために、またフィレンツェの不運も加わって、初めは不可能と思われていたことが、いともたやすく可能となったのである。この問題に関して、私はその様々な結果と一般的な原因だけでなく、できるだけ詳細に、すべての災厄の起源と原因を生き生きと描写しようと思う。

ピエロの性格と政策

父の権力をピエロは委譲される。むしろ永遠に与えられたものといった方がよいが、当初は父や政権の友人たちと相談しながらやって行くように思われた。ロレンツォも臨終の場で、ピエロにこのように忠告したといわれている。ロレンツォの姉(10-2)と結婚しているベルナルド・ルッチェライや、ロレンツォの母の姉妹の子であり、したがって実の従兄弟ということになるが、パオラントーニオ・ソデリーニなどは、ロレンツォに常に用いられていた。もっとも、用いるに当たってはロレンツォは終始、彼らに一定の疑惑を抱いている。これは誰であれ、フィレンツェでロレンツォの支持がなくとも相当の名声を博すことのできるような人物に対して彼が抱いた疑惑と同じものである。私は、これら二人の人物がピエロを権力の座から引きずり降ろそうなどという意図を持っていたとは思わない。しかし彼らが、ロレンツォの時代にあって市民たちに重荷と思われていた二、三の事柄を制限しよう、緩和し

(10-2) ナンニーナ・デ・メディチである。系図参照。ベルナルド・ルッチェライについては本文第26章「ベルナルド・ルッチェライ」および訳注(26-15)を参照。

ようとしていたことは事実であろう。ロレンツォが生きていた頃でさえ、ベルナルド・ルッチェライが批判していた事柄である。彼らは、ピエロに権力を穏やかに行使するように、己れの地位と相容れる限り、市民的な生活の方に近づいて行くようにと要請する。独裁政を感じさせるようなことを行い続けてはならないのである。多くの市民たちの間でロレンツォに対する敵意を生み出す原因となったのもこのためであるから、というのである。そうすることによって手にする好意や善意の方が、事実上、ピエロの権力を高めるであろうことを、彼らはピエロに示そうとしたのである。

ピエロの頭脳がいかなるものであるかを知るには、ピエロがこのような道理を容易に理解し得なかったということを知ればそれで良い。事実、日ごとに彼の性格が専制的で傲岸であることが明らかになってくる。さらにピエロの秘書セル・ピエロ・ダ・ビッビエーナがこれらの忠告を耳にすると、彼とその他数名の市民たちは直ちにピエロに告げる。すなわち、これらの助言はピエロに良かれと思って為されたのではない。そのような助言をする者は誰であれ、ピエロが権力を失うのを望んでいる者であるというのである。これら市民の中でも最も遠慮なく意見を述べたのは、フランチェスコ・ヴァローリであったといわれている。この結果、ピエロはベルナルドとパオラントーニオの助言を無視しただけでなく、彼らを軽視しはじめるのである。なぜなら、彼らに対して疑いを抱くようになったからである。これに気づくと、彼らの方も思慮分別を欠いた行動に走るようになる。そのようなことをしてはいけなかったはずである。事実、ピエロとこのようなことがあった後、彼らはそれぞれストロッツィ家[10-3]と婚約を結んで連携を強める。しかし、ピエロには婚約が成立した後になって初めて、このことを告げるのである。ベルナルドは、若い娘をフィリッポ・ストロッツィの息子ロレンツォと婚約させる。ロレンツォはまだ幼い子供である。パオラントーニオの方は、長男のトッマーゾにフィリッポ・スト

(10-3) ストロッツィ家については本文第30章「ピエロ・デ・メディチの娘とフィリッポ・ストロッツィとの結婚」参照。

ロッツィの娘を与える。この幼い娘には莫大な持参金が付いている。

このような合体ほど、ピエロを不愉快にしたものはなかったであろう。大きな権威を持つ二人の男が政治的には無力ではあったが、その貴族性、財力、大家門からして重要な影響力を持っている家と手を握ったからである。さらに、ストロッツィ家は現体制に不満を抱いていたがゆえに、このような合体は己れの権力を奪い取るための運動の始まりではないか、とピエロは思ったのである。このような動きを見て、今さらのごとくピエロはこれらの人びとが以前、彼に与えた助言というものがやはり己れを害するためのものであったことを確信するのである。彼らに疑惑を抱き、また立腹したピエロは、パオラントーニオとベルナルドと断交する。ピエロに取り入って愛顧に預りたいと、ひたすらピエロの疑心を煽ってきたセル・ピエロやその他の者どもの煽動に乗ったのである。ピエロは彼らを完全に政権から遠ざけ、彼らが敵であると彼が見なしていることを誰が見ても分かるようにはっきりさせるのである。このような断交に対して、彼らはそれぞれ異なった反応を示している。パオラントーニオは自ら行ったことに対し後悔の念を示し、降参する。義兄のニッコロ・リドルフィの助けを介して、辛抱強くピエロの愛顧を取り戻そうとする。ベルナルドの性格は撓《たわ》むというより、むしろ裂けた方がよいと思うような質であったので、はっきり現政権を嫌っているという意志をあえて示し、日ごとにピエロの憎悪を高めるのである。

これらの人びととピエロの衝突の結果、ピエロは彼らに疑惑を抱いたのであるが、疑惑は彼らだけにとどまらなかった。優秀な上層市民のすべてが、あるいはその大部分が、彼ら二人と同じ考え方をしているのではないかと信じはじめるのである。このため、セル・ピエロやメッセル・アニョーロ・ニッコリーニ、その他の邪悪な人びとは、父ロレンツォの友人たちは誰であれ信頼してはならないとピエロを説得することができたのである。ピエロは公然と彼らを遠ざけることはしなかった。事実、ベルナルドとパオラントーニオは別として、彼らを高い役職や威信のある地位に就けていた。しかし彼はもはや彼らに信を置くことはなかった。彼らの意見に耳を貸すことなく、自分自身の考え、あるいはメッセル・アニョーロやセル・ピエロの意見に従う方を選んだのである。これらの人びとは大きな権威を有してほとんどすべての物事を決定していくのであるが、これはピエロにとって不利に働く。彼らは初めから卑劣にもそのように企んでいたのである。この問題をよく考える者は現政権の友人であった賢明な市民たちを信頼しないというピエロの決意こそ、彼の破滅の始まりであったことを確信することになろう。

インノケンティウス八世の死とアレクサンデル六世の即位

同年……月(10-4)、教皇インノケンティウスが亡くなる。後継者は教皇庁尚書副院長のロドリーゴ・ボルジア・ヴァレンツィアーノである。教皇カリストゥスの甥に当たる。ボルジアが教皇位に就けたのは、一つにはシニョーレ・ロドヴィーコと枢機卿アスカーニオの助力による。その報酬として、アスカーニオは尚書院副院長となっている。しかし大部分は聖職売買による。なぜならば、ボルジアは賄賂を用い、枢機卿や枢機卿会議の票を金や役職、聖職、その他の約束、さらにあらゆる強制力を用いて買い取ったからである。物事全体が醜悪で、むかつくほどである。これは、将来のボルジアの邪悪な所業、事件のことを考えると、それにふさわしい始まりであった。キリスト教徒の共通の習慣に従って、フィレンツェは直ちに使節を選んで彼に服従を誓うべく派遣する。使節は、アレッツォの司教メッセル・ジェンティーレ、法学博士のメッセル・プッチョ・ダントーニオ・プッチ、トッマーゾ・ミネル

（10-4）一四九二年七月二十七日。テキストには記されていない。アレクサンデル六世の即位は八月十一日。なお、アレクサンデルは息子のパンプローナ司教チェーザレ・ボルジアをヴァレンシア大司教に任命する（八月二十六日）。

ベッティ、フランチェスコ・ヴァローリ、ピエールフィリッポ・パンドルフィーニ、それにピエロ・デ・メディチである。アレッツォの司教メッセル・ジェンティーレはウルビーノ出身の大変学殖のある有徳な人物で、ロレンツォの師傅であったが、ロレンツォの支持で司教に昇進している。トッマーゾ・ミネルベッティは、ローマで教皇によってナイトの爵位を与えられている。使節たちが出発の準備をしていると、シニョーレ・ロドヴィーコが次のような提案をしてくる。すなわち、ナポリ、ミラノ、フィレンツェは同盟国なのであるから、同盟の威信を昂揚するためにも、彼らの使節を全員、どこかローマ近郊に終結させて、次いで一緒にローマに入り、三国の名において共通の祝詞を申し述べればよいのではないか、と言うのである。フィレンツェとナポリはこれに同意する。しかし、自ら進んで演説を行いたかったメッセル・ジェンティーレは、そうなればおそらく演説を行うのはナポリ王の使節ということになろうと思って、ピエロを説得する。使節は各人が一人ひとり入って、祝詞を申しあげた方がよいというのである。彼らはナポリ王に書簡を送って、シニョーレ・ロドヴィーコに同意させるよう求めるのである。事実、ナポリ王はロドヴィーコに同意させている。しかし同時に、ナポリ王はロドヴィーコに、フィレンツェ人を満足させるためにのみ、そうするのであることを明らかにしている。このようなピエロの変更について、シニョーレ・ロドヴィーコは立腹する。そして、ピエロとはうまく行かなくなるのではないかと疑いはじめる。この第二案を進めるに際して、もう一つの諍いが生じる。ミラノは、ミラノ公の弟メッセル・エルメスとその他数人の有力者を使節として選んでいる。彼らの準備は金を惜しまず存分になされたが、ピエロのそれの方がはるかに豪華なことが分かる。シニョーレ・ロドヴィーコは非常に気分を害す。なぜなら、ピエロが競争を挑んでいるように思われたからである。単に肩を並べようとしているのみならず、彼およびその他すべてのイタリアの諸君主を出し抜こうとしているかのように思われたからである。これらのことはもちろん些細なことで、ピエロから彼を離反させることはなかったが、しかしより大きなことが生じた場合、激しい怒りを簡単に誘引するような道を準備していたのである。これが究極的には彼らを共通の破滅へと導くことになるのである。

ピエロ、オルシニ家およびナポリ王に接近し、ロドヴィーコ・スフォルツァと離反する

教皇インノケンティウスが生存中、息子のシニョーレ・フランチェスコ・チボーは、ローマ領にある教会の土地を所有していた。フランチェスコ・チボーは、ピエロ・デ・メディチの義弟である。(10-5) チボーは、新しい教皇が即位した以上、その土地を失うのではないかと危惧する。それでピエロを介して、それらの土地をシニョーレ・ヴィルジーニオ・オルシニに売却する。ヴィルジーニオ・オルシニはピエロの親族である。ピエロの母も妻もオルシニ家の出である。この売却は、ナポリ王フェルランドの同意を経てなされる。ヴィルジーニオは隊長としてフェルランド王に仕えているからである。教皇が選出されたのはミラノの支持によってであることを知っていたナポリ王は、これらの土地が教皇の喉に刺さった骨であるよう望んだのである。そうせよと命ぜられれば、オルシニ家はいつでも教皇をちくちく刺すことになろう。同じ理由からして、ナポリ王フェルランドはサン・ピエトロ・イン・ヴィンクラ枢機卿ジュリアーノを支持する。彼はオスティアを保持していて、それを教皇に引き渡すのを拒否している。教皇はこれに大いに腹を立てているが、シニョーレ・ロドヴィーコも同じ気持ちである。というのも、友人である教皇が強力で尊敬されていれば、彼の利益につながると思っていたからである。彼は、ナポリ王がそのような力や権威を誇示するのに気を悪くしたのである。シニョー

(10-5) フランチェスコ・チボーはピエロの妹マッダレーナの夫である。本文一二三頁参照。

レ・ロドヴィーコは、ナポリ王が、できれば彼をミラノ公国から駆逐し公国の実権をミラノ公の手に移すのではないかと恐れている。教皇とナポリ王に関するこれらの問題とは別に、シニョーレ・ロドヴィーコはまた、ピエロが自らを国王の腕の中に投じて行くのを見て腹を立てる。オルシニ家を介してナポリ王は自ら好むままにピエロを扱うことができるが、彼自身はピエロからいかなるものも手に入れることができないことを見極めたロドヴィーコは、怒りに駆られて、このような状況を許しておくわけにはいかないと決意を固める。数度にわたって、シニョーレ・ロドヴィーコはナポリ王の大使メッセル・アントーニオとフィレンツェのミラノ大使メッセル・アニョーロ・ニッコリーニに、さらに引き続きその後任となったピエロ・グイッチァルディーニ(10-6)に告げている。すなわち、教皇がこのように虐待されているのを見て、いかに怒っているかを告げて、ヴィルジーニオが土地を教皇に返還しないのであれば、間もなく堪忍袋の緒が切れることになろう旨を伝えたのである。しかしこの問題が長引き、言葉以外の何物をも生み出さないのを見て、シニョーレ・ロドヴィーコはついに一四九三年初頭(10-7)、教皇とヴェネツィア人を相手に同盟を結ぶ。それぞれの国家の一般的相互防衛義務を超えて、シニョーレ・ロドヴィーコとヴェネツィア人は、教皇のために指定された数の重装騎兵の費用を負担することに同意している。ヴィルジーニオの保有している土地を取り戻すために、教皇が利用するものである。

イタリア侵攻をめぐってのロドヴィーコ・スフォルツァとシャルル八世との交渉

これより少し後、シニョーレ・ロドヴィーコはヴェネツィア人が武器をとって教皇を援助するのに遅れ過ぎていると思い、またナポリ王とフィレンツェ人が彼に完全に敵意を持っているのを見て、いっ

(10-6) グイッチァルディーニの父ピエロはピエロ・デ・メディチに信頼されている。

(10-7) 四月二十五日締結。

そう怒りを募らせる。安全と復讐の双方を求めて、シニョーレ・ロドヴィーコはフランス王シャルルと交渉を開始することになる。シニョーレ・ロドヴィーコは金銭的援助を約束し、フランス王がイタリアに侵入してナポリ王国を征服するよう促す。ナポリはかねてよりアンジュ家の相続者としてシャルルが要求していたのである。大胆な若いフランス王は生来、この種の冒険に大いに乗り気であったので、ロドヴィーコの提案はフランスの宮廷で期待した以上の熱心な聴衆を見出すことになる。これらの交渉が進展するにつれ、全イタリアに噂が広がる。フランス王が進攻を決意したこと、王とフランス宮廷も公けにその旨、宣言したというものである。フィレンツェは大使をフランスに派遣する。しかし、大使には最終的な決定を行ってもよいという指令は与えられない。大使はアレッツォ司教のメッセル・ジェンティーレと、ピエロ・ソデリーニ(10-8)である。ピエロは、ピエロ・ソデリーニに好意を示しはじめていたが、これはひとえに彼の長兄パオラントーニオに意趣晴らしをするためである。

これらは、イタリアと、とくにピエロ・デ・メディチの破滅の起源と原因であった。フィレンツェ内で敵をつくったことは別として、ピエロは完全にミラノを疎外してしまった。ミラノ公国はスフォルツァ家の統治下に移って以来、一般にフィレンツェの、とくにメディチ家の名声と安全を高めてきたのである。フランス王がイタリアに進攻して来ようとしているという噂が広がり、日ごとにより確実になって行くにつれて、ナポリ王フェルランドはヴィルジーニオをして教皇と和解させる。土地を返還するのではなく、一定の金額をもってそれを買収し直し、教会の封土として受け取るというものである。(10-9)しかし、いまやナポリとミラノの関係は極度に緊張したものとなり、疑惑と憎悪に満たされていたため、シニョーレ・ロドヴィーコはそのままフランスとの交渉を続行する。フランス人はいまや、単にイタリアに進攻する、と口に出して言うだけではない。実際に、できるだけ早く進攻するた

(10-8) 後の終身ゴンファロニエーレになる人物である。

(10-9) オルシニ家と教皇とのこの和解は八月十五日に調印される。これを知ったロドヴィーコ・イル・モロは積極的にフランスに接近していく。

めの準備を進めているのである。フランス人はフィレンツェに対して、彼らを支持する旨の協定と声明を強く迫ってくる。しかしフィレンツェは成り行きを見守り、言葉のみで交渉している。そのあと大使を召還し、グイダントーニオ・ヴェスプッチとピエロ・カッポーニを代わりに派遣している。

　この年の末、[10-10]ナポリ王フェルランドが没する。その後を長男のカラブリア公アルフォンソが継ぐ。国王アルフォンソは自筆でシニョーレ・ロドヴィーコに宛てて一書簡を送る。この書簡は極めて優しく親切な言葉に満たされ、心から友情を約束したものであったので、心底から感動したロドヴィーコは霊感を得て、イタリアに平和を回復させ、フランスにその意図を撤回させようという気持ちになる。しかし、このとき再び、彼らの怒りに火がつく。私はなぜそうなったのかよく分からないのであるが、次のような小さな出来事によるのである。すなわち、フランスの意図がますます現実のものとなって来るのを見て、イタリアに大洪水が襲いかかるのではなかろうかと恐れを抱いた教皇が、ナポリ王アルフォンソ[10-11]およびフィレンツェ人と和解に達するのである。このような成り行きは、シニョーレ・ロドヴィーコをさらに激怒させる。いまや彼はナポリ王とピエロ・デ・メディチに徹底した敵意を抱くことになる。ナポリ王とピエロが滅びない限り、己れの安全はないと確信したシニョーレ・ロドヴィーコは、かねての計画を実行するためにあらゆる手段を尽くすことになる。

（10-10）この年の末とはすなわち、一四九四年一月二十五日である。フィレンツェの当時の暦では三月二十五日をもって新年が始まる。

（10-11）一四九四年五月七日、教皇の息子ドン・ジョフレはアルフォンソ王の娘ドーナ・サンチアと結婚する。

第11章

ピエロ・デ・メディチはますますナポリ側を強く支持しフランスに対抗する——ナポリ王アルフォンソのジェノヴァ攻撃——シャルル八世のイタリア侵攻とイタリア諸国家における新しい政治とフランス人によって導入された新しい戦争様式——ミラノにおけるシャルル八世——ピエロがシャルルとの会見に赴き共和国の城塞を引き渡す——フィレンツェに帰還したピエロに対するフィレンツェの反乱とピエロの亡命——ピサの自由の回復とメディチ家およびフィレンツェの状況についての考察

ピエロ・デ・メディチはますますナポリ側を強く支持しフランスに対抗する

一四九四年——当時、フィレンツェにはピエールフランチェスコ・デ・メディチの二人の息子、ロレンツォとジョヴァンニがいた。二人とも若く、大金持ちで、フィレンツェ内で大変な人気があった。(11-1) 政治的に不快な事柄に一度も巻き込まれたことがなかったからである。彼らは二人とも、ピエロとはうまくいっていない。とくに、じっとしていられない落ち着きのないジョヴァンニがそうで、気楽な

(11-1) イル・ポポラーノ(Il popolano)と綽名されているように大衆に人気があった。本文一三六頁訳注(9-12)および系図参照。

ロレンツォを煽動している。二人はベルナルド・ルッチェライの息子コジモを介して、シニョーレ・ロドヴィーコと交渉を始めている。コジモはピエロの敵であったために、フィレンツェを離れていたのである。交渉は始まったが、とくに重大な、いかなることについても合意に達することのないまま、この事件は明るみに出る。九四年四月、ロレンツォとジョヴァンニが逮捕される。二人は交渉を行ったことを自白している。ピエロは二人を厳罰に処することを考えていたが、政権を握っていた市民たちは手を血で汚すことを嫌って彼らを釈放する。カステルロの彼らの領地に追放したのである。コジモ・ルッチェライは欠席裁判（in absentia）で反逆者の宣告を受けている。

当時、フランスの大使が四人、フィレンツェに到着する。ローマに赴く途中である。彼らは、フランス王の意図とイタリア進攻の準備について語る。そしてフィレンツェに対して王を支援するよう求める。少なくとも自由通行を許し、糧食を供給するよう求める。賢明な市民たちの助言に反して、ピエロは二つの要請を二つとも拒否する。許可することのできないのは、ナポリ王アルフォンソとの条約が依然として効力を有しているからだというのである。オルシニ家の影響下にあったピエロは、完全にナポリ王側についていたのである。事態が日々悪化していく中、フィレンツェは、ジョヴァン・バティスタ・リドルフィと、パオラントーニオ・ソデリーニを大使としてヴェネツィアに派遣する。ヴェネツィア人がこのような事態にあって、どのように対処しようとしているのかを探り、イタリアの破滅していくのを拱手《きょうしゅ》傍観することのないよう要請するためである。フィレンツェは日ごとに、ますますナポリ側に立ち、フランスに対抗するようになっていく。これはフィレンツェの一般大衆にとって極めて不愉快なことであった。生来、フィレンツェ人はナポリに敵意を抱き、フランスに対して親しみを感じていたからである。有力市民たちも同様に不愉快であった。しかし、ピエロが決然としてこのような道を取ろうとしているのを見て、あえて反対しなかった。とくに、メッセル・アニョーロ・ニッコリーニや彼の側近たちが、彼らの意見を特別会議《プラティカ》の席で完全に無視したからである。

国家をめぐるこれら諸問題を討議するために、ピエロは市民たちによる小さな特別会議《プラティカ・ストレッタ》を設けている。そのメンバーには次のような人びとが入っている。メッセル・ピエロ・アラマンニ、メッセル・トッマーゾ・ミネルベッティ、メッセル・アニョーロ・ニッコリーニ、メッセル・アントーニオ・マレゴンネルレ、メッセル・プッチョ・プッチ、ベルナルド・デル・ネロ、ジョヴァンニ・セッリストーリ、ピエールフィリッポ・パンドルフィーニ、フランチェスコ・ヴァローリ、ニッコロ・リドルフィ、ピエロ・グイッチァルディーニ、ピエロ・デ・メディチ、それにアントーニオ・ディ・ベルナルドといった人びとである。これらの人びとはほとんど、ピエロの政策を嫌っていた。[11-2] しかし、その政策はピエロの側近たちによって支持されていたので、誰も反対する者はいなかった。しかし、例外がないではない。フランチェスコ・ヴァローリと、ピエロ・グイッチァルディーニが、ごく稀れな機会に反対意見を表明している。それはともかく、ピエロ・デ・メディチはどれほどこれらの市民たちが不満を抱いているかを知っていたので、往復書簡や報告書のいくつかを伏せておいて、フランスにとって都合の悪い、不利となるような文書のみを提示している。この間、フランス王シャルルは準備を続け、ジェノヴァで船舶を武装させつつある。ジェノヴァを戦争中、飛び石として利用するつもりなのである。

ナポリ王アルフォンソのジェノヴァ攻撃

ジェノヴァがフランスにとって、いかに重要であるかを知っていたナポリ王アルフォンソは、ジェノヴァからの亡命者の助けを借りてジェノヴァ政府の転覆をはかろうとする。弟のドン・フェデリー

（11-2）ピエロの側近たちはナポリ王を支持する決意をしている。しかし商人階層、とくに大商人の家門はフランスとの衝突を嫌っている。フランスとの貿易が破壊されるからである。

ゴを、大海軍とともにピサに派遣する。ドン・フェデリーゴは次いでラ・スペツィア湾に一定数の兵を上陸させているが、戦いに敗れ、即刻ピサに戻っている。[11-3] ナポリ王とピエロは、セレッザーナの守りを十分に固めておけば、フランス王シャルルの通過を阻止することができると考えている。山道は強力に守られているからである。ロマーニァ経由も考えられるので、彼らは国王の長男、カラブリア公フェルランドに大軍を与えて派遣する。ロマーニァでフランス軍に対抗するためである。カラブリア公は、教会に属しているチェゼーナとわれわれの保護下にあるファエンツァの支援を受けるはずである。この間、フランス王シャルルは、われわれの領土を平和的に通過するのを望んで、再びフィレンツェに大使を派遣してくる。自由通過を要請するためである。その際、ふんだんにフィレンツェに対して友情と好意、援助を約束している。フィレンツェが拒否すると、シャルルはわれわれの商人全員をフランス王国から追放する。しかしこれによっても、ピエロの頑固さはまったく冷やされることはない。事実、ピエロは後に彼自身の破滅となったものに日々しがみついているのである。これは、一部はナポリ王アルフォンソとオルシニ家との友情に動かされたためであり、一部はシニョーレ・ロドヴィーコに対する疑惑のためでもある。ロドヴィーコはフランス王シャルルの侵入を支持しており、ロレンツォとジョヴァンニ・ディ・ピエールフランチェスコを匿っているからである。ロレンツォとジョヴァンニは、カステルラから逃亡しているのである。セレッザーナとその方面を支援するために、ピサの防衛が強化され、大きな基地が建設される。ピエールフィリッポ・パンドルフィーニとピエロ・グイッチァルディーニが、作戦が続いている期間、コッメサーリオとしてピサに派遣される。

（11-3）一四九四年九月八日、ルイ・ドルレアン（後のルイ一二世）にラッパロで敗北。

シャルル八世のイタリア侵攻とイタリア諸国家における新しい政治とフランス人によって導入された新しい戦争様式

これより少し前、シャルル王の軍の一部がアルプスを越えている。次いで、王自身が残りの軍を率いてイタリアに到着する。王は数多くの重装騎兵、歩兵、砲兵を率いていたが、正確にはどのくらいの数か私には分からない。[11-4] 火と悪疫がイタリアに侵入して来たのである。諸国家が崩れ落ち、国家を統治する方法も変わる。戦争の技術も同じように変わる。以前は、イタリアのほとんどすべては、五国の間に分割されていた。教皇庁、ナポリ、ヴェネツィア、ミラノ、それにフィレンツェである。それぞれの国家はその領土を維持しようとしてきた。一国が他の国の領土を占領しないように、あるいは一国がその他の国が恐れるほど強大にならないように、それぞれの国が気を配っていた。これらの理由からして、どれほど些細な動きですら、あらゆる動きに対して注意が向けられていた。小さな城塞が問題になっている時でさえ、大騒ぎとなるのであった。戦争が起こっても、双方の力のバランスがよく保たれ、戦争の方法もゆったりしたもので、大砲の威力もさほど強力なものではなかったので、一つの城塞を取るのにほとんど一夏全体が費やされるといった具合であった。戦争は長期にわたり、戦闘が終わっても死者は少数であり、あるいはまったく死者の出ない時もあった。フランス人の進攻は突然の嵐のように、すべてのものをめちゃめちゃにひっくり返したのである。イタリアの統一は破れ、粉砕される。それぞれの国家がかつては共通の問題に対して注目し、考慮していたものであるが、それも失われてしまった。諸都市や公国や王国が攻撃され征服されるのを見て、誰もがじっと動かず、己れ自身の事柄のみに専心したのである。近くの火災、あるいは近くのある場所の破壊が、もしかしたら己れ自身の火災、破壊につながるのではないかと恐れて、誰も動こうとはしなかったのである。

（11-4）三月一日、フランスの宮廷、リヨンに移る。兵の召集。王の親衛隊二百の貴族、千六百の槍騎兵、それぞれの槍騎兵には六頭の馬がつく。八千のガスコーニュ歩兵、八千のスイス兵、全体で六万の兵士とされている。九月二日、モン・ジュネーヴルでアルプスを越える。九月九日、アスティに到着、ここで病を得て、進撃が遅れる。ロドヴィーコ・イル・モロ、妻とともにシャルル訪問。一カ月後、パーヴィアを経てミラノに入るミラノ公ジァン・ガレアッツォと面会。シャルルはその若さと美しさに感動し、ロドヴィーコ・イル・モロを見捨てることも考える。次いでピアチェンツァに向かい、いまや、戦争は突然にして起こり激しくなった。王国全体が、かつては一つの村を征服し占領するに要した時間もかけずに征服され、占領されるのである。包囲攻撃は数カ月もかけずに、数日間、あるいは数時間で成功する。戦闘は荒々しく血腥いものとなった。そして最後に、諸国家が維持され、滅び、与えられるのは、昔のように作られた計画と書斎の中でではなく、戦場において武力によってなされるようになったのである。

ここでミラノ公ジァン・ガレアッツォの死の知らせを受け取る。

ミラノにおけるシャルル八世

ひとたびイタリアに入ると、フランス王はミラノに向かう。シニョーレ・ロドヴィーコは王の友人であり、王にイタリアに進攻するよう勧めたのも彼である。それにもかかわらず、諸君主の節操のなさ、とくにフランス人の節操のなさを考えると、シニョーレ・ロドヴィーコは恐れを抱きはじめる。彼らはひとたび利害が絡んでくると、信用や名誉などまったく考慮に入れなくなるからである。すなわち、王が彼自身の何らかの目的のために、甥のミラノ公ジョヴァン・ガレアッツォにミラノを自由に支配させたいとして、彼を権力の座から追い落とすのではなかろうかと恐れはじめるのである。シニョール・ロドヴィーコは彼を毒殺させる。[11-5] 次いで無実の若者が死ぬと、即刻、ミラノ市民を召集する。市民の中にはロドヴィーコの回し者がいて、その者たちがロドヴィーコにミラノ公の地位に就いていただきたいと提案する。亡くなったミラノ公には後継者がいる。大変美しい息子である。それにもかかわらず、ロドヴィーコが選出される。次いで、フランス王シャルルはミラノに入城する。あらゆる栄誉をもって迎え入れられる。シャルルは兵の一部を率いてポントリエモリ経由でルニジアーナに向かう。他方、カラブリア公に対抗するために、他の兵をロマーニァに派遣する。セレッザーナ要

（11-5）グイッチァルディーニは毒殺としているが、不明な点が多い。またシャルルがミラノに入る前にミラノ公が毒殺されたとしているが、これも事実に反している。

塞で時間を浪費するのを嫌って、フランス王はフィヴィッザーノに向かう。セレッザーナは極めて強力で、大砲やその他防衛に必要なものがすべて潤沢に備えられていたからである。王はフィヴィッザーノを占領し略奪する。(11-6) これはこの地方全体に大きな恐怖を惹き起こす。

ピエロがシャルルとの会見に赴き共和国の城塞を引き渡す

フィレンツェは深刻な状態にあった。ピエロの権力はかなり減少している。大衆はこれといった十分な理由がないままに、耐えることのできない恐ろしい戦争に巻き込まれようとしているのを知る。アラゴン家側について、フランスと戦うのである。フィレンツェ人は一般にアラゴン家を憎んでいる。これに対して、フランス人は大変人気があった。大衆は公然とピエロを批判しはじめる。とくに、戦争の決断を下したのはピエロで、有力市民たちはこれに反対していることを知っていたからである。また、大衆は権力を握っている人びとに敵意を抱いているが、これらすべての感情も同時に働いている。すなわち、変化に対する生来の欲望と、支配者に対する羨望と反感といった感情である。このような悪い状況に本来内在している危険はさらに、体制の敵、体制によって抑圧されてきた人びとによって増大される。なぜなら、いまや彼らは自分たちの力が戻ってきたものと思い、フィレンツェがその古い時代の自由に戻ったならば、当然、それに値すると思っている地位に就けるであろう、と期待できるからである。付け加えると、ピエロの行動や性格は、彼の敵にとってのみ嫌悪すべきものであっただけではない。友人たちにさえ嫌われており、辛うじて大目に許されるといったものである。ピエロは傲岸で、残忍な男であった。愛されるというより、むしろ恐れられるという類の男である。彼の統治下にあって、この恐ろしい残忍な男は、夜中、人を傷つけ、複数の人間を殺したとの証言がある。

(11-6) フィヴィッザーノ住民の大虐殺が行われる。次いでフランス軍はサルザーナに向かう。

彼には、そのような地位にある人間に求められるあの重みが欠けていた。フィレンツェにとって、また彼自身にとって、かくも多くの危険が差し迫っている最中に、彼は街路で公然とサッカーを楽しんで丸一日を過ごしている。彼は生まれつき強情であった。物事に対する理解力がなかったにもかかわらず、彼は己れ自身の考えに従って支配し、己れ自身のみを信じていた。誰か他の者を信頼し、あるいは助言を受けようと決意したことがあったとしても、彼が選び出した人びとは政治に多くの経験を積んだ人びとではなかった。また彼は、公共の安寧や災厄に関心を抱いている賢明な人びとや、本来彼の友人であった人びと、あるいは父ロレンツォおよびメディチ家の友人であった人びとにも頼ることをしなかった。むしろ彼は、セル・ピエロ・ダ・ビッビエーナやメッセル・アニョーロ・ニッコリーニのような、邪悪で野心的な人間と相談したのである。彼らはすべての事柄においてピエロに助言を与えたが、その助言たるや、野心あるいはその他の貪欲さに盲目的に駆り立てられているような人間の与える助言なのである。あるいは、彼らが助言を与えるのは、ピエロを喜ばすため、あるいはピエロに取り入るためのものであり、ほとんど常にピエロが元々その方に進みたいと望んでいる方向に彼を導いたのである。彼らはピエロの意向をよく理解していたのである。

　国外での動乱、また国内での不穏な状況のために、大きな危険に直面しているのを知ったピエロは、フランス王と合意に達しようと決意する。ひとたびこの問題が解決されれば、恐怖からであれ、その他の理由からであれ、フィレンツェの誰もが静かになるであろうと判断してのことである。この判断は正当である。父ロレンツォのナポリ行きに倣って、もっとも今回は状況も異なり、無意味な旅であったが、ある夜、ピエロは大急ぎで馬に乗って出発する。セレッザーナで王に面会するためである。同行したのはヤコポ・ジァンフィリアッツィ、ジァンノッツォ・プッチ、その他の友人たちである。セレッザーナにはミラノ公ロドヴィーコもミラノから来ている。長々しい討議と交渉の末、ピエロは担保としてピサ、セレッザーナ、ピエトラサンタ、それにリヴォルノの要塞をフランスに引き渡すことに同意する。セレッザーナとピエトラサンタの要塞は、ピエロ・ディ・レオナルド・トルナブオーニとピエロ・ディ・ジュリアーノ・リドルフィによって、フィレンツェから許可を得ることもなく副署もなしに、即座に国王に引き渡される。

フィレンツェに帰還したピエロに対するフィレンツェの反乱とピエロの亡命

ピエロが出発すると、フィレンツェでは誰もがより自由になったと感じて勇気を取り戻す。ピエロについての批判が引き続き公けになされ、ますます高まりつつある。それだけでなく、より重要なのは、シニョリーア内の市民たちもいまや目覚めるのである。彼らの中には、メッセル・ルーカ・コルシニ、ヤコポ・ディ・タナイ・ネルリ、グァルテロット・グァルテロッティがいる。「ルーカ・コルシニはピエロがその兄ピエロ・コルシニを尊重して選んだプリオーレであり、シニョリーアの信頼する熱心な支持者のはずである」。ヤコポ・ディ・タナイ・デ・ネルリとグァルテロット・グァルテロッティは、ゴンファロニエーリ・ディ・コンパニーア(11-7)の一員である。噂によれば、彼らは政体に徹頭徹尾、敵意を抱いていたピエロ・カッポーニに目を覚まされて、特別会議でピエロの悪口を言いはじめる。フィレンツェはピエロの指導の下で衰退しつつあるというのである。フィレンツェをピエロの独裁から解放し、自由な民主政体を回復することは素晴らしいことである、と彼らは言うのである。次いで、ピエロが先に触れたように、要塞をフランス王に引き渡すことに同意したこと、しかもセレッザーナは既に引き渡されてしまったことを聞くと、フィレンツェ全体に、それらの要塞は暴君の名に

(11-7) コレッジを構成する要職の一つで、十六人から成る。本文三五頁、訳注(1-15)、および「解説」三参照。

よってではなく、フィレンツェ人の名で与えられねばならぬと要求する叫びが響き渡る。直ちに大使が選出され、国王のもとに馬で出発する。選ばれた大使は次の人びとである。フェラーラのイエロニモ・サヴォナローラ師とタナイ・デ・ネルリ、パンドルフォ・ルッチェライ、ピエロ・カッポーニ、それにジョヴァンニ・カヴァルカンティである。イエロニモ師は(11-8)フィレンツェで説教していたが、彼については後にもっと多くのことが語られよう。

ゴンファロニエーレはフランチェスコ・デルロ・スカルファであった。シニョリーアのメンバーはすべて現政権の良き友人であり、強力な支持者ということで選ばれた人びとである。しかし、メッセル・ルーカは公然と敵意を表明する。それにキメンティ・チェルペローネが加わる。さらにゴンファロニエーレは、物事をその動くがままに任せようとする類の人物である。しかし他方、アントーニオ・ロリーニ、フランチェスコ・ダントーニオ・ディ・タッデオとフランチェスコ・ニッコリーニは、力強くピエロの立場を支持する。ある夜、彼らは激しいいくつかの言葉の遣り取りをする。メッセル・ルーカは大鐘を鳴らしに飛び出す。しかし、彼の後を追って来た何人かの人びとに引きとめられたために、二、三回しか鐘を鳴らすことができない。これらの鐘の響きはフィレンツェ市民の誰でも聞くことができた。夜の第三時限の頃であったからである。しかしそれ以上、何も聞こえず、政庁舎の中でも外でも何の動きも見られなかったので、大衆は何が起こったのか不審に思いつつ家路に着くのである。

フィレンツェ市がこのような騒動と不安な状態に陥る中、ピエロは友人たちによってフィレンツェの事態が次第に手を着けられない状況になりつつあるのを告げられたため、十一月八日、フランス王に暇を告げ、フィレンツェに戻る。彼の帰還は、ロレンツォのナポリからの帰還とどれほど異なって

(11-8) ジローラモ・サヴォナローラである。グイッチァルディーニはサヴォナローラを時にイエロニモ、時にジローラモと表記している。

いたろうか。ロレンツォは喜びをもって全市民から迎え入れられる。なぜなら、ロレンツォは平和とフィレンツェの地位の保持を土産にもたらしたからである。

ピエロはごく少数の友人たちによって喜びもなく迎えられる。とくにはっきりとした、いかなる取り決めもなさずに帰って来たからである。はっきりした取り決めといえば、ピサとリヴォルノ、それにピエトラサンタとセレッザーナの無力化や解体分断である。ピサとリヴォルノは、われわれフィレンツェにとって重要な二つの目である。ピエトラサンタとセレッザーナは、ピエロの父ロレンツォがあれほど大きな犠牲を払って、あれほど大きな栄光をもって獲得したものなのである。(11-9)

帰ると、ピエロは直ちにシニョリーアを訪ねて行く。ピエロがフランス王との交渉の経緯を報告すると、ピエロの敵とピエロに反対した人びとは非常に恐れて、一か八かの勝負に出ねばならぬと決意を固める。翌日、一四九四年十一月九日は聖救世主の日であったが、彼らは、フィレンツェ政府に仕えている一隊長シニョーレ・パオロ・オルシニが、ピエロを支持するために五百の騎士を伴って市門に着いたことを聞く。シニョリーアのメンバーの大多数がピエロに反対の立場に回ったので、ヤコポ・デ・ネルリは武装して数名の同僚を伴って、政庁舎に出かけて行き、政庁舎を閉鎖し、扉には護衛兵を配している。ピエロは何びともあえて彼の入るのを拒否することはなかろうと考えて、従僕と多数の武装した兵を連れて政庁舎に出かけて行く。中にいる友人たちを勇気づけるためである。ピエロも武装していたが、武器はマントの下に隠している。政庁舎に入りたいのなら小さな扉を通って一人で入らねばならない、とピエロは告げられる。仰天した彼は、権力の座から転げ落ちたのを知り、家に戻る。家に帰り着くと、シニョリーアのメンバーの中の彼の敵が大衆を煽動しつつあるのを耳にする。大衆はいまや〝人民と自由万才〟(11-10)の叫びをあげはじめている。次いで、プリオーレの職杖奉持者《マッツィエーレ》(11-11)がピ

(11-9) 本文第8章一二四頁以下参照。

(11-10) viva popolo e libertà

(11-11) uno mazziere de' Signori

エロに通告する。シニョリーアがピエロを反逆者であると宣言したというのである。彼の友人たちですら票決の際、恐怖のためピエロを反逆者であるとするのである。事実、同僚に脅迫されているのである。ピエロは馬に乗り、ボローニァに向け出発する。ピエロが政庁舎に寄って拒否されたという噂が広がると、枢機卿とピエールアントーニオ・カルネセッキのみがピエロのために動く。彼らは武装した兵とともに政庁舎広場にやって来る。しかしピエロに対する一般の反感が強まり、反逆者と宣告され、逃亡したということを知って、誰もが家に戻る。枢機卿は修道僧に変装して、フィレンツェを脱出する。弟ジュリアーノも逃亡する。大衆の憎悪の的であった、セル・ピエロ・ダ・ビッビエーナと、その弟のベルナルドも逃亡する。

　このような騒動の真只中に、フランチェスコ・ヴァローリがフィレンツェに帰国する。数人の他の市民とともに再度、フランス王のもとに大使として派遣されていたのである。彼は正直な人間で、正義を愛していたので、またピエロに反対していた人物として知られていたので大衆から愛されていた。フィレンツェのすべての大衆がいまやフランチェスコをお祭り騒ぎで迎え、ほとんど彼を肩に乗せるようにして政庁舎まで運んで行く。次いで、大衆はピエロの館に猛烈な勢いで殺到し略奪する。そのあと彼らは、アントーニオ・ディ・ベルナルドと立法公証人[11-12]セル・ジョヴァンニ・ダ・プラートヴェッキオの家を略奪し火をつける。これらの人びとは教会や修道院の中に隠れ潜んでいたが、それにもかかわらず発見され、囚人としてバルジェルロに投獄される。次に人びとはメッセル・アニョーロ・ニッコリーニの家に押しかけ、扉に火を放ち、まさに家を燃やそうとする。しかし、メッセル・フランチェスコ・グァルテロッティとその他の貴族が駆けつけ、彼らを制止している。暴徒が手に負えなくなるのではないかと恐れてのことである。〝人民と自由万才〟という大合唱の中、彼らは大衆を広場に導

（11-12）notaio di riformagioni これについては「解説」三参照。

く。そこでシニョリーアに代わって、メッセル・フランチェスコ・グァルテロッティがバルコニーに登り、〝白い貨幣〟[11-13]が廃止されたことを宣言する。

ピエロの政権が倒れたことを知ると、ベルナルド・デル・ネロとニッコロ・リドルフィが〝自由と人民〟と叫びつつ、武装した人びとを伴って広場に現われる。しかし、被疑者として拒否され追い払われる。事実、家に戻らなかったならば、彼らの生命そのものが危険に晒されたであろう。その夜、彼らは安全のためにシニョリーアの命令によって、重々しい護衛のもとに身柄を政庁舎に移される。その夜、許可なしにピサから戻って来たピエール・フィリッポ・パンドルフィーニもまた政庁舎に入れられる。彼が戻って来たのは、ピサで起こるかもしれない事態を恐れたためである。あるいは、フィレンツェで中傷されていることを耳にして、できるだけ自らの利を計ろうとしたためか、そのいずれかである。フランス王へのもう一人の大使アニョーロ・ニッコリーニもまたピサを去り、ピストイアの山地を通ってロンバルディアに向かう。ピエロが終わったことを知ったいま、彼はピエールフランチェスコ・デ・メディチの息子、ロレンツォとジョヴァンニを恐れているのである。彼は、彼らの不倶戴天の仇だからである。ピエロを煽動して彼らを迫害したのは彼なのである。ピエロが追放され、騒動が幾分か収まってくると、もっとも大衆は日夜、武装して市の護衛に当たっていたが、シニョリーアは八人委員会《オット・ディ・プラティカ》と七十人会[11-14]を一時、職務停止にして、新しい取り決めがなされるまで召集しないよう決定する。

ピサの自由の回復とメディチ家およびフィレンツェの状況についての考察

リヴォルノ、ピエトラサンタ、セレッザーナのそれぞれの要塞を既に受け取ったフランス王シャル

(11-13) これについては本文一二七頁および訳注(8-12)参照。

(11-14) オット・ディ・プラティカと七十人会はロレンツォのナポリ帰還後の一四八〇年四月に創設される。ロレンツォの政権を安定させた。本文一〇四頁参照。

ルは、同じ聖救世主の日、十一月九日にピサに入城しその城塞を与えられる。協定によれば、それらは担保として王の手許に置かれることになっている。しかしピサそのものはその他の諸都市同様、以前にそうであったように、フィレンツェ人によって保持され、統治されることになっている。しかし同日の夜、ピサ市民は集って、フランス王のもとに赴き、王に彼らの自由を取り戻していただきたいと要請する。王がこれに同意すると、彼らは〃自由〃という叫びをあげ、フィレンツェ人の役人に害を与えるべく殺到する。タナイ・デ・ネルリ、ピエロ・カッポーニ、ピエロ・コルシニ、ピエロ・グイッチァルディーニ、その他数人の者は騒々しい物音を聞きつけると、すべての者が団結してカッポーニ銀行に避難する。フランス王が護衛のため衛兵を派遣して来たために、彼らはピサ人の悪意と裏切りから逃れることができたのである。しかし、ピサが完全に反乱を起こしており、フランス王がいなければ安全ではないことを思い、翌日、彼らは王とともにピサを出る。次いで途中、王と別れ、彼らはフィレンツェに向かう。かくして、聖救世主の同じ日に、二つの大きな出来事が生じたのである。すなわち、われわれの政体の変化と、ピサの反乱の二つである。これらは考え得る限りの最も重要な変化である。メディチ家の支配がかくも突然に打倒されたということは、確かに驚嘆すべきことであった。メディチ家は六十年間にわたって絶対的な権威をもって君臨してきたのであり、またほとんどすべての有力市民によって支持されているものと思われてきたからである。(11-15) しかもこれを打倒したのは、メッセル・ルーカ・コルシニとヤコポ・デ・ネルリといった軽薄な若者たちである。地位も低い、権威もない、見識を欠いた若者たちである。このようなことが起こり得たのは、ひとえにピエロの態度およびその手下の傲慢さにある。これにすべての者が焦立っていたのである。なかんずく、重要なのは、ピエロが持ちこたえようもない恐ろしい戦争に突拍子もなくのめり込み、われわれの全領土を些

(11-15) コジモ・デ・メディチが政権を握るのは一四三四年である。本文三四頁参照。

かの必要もなく、また謂われもなく略奪と横領に曝したという事実である。このために、最初にピエロに反対した人びとが行動を起こすや否や、物事はひとりでに進行したのである。メディチ家が権力を失い、その結末を迎えた、その経緯はこのようなものであった。メディチ家は最も高貴な富裕な家門で、イタリア全体で高く評価されていた。また昔はフィレンツェで最も愛された家門であった。この家門の頭たち、とくにコジモとロレンツォは困難をものともせず、完全な技巧をもって時と機会を利用して彼らの政治的地位をつくり出し、維持し、強化してきたのである。彼らは私的な権力を増大させただけではない。同じく公的所有地も増やしたのである。ボルゴ・サン・セポルクロ、ピエトラサンタ、セレッザーナ、フィヴィッツァーノ、その他これと近いルニジアーナ地方のカゼンティーノ、ピエトラマーラ国、それにヴァル・ディ・バーニョなどをフィレンツェにもたらしたのである。これらすべては、メディチ家の統治下において生じたのである。最後にはメディチ家は突如として、分別のない若者の統治下にあって崩壊する。この若者の権力と権威の基盤は極めて強大なものであった。また、この若者への好意と支持も強大なものがあった。したがって、それらを維持することができない、などということはあり得ないことのように思われたのである。維持することができなかったのは、自らわざわざ、しかも精力的に維持できないように努力したからである。彼の愚行が本人だけではなく、フィレンツェをも破滅させたのである。出来事が示すように、八日間のうちにフィレンツェからはピサ、リヴォルノ、セレッザーナ、それにピエトラサンタが奪われる。これらの諸都市はわれわれに、力と安全と権威と栄光を与えてきたのである。したがって、メディチ家がわれわれフィレンツェのために為したすべての善は、たった一日の出来事によって取り消されてしまったといっても許されるであろう。事実、これらの出来事は善にはるかに勝り、それを越えるものである。とくに、ピサの喪失はフィレンツェに非常に大きな計り知れないほどの損害を与えたので、聖救世主の日の出来事のうち、どちらがより重大であったろうか、と多くの者が思い惑ったのである。すなわち、自由の再獲得か、あるいはピサの喪失か、どちらが重大であったかというのである。この問題については種々の考え方があろうが、それらすべてに触れることはしない。私の言わねばならないのは、前者の方が後者よりはるかに重要であるということである。なぜなら、人間がまず求めるのは、己れ自身の自由であって、他の者に対する支配ではないこと、これがいっそう自然だからである。さらに正直にいえば、自由でない者は他人を支配しているとはいえないのである。(11-16)

ピエロが去ると、シニョリーアは、一四三四年から一四九四年十一月九日までの間に政治的な理由によって獄に入れられた市民、あるいは追放された市民をすべて回復させることを決定する。この措置に対してすべての者が喜んだが、大変危険な出来事が行われていたために、何びともこの喜びを味わうことはできなかった。フィレンツェがこれほどの危険に遭ったことはかつてなかったものと私は固く信じている。国内では、極めて強力な家門が六十年間支配してきた後に追放されて、そのすべての敵が回復されたのである。このような革命は、それとともに統治方法の完全な変化をもたらす。さらに、ロレンツォ、あるいはピエロの時代に何らかの権力を行使した者、亡命者や亡命者の先祖を傷つけていた者、あるいはその先祖が傷つけていた者、反逆者の財産を買い取った者、報酬として反逆者の財産を受け取った者、あるいは略奪した者、そのような者は誰であれ、いまや完全に怯えている。対外的な問題についていえば、われわれフィレンツェ共和国は、その手足を切断されていた。事実、われわれの領地のほとんど大部分がばらばらになっていたのである。その結果として当然ながら、フィレンツェは弱体化するであろう。収入は減じ、兵力は縮小し、しかも極めて困難で危険な戦争を抱え

(11-16) ここに若き日の共和主義者としてのグイッチァルディーニを見ることが可能であろうか。これを記して四年後、ソデリーニ共和政政権が倒れて、メディチ家が復活するのである。その後、グイッチァルディーニはメディチ家に重く用いられていく。レオ一〇世のもとでレッジョ、モーデナの代官、次いでクレメンス七世のもとでロマーニァ総督というように、グイッチァルディーニはメディチ家と緊密に結びついていく。

込んで持てあますことになろう。ピサとの戦争だけでなく、われわれのピサ回復を阻止しようとする、その他多くの国々との戦争である。さらに、いまやフランス王が大軍を率いてわが国土にいる。フランス王はわれわれの敵である。王はわれわれに感情を傷つけられて腹を立てているのである。彼は貪欲そのもので、残忍である。われわれの国土を荒廃させ、われわれにまだ残されている臣民を反逆させると言って脅迫するだけでなく、フィレンツェの略奪を行い、ピエロ・デ・メディチを復帰させ、おそらくフィレンツェそのものの支配者になろうとさえしているのである。王を立ち去らすためには、最少限でも莫大な額の金を支払うことを考慮に入れておく必要があろう。かくして、フィレンツェから富と生き血が流出していくのである。

第12章

シャルル八世のフィレンツェ入城――シャルルとフィレンツェの協定――政治改革――イエロニモ・サヴォナローラ師――サヴォナローラの示唆した国内改革――ピサ戦争の開始

シャルル八世のフィレンツェ入城

先に触れたように、フランス王シャルルはピサを出発している。そして不機嫌にフィレンツェに向かっている。フィレンツェの略奪を計画しているという者もいる。シャルルはフィレンツェの政変について聞いている。ピエロが逃走した後、フィレンツェの大衆が武器をとったこと、しかもそれを未だ降ろしていないことも聞いている。シャルルはフィレンツェが大人口を擁していることを思い返して、それを力をもって略奪することができないのではないかと疑いはじめている。それのみではなく、たとえフィレンツェに入っても、武装した大衆が突然襲撃してくるのではないかと恐れはじめる。こうした理由から、シャルルは途中で停まり、フィレンツェには平和的に入りたい旨を申し入れる。しかもシャルルの軍には、様々の言葉を話す、様々な国の兵が数多くいるので、フィレンツェ人がまだ武装しているとなると、何か騒ぎが持ちあがるのではないかと危惧している。フィレンツェには友人として揉めごとなく入りたいので、フィレンツェ人が武装解除するまで待ちたいというものである。

シャルルは、フィレンツェがシャルルの申し出に応ずる旨の返答を受け取ると、シーニァに来て、バティスタ・パンドルフィーニの館に宿泊する。彼は兵士や馬のための衣服や布地を注文する。フィレンツェに豪華で壮麗な入城を行うためである。フィレンツェ略奪の考えをほとんど放棄したシャルルは、その代わり、できるだけの金をフィレンツェから引き出そうとするのである。彼はまた、ピエロ・デ・メディチを迎えに人を派遣する。フィレンツェに帰還できれば、ピエロはいくらでも金を支払うであろうと判断してのことである。少なくともピエロを入れないためには、いくらでも金を支払うであろうフィレンツェ市民に対して、切り札として彼を利用できるであろう。フィレンツェから逃走した後、ピエロはボローニァに行き、ボローニァからヴェネツィアに行っている。ピエロがフランス王からのこのような要請を受け取ったのは、ヴェネツィアにおいてである。一方において、ピエロはフィレンツェに行きたい。しかし他方、フランス王が金のために自分をフィレンツェに売るのではないかと懼れているのである。彼はヴェネツィア人に相談する。ヴェネツィア人はピエロの疑いを当然のことと認め、行かないよう彼を説得する。ヴェネツィア人がそのような忠告をしたのは、ピエロを気遣ってのことではない。ピエロがフランス王の道具となるのを怖れたからである。フランス王がピエロを通してフィレンツェを支配し、その支配者となるのを怖れたからである。ヴェネツィア人はわれわれを嫌ってはいたが、それでもフランス王がフィレンツェの支配者になるようなことは好まなかったのである。フランス王がイタリアにおいて、それほど強力になり、誰もがその言いなりにならざるを得なくなるのを望まなかったからである。フランス王はシーニァで何日間も日を送っている。その間、フィレンツェは多くの使節を派遣して敬意を表しているが、日曜日の……月……日、(12-1) 王はフィレンツェに入城する。

(12-1) テキストには記されていない。十一月十七日である。シャルルのルッカ到着は八日、ピサには九日である。ピサ人の要請でピサのフィレンツェからの独立を実現させている。

シャルルの入城は、フィレンツェが長いあいだ見たこともないような壮麗で栄光に満ちた豪華ショウであった。フィレンツェは、かくも偉大な君主にふさわしいように敬意を表した。フィレンツェの有力市民はすべて、多くの若者も豪奢に着飾って、シャルルのもとに表敬訪問に出向いた。シニョリーアのメンバーは、慣習通りサン・フリアーノ門まで徒歩で行き、出迎える。サンタ・リペラータでは、準備がすべて完了している。ここでフランス王が下馬することになっているからである。しかし最大の豪華さ、壮麗さは王のものである。シャルルは武装した兵すべてを伴って入城した。まず、鉾槍や石弓、小火器を持った、おおむねスイス兵からなる歩兵縦隊が来る。次いで、完全武装の騎兵隊と重装騎兵が来る。兵の数からしても、その挙措動作からしても、武器や馬の美しさからしても、美しい見物であった。馬には金襴の衣装が着せられている。次いで王が鎧に身を固め、天蓋のもと、フィレンツェの堂々たる征服者として現われる。美しい光景であった。しかし、見ていて楽しめるものではなかった。なぜなら、フィレンツェ市民は恐れと不安に満たされていたからである。シャルルは一つの親切な仕草をする。シニョリーアが王の馬の轡《くつわ》を取ろうとする。これは教皇や皇帝、あるいは国王がフィレンツェに入城する際の慣習である。しかし、王はそれを決して受け入れようとはしないのである。このような華やかさの中心にあって、王は馬でサン・フリアーノ門からフォンダッチョとボルゴ・サン・ヤコポに抜け、ここからポンテ・ヴェッキオを経て、サンタ・マリア門を通って政庁舎広場に出て、次いでサンタ・リペラータに、それからピエロ・デ・メディチの館に着く。ここに王の宿泊所が設けられている。騎兵および歩兵のすべてが市民たちの家に割り当てられて、フィレンツェ市中に宿泊する。このようなことは市民たちにとって極めて異例のことであった。なぜなら、兵を家に宿泊させるようなことはかつて一度もなかったからである。通例は、市民以外の家に分散して宿泊させているのである。

シャルルとフィレンツェの協定

フランス王はフィレンツェに……日間[12-2]、滞在する。交渉が始まると、王はフィレンツェの統治権を要求する。何よりもまず、フィレンツェに武装して入城したのであるから、フランスの法に従えばフィレンツェはフランス王のものである、と言うのである。王はまた、ピエロの帰還をも要求する。市民たちはこれらの要求については絶対に譲歩しないとの決意を固めていたので、急拠、ベルナルド・ルッチェライをミラノに派遣して、これらについて通告する。なぜなら、フランス王がフィレンツェで支配権を確立するのをミラノ公は喜ばないであろう、と彼らは判断していたからである。この判断は正しかった。公は直ちに、王のもとに派遣している公使カイアッツォ伯とメッセル・ガレアッツォ・ダ・サンセヴェリーノに、王にそのような要求を撤回させるべく、全力をあげてフィレンツェを支持するよう命じている。

これらの交渉が続いている数日間というもの、市民たちは非常に怖れている。なぜなら、彼らは戦いに慣れていないうえに、市内には強力な兵を抱えていたからである。他方、フランス人は、市の人口が多いこと、しかもピエロを追放した時にはすべての者が大鐘の音とともに武器をとったことを知っている。さらに、農民たちも武装するであろうことを知っている。実は、フランス人自身も非常に恐れていたので、多くの護衛兵を配置させて、鐘が打ち鳴らされないよう気を配っている。したがって、恐怖は双方にあったのである。二、三度、市内で騒ぎが持ちあがって、フランス人は急いで武器をとる場面もあったが、しかし今までのところ、それらからは何も起こっていない。単なる恐怖から生じ

(12-2) テキストには記されていないが、十一日間である。

たからである。

フランチェスコ・ヴァローリ、ピエロ・カッポーニ、ブラッチョ・マルテルリ、その他多くの市民たちが、王との交渉の任に当たっている。いよいよ決着をつけようとして、彼らはフランスの同意するような条件の草案を王のもとに示す。王はこれに不満で、逆に王自身の条件案を彼らに提示してくる。これには多くの屈辱的な条件が含まれていたので、ピエロ・カッポーニは勇敢にもフランス王の面前で、それを取りあげ引き裂いてしまう。カッポーニには、これに付け加えて、王が協定に同意したくないのであれば、何か別の手段で物事を解決することもできよう。王がラッパを吹き鳴らすのであれば、われわれは鐘を打ち鳴らそう、と言い放つ。これは確かに勇敢な大人物の言葉であった。なぜなら、彼は横柄で野蛮なフランス国王の前におり、怒りの言葉にはすぐに狂暴な行動が跳ね返ってくるかもしれないからである。フランスでは、このようなことが容易に起こり得るのである。しかし王とその家臣は、このような勇気に驚く。事実、既に彼らは大衆と大鐘に怯えている。大鐘は市内およびその周辺から三万人を越える武装した群衆を呼び集めるであろう、ということを聞いている。彼らはこれに強く影響される。これらの脅迫のために、王はわれわれにとって屈辱的な条件を引っ込めて、より道理にかなった取り決めの条件に達したものと一般に信じられている。ついに、多くの論争の後、協定が一四九四年十二月……日、成立する。(12-3) この協定はフランス王、シニョリーア、フィレンツェの全人民の臨席する中、サンタ・リペラータで批准される。高い祭壇から、王は自ら条約の条件を遵守する旨、聖なる石にかけて誓っている。フランス王とわれわれの間で、友人に対する友情、敵に対する敵意という他の同盟の一般的なパターンに従って、友情、平和、結合、同盟が誓われる。条件は次のようなものである。すなわち、フィレンツェはフランス王に十二万ドゥカーティを支払う。

(12-3) テキストには記されていない。成立したのは十一月二十五日。十二月ではない。

王はそのうちの五万ドゥカーティをフィレンツェを出発する前に受け取る。残りの七万ドゥカーティは短い間隔をおいて二度に分けて支払うというものである。この担保として、ナポリとの戦争の間、フランス王はピサ、リヴォルノ、ピエトラサンタ、セレッザーナの要塞を保有する。しかし、これらの諸都市それ自体の支配権と政府は、王の進攻以前にそうであったように、フィレンツェ人に残される。ナポリ遠征が終われば、要塞は完全かつ無条件で返還する、というものであった。

政治改革

条約が成立し、五万ドゥカーティが支払われると、二日以内のうちにフランス王はフィレンツェを出発してローマに向かう。ナポリ作戦を続行するためである。王が出発した時には、フィレンツェは政治的に混乱している。いまや市民たちは気持ちを一新して、政治的な再編成の仕事に乗り出す。有力市民たちによって一草案が作成される。それらの市民たちの中心人物は、タナイ・デ・ネルリ、ピエロ・カッポーニ、フランチェスコ・ヴァローリ、ロレンツォ・デ・ピエールフランチェスコ、それにベルナルド・ルッチェライである。彼らがこれに同意すると、大鐘が鳴らされ、パルラメントが召集される。大群衆がこの措置を承認する。その措置とは事実上、次のようなものである。八人委員会《オット・ディ・プラティカ》と七十人会はともに廃止される。シニョリーアおよび国内・国外のすべての要職の候補者名簿はくじで選ばれること、それがなされた後、すべてのこれらの役職はくじで選ばれること等々である。これを実現するために、現職のプリオーレとコレッジが直ちに二十人のアッコピアトーリを選ぶことになる。選ばれた二十人のアッコピアトーリは、一年以内に候補者名簿を完成させること。その期間、彼らが政権を握る。その期間、彼らはシニョリーアを手で(a mano)選出することになる。[12-4] アッコピ

(12-4) a manoということは選挙によって選ばれることを意味し、選挙に当たって一定の操作が可能となる。これについては、本文五〇頁訳注(2-5)および「解説」三を参照。

アトーリは四十歳に達していなければならない。ただし、一人だけは例外を許す。四十歳に達していなくともよい。このような例外措置が取られたのは、ロレンツォ・ディ・ピエールフランチェスコを選ぶためである。また、ゴンファロニエーレのフランチェスコ・デルロ・スカルファがアッコピアトーリになるのを阻止されないよう調整がなされる。白い貨幣税は廃止され、ピサ戦を行うために十人委員会《オット・ディ・バリーア》が再び設立される。十人委員会は、フィレンツェの法律に基づいて通常の権限を持つことになる。任期は六カ月である。

パルラメントは混乱なく開催され、翌日、二十人が選出される。それは次のような人びとである。メッセル・ドメニコ・ボンシ、リドルフォ・ディ・パニョッツォ・リドルフィ、タナイ・デ・ネルリ、ピエロ・カッポーニとアントーニオ・ディ・サッソ、バルド・コルシ、バルトロメーオ・ジューニ、ニッコロ・ディ・アンドレウォーロ・サケッティ、ジュリアーノ・サルヴィアーティ、ヤコポ・デル・ザッケリーア、フランチェスコ・デルロ・スカルファ、メッセル・グイダントーニオ・ヴェスプッチ、ピエロ・ポポレスキ、ベルナルド・ルッチェライ、それに……フランチェスコ・ヴァローリ、グリエルモ・デ・パッツィ、ブラッチョ・マルテルリ、ロレンツォ・ディ・ピエールフランチェスコ、それに……。[12-5]

パオラントーニオ・ソデリーニが除外されたのは何故であるか、誰もが不審に思う。なぜなら、彼は大きな権威のある人物で、しかもピエロ・デ・メディチに疎外されてきたからである。彼が除外されたのは、ピエロ・カッポーニの敵意にあるとされた。それほどカッポーニは力があったのである。この侮辱のために後になって、パオラントーニオは政変を起こし、イエロニモ師を味方にして彼を道具として利用して民主政を支持する説教を行わせたのだ、と公然と噂されるのである。[12-6]

(12-5) テキストに記されていない。もう二人は、フランチェスコ・ディ・ダントーニオ・ディ・ノフリとアンドレア・ディ・マネットである。

(12-6) パオラントーニオ・ソデリーニは後にサヴォナローラを熱心に支持し、大きな勢力を振るう。

十人委員会が選出される。ピエロ・ヴェットリ、ピエロ・コルシニ、パオラントーニオ・ソデリーニ、ピエロ・グイッチァルディーニ、ピエロ・ピエリ、ロレンツォ・モレルリ、ロレンツォ・レンツィ、フランチェスコ・デリ・アルビッツィ、ヤコポ・パンドルフィーニ、ロレンツォ・ベンインテンディである。その後、新しい八人委員会《オット・ディ・バリーア》が創設される。グイド・マネルリ、アンドレア・ストロッツィ、その他である。(12-7)彼らは役職入りを祝って、大金を投じて盛大な宴会を催したので、享楽八人委員会《オット・コデンティ》と呼ばれる。

これらの要職が選出された後、アントーニオ・ディ・ベルナルドがバルジェルロの窓から吊るされる。大衆を満足させるためである。彼は賢明な人間であった。モンテおよびフィレンツェの収入について知らねばならぬことはすべてを知っていた。さらに大きな権限を持っていたにもかかわらず、彼は常に正直な人間であった。しかし、いろいろなことが彼に不利に働く。長期間にわたって、彼はそれ自体憎悪される役職に就いていた。彼は貴族の出ではなかった。このために、彼はいっそう妬まれる。それに彼は粗野であった。彼を相手にせざるを得なかった人びとは、これを貧しい者に対する傲慢さ、残忍さのせいにした。これらすべてのことが重なって、彼は大衆に憎悪され、大衆は彼の血を求めたのである。大衆は、立法公証人セル・ジョヴァンニに対しても同じような仕打ちをしようとする。この人物はつまらぬ人間であったが、彼らは心底、彼を憎んでいたのである。しかしイエロニモ師が彼を助ける。イエロニモ師は説教壇から、いまは、もはや正義を行う時ではない。慈悲の時だ、と呼びかけたからである。セル・ジョヴァンニの命は救われる。しかし終身刑を宣告され、ヴォルテルラの獄に入れられる。数年後、彼は釈放され完全に罪を赦される。

フィレンツェには、旧体制に属していた人びと、ベルナルド・デル・ネロ、ニッコロ・リドルフィ、

(12-7) 他の人びととは、マウロ・ファントーニ、マルコ・ディ・ピエロ・ナルディ、サルヴェット・サルヴェッティ、カルロ・ディ・ベルナルド・ルッチェライ、バルトロメーオ・タダルディ、アントーニオ・ゲラルディーニである。

ピエールフィリッポ・パンドルフィーニ、メッセル・アニョーロ・ニッコリーニ、ロレンツォ・トルナブオーニ、ヤコポ・サルヴィアーティ、その他の市民を打倒したいと思っている人びとが多くいた。しかし彼らは、多くの尊敬すべき人びと、とくにピエロ・カッポーニやフランチェスコ・ヴァローリの反対にあう。ピエロ・カッポーニやフランチェスコ・ヴァローリをそのように動かしたのは、一つは公けの安寧に対する懸念である。なぜならば、そのような迫害を行ったならば、フィレンツェは真に傷つけられるであろうからである。しかし、もう一つは、彼ら自身の利害にも動かされている。なぜなら、彼らと彼らの祖先は当然ながらメディチ家の友人たちであり、三四年にはコジモを復権させている。したがって、旧体制の、一般にビジ(12-8)として知られている家門がひとたび排除されるならば、彼ら自身が三四年に打倒された家門の思うがままに扱われることになろうと恐れたからである。当然ながら、これらの人びとは彼らの敵なのである。こうした理由からして彼らは、八人委員会《オット・ディ・バリーア》と二十人アッコピアトーリに、ピエロによって一度も傷つけられたことのない多くの人びと、たとえばジュリアーノ・サルヴィアーティ、ロレンツォ・モレルリ、ピエロ・グイッチァルディーニ、その他、彼らと同じような人びとを選出したのである。彼らも他の人びとに比べて、大衆の人気がなかったわけでもないからである。それにもかかわらず、ジローラモ師からの思いがけない助力を得なかったならば、ピエロ・カッポーニとフランチェスコ・ヴァローリが、このような復讐欲と戦うことはほとんど不可能であったであろう。当時、彼らの行ったことは正しい、理にかなったことであり、その権威もこの上なく高いものであったが、それでもイエロニモ師の助力なしには不可能であったであろう。なぜなら、旧体制の敵たちが復讐を渇望していたからである。大衆も同様であった。彼らはあらゆる種類の目新しいこと、騒動を喜んだからである。ジローラモ師(12-9)は非常に能力のある人物であり、わがフィレ

(12-8) bigi 当時、ビジと称された人びとは旧体制下にあってはメディチ派であったが、ピエロの追放後、政治的にいかなる党派にも属していない人びとを指している。

(12-9) 先に指摘したように、グイッチァルディーニはサヴォナローラを時にイエロニモ師と表記し、時にジローラモ師と表記している。

ンツェでの多くの偉大な物事、変革の創始者であるので、私は彼について知ることを語りたいと思う。これによって、イエロニモ師の関係した事柄に一定の光が当てられることになろう。

イエロニモ・サヴォナローラ師

フェラーラ出身のジローラモ師は、ある程度資産のある庶民の家柄、サヴォナローラ家の出である。(12-10) 大学で教育を受け、次いでドミニコ会の原始会則派の修道僧となる。哲学を学び、さらに聖書の専門家となるが、そのあとフィレンツェに来る。ロレンツォの時代に公けに説教を始める。大きな天罰と苦しい試練が近づいている、と、それとなく言うのである。しかも極めて慎重にである。ロレンツォはそのような類の説教を好んでいなかったが、それを止めさせようとは一切していない。それはロレンツォをとくに傷つけることもなかったし、かつて大変な聖人といわれていたベルナルディーノ・ダ・フェルトレを、フィレンツェから追放した時に評判が悪かったことを考えてのことでもあった。また、ロレンツォがそのような行動に出るのを躊躇したのは、イエロニモ師に一定の敬意を払っていたからでもある。ジローラモ師は非常に敬虔な生活を送っているといわれていたのである。しかし、数度にわたってロレンツォはメッセル・アニョーロ・ニッコリーニ、ピエールフィリッポ、その他の人びとを介して表向きはこれらの人びとの自発的な申し出としながらも、そのように未来について（de futuris）多くを語らないように師に要請している。それでも、既にジローラモ師は、学問があり同時に聖人でもあるとの一般の人びとの評判を得て説教を続けている。ロレンツォが没してピエロの時代になると、ジローラモ師は一段と大胆になり、率直にずけずけと物を言うようになる。彼は教会の刷新と差し迫ったイタリアの災厄を予言する。この間、野蛮人たちがやって来て、難なく要塞を奪い

（12-10）一四五二年、フェラーラで生まれる。ジローラモの祖父ニッコロはフェラーラの支配者エステ家の侍医である。ジローラモも医者になるべく教育されるが、一四七五年四月二十四日、ボローニァに行き、ドメニコ会修道僧となる。

取り、すべてを嵐のように一掃してしまうであろうというのである。次いで、彼は大きな困難にもかかわらず、教皇アレクサンデルから勅書を手にすることができる。すなわち、フィレンツェおよびその他のトスカーナのドミニコ会士修道院を自立させ、ロンバルディアの修道会と分離させるというものである。これは何を意味したか。すなわち、ジローラモ師はフィレンツェに留まって、毎年、一般的に修道僧がそうするように移動する必要がなくなったということである。彼の予言がますます熱狂的になっていくにつれ、帰依者は増え続ける。また聖人としての、予言者としての名声も、いっそう高まっていく。あらゆる地位の人びとが彼の説教を聴きに来る。その中には、ミランドラ伯ジョヴァンニ・ピーコ(12-11)がいる。当代、並ぶ者なき学者である。一般に信じられているところによれば、急死しなかったならば、彼は修道僧になっていたであろうというのである。ジローラモ師はこのように高く評価されていたので、ピエロがセレッザーナに行った時には、先に触れたように、フランス王シャルルのもとに大使として派遣されている。ジローラモ師の聖人らしさが大きな効果を生むのではないかと期待されたのである。フランス王は終始、好んで彼の言うことに耳を傾け、あらゆる形をもって彼に敬意を表したのである。彼は当時、フィレンツェにとって極めて有用な人物であることが示されたのである。後に王がフィレンツェに滞在した時もそうである。

サヴォナローラの示唆した国内改革

ピエロが追放されると、ジローラモ師は彼に帰依した大聴衆に対していっそう公然と語り出す。すなわち、未来の出来事についての彼の予言は神に由来するというものである。彼はまた、慈悲を勧めて二、三の市民の命を救おうと努力する。友人のセル・ジョヴァンニのためには、死刑執行猶予を手

(12-11) ピーコ・デルラ・ミランドラ(一四六三－九四年)。主著『人間の尊厳について』によって知られる。シャルル八世はピーコの友人である。イタリア遠征途上、ピーコの病気を聞いて侍医を先発させていたが、フィレンツェに入城した十一月十七日にピーコは没したとされている。

に入れている。次いで、神のお告げと称して説教を始める。すなわち、フィレンツェを暴君から解放したのは人間ではなく、神だと言うのである。神の望んでいるのはフィレンツェがこれからも自由を保ち、ヴェネツィアのそれのような民主政を採用することである。なぜなら、民主政は他のいかなる国にもまして、フィレンツェに自然なものであるからと言うのである。神の霊感によるにせよ、あるいは彼自身の術策によるにせよ、彼はこの方針を極めて効果的に主張したため、それを心底から嫌っていたベルナルド・ルッチェライやフランチェスコ・ヴァローリ、ピエロ・カッポーニ、ロレンツォ・ディ・ピエールフランチェスコ、ネルリ家、その他、政権を握っている有力市民たちも公然とそれに反対しなかった。シニョリーアの支持を受けて、この方針は論議されはじめる。ついに、十六人ゴンファロニエーリ、(12-12) 十二人委員会、(12-13) 二十人アッコピアトーリ、十人委員会、八人委員会が、それぞれ民主政の草案を作成するよう委任されるまでに話が進む。それぞれの草案が作成されるが、十人委員会によって示された草案が最も強力に支持される。彼らはジローラモ師を迎えに人を遣り、シニョリーアの面前で草案を彼に読み聞かせる。ジローラモ師は分別ある言葉で承認する。一般的に良い案であれば当分の間、それに決めてやっていけば良い。特殊な場合における欠陥は然るべき時に認識されるであろうし、欠陥は時をかけてゆっくり排除し修正していけば良かろう、と言うのである。これを受けて、コンシーリオ・デル・ポポロ・エ・デル・コムーネ(12-14)（民衆《ポポロ》と共同体《コムーネ》の会議《コンシーリオ》）が召集され、この案が承認され、可決される。この案の骨子は次のようなものである。すなわち、税金を支払い、年齢が二十九歳になり、父、祖父、あるいは曽祖父が三つの要職の一つに就任したことのある、すべての市民から構成される一つのコンシーリオ（会議体）が創設されることになる。この会議が、シニョリーアを例外とするが、フィレンツェおよびその支配地のすべての高級官吏と行政官を選出することにな

(12-12) セーディチ・ゴンファロニエーレ・ディ・コンパニーア。

(12-13) 十二人の良き人びと。(12-12) とともにコレッジを構成する。

(12-14) 一三二〇年代の改革以来のもの。しかしメディチ政権時代にはこれは無視される。一四九四年以後、コンシーリオ・グランデの中核となる。「解説」三参照。

る。シニョリーアは、その年は二十人アッコピアトーリによって選出される。しかしこの二十人アッコピアトーリの任期が終了すると、これもまたコンシーリオ・グランデ（大会議）によって選出されることになる。すべての役職を選出する手続きは次のようなものである。一定数の選挙人が一般の袋《ボルサ・ジェネラーレ》から引き出される。その各々が一人の候補者を指名する。ただし、その者は選挙人自身の家の者であってはならない。次いで、指名された者の票決がなされる。黒豆を最も多く得た者、少なくとも半数に一つ加えた数を得た者が選出される。このような手続きから除外されるのは、一定の報酬を伴った国外での役職である。この場合、投票は指名された者に対してではなく、袋《ボルサ》から取り出された氏名に対してなされる。そして最も多くの豆を得た者が勝つ。選挙人が良い候補者を指名するのを確実にするために、勝った候補者を指名した者は一定額の金を受け取ることができる。その金額は役職の重要さによって異なっている。コンシーリオ・グランデは八十人会を選出する。その成員は少なくとも四十歳に達した者で、六カ月ごとに選出される。再選の可能性も残されている。その任務は、シニョリーアに助言を行うこと、大使やコッメサーリオを選ぶことである。すべての法規定はシニョリーアとコレッジョで承認された後、八十人会にかけられねばならない。しかし、最終的な承認はコンシーリオ・グランデによってなされる。コンシーリオ・グランデは、定足数一千名に満たない時にはその権限がない。政庁舎にはそれだけ多数の人びとを収容できる部屋がなかったので、大ホールが税関の上に建てられることになる。(12-15) それが完成されるまで、会議に参加する資格(12-16)のある人びとは収容されない。一般の袋《ボルサ・ジェネラーレ》からくじを引いて、一度に一千名のみが四カ月、あるいは六カ月間、議場に座ることになる。

この法令が承認され、コンシーリオが設立されても、ジローラモ師は説教を続ける。神はフィレンツェに慈悲を垂れて、強力な王の手からフィレンツェを守り給うた。これと同じ慈悲が旧体制の市民

(12-15) 建築家アントーニオ・サン・ガッロによって建てられる。ヴェネツィアのコンシーリオ・マッジョーレ議場を正確に模したもの。その壁面に、フィレンツェの大勝利を記念して、レオナルド・ダ・ヴィンチがアンギアリの戦いを、ミケランジェロがカッシーナの戦いを描くはずであった。

(12-16) コンシーリオ・グランデおよびその成員となる資格については「解説」三参照。

たちにも示されるであろう、とジローラモ師は断言する。フィレンツェで慈悲心と平和を促進するために、彼は市民たちを説得して、ピエロの追放以前に犯された一切の政治行動を許す法律を通し、市民たちの間に平和と結束をはかる。さらに彼は、今後、誰しもが自分の財産を享受し得るように、プリオーレの六票の巨大な権限を縮小するよう主張する。六人の市民が今まで何度も行ってきたように、意のごとくフィレンツェを掻き乱し、好きなように市民を追放したり、殺したりしてはならないのである。彼らはこの手段を利用して、自らを全能にしてきたのである。一市民が政治的理由からシニョリーアによって、あるいはその他の要職によって告発された場合には、いつでもその者はコンシーリオ・グランデに上訴する権利を持つべきである。そして、そのような上訴を許さないような行政官がいれば、上訴人と同じ罰を受けるべきである。このような提案は、大きな権威を持つ多くの人びとにとっては嫌悪すべきものであった。しかし、それにもかかわらず、数日間続いた議論の末、それはコンシーリオに上程され、票決され、圧倒的な数をもって承認される。ジローラモ師の提案するものは、すべて人間の力以上のものを持っているかのように思われたのである。

ピサ戦争の開始

フィレンツェの問題が当分の間、このようにして決着がつけられると、十人委員会は隊長を任命し、税を徴収させて、次いで兵をピサ領に投入する。ピサは依然として頑固に反抗を続けている。最も大きな権威を持つわれわれの隊長は、メッセル・フランチェスコ・セッコ、リヌッチョ・ダ・マルチアーノ伯、それにエルコーレ・ベンティヴォーリオである。コッメサーリオはピエロ・カッポーニである。彼らはパライア、ペッチョリ、マルティ、ブティ、その他いくつかのあまり重要でない城塞を取るが、ヴィコ、カッシーナ、リブラファッタ、あるいはヴェッルッコラを奪い取る努力はしていない。その他の地は単に略奪の対象であり、絶えず取ったり取られたりしている。フィレンツェは新しいミラノ公(12-17)に祝辞を述べるために、ルーカ・コルシニとジョヴァンニ・カヴァルカンティを大使としてミラノに派遣する。手始めとして、この派遣は貧弱なものであった。また、ミラノ公の目からすれば、フィレンツェの名声を大いに減少させるものであった。なぜなら、ミラノ公はフィレンツェが物の区別のできない暴徒に支配されているに違いないと思ったからである。この時点で、もう一つ別の問題が生じる。モンテプルチアーノが反乱を起こし、シエーナの支配下に入る。この結果、シエーナとわれわれの間に戦争が勃発する。われわれは、わが軍の一部をモンテプルチアーノとポンテ・ア・ヴァリアーノ、その他の領地を守るために、その方面に兵を送らねばならなかった。しかし、モンテプルチアーノ奪回はできない。フィヴィッツァーノとルニジアーナにおけるその他のいくつかの領地は、マレスピーニ侯家の手に落ち、失われる。さらに、われわれはファエンツァの保護者としての立場を放棄せざるを得ない。われわれ自身を守ることさえできそうもないからである。

(12-17) ロドヴィーコ・イル・モロである。

第13章

ナポリにおけるシャルル八世と反シャルル同盟――フィレンツェの民主政の強化――フランス軍、イタリアから駆逐される――フィレンツェ人の要塞の返還ならず――フィレンツェ内の分裂、サヴォナローラの信奉者と敵との分裂

ナポリにおけるシャルル八世と反シャルル同盟

一四九五年――フィレンツェがこのような危険に直面している間、フランス王の主席大臣サン・マロ枢機卿がフィレンツェに来る。四万ドゥカーティを受け取って、ピサに向け出発する。しかし出発する前に初めて、ピサをわれわれに返還するつもりであると宣言している。たとえピサ全体ではなくとも、少なくともピサ市そのものは返還するというのである。枢機卿は数日間、ピサに滞在しているが、その間、われわれのために何事もしていない。それからシャルル王のもとに帰っている。王は注目すべき素早さで、勝利のうちにナポリ遠征を終了している。フランス王がフィレンツェを出発しローマ領に入ると、教皇は王と合意に達する[13-1]。戦いができないと悟ってのことである。その保証として教皇は王に若干の領地を与え、息子を人質に入れている。彼はまた、ローマに捕われているトルコ皇帝[13-2]の弟を王に引き渡しているが、数日後、彼は死んでいる。〔これについては、教皇が毒を盛ったもの

（13-1）フランス軍がローマに入城するのは十二月三十一日である。教会領の自由通行の要求を教皇は拒否するが、シャルルはかまわず侵入。教皇はサン・タンジェロ城に避難する。一四九五年一月十五日、教皇とシャルルの協定成立。協定の内容は、(1)教皇はフランスにヴィテルボ、スポレート、チヴィタヴェッキア、テルラチーナを与える。(2)フランス軍に加わったすべての枢機卿を赦免する。(3)オスティアをジュリアーノ・デルラ・ローヴェレ（後のユリウス二世）に返還する。(4)トルコ皇帝の弟ジェムをシャルルに引き渡す。(5)チェーザレ・ボルジアを人質に出す、というものである。一月二十八日、フ

と誰もが信じている」。王がローマに入ったのは聖なる週である。サン・マロ司教を枢機卿にした後、ナポリ王国に向かう。ナポリ王アルフォンソは守りきれないと思っている。フランス王が近づいて来るとの知らせを受けると、王国を長男のカラブリア公フェルランドに引き渡し、彼を国王にしている。もはや王ではなく、単なるドン・アルフォンソとなった彼は、シチリアの一修道院に入り、ここで数カ月のうちに没している。しかし、フェルランドの方もやがて逃走する。フランス王シャルルはいかなる抵抗にも遭遇していない。毎日、馬を乗り入れれば、そのままその領土は王のものとなる。民衆が至るところで反乱を起こしていたからである。数日にして、シャルルは全王国の支配者となっている。これはまったく信じられないことのように思われる。ナポリ王はスペインに向かって逃れる。シニョーレ・ヴィルジーニオ・オルシニと同じく、オルシニ家出身のニッコラ・ダ・ピティリアーノ伯はノラで捕えられる。ナポリのいくつかの城塞はアラゴン家の手に残されているが、その後すぐ、彼らも降伏している。(13-3)

フィレンツェではすべての鐘があたかも祭日であるかのように鳴らされる。戦勝のこのニュースで幸福に湧き立っているという表明がなされる。もっとも、実際問題として心の中では誰も彼もがうんざりしている。われわれが王に依存しているということ、われわれの要塞が彼の手中にあるという事実、これらのためにこそ、このような見せびらかしが必要だったからである。グイダントーニオ・ヴェスプッチ、ロレンツォ・モレルリ、ベルナルド・ルッチェライ、それにロレンツォ・ディ・ピエールフランチェスコが、王に大勝利のお祝いを述べ、かつ、われわれの領地の返還を要求するために大使として派遣される。ナポリ戦の後には、王はわれわれの領地を返還せねばならないことになっているからである。とくに、われわれは約束通りの金額を支払って、われわれの義務を果たしているから

ランス軍、ローマを出発。人質になったチェーザレ・ボルジアは逃亡して一月三十日、ローマに戻る。

（13-2）メフメト二世没（一四八二年）後、後継者争いでバヤジト二世が弟のジェムを破る。ジェムは亡命する。後、教皇の手に落ち、幽閉される。その代償としてバヤジト二世は年間四万ドゥカーティを教皇に支払っている。しかしジェムがシャルルの手に落ちるのを懼れたバヤジトは、教皇にジェムの処分を要請したとされている。

（13-3）シャルルのナポリ入城は二月二十二日である。

である。

ナポリに対するこの勝利に、誰もが恐怖を抱く。何びともそのような勝利が可能であるとは夢想だにしなかったほど、素早く、かつ完璧になされた勝利だからである。このように大きな王国がフランス王自身の王国に付け加えられ、しかも勝ちを制した、装備の行き届いた軍隊が依然として思いのままに王の自由になるのであれば、イタリア全体が彼の為すがままにされてしまうと誰もが思うのである。このような事態の成り行きは、イタリア人のみを悩ませただけではない。ローマ皇帝マクシミーリアーンとスペイン王フェルディナンドをも同様に心配させたのである。彼らがフランスに隣接しているということ、古くからの反目、こうしたことのためにフランスが何かを獲得するとなると、やきもきするとともに、疑いのもととなるのである。共通の安全のために、教皇、皇帝、スペイン王、ヴェネツィア人、ミラノが、フランスに対して防御同盟を結ぶ。(13-4) 彼らは、隊長としてマントヴァ侯フランチェスコ・ダ・ゴンツァーガを選ぶ。当時、マントヴァ侯はヴェネツィアに仕えている。ミラノ公とヴェネツィア人はロンバルディアで大金を投じて、あらゆる方面から兵を徴集する。教皇の息子は同盟が結成されるや否や、フランス王のもとから脱走している。同盟に加わるよう求められて、フィレンツェはそれを拒否している。王から離反するのを望まなかったのである。なぜなら、王の約束した要塞の返還を期待していたからである。

(13-4) ヴェネツィア同盟締結。一四九五年四月十日公表。フィレンツェとフェラーラ公国は同盟に入らない。

フィレンツェの民主政の強化

当時、フィレンツェは民主政の確立と強化に努めていたが、これは二十人アッコピアトーリおよび権威を有している多くの市民たちにとって、極めて不愉快なものであった。二十人アッコピアトーリの任期が終わろうとしている。任期が終われば、彼らは他の市民たちと等しく何ら変わるところはない。したがって、都合のよいシニョリーアを指名して民主政を葬り去ろうとしているのではないかと疑いを抱いたジローラモ師は、極めて巧みに彼らに対抗して説教を始める。大衆はまさにこの名称、二十人アッコピアトーリという制度が廃止されれば、どれほど良かろうかというのである。二十人アッコピアトーリがコンシーリオを廃止するのではないかと懼れていたからである。また彼らの流儀、態度が醜悪で、愚かで、連帯感に完全に欠けていたからである。それ自体を憎悪している。二十人アッコピアトーリによって指名された最初のシニョリーアで、彼らはゴンファロニエーレとしてフィリッポ・コルビッツィを選んでいる。能力も権威も、あるいは才能もない人物であったが、タナイ・デ・ネルリに強力に支持されていた。この選択に強力に反対したのは、フランチェスコ・ヴァローリである。フランチェスコ・ヴァローリの支持したのは、フィリッポより身分の低い人物であったが、はるかに頭脳と才能のあるパゴロ・ファルコニエーリである。身分が低いということは、当時にあっては望ましいことであった。一般大衆を喜ばせたからである。この争論に折り合いを付けることができなかったので、二十人アッコピアトーリは、実際には選挙に勝ったわけではないにしても、票を多く得た者を受け入れることが必要であると判断する。後に二十人アッコピアトーリは、ゴンファロニエーレとして、タナイ・デ・ネルリを選ぶ。貴族であり、富裕な人物である。多くの息子たちがいて、彼は非常に勢力があった。とくに、ヤコポがピエロの追放に積極的に参加していたからである。しかし、タナイ・デ・ネルリは国事についてはそれほどの能力はなかった。彼の指名はすべての人びとを不愉快にした。アッコピアトーリが同じ仲間の一人を選んだのは正義に反するように思われたのである。さらに、タナイはロレンツォの時代にゴンファロニエーレであったこともあって、実際は野心に動かされたのみであるように思われたのである。彼の後に、二十人アッコピアトーリはバルド・コルシを選んだが、彼も二十人の一人である。しかし彼は老人であるうえに、メディチ家によって抑圧され公職追放に処せられていたので、彼の選出は不満の種にはならなかった。二十人アッコピアトーリの成員はこれらの選出をめぐって常に対立した見解を抱いていたので、完全に結束が乱れて、相互の信頼感、あるいは調和が失われていく。対立を調整しようと彼らは真剣に努力するが、徒労に終わる。このような内部の不和が一般に知られるようになると、二十人にあらゆる方面から非難が寄せられ、彼らの権力も減少していく。[13-5] ジローラモ師の権威と名声に支持されて、一般大衆は二十人を脅迫し、侮辱を加えはじめる。いまや二十人は苦しい状況に追いやられる。このような気分が日々悪化していく中、ジュリアーノ・サルヴィアーティが突然、アッコピアトーリを辞任する。理由は、恐れを抱いたためか、ジローラモ師に辞任するよう説得されたか、そのいずれかである。彼の同僚たちは、二十人の結束が乱れているだけでなく憎悪されているのを自覚し、肉体的に危害を受けるのではないかと怖れて、全員が職を解かれるようコンシーリオに提案する。かくして一四九五年五月、コンシーリオは圧倒的にこれを承認する。全員が職を離れる。シニョリーアを選ぶ権限はコンシーリオに移され、まずロレンツォ・レンツィがゴンファロニエーレに選ばれている。

フランス軍、イタリアから駆逐される

この間、フランス王シャルルは同盟についての知らせを耳にすると、フランスに帰国することを決意する。ナポリ王国は数名の指揮官の率いるフランスの重騎兵と、カミルロ・ヴィッテルリに率いられたイタリア兵に守らせ、シャルルは残りの軍を率いてトスカーナに向かう。[13-6] フランス王シャルルは、

（13-5）フィレンツェ人はほぼ四つの党派に分裂する。①ビアンキ（白）党、これは民主政を支持するがサヴォナローラに反対。②ビジ、かつてのメディチ家の支持者。③ピアノーニ（泣き虫党）、サヴォナローラの信奉者。④アッラビアーティ（怒れる者たち）、サヴォナローラに反対するとともにメディチ家にも反対、貴族的共和政を理想としている。

（13-6）一四九五年五月十二日、シャルルはナポリ大司教によって戴冠式を行い、シチリア王、エルサレム王を称する。ナポリを出発するのは五月二十日である。

われわれの領地の返還を常にわが大使たちに拒否してきた。さらに、大使たちの報告によると、シャルルはすべてのイタリア人に対して悪感情を抱いていて、彼の主たる側近たちのある者はフィレンツェを嫌っているという。つい最近経験した危険を教訓として、わがフィレンツェ人はいまや武装して、農村から兵を集めて家々を固め、武器として使えるもののすべてをもってフィレンツェの守りを強化する。宿泊するためにフィレンツェに再び来るのをシャルルが望めば、間違いなく彼の入城は許されたであろう。しかしこれらのことを知ると、彼はフィレンツェに触れずに、シエーナを出発しピサに行くことにする。フィレンツェで戦うのを欲しなかったからでもあるし、またぐずぐずしてもおれなかったからでもある。なぜなら、ヴェネツィア人とミラノ公が彼に対抗するためにパルマ地方で大軍を集結しているのを知っていたからである。ポッジボンシで、シャルルはジローラモ師と話し合っているが、彼に大きな敬意を払うのである。(13-7) しかしピサにおけるわれわれの利害に関していえば、その話し合いからは何も生まれていない。そこからシャルルはピサに直行し、ピサからロンバルディアに向かう予定である。シャルルがピサにいる間、あるいはその頃、オルレアン公ルイが裏切りによってノヴァラを奪ったことを知る。ノヴァラはミラノ公の領地である。次いで彼は、われわれの要塞を配下の兵に守らせてピサを出発する。ルニジアーナ地方に入ったシャルルは、ここでミラノ公の都市ポントリエモリを略奪している。(13-8) ここから彼はパルマ地方に入る。ヴェネツィア人とミラノ公の軍は、既にタロに陣取っている。数において彼らの軍は断然、優勢である。ヴェネツィア軍だけでもシャルルのそれをはるかに上回っているのである。

この時点でフランス王シャルルは、そのままフランスに直行しようとしていた。しかし彼は阻止される。イタリア側の陣営では、いかにすべきかについて意見が分かれている。ゴンツァーガ公の伯父

(13-7) シャルルのシエーナ到着は六月十三日、ピサ到着は六月二十日であることから、ポッジボンシ会談は六月十五日前後である。

(13-8) 主としてスイス傭兵軍による。

シニョーレ・リドルフォ・ダ・ゴンツァーガと、その他二、三の年上の傭兵隊長たちは、シャルルと戦いを交えないで、むしろ王がミラノ公国にいる間、ぴったりとその後を追い続けた方がより良いであろうと考える。そのようにすれば、シャルルが国土を略奪しないよう見張ることができよう。このようにして糧食が底をついてくれれば、シャルルは不利な条件で戦わねばならなくなろう。あるいは、同盟国によって提示された条件を受け入れざるを得なくなろう、というのである。しかし、ゴンツァーガ侯は戦いを望んで、これとは別なように考える。それにヴェネツィアのコッメサーリオであるマルキオンネ・トリヴィサーノも、侯と同じ意見であったと私は思っている。ついに戦闘が行われる。(13-9)しかも凄じい戦いで、何時間も続く。フランス軍は兵数においてはるかに劣っていたが、大砲を大いに活用する。夕暮れになって、両軍はそれぞれの陣営に帰る。いずれも潰走しなかったので、いずれが敗退したかを言うことはできない。しかし、フランス軍には死傷者があまり出ていない。これに対し、イタリア側の死傷者数は極めて大きい。四千人、あるいは五千人にのぼり、その中には多くの指揮官が含まれている。なかでも、シニョーレ・リドルフォ・ダ・ゴンツァーガが戦死している。これらの死傷者はすべてゴンツァーガ侯の軍から出ている。なぜなら、カイアッツォ伯に率いられたミラノ公の兵が、公の命令で戦闘にほとんど参加していないからである。ヴェネツィア人の兵が公自身のそれをはるかに凌駕する兵力をもって彼自身の領土にいるのを見て、公は次のように恐れる。すなわち、フランス王が敗北すれば、公は不倶戴天の敵ヴェネツィアの思うがままにあしらわれることになろう。ヴェネツィア人は貪欲なので、同盟や約束など少しも考慮しないからというのである。ミラノ公はまた、兵を戦いの運命に曝すことによって、仮に敗退した場合には、公はヴェネツィア人よりもより大きな危険を冒すことになろう。なぜなら、フランス人は公の領地にいるのであるから、まずミラノ公

(13-9) フォルノーヴォの戦い。七月六日。フォルノーヴォはパルマより南西約十八キロ地点に位置する。

国を奪うことになろうと考えたのかもしれないのである。さらに公は考えたかもしれない。すなわち、フランス王は敗退した場合にはその傷を痛切に感じ取り、そのため今後、ミラノをそっとしておくことは決してないであろう、これは他のことよりもいっそう重大であろう、なぜならフランスはミラノに直接、国境を接した隣人だからである。さらに、フランスは公に攻撃された場合には、いっそう憤激することになろう。なぜなら、フランス人をイタリアに呼んだのは公自身でありながら、その公がフランスに敵対したことになるからである。しかも当の本人は、今ではミラノ公を称しているではないかといわれよう。このような考慮によってミラノ公は動かされたのかもしれない。将来、起こり得るすべての結果を考えて、彼自身の兵およびフランス王の兵を温存させることを選んだのである。

戦いが終わると、フランス人はいかなる抵抗にもあわず、真直ぐアスティに着く。そこで彼らは同盟国側と短い休戦協定を結ぶ。これは双方にとって歓迎すべきことであったからである。ミラノ公は、彼自身の兵とヴェネツィア軍の一部をもってノヴァラを包囲し、これを取るが、武力によってではなく、飢餓によってである。

フィレンツェ人の要塞の返還ならず

フランス国王がアスティに着いた頃、あるいはそれより少し前に、ナポリと、ナポリ王国の他の多くの場所で反乱が勃発する。フランス王シャルルの出発と新しい同盟に勇気づけられて、住民たちはフランスの支配に反対して暴動を起こす。フランスの支配に失望していたのである。ナポリ王のフェルランドはフェルランディーノと呼ばれていたが、いまやナポリに帰還する。彼は、フランス王が強力な軍隊を持ち、王国内の多くの地方都市を支配しているのを十分よく知っていた。フェルランド王は全王国を再征服したいと望んでいたが、金がない。そのため彼は、スペイン王とミラノ公の斡旋によって、ヴェネツィア人から一定額を借りる。その担保として彼は、オトラント、ブランディツィオ、その他王国の港をヴェネツィアに与えている。金が払い戻されればこれらの港は返還すると、ヴェネツィア人はフェルランドとスペイン王に約束している。マントヴァ侯への支払いはヴェネツィアが受け持つ。数カ月以内にフランス軍は戦場で敗退し、次いでアテルラで飢えのため消滅する。マントヴァ侯はナポリ王国に赴いて、フランス軍と戦う。この協定が成立すると直ちに、マントヴァ侯ルリは殺され、その兵は数が縮小する。国王シャルルからの援助は望めない。王は残酷に彼らを死ぬがままに放置している。彼らの選ぶべき道は唯一、ナポリ王国を離れることである。生き延びた少数の兵は、ナポリ王フェルランドと合意に達する。(13-10) ナポリ王国全体を返還した後、海路、フランスに向け出発するのである。

フランス王がアスティに戻った時、われわれの大使であるメッセル・グイダントーニオ・ヴェスプッチ、ネリ・カッポーニ、それにおそらくヴォルテルラ司教のフランチェスコ・ソデリーニも大使であったが、彼らは一定額の金を王に与えるという新たな協定を結んでいる。シャルルはこれに対して、われわれの領地を返還することを厳かに約束する。これはまったく信頼し得るように思われた。なぜならば、王は間もなくイタリアを去るであろう。イタリアを去れば、彼にとって、それらはまったく必要がなくなるであろうからである。さらに、われわれは彼に対して完全に信義を尽くしてきたし、イタリアにおける唯一の彼の友人でもあったからである。これらの交渉がなされている間、一四九五年八月、われわれは兵を送ってヴィコピサーノを包囲する。何日間もそこを包囲した後、わが軍は恥知らずにも撤退する。多数の死傷者を出したにもかかわらず、何の成果もあげずに、である。次いで、

(13-10) 合意に達するのは一四九六年七月二十一日である。

われわれの要塞を守っている者に、フランスから、それらをそれぞれの連署とともにわれわれに返還するようにとの命令が届く。これを受けてわれわれは、直ちにフランチェスコ・ヴァローリとパオラントーニオ・ソデリーニをコッメサーリオに任じ、兵を集めさせてそこに派遣するが、ある日突然、ボルゴ・デ・サン・マルコに攻撃を開始する。これは直ちに取ることができる。城門が開いていたので、わが兵は抵抗にあわずに突入している。他方、恐怖に襲われたピサ人は、アルノ河を越えて撤退する。まさにその時、新要塞のフランス人城代が、わが兵に向けて砲撃を開始する。コッメサーリオはそれを知ると、われわれの成功について知らないまま、あるいはピサ人の混乱を知らないまま即時に退却命令を下している。かくして、ピサを取る絶好の機会が失われる。仮にこの勝利をどこまでも追求していたならば、疑いもなくピサはこの同じ日にわれわれの手に入っていたことであろう。コッメサーリオたちは、一般大衆によって厳しく非難される。しかし、これは不当であった。なぜなら、要塞が大砲を打ち出した時、理性の命ずるのはまさに彼らの行ったことをせよ、ということだからである。彼らが他のように行動していたならば勝利していたであろうが、その勝利は理性に基づくのではなく、偶然によるものであったろうからである。[13-11] 数日の間、彼らはボルゴ・サン・マルコに留まっていたが、城代がフランス王の秘密の命令によるものなのか、あるいは他の理由によるものであるか、いずれにせよ要塞を放棄しようとはしなかったので、わが軍はいかなることも為し遂げることもなく出発する。したがって、この夏のすべてのわれわれの作戦は成果なくして終わる。これらの作戦には莫大な額の金が注ぎ込まれたので、この時期の十人委員会は、コンシーリオによって選ばれた最初のものであったが、一般に十人の金食い虫と呼ばれたのである。彼らの多くは評判の良い老人たちであったが、国事を扱うことに些かの経験もなかったのである。彼らの指導者は、フランチェスコ・ペピと、[13-12]

(13-11) グイッチァルディーニはこの時期、合理的な考量に基づく政治行動のみを信じている。リコルドB一六〇は次のようなものである。「たとえ最良の忠告に従って一つの決断を下しても結果はしばしば逆になる。……それにもかかわらず、われわれは動物のように運命の女神の餌食となってはならない。われわれは人間らしく理性とともに歩まねばならない。真に賢明な者は、悪い忠告に従って良い結果を得るより、たとえ悪い結果をもたらしても良い忠告に基づいて行動したことに一層満足すべきなのである」。それにもかかわらず、グイッチァルディーニは次第に政治行動において最終的にフィリッポ・ブオンデルモンティである。
　後に、モンシニョール・リーユが返還を早めるためにやって来る。彼の到着はわがフィレンツェに大きな希望を芽生えさせる。しかし彼は病を得て、フィレンツェで没する。わがフィレンツェの運命がそうさせたのである。ド・リーユは、大きな公けの儀礼をもってフィレンツェに葬られる。最終的には多くの外交使節や書簡の往復がなされた後、リヴォルノのみが返還される。リヴォルノを保持していたのはモンシニョール・ボーモンである。ピサ人はミラノ公から受け取った金で城代を買収して、フィレンツェ人によって建設された新しい砦を手に入れる。彼らは直ちに砦を解体するが、長い間そこにあった古い砦には手をつけず、無傷のままにしておく。ピエトラサンタはルッカ人の手に落ちる。フランス王に相当額の金を支払って、ルッカ人はそれを得るのである。セレッザーナはジェノヴァ人のところに行く。このようにして、わが領土はわが隣人たちの間にバラバラに分割され消散する。ジェノヴァ人、シエーナ人、それにルッカ人がいまやわが領土を引き裂き、奪おうとしているのを考えると、何と憐めなことであろうか。(13-13) つい先頃までは、彼らはわれわれの力の前で震えあがっていたのであるから。彼らがわれわれの領土を手にしたのは、彼ら自身の武力や名声によってではない。フランス王によってである。フランス王は、あれほど厳粛にフィレンツェの祭壇で誓約したわれわれの条約を完全に無視したのである。フランス王はまた、この後のアスティでの協定をも無視したのである。フランス王は、われわれが信義を完全に守って、彼にあれほど多額の金を与え、全イタリアで彼の唯一の友人であったという事実を無視したのである。フランス王は卑劣にも、われわれとわれわれの領土をわれわれの敵に二度売ったのである。(13-14)
　われわれに対して自らを守るのが困難であるのを認識したピサ人は、同盟国側に懇願する。それが

決着をつけるものは理性ではなく、暗い運命であると見なすようになる。グイッチァルディーニのペシミズムの源泉である。

（13-12）この人物については、本文二〇六頁の訳注（14-4）参照。

（13-13）ピエトラサンタとムトローネがルッカから返還されるのは一五一三年十月である。一五一二年九月、メディチ家がフィレンツェに復帰した後である。

（13-14）冷静で客観的なはずのグイッチァルディーニが珍しく憤慨している。興味深い箇所である。グイッチァルディーニは愛国者であるとともに領土拡大論者なのである。それにもかかわらず、『リコルディ』には次のようなものがある。「望

受け入れられ、ミラノ人とヴェネツィア人の兵が同盟国の名においてピサに入城する。これより少し後、ミラノ公はヴェネツィア人のみがピサに駐屯するよう求める。大変な費用のかさむ仕事にヴェネツィア人を巻き込んで彼らを弱体化させるためであるか、あるいはその他の理由によってである。ミラノの提案は、ヴェネツィアで時間をかけて徹底的に議論される。メッセル・フィリッポ・トロンと、その他多くの老人たちはこれに反対する。それほど深く巻き込まれるのを嫌ったからである。しかしドージェのメッセル・アゴスティーノ・バルバリーゴがそれを強力に支持したために、最終的にそれは受け入れられる。ドージェの支持者には多くの若者が控えていたからである。ミラノ公はピサから手を引いて、ヴェネツィア人のみがピサに留まる。同盟国のために、ピサの防衛を任されるのである。表面的にはヴェネツィア人はピサの自由を維持しているが、実際には砦を管理し、それらを自在に扱っているのである。次いで、同盟側はわれわれに接近してくる。なぜなら、同盟国はイタリアを一つにしたいと望んでいるからである。フランス王シャルルが抱いているかもしれない考え、すなわち、イタリアに戻って来るという考えを挫くためである。しかし、われわれはこれを拒絶する。彼らがピサをわれわれに返還したくないと思っているからである。ピサなしでは、イタリアの団結はわれわれの利益にならないからである。事実、われわれの目的により良く適うのは不和軋轢であり、フランス王の侵入であり、あるいはその他の大変動なのである。とくに、フランス王シャルルはわが大使たちに、（ソデリーニ司教とジョヴァキーノ・グァスコーニが派遣されていた）毎日、イタリアに戻るつもりだと告げていたからである。シャルルは、われわれの再三にわたる忠誠の表明を十分評価していると言明するのである。同時に、これと対照的な（e contra）ヴェネツィア人とミラノ公の裏切りも分かっていると言うのである。われわれの苦難を救い、彼らが加えた危害に対して罰を下したいと言うので

むらくは隷属民として生まれないことである。しかし隷属民であらねばならないのなら、共和国の隷属民よりも君主の隷属民の方がよい。なぜならば、共和国はそのすべての隷属民を抑圧し、それ自身の市民でないかぎり、その権力の分け前に少しもあずからせない。君主はすべてに対しより公平である。ある者も他の者も等しく隷属民として扱う。したがって、誰でも彼から恩恵を与えられ、仕事を与えられるという希望を持つことができるのである」（拙訳『グイッチァルディーニの訓戒と意見』「C」一〇七参照）。

ある。

フィレンツェ内の分裂、サヴォナローラの信奉者と敵との分裂

このような意向は、イエロニモ師の説教によって強化される。彼は、ピエロの追放とコンシーリオ・グランデの創設の後に引き続き、サンタ・リペラータで大聴衆に向かって説教する。かつていかなる説教者も、これほど多くの聴衆を前にしたことはないであろう。未来の出来事を知らせるために、神によって彼が遣わされたのであると公然と言い放つ。しばしばキリスト教一般の未来について、とくにわがフィレンツェでのキリスト教の未来について、その結末を断言する。より良き生活へ向けて、必要な教会の刷新と改革は、世俗的な祝福や幸福によって実現されるのではない。天災と試練によってである。イタリア人はまず飢饉や疫病、戦争によって打ちのめされ苦しめられるであろう。外国の野蛮人たちの軍隊がしばしばイタリアに侵入し、徹底的に打ちのめすであろう。イタリアの諸々の政権は変わらねばならないであろう。なぜなら、その智恵も富も力も、いずれもこのような猛攻に抵抗することはできないからである。わがフィレンツェは多くの困難に苦しまねばならないであろう。すべてを失うほどの極端に危険な状態にまで追い詰められるであろう。それにもかかわらず、フィレンツェは亡びることはなかろう。なぜならば、このような大きな出来事が予言されるべき場所として、神がフィレンツェを選んだからであり、また教会刷新の光がここから輝き出して世界のその他の場所に当てられるからである。事実、われわれの所有物の一切が失われても、フィレンツェは救われるであろう。究極的にはこれらの災害によって真実にして単純なキリスト教に復帰し、フィレンツェはピサやその他失ったものを回復するであろう。これは人間的な手段、あるいは力によって生じるのでは

ないであろう。神の手によって、何びとも予想しない時に、また誰もが神の介入であるとはっきり認めるようなやり方で生ずるであろう。フィレンツェはまた、かつて一度も手にしたことのない多くの領土を獲得するであろう。フィレンツェは、かつてなかったほど、より繁栄し、より栄光に満たされ、より強力になろう。民主政とコンシーリオ・グランデは神の作品であるから、変えるべきではない。事実、それらに反対する者は悪い結末を迎えることになろう。これらの予言は間もなく実現されるであろう。したがって、これらの説教を聴いた者は、とイエロニモ師は付け加えて、自然の人生を送る者であれば、生きている間にそれらを目撃することができるであろう、と言うのである。彼はその他、これから耐えねばならぬ、宗教的な、また世俗的な迫害の双方について詳細に説教しているが、ここではそれらを省略したいと思う。なぜなら、それらはここではふさわしくないし、またそれらは彼の説教の中に明快に説かれているからである。今日、それらの説教は印刷されていて、手にし得るのである。

このような説教のやり方のために、彼は教皇の憎悪を買う。(13-15) なぜなら、教会の刷新を予言する際、彼は僧侶の支配と素行を憎悪し、攻撃したからである。ヴェネツィア人もミラノ公も、彼を嫌った。なぜなら彼らは、彼がフランス人に好意を抱き、フィレンツェが同盟に加入するのを拒否する、その糸口になったと考えたからである。さらに、彼の説教はフィレンツェ内での意見の衝突を惹き起こし、彼は多くの市民たちの敵意を買う。彼に敵対したのは、当然ながら、このような事柄を信じていなかったからか、あるいは彼があれほど熱心に支持し主張した民主政を好きになれなかったからか、そのいずれかである。彼に敵対した他の者の中には、このように大きな人気を楽しんでいるサン・マルコの修道僧よりも、フランチェスコ会、あるいはその他の宗派をいっそう信じているがゆえの者もいる。

(13-15) 一四九五年九月八日、教皇、サヴォナローラの説教を禁止。十月初旬、再度、説教禁止の書簡、ドメニコ師が代わって説教。アレクサンデルは当初はサヴォナローラに枢機卿の地位を申し出るなどして宥和的な態度をとっている。

彼はまた、多くの堕落した人びとによっても反対される。彼らは、彼が男色やその他の罪、ゲームなどを嫌悪していたために、彼らの生活のやり方が大いに制限されてしまったので不幸になったからである。彼らは、一緒になって激しくジローラモ師に対して立ちあがる機会があれば、いつでも彼を公然と迫害し、彼の仕事に抵抗する。その指導者にはピエロ・カッポーニがいる。彼は相手の方が強力なのを知っている。したがって、時には声高に攻撃したり、時には惚けたりしている。その他には、タナイ・デ・ネルリとその息子たち、とくにベネデットやヤコポがいる。また、ロレンツォ・ディ・ピエールフランチェスコ、ブラッチョ・マルテルリ、パッツィ家、メッセル・グイダントーニオ・ヴェスプッチ、ベルナルド・ルッチェライとその息子コジモがいる。彼らは、ピエロ・デリ・アルベルティ、バルトロメーオ・ジューニ、ジョヴァンニ・カナッチ、ピエロ・ポポレスキ、ベルナルド・ダ・ディアッチェート、その他、彼らと同様な人びとの支持を受けている。

　他方、多くの市民たちが強くジローラモ師を支持し、彼の仕事に賛成する。彼らには当然ながら善良な性格と宗教的な性向に導かれて、彼を信じる者もいる。彼らは彼の仕事が良いもので、予言は日々実現されつつあると信じている。その他、なかには、評判の悪い邪悪な人間もいて、信心深いという良い名声と衣装を手にするために彼を支持する。自分たちの悪行を隠すためである。その他、一般に品行の正しいと思われている人びとの中にも、彼の陣営の方が勢力のあるのを見て取り、彼を支持する者がいる。これによって役職を手にし、大衆の間に名声と支持を見出そうとするのである。彼らの指導者は、フランチェスコ・ヴァローリ、ジョヴァン・バティスタ・リドルフィ、パオラントーニオ・ソデリーニ、メッセル・ドメニコ・ボンシ、メッセル・フランチェスコ・グァルテロッティ、ジュリアーノ・サルヴィアーティ、ベルナルド・ナージ、それにアントーニオ・カニジァーニである。ピエールフィリッポ・パンドルフィーニとピエロ・グイッチァルディーニ[13-16]も彼らの側にいるが、その後生じた紛争においては極めて穏やかに振舞ったので、この党派の人間とはまったく見なされていない。これらの指導者たちは、ロレンツォ・レンツィ、ピエロ・レンツィ、ピエールフランチェスコ・トッシンギ、トッマーゾ・トッシンギ、ルーカ・ダントーニオ・デリ・アルビッツィ、ドメニコ・マッツィンギ、マッテオ・デル・カッチァ、ミケーレ・ニッコリーニ、バティスタ・セッリストーリ、アラマンノ・サルヴィアーティ、ヤコポ・サルヴィアーティ、ランフレディーノ・ランフレディーニ、それに旧体制の一員であったために大きな働きはしなかったが、メッセル・アントーニオ・マレゴンネルレによって支持されている。もっとも、ピエールフィリッポ・パンドルフィーニは同じように旧体制の一員であったが、既に十人委員会に選出され、かつての名声を回復している。さらにこれに加えて、フランチェスコ・ダントーニオ・ディ・タッデオ、アメリゴ・コルシニ、アレッサンドロ・アッチァイウォーリ、カルロ・ストロッツィ、ルイジ・デッラ・ストゥーファ、ジョヴァキーノ・グァスコーニ、ジーノ・ジノーリ、その他、彼らと同様の人びとがいる。彼らの背後には大衆全体がついている。その大多数の者は修道僧を支持している。したがって、彼の迫害者たちは憎悪され人気もなかったが、これに反し彼の支持者たちは感激をもって受け入れられたために、後者のグループの方が前者のそれよりもはるかに多くフィレンツェの要職や役職を手にしたのである。このような権力状況からして、彼の支持者たちはフィレンツェが同盟に加入するのを阻止したのである。なぜならば、彼らは取り分け、イタリアの支配者たちがジローラモ師の予言したように破滅に向かっているものと信じていたからである。市民たちの間には大きな意見の衝突、強烈な憎しみが生まれ、多くの家族の間では、兄弟、父、息子たちがジローラモ師に関する問題で言い争ったのである。もう一つの基本的な分裂の構図は

（13-16）グイッチァルディーニの父ピエロはビジである。旧体制下でメディチ家と強い絆で結びついていたが、新政府で「十人委員会」の一人に選ばれており、サヴォナローラの信奉者でもある。しかし政治的にその党派には属していない。サヴォナローラはピエロについて「偉大な仕事に対して冷淡だ」としている（拙著『グイッチァルディーニの生涯と時代』上巻四三頁参照）。

次のようなものである。すなわち、修道僧を支持する者はすべてフランス側についているのに対し、修道僧に反対する者は同盟側と合意に達したいと思っているのである。

一四九五年末、(13-17) コンシーリオ・グランデの議場が税関所の上に完成する。イエロニモ師の説教の後、そこに集まった人びとは新しいシニョリーアを選出する。ドメニコ・マッツィンギがゴンファロニエーレになり、三月一日、職務に就く。一日一日と日が経つにつれ、民主政権が成長し、より強力になっていく。

(13-17) フィレンツェ暦である。したがって完成されたのは一四九六年二月である。

第14章

民主政権に対する陰謀——ピエロ・カッポーニの死
——同盟側が皇帝マクシミーリアーンをイタリアに呼ぶ——皇帝の作戦は失敗する——ゴンファロニエーレとしてのフランチェスコ・ヴァローリ

民主政権に対する陰謀

一四九六年——一四九六年は対内的にも対外的にも騒乱と危険をもって始まる。四月の末に修道僧に対する陰謀が発覚する。これにには多くの市民が関わり合っている。もっとも、大きな権威を有した者は一人も入っていない。これらの人びとは役職を手にするために、コンシーリオにおいて互いに協力して助け合おうと企む。それに成功した場合には、もっと大きな目的を企てようというものである。彼らの勢力は日ごとに強くなっていくが、ドメニコ・マッツィンギにとって代わる新しいシニョリーアを選出するために、コンシーリオが召集される当日の朝、発覚する。シニョリーアと八人委員会の命令で、フィリッポ・コルビッツィ、ジョヴァンニ・ベニッツィ、ジョヴァンニ・ダ・ティニァーノが逮捕され、バルジェルロ(14-1)の手に引き渡される。尋問され、陰謀全体が暴露されると、それは単純に彼ら自身の利益のための合意ではなく、政権転覆を計る、慎重を期した陰謀のように思われる。それでも死刑に値するようにも思われなかったので、シニョリーアと八人委員会はこれら三名の者を公職

(14-1) この場合、警吏を指している。「解説」三参照。

追放にするとともに、終身刑を言い渡し、スティンケ（14−2）に投獄する。身分の低いスキァッタ・バニエーゼと、彼と同様の数名の者が一定期間の公職追放に処せられる。このようにして、処理するのが遅れた場合には大きな危害を惹き起こしたかもしれない危険に決着がつけられる。この事件のため、フランチェスコ・デリ・アルビッツィは次のゴンファロニエーレに就任するのを拒絶されることになる。なぜなら、陰謀は修道僧に敵意を抱き、コンシーリオに敵意を抱いている人びとによって企まれたからである。フランチェスコが陰謀に加担していたとは思われていない。しかし、彼が修道僧をもコンシーリオをも嫌っていることはよく知られていたからである。フランチェスコの代わりに、コンシーリオは彼の親族のピエロ・ディ・ルーカントーニオ・デリ・アルビッツィを選ぶ。年老いた善良な人物であるが、能力はなかった。彼の任期中に、スティンケの囚人たちが、九四年の法律に基づいてコンシーリオ・グランデに上訴する。彼らは獄に入っており、本人自身が出頭できなかったので、まず彼らの訴状が読みあげられる。フランチェスコ・リヌッチーニはシニョリーアの一員であったか、あるいは八人委員会の一員であったか、いずれかであるが、最後に発言して票決を支持する。票決がなされ、上訴は拒否される。

（14−2）フィレンツェにある古い監獄の名。主に負債者や終身刑を宣告された囚人が収監されていた。

ピエロ・カッポーニの死

この事件が決着を見た後、わが軍はピサ近郊の農村地帯の再征服を行っているが、あまり重要でない要塞ソイアナで、わがコッメサーリオのピエロ・カッポーニが火縄銃からの一弾で戦死する。ピエロ・カッポーニの最期である。彼は並々ならぬ能力と才能に恵まれた人物で、演説家としての才能も豊かである。もっとも、少しばかり軽薄なところがあり、判断も必ずしも健全とはいえなかったが、彼の勇気、野心、名声は最高のものであった。彼はロレンツォの時代にあってさえ、めったに役職に就いたことはなかったにもかかわらず、賢明で能力のある人物としてよく知られていた。ロレンツォはまさに、その能力と身分のために彼を懼れていた。ピエロの時代になって、彼は革命で中心的な役割を果たしている。その後、人びとの大きな支持を得て権威を持つようになる。フランス王がフィレンツェにいた時には、彼はフィレンツェのために大いに働き、条約を準備し、フランス王シャルルに与えねばならぬ金額を決定している。(14-3) 後に二十人アッコピアトーリの一員として、旧体制の市民の安全を計って、大いに尽力する。そしてこの間、数カ月にわたってフィレンツェで最も権威のある人物となるのである。さらに後になって修道僧の敵となると、彼はコンシーリオを嫌い、それを変えるために諸君主と陰謀を企んでいると一般に信じられることになる。こうした理由のために、大衆《ポポロ》は彼を憎みはじめる。修道僧の敵とその首領たちはすべて彼を領袖とするが、それにもかかわらず彼は反対派に攻撃され、また恐れられてもいたので、コンシーリオでは見るべき成果をあげられなかった。彼は大きな名声に包まれ、多数の信奉者がいたために非常に尊敬されていたが、その死は一般に歓迎され、満足感を大衆に与えたのである。

(14-3) 本文一七四頁参照。

同盟側が皇帝マクシミーリアーンをイタリアに呼ぶ

フィレンツェは深刻な状況にあった。国内では、不和軋轢と意見の対立があった。国外では、ピサに対するわれわれの作戦はまったく成功していない。われわれを支持する者はいなかったからである。これに対し、ピサ人は、ヴェネツィア人によって守られていた。その援助を得てピサはヴィコピサーノ、カッシーナ、リブラファッタ、ラ・ヴェッルコラ、それにアルノ河の河口をしっかり保っているのである。その他の砦は取ったり取られたり、持ち主が代わった。われわれが一つを取ったとしても、直ちにそれは反乱の機会を伺うといった具合である。さらに、フランス王シャルルによる進攻の希望は日ごとに遠ざかって行く。フィレンツェはまた、その領地を統合し、安定させるための他の手立てを持ち合わせていなかった。イタリアの諸君主とこのように間が悪かったからである。教皇は、われわれがわが領地を回復するのを見たくなかった。なぜなら、われわれが領地を回復したならば、イタリアの諸問題は落着ということになるからである。そしてこのことは教皇の野心的な計画に反していたからである。その計画とは領土を獲得することを狙いとしており、それは偏えにイタリアを混乱させておくことにかかっているからである。ヴェネツィア人はわれわれのピサ回復を望まなかった。ピサを所有している今、彼らはそれを放棄しようなどという気はさらさらなかったからである。イタリア全体に対する彼らの支配を拡大していくに当たって、ピサは彼らにとって極めて役に立つであろうという考え方をしていたからである。ミラノ公ロドヴィーコは、われわれの領地回復を見たくなかった。なぜなら、イタリアの混乱を利用して権力を増大しようと計画していたからである。さらにフィレンツェの同盟国になれというのであれば、フィレンツェに独裁政、あるいは寡頭政を導入せよと望むであろう。なぜなら、公は多数者による政体よりも、独裁政あるいは寡頭政の方を、はるかに容易に信頼し利用し得るからである。多数者による政体は信頼し難く、力を貸すことも、あるいは秘密に取り引きすることもできないからである。ミラノ公は、われわれの大使メッセル・フランチェスコ・グァルテロッティの面前で彼自身の家臣に語りかけて、わが政体を侮辱したことがある。時には、フィレンツェがその行政官を選ぶやり方をからかい、時にはコンシーリオに入るのを許された卑しい人びとについてからかっている。メッセル・フランチェスコはこれらの攻撃に対して、常に、即座に威厳をもって応えている。生来、そのようなことに慣れていたからである。

　これらの諸君主たちがわれわれの領土回復を援助してくれそうもないのをはっきり認識したフィレンツェは、執拗な要求や脅迫にもかかわらず、フランス王シャルルを見捨てて、同盟に加わることを拒絶する。逆に、フィレンツェは終始一貫、フランスに対し忠誠を表明し、絶えず王にイタリア進攻を要請している。しかし同盟側は、フランス王がイタリアに進攻するのを思いとどまらせ、わがイタリアの問題に介入するのを未然に防ぐために、ローマ皇帝マクシミーリアーンにイタリアに来るよう勧める。彼が帝国の王冠を得るために、同盟側は十分な兵と金を与えようと約束するのである。同盟側はまた、皇帝がわれわれを強制して同盟に加入させることができるのではないかとも考えている。イタリア国境から、マクシミーリアーンはフィレンツェに大使を派遣してくる。安全通行と糧食の提供を要求するためである。それに、良きイタリア人となるようフィレンツェに要請する。フィレンツェの返答は、陛下を満足させるような大使を陛下のもとに派遣するというものである。少し後になって、皇帝が既にミラノにいるのを知ると、フィレンツェはアレッツォ司教コジモ・デ・パッツィと、メッセル・フランチェスコ・ペピ(14-4)を派遣する。その前にピエロ・グイッチァルディーニと、次いでピエールフィリッポ・パンドルフィーニは、ミラノに行くのを拒絶している。

　ロンバルディアに着いてみると、大使たちは皇帝が既にジェノヴァに向け出発しているのを知る。船でピサに行くためである。大使たちは皇帝の後を追ってジェノヴァに赴き、彼らの使命について説明している。彼らは皇帝に対して、フィレンツェは彼を満足させたいと心から思っていることを確信させる。彼らは、フィレンツェ人の友情から皇帝の引き出せる利益が何であるかを彼に示そうとする。ただしその場合、皇帝は彼自身の事柄に関係する物事のみを求めねばならない。フィレンツェに同盟

(14-4) メッセル・フランチェスコ・ペピはグイッチァルディーニの民法の師となる法学博士である。

に加入するよう求めるのは公平ではない。なぜなら、それはフィレンツェに約束を破るよう強制するものであろうからである。さらに、不正にフィレンツェを略奪した者たちは返還しようという意志がない。このような論旨は皇帝に感銘を与える。とくに、敵の数が絶えず増えていくのを皇帝は見ていたからである。しかし、われわれの大使たちが真実を語っているのを皇帝は認めていたが、彼の返答は同盟側に対する約束に従ったものでなければならなかった。ピサに向け出航する当日、皇帝は、われわれの大使たちにいろいろな問題が山積みしているので一定の返事を与えることができないが、ジェノヴァの特使なら応えることができるであろう、と告げる。彼らは特使のところに赴くが、特使は、返答ならミラノ公のところに行くように、と告げる。それで彼らはジェノヴァを出てミラノに行く。大使たちはそこでミラノ公との謁見を求める。ミラノ公は彼らを、教皇特使および同盟国のすべての大使の居並ぶ面前で迎え入れる。そして彼らが返答を求めるのを期待して待っている。しかし、彼らは単にフィレンツェに帰国せよという指令を受け取ったので、往路と同じ道をとって帰国するので、公に敬意を表し、フィレンツェを代表して御挨拶申しあげたい、とのみ告げる。公はからかわれているものと思い、返答を望んでいるのではないかと大使たちに尋ねる。しかし、彼らはそのような任務を命ぜられていない旨応える。公は言う。すなわち、皇帝が諸君を私のところに遣わしたのであるから、諸君は皇帝に伝えたことを私に繰り返さねばならない。そうすれば、皇帝に代わって私が諸君に返答することができよう、と言うのである。大使たちは、それは無用なことであろう、そのような任務は与えられていないからである、と答える。公は、この種の態度は、これを過度の慎重さと解すべきか、あるいは善意の欠如と解すべきか、分からない、と言う。これに対して、われわれのミラノ駐在大使であるフランチェスコ・グァルテロッティが答える。それは善意の欠如から生じたものであるが、相手方の欠如によるものである。このようにミラノ公と同盟国の大使たちを愚弄した後、わが大使たちは暇を告げ、フィレンツェに帰国している。

皇帝の作戦は失敗する

同盟の名のもとにジェノヴァから金を受け取った後、マクシミーリアーンはピサに向けて出航する。しかし風と悪天候に引きとめられて海上で何日間も日を送っていたので、リヴォルノに到着した時には彼の金はすべて消えてしまっている。しかも兵に支払うべき期日が来ている。リヴォルノに数日間滞在しているが、ヴェネツィア人から金を受け取ることができないため、数隻の船を残してピサに直行している。十月の末、フランスのガレー船が数隻、われわれの救援に来る。フランスのみならず、風も皇帝軍に不利に働いて、皇帝の船隊は敗退する。金もなく、希望もなくなったのを見て、皇帝は道を引き返して、不名誉にもドイツに引きこもってしまう。

ヴェネツィア人が皇帝に金を送らなかったのは、皇帝がヴェネツィア人よりもミラノ公の方にずっと接近していたためである。ヴェネツィア人はミラノ公を不信の目で見はじめている。ピサがヴェネツィア人の手にあるのを見て、ミラノ公が面白くないものを感じているのではないかと疑いはじめている。したがって、ミラノ公の言いなりに行動するだけの者などに鐚《びた》一文出すつもりはないのである。このような分裂は、わがフィレンツェにとって想像以上に有利に働く。全イタリアがフィレンツェの敵となり、孤立無援の中にあって、フィレンツェには希望が失われたものと思われていたからである。ところが、いまや多くの人びとが、われわれの救済は人間の偉業というよりも奇跡によるものと見なすのである。悪天候の中、皇帝が海上に長いあいだ漂流していたということ、タイミングよくなされた戦闘、それに海上でのわが勝利に貢献した好意ある風向き、これらはすべてが神の関与によるものであるように思われたのである。とくに当時、イエロニモ師が熱狂的に説教し、われわれに対して恐れないように、なぜなら神がわれわれを自由にするであろうから、と説いていたからである。

ゴンファロニエーレとしてのフランチェスコ・ヴァローリ

皇帝が出発した後、フランチェスコ・ヴァローリがゴンファロニエーレに選出される。任期は二月一日に始まる。二カ月ほど前、彼は十人委員会に選ばれなかった。ピエールフィリッポ・パンドルフィーニだけでなく、タッデオ・ガッディにも敗れたからである。これは大衆の気まぐれを示す良い見本だからである。彼らは最初に、彼を拒絶する。次いですぐ後に、あの高い地位に据えるのである。[14-5] 同じく候補者であったピエールフィリッポ・パンドルフィーニを退けて、彼を選んだのである。彼は修道僧の党派[14-6]の支援で選ばれている。フランチェスコ・ヴァローリは、この党派の絶対的な指導者になりたがっていたのである。任期中、彼は修道僧を優遇する。[14-7] 修道僧に公然と対抗していた多くのフランチェスコ会の説教師を、多数、追放することまでしている。メディチ家の問題が議論される。国外では、公然とメディチ家について語られている。多くのフィレンツェ出身の司祭や廷臣たちがローマに赴いて、メディチ枢機卿のもとに滞在している。これに対し、フランチェスコ・ヴァローリは極めて厳しい法案をいくつか上程する。彼らを召還し、メディチ家との交際を一切禁止するというものである。これらの法案を通過させようとして彼はあらゆる権限を用いるが、通過させることがなかなか難しく、時には提案しなかった方がどれだけ良かったであろうかと思っている。困難はフィレンツェにおけるメディチ家支配者のためによるのではなく、むしろ修道僧に対する反感と、政権に対する不満

(14-5) 任期は一四九七年一月と二月。

(14-6) サヴォナローラの信奉者、ピアノーニの党派である。

(14-7) サヴォナローラに影響された「虚栄の焼却」(Bruciamento delle vanità) が行われたのは一四九七年二月七日である。世俗的な絵画や書物が大量に焼かれる。その中にはボッティチェリの絵やデカメロンも含まれている。

によるものであった。フランチェスコ・ヴァローリはまた、コンシーリオを強化させるために一法律案を上程する。すなわち、税の未納者はコンシーリオに出席することができないという内容のものである。このため極めて多数の者が除外されたので、有資格者の最低年齢を三十歳から二十四歳に引き下げている。彼はまた、法的に資格のない者も多く排除する。初期の混乱期に様々な家名のもとに、またその他、偽りの口実のもとに紛れ込んで来た者たちである。こうしたことによって、フランチェスコの名声は高まる。これにはまた、善良で誠実な市民と考えられていたことも一役買ったのである。修道僧の敵は、ピエロ・カッポーニが死んだ今、彼と対等に対抗できるほど権威のある人物がいなかったために、ベルナルド・デル・ネロを持ちあげることになる。ベルナルド・デル・ネロは旧体制に関係していたにもかかわらず、十人委員会に選出され、名声を回復している。高齢で、幅広い経験を積んだ権威のある賢い人物として、高い名声を博して来た。事実、フィレンツェには、フランチェスコ・ヴァローリに対抗するにこれほどふさわしい人物はいないように思われたのである。フランチェスコの任期が終わると、ベルナルド・デル・ネロがゴンファロニエーレに選ばれる。(14-8) 彼は反対派の頭領とされていたので、両派の間に大きな抗争と憎悪が生まれるのである。

(14-8) 任期は一四九七年三月と四月である。

第15章

ピエロ・デ・メディチのフィレンツェ帰還の企てとその失敗――アレクサンデル六世、サヴォナローラを破門する――ピエロ支持の陰謀――五人の市民の処刑――サヴォナローラ、説教を再開する

ピエロ・デ・メディチのフィレンツェ帰還の企てとその失敗

一四九七年――翌一四九七年は、大きな動きと変化に満ちた年であった。四月下旬、ベルナルド・デル・ネロがまだゴンファロニエーレであったが、この間、ピエロ・デ・メディチと、バルトロメーオ・ダルヴィアーノが多数の兵を率いてシエーナに到着する。これはヴェネツィア人の仕業である。彼らはピエロを援助して、わが政権を転覆し、ピサを確実に支配していこうとしたのである。ピエロは、フィレンツェ政権の転覆が簡単にできるものと思っている。なぜなら、フィレンツェでは食糧不足が深刻で、このため多数の有力市民やメディチ家の友人たちの間に不満が高まっていることを聞いているからである。後に述べるように、ピエロは既に友人たちのある者と接触している。彼はまた、ベルナルド・デル・ネロがゴンファロニエーレであり、バティスタ・セッリストーリとフランチェスコ・ディ・ロレンツォ・ダヴァンツァーティがシニョリーアに入っていることも知っている。また、セッリストーリとフランチェスコがピエロの極めて強力な支持者であったことも知っている。これら

すべてを考慮に入れて、ピエロは四月二十七日、シエーナを出て、その晩はタヴェルネッレに着く。翌日の明け方、フィレンツェの市門に現われようというものである。しかしその夜は雨が激しく降って、予定の時刻に出発することができない。

フィレンツェ人はピエロのシエーナ到着の知らせを聞いている。次いで、その出発についても聞いている。しかし、ピエロがこんなにも近くまで来るとは思っていなかった。彼らはパゴロ・ヴィッテッリを隊長として傭う。パゴロはマントヴァからやって来たばかりである。パゴロは弟のカミッロとともにナポリ王国に仕えていたが、そこで捕虜となり、その後、マントヴァの獄に入れられていたのである。二十八日の朝、ピエロがフィレンツェに向けてやって来るという知らせを聞くと、早朝、新しいシニョリーアが選出される。ピエロ・デリ・アルベルティがゴンファロニエーレに選ばれる。選出されたプリオーレは現政体の支持者であり、メディチ家の敵である。ピエロの到着が差し迫っているように思われた時、パオラントーニオ・ソデリーニとピエロ・グイッチァルディーニがパゴロに命令を伝え、行を共にするために彼のもとに派遣される。彼らが選ばれたのは、とくにピエロが選ばれたのは、メディチ家の敵であるということではなくて、彼がパゴロ・ヴィッテッリの友人であったからである。(15-1) パゴロ・ヴィッテッリは彼らとともに馬で、サン・ピエロ・ガットリーニ門にまでやって来る。ここでヴィッテッリは、ピエロがわずか一ミーリアか二ミーリアほどのところにいるのを聞くと、馬をとめ市門を閉じさせる。市内にピエロの共謀者がいるかもしれないのを懼れて、二百人ほどの市民が政庁舎《パラジョ》内に拘留される。彼らは、旧体制で果たしていた役割のために疑われていた人びとである。それにもかかわらず、市内でピエロに対して武器を取りあげた者はいない。ただし、ピエロの不倶戴天の敵、たとえばネルリ家、カッポーニ家、パッツィ家、ロレンツォ・ディ・ピエールフラン

(15-1) グイッチァルディーニはパゴロ・ヴィッテッリについては終始、好意的に描いている。本文第18章「パオロの逮捕と処刑」参照。

チェスコ、ストロッツィ家、その他、彼らと同様の人びとは別である。しかも彼らですら、武器を取るのにそれほど慌てることはなかった。その後、ピエロが引きあげて行くという知らせが届く。ピエロは数時間、市門の外に立っていたが、市内では何事も起こらず、しかも市門の外にいることが大変危険であるのを見て取って撤退するのである。攻撃を受けることもなく、ピエロはもと来た道を、シエーナへと取って返すのである。

ピエロが去り、新しいシニョリーアが政務に着くと、修道僧に関して大きな紛争が起こる。ゴンファロニエーレと、プリオーレのジョヴァンニ・カナッチと、ベネデット・デ・ネルリは、すべて修道僧の痛烈な敵であって、修道僧を排除したいと望んでいる。他方、メッセル・アントーニオ・カニジァーニと、メッセル・バルド・インギルラーニは、修道僧を擁護し、大変難しかったが辛うじて修道僧を支持する四票を手にする。すべての市民を二分したこの論争の間、怒りが高まる。ベルナルド・デル・ネロ、タナイ・デ・ネルリ、ニッコロ・リドルフィ、パオラントーニオ・ソデリーニ、ピエロ・グイッチァルディーニ、メッセル・アニョーロ・ニッコリーニ、メッセル・グイドアントーニオ・ヴェスプッチ、ベルナルド・ルッチェライ、フランチェスコ・ヴァローリ、ピエールフィリッポ・パンドルフィーニ、それにロレンツォ・ディ・ピエールフランチェスコが、この争論を解決し、市を静かに落ち着かすよう、委任される。彼らはこれに完全に失敗する。怒りはどんどん高まっていく。爆発が差し迫っていると誰もが思う。キリスト昇天祭の朝、修道僧はサンタ・リペラータで説教をしている。(15-2)その時、大騒ぎの物音が市内を駆け抜ける。その原因は後になっても分からないままで、疑念のみが残る。叫び声があまりにも高いので、修道僧は見た目にも分かるように大いに怯えている。説教を終えることもできず、多くの武装した市民たちに付き添われてサン・マルコに帰る。ジョヴァンン・バティスタ・

(15-2) 五月四日、サンタ・リペラータで説教していたサヴォナローラに対して、急進的な反サヴォナローラ党アッラビアーティの中のコンパニァッチが暴動を起こしている。これは罰せられない。コンパニァッチは有力貴族の子弟から構成されている。指導者はドルフィ・スピーニである。

リドルフィは槍を肩に担いで従っている。

アレクサンデル六世、サヴォナローラを破門する

しかし、市民たちの紛争は収まらない。事実、日ごとに悪化していく。次いで六月になると、教皇アレクサンデルは修道僧の破門をフィレンツェで公表させる。(15-3) 修道僧が公然と異端の教義を説教したこと、そのあとローマに召喚されたにもかかわらず、出頭しなかったことが理由として挙げられている。教皇は当然、自ら進んで破門するつもりではいたが、フィレンツェでの修道僧の敵の煽動によって、いっそう熱心になったと一般的に信じられている。修道僧の無実を証明するために、サン・マルコで嘆願書が作成される。多くの市民たちがこれに署名しているが、彼らは、すべて修道僧が真の、良いカトリック教徒である、と断言している。署名した市民たちは約五百人である。その中には、彼の党派のよく知られたメンバーのほとんどが入っている。破門のために彼が説教を控えたこともあり、また彼の敵の方もこれに満足したために反目は少しずつ収まっていくように思われた。

破門が公表された朝、教皇のお気に入りの息子ガンディア公がローマで殺害されたという、もう一つのニュースがフィレンツェに伝わる。しかも後になって、この殺害は教皇のもう一人の息子ヴァレンツァ枢機卿(15-4)によるものであることが囁かれる。ヴァレンツァ枢機卿は、父が兄の方をいっそう可愛がっていることに対し嫉妬していたからだというのである。イエロニモ師の信奉者たちに関していえば、これは神が教皇に対して修道僧を破門したことに対して、その過ちを示そうとした信号なのである。次いで八月、ドメニコ・バルトリがゴンファロニエーレの時に、極めて重大な出来事が起こる。これをよりよく理解するために、私は遡ってその起源を述べよう。

(15-3) 破門状は五月十二日に出され、フィレンツェに着くのは五月末。しかし公表されるのは六月である。シニョリーアはサヴォナローラのために間に入り、教皇と書簡の往復を行う。

(15-4) すなわちチェーザレ・ボルジアである。ガンディア公殺害のこのニュースがフィレンツェに届くのは六月二十二日である。なお、グイッチァルディーニはガンディア公を el duca di Candia（カンディア）としている。

ピエロ支持の陰謀

フィレンツェ政府は大混乱に陥っていた。当初、コンシーリオ・グランデはすべての役職に、より権威のある経験豊かな市民ではなく、むしろ問題を起こさない善良で並みの人間をもって当てようとしていた。しかし次第に、政府の仕事が賢明で経験のある人びとによって処理されねばならぬ必要性がますます明らかになってくる。かつて力を握っていた人びとの羨望の念が収まってくるにつれ、コンシーリオ・グランデは、重要な役職、とくにゴンファロニエーレや十人委員会の選出に当たって、より賢明に行動するようになる。かくして、アントーニオ・マネッティとか、あるいは彼と同じような者が、パオラントーニオ・ソデリーニとか、あるいは彼と同様な人物に対抗して、ゴンファロニエーレの地位に就くというようなことは、もはや起こらなくなる。十人委員会の選出に当たって、ピエロ・デル・ベニーノ、パンドルフォ・ルッチェライ、あるいはアンドレア・ジューニのような者に、より多くの支持が与えられることもなくなる。フィレンツェで最も有能な人びとが選ばれるようになるのである。コンシーリオの判断が鋭くなった今、フランチェスコ・ヴァローリと、ベルナルド・デル・ネロが、連続してゴンファロニエーレに選ばれる。またこの二人は、メッセル・グイドアントーニオ・ヴェスプッチ、ピエールフィリッポ・パンドルフィーニ、パオラントーニオ・ソデリーニ、ベルナルド・ルッチェライ、その他、彼らと同様な人びとともに常に十人委員会に選ばれている。

また国外の重要な役職、たとえばアレッツォ、ピストイア、ヴォルテルラ、コルトナ、その他の役職にも、極めて理にかなった任命がなされるようになる。この点でコンシーリオは大いに改善されたのである。単純多数による選挙が続いていけば、政府とその要職は依然としてそれに適した、能力のある人びとの手に握られていくのは明白である。それにもかかわらず、修道僧の敵はすべて政府を打倒しようとしていた。なぜなら、彼の信奉者たちの方が彼ら以上に利益を享受していたからである。これは一部には修道僧の大きな名声によるものであり、一部にはベルナルド・デル・ネロ、メッセル・グイドアントーニオ、ベルナルド・ルッチェライ、その他少数の彼らと同様な人びとは別として、事実上、修道僧の信奉者の方がずっと能力があったからである。これら修道僧の敵の多くの者は、とくにベルナルド・デル・ネロは、ピエロ・デ・メディチを回復するのではなく、ロレンツォ・ディ・ピエールフランチェスコとジョヴァンニを指導者とした貴族の寡頭政《ウーノ・スタート・ストレット》を樹立するのを望んでいた。彼らはこの点で、ミラノ公の支持を密かに得ている。ジョヴァンニはミラノ公の指示でイーモラに赴き、そこでイーモラとフルリ[15-5]のドンナ・マドンナと秘密裏に結婚している。フィレンツェで政変が起こった場合、彼女の兵を利用できるのを期待してのことである。〔マドンナ・カテリーナはミラノ公ガレアッツォの庶出の娘である。したがって、ミラノ公ロドヴィーコの姪ということになる。マドンナ・カテリーナはジローラモ伯の妻であったが、伯が殺害された後[15-6]、彼の息子たちのためにイーモラとフルリを支配している。〕

コンシーリオに反対する人びとは、選挙の質がこのように日々改善されていけば、多くの貴族たちは現政権と和解することになり、それを強化することになろうと考える。彼らは選挙を拡大し、多数の豆《ビュー・ファヴェ》を排除する方が利益になると考える。選挙が広く開放されれば、コンシーリオは混乱に陥るであろうと思ってのことである。これは今度は貴族たちを困惑させることになろう。彼らは、役職が、卑しい身分の出であれ、あるいは悪徳のためであれ、あるいはその他の理由のためであれ、無価値な人間によって占められるのを嫌っているからである。コンシーリオの敵対者たちは、通常の手段で目的を達するだけの十分な力がないので、国外の役職に立候補しているすべての候補者に対して、すべ

(15-5) グイッチァルディーニはFurliと表記している。今日のフォルリ(Forlì)である。

(15-6) ジローラモ・リアリオを殺害するのはチェッコ・デル・オルソである(一四八八年四月十四日)。これについては本文七二頁、訳注(4-4)参照。

て反対の豆を投ずることによって目的を実現しようと努める。誰も勝てなければ、他の選挙方法が採られねばならなくなろう。その目的を追求するに当たって、多くの人びとに助けられる。これらの人びとは彼らの真の目的が何であるかを知らなかったが、コンシーリオを廃止するためではなく、多数の豆に基づく狭い選挙を排除するために協力することに同意したのである。

多くの特別会議《プラティカ》が開催されたが、状況は数カ月にわたって変化しないままでいる。秩序を維持したいと望んでいた人びとは、ついに一つの方策を提案する。ある役職がコンシーリオで三回票決され、勝つ者がいなかった場合、役職はこれら三回の票決で最も多くの豆を得た者に、たとえその者が選挙に真に勝ったとはいえないにしても、その者に勝ちが与えられるというものである。選挙を延滞させて混乱を引き起こそうという試みは、これとともに敗北することになろう。なぜなら、誰も多数を得ないにしても、役職は満たされるであろうから。特別会議はこの措置に同意する。しかしベルナルド・デル・ネロは、これが彼の計画を挫折させることになるのを知って、これに強力に反対したので、この措置は通らない。このようにして、最終的に次善の策として、国外の役職を選出する選挙を規定している法律を変えることが必至となる。以前は、一定数の人びとが指名され、競争がなされ多数を制した者が選ばれるのである。それが今では、勝者はくじで選ばれることになる。この方法ではまず、一般の袋《ボルサ・ジェネラーレ》(15-7)から名札が引き出される。この袋にはその役職に就く資格のあるすべての人びとの名札が入れられている。次いで、半数の豆に一つを加えた、それ以上の豆を得た者のすべての名札が袋に入れられる。そして勝者はくじ引きで決定され、その役職に任命される。この結果は、選出がより悪いものとなり、より広がりを増す。なぜなら名札を引くことは、指名がそうであったように最適の候補者を選出するものではないからである。さらに過半数の票を得た候補者たちは、ある者が他の者よりも

(15-7) これについては「解説」三参照。

はるかに多い票を獲得していたとしても、である。さらにこの貧弱な措置は、国外の役職にだけ限定されなかった。これについてはあとで簡単に述べるが、このあと、直ちにフィレンツェそれ自体の役職に採用されるのである。それにもかかわらず、それを企んだ人びとはその目的を達することはなかった。以前の手続きでは、役職は少数の市民たちの間で、たらい回しされていた。二百人程度の市民たちの間に、である。そして、これらの市民はコンシーリオに対し親しみを感じる理由があった。これに対し、その他すべての人びとははるかに数も多いが、彼らはすべて敵であろう。しかし、以前はコンシーリオを嫌っていたほとんどすべての者が、いまやそれを好むことになる。この結果、コンシーリオは以前にもまして、はるかに多くの友人を持つことになったのである。

しかし、コンシーリオの敵はここで止まらなかった。事実、彼らは毎日、提案に反対し阻止し続ける。あらゆる党派の市民たちの間に危険な放縦感が漂い、公然とコンシーリオを批判し、メディチ政権下の方がはるかに良かったと断言するようになる。こうした言動は、一般に分裂した諸都市によくあるように罰せられることはなかった。市民たちは議論に専念し、物事に真剣に注意を払うことをしないからである。一方に利益を見出せなければ、他方にそれを見出すことができよう。政府および市が一人の者、あるいは少数者のものではなく、多数者のものであるとすべての者が考えれば、厄介な公共の問題や揉めごとを自ら引き受ける者は誰ひとりとしていないのである。こうした放縦感が日ごとにひどくなるにつれ、ニッコロ・リドルフィやロレンツォ・トルナブオーニ、ジァンノッツォ・ディ・アントーニオ・プッチ、その他、ピエロの復帰を望んでいる人びとには、メディチ家は強力な徒党を市内に持っているかのように思えるのである。これらすべての批判を耳にし、かくも多くの市民たちが不満を抱いているのを見て、彼らは早合点しピエロと交渉を持ちはじめる。ピエロはこれらすべてに勇気づけられる。さらに彼は、同盟が助けてくれるものと思っている。フィレンツェをフランスとの同盟から引き離すためである。事を始めさせるために、ピエロはアウグスティヌス会の総長マリアーノ・ダ・ギナッツァーノ師をフィレンツェに派遣する。彼は、ロレンツォの時代に大聴衆を前にフィレンツェで説教したことのある人物である。ジローラモ師に対抗するという口実のもとに、説教しにやって来るのである。しかし説教壇から彼は巧妙に、フィレンツェが同盟と合意した方が良かろう、と示唆している。後に彼は、ピエロの友人たちと私的に話し合っている。彼の到着と私的な話し合いはほとんど誰の目にも疑わしいものに映ったが、フィレンツェ内の分裂のために、彼は取り調べも受けなかったし、その活動のゆえに罰せられることもなかった。

このような出来事に励まされて、ピエロは同盟に援助を求める。しかしその時になって、ミラノ公はそれを拒否する。これには二つの理由がある。一つには、ピエロを復帰させることはヴェネツィア人のピサ支配を意味することになろうと考えたためであり、一つには、ピエロの追放に当たって公は実際に大きな役割を果たしているので、どれほどピエロに好意を寄せても、彼の信頼をかち取ることができないであろうと強い疑いを抱いたからである。とにかく、ミラノ公の助けが得られないのであれば、援助を得られるのはヴェネツィア人のみとなる。しかも、期待したほどの兵力ではない。それでも、ピエロは陰謀仲間の友人たちを信頼している。また、シニョリーアがメディチ家の恩顧に浴していた人びとから成り立っているという事実に信を置いている。なかんずくピエロは、多くの市民たちが不満を抱いており、下層民や農民たちも飢えのために政変を望んでいると思っている。フィレンツェの市門に至れば、たちまち大衆が蜂起して彼を呼び入れるものと期待している。ピエロの計画は空中の楼閣であり、多くの亡命者たちに共通の期待に基づいているのである。すなわち、亡命者たちは常に、市内には多くの友人がおり、強い支持があるものと信じ込んでいるのである。先に触れたように、ピエロはベルナルド・デル・ネロがゴンファロニエーレの時、大胆にもフィレンツェの市門に立ったことがある。世論は、ピエロの到着がフィレンツェ市内の支持者たちによって企まれたものであると確信している。しかし、いかなる証拠もなく、すべての人びとがイエロニモ師の問題にかかり切っていたために、この問題は八月まで持ち越されたのである。

五人の市民の処刑

この時期、ラムベルト・デルラ・アンテルラがローマに住んでいる。ピエロに書簡を送った廉《かど》で、数年前、反逆者としてフィレンツェから追放されている人物である。彼は極めて巧妙に、ピエロとフィレンツェとの交渉についての何か重大なことを摑む。次いで彼は、フィレンツェの、ある官職に就いていない一市民に書簡を送る。この一市民とはメッセル・フランチェスコ・グァルテロッティであったと私は信じている。ラムベルトが書簡を送った理由は、ピエロに腹を立てていたからかもしれないし、あるいはフィレンツェに再び受け入れられるのを期待していたか、あるいはおそらく報酬を狙ってのことであったかもしれない。内容は次のようなものである。すなわち、私は罪を犯したものではあるが、安全通行証を受け取れれば、フィレンツェに赴いて重要なことをお知らせ致したい、というものである。この問題は長々と議論される。この期間に、ラムベルト・デルラ・アンテルラはフィレンツェ領に足を踏み入れている。それが発覚すると、彼は逮捕され拷問を受ける。この際、多少明るみに出るが、それは陰謀全体の輪郭を示唆するものであった。これは極めて重大な問題と思われたので、シニョリーアは二十人ほどの市民を任命し、彼らに容疑者を召喚し、可能な限りすべての事実を調査し明らかにする全権を与える。

取り調べが始まり、ベルナルド・デル・ネロ、ニッコロ・リドルフィ、ロレンツォ・トルナブオーニ、ジァンノッツォ・プッチ、ジョヴァンニ・カムビが召喚され逮捕される。その他多くの者も召喚されるが、出頭して来ない。別荘に行っていたからである。パンドルフォ・コルビネルリ、ジーノ・ディ・ロドヴィーコ・カッポーニ、ピエロ・ディ・メッセル・ルーカ・ピッティ、エル・ティンカと綽名されているフランチェスコ・ディ・ルベルト・マルテルリ、ガレアッツォ・サセッティ、ヤコポ・ディ・メッセル・ボンジァンニ・ジァンフィリアッツィ、などである。ヤコポ・サルヴィアーティの妻であり、ロレンツォ・デ・メディチの娘であるマドンナ・ルクレーツィアも召喚され、グリエルモ・デ・パッツィの家に監禁される。調査が進むにつれ、逮捕された人びとは拷問にかけられる。これによって彼らは、ジァンノッツォ・プッチとロレンツォ・トルナブオーニがピエロと書簡を多く交わしたこと、フィレンツェの状況をピエロに知らせ、同盟の援助を得て、帰還するよう強く勧めていたことを明かす。ニッコロ・リドルフィが深く関わり合っていて、これらの問題についてマリアーノ師と長々と話し合っていたこと、それをゴンファロニエーレであったベルナルド・デル・ネロにも知らせていたこと、しかしベルナルド・デル・ネロはその他のことに関しては一切知らなかったこと、誰とも交信せず、助言せず、何事をも語らず、何事をも為さなかったことなども明らかになる。マドンナ・ルクレーツィアもそれについて知っていて、同じように関わっていたが、夫のヤコポはそれについて気づいていなかったことも明らかになる。彼女は注意深く秘密を守り通したのである。その他、逃亡したジョヴァンニ・カムビなども、同じように罪があることが分かる。

これらすべてのことが明るみに出され、確認されると、二百ほどの市民から成る特別会議が任命され、この問題についての協議が始まる。ここでは極めて多くの、様々な意見が出てくる。メディチ家の復帰を望んでいる者は、被告人の命を助けようとする。しかし彼らは少数で、ほとんどの人びとが低い身分の出である。有力な市民でこれと同じような考えを抱いている人は、あえて発言しなかった。他の人びととは、これほど多くの重要人物たちに暴行を加えるのは重大なことであり、また血を流すことはフィレンツェの破滅の始まりともなろうと考える。他の人びとは憐憫、あるいは友情に動かされて、彼らの命を助けようと欲する。これらの人びとの中には、メッセル・グイドアントーニオ・ヴェスプッチとネルリ家の人びとがいる。彼らにとってベルナルド・デル・ネロを失うのは辛いことであった。彼ら反修道僧派の指導者だったからである。反対側に立っているのは、ネルリ家を除いて、過去、メディチ家の公然たる敵であり、その帰還を怖れている人びとである。それに、現政体を好んでいた人びともそうである。これら圧倒的に多数の人びとは陰謀家たちの命を奪おうと望んでいたが、その指導者となったのが、フランチェスコ・ヴァローリである。メディチ家の最大の敵であるからか、あるいはコンシーリオを維持したいと望んでいたからか、あるいはベルナルド・デル・ネロを排除したいと思っていたからか、いずれにせよ、フランチェスコは被告人に対して激しく弾劾する。彼は、コンシーリオを通してフィレンツェのリーダーになろうと思っている。ベルナルド・デル・ネロは唯一、彼に対抗し、彼の権力を阻止できる人間なのである。ロレンツォ・トルナブオーニが死ぬのを見るのは、彼にとって苦痛であった。できれば喜んで彼の生命を救おうとしたことであろう。しかし、ほとんど他のいかなる者にもまして彼の罪が重いこと、また彼を救うことは他の者を救うことになるのを考えて、全員を殺そうと決意する。これによって、フランチェスコの激情がどれほど強烈であったかが分かる。

特別会議が召集されると、メッセル・アントーニオ・ストロッツィが、十六人ゴンファロニエーリを代表して、極めて激しい演説を行う。フィレンツェの自由に対するこのような陰謀は、その性質上、それに加わった者が法に従って生命を失わねばならぬが、それだけでは済まされない。それについて知っていて、沈黙を守り続けた者も同罪である、と言うのである。その後に演説を行うのは、十二人委員会を代表してベルナルド・ディ・インギレーゼ・リドルフィである。先のものと同じ内容のものである。十二人委員会のメンバーの一人、ピエロ・ディ・ジュリアーノ・リドルフィは、ニッコロの近親者である。その他ほとんどすべての高級行政官も同じことを言う。メッセル・グイドは巧妙に被告人を助けようとする。論じて曰く。ここには様々な種類の罪が含まれている。すべて異なったやり方で、ある者は重い罪を犯し、ある者の罪は軽い。さらに他の者たちはただ単に、それについて知っているだけで何事も行っていない。したがって、フィレンツェのすべての法律、法令を見て被告人たちの受けるべき処罰が同じものでなければならないか、あるいは異なったものでなければならないかを十分考慮することが必要である、と言うのである。そして、人間の生命といった取り返しのきかないことが問題となっているのであるから、会議は時間を惜しんではならない、と注意を喚起するのである。

会議の結果は、ほとんど万場一致で被告の斬首刑が決定される。これを受けて、翌日、囚人はシニョリーアによって、次いでその命令に基づいて、八人委員会によって有罪の宣告を受ける。彼らの親族は上訴を要求する。これは九四年の法に従っている。彼らの権利なのである。さらにこのような上訴は、フィリッポ・コルビッツィ、ジョヴァンニ・ベニッツィ、その他の者たちの事件で認められているのである。この要求に対していかに返答するかをめぐって、シニョリーアは合意に達することができなかったために、再び特別会議が召集される。法律は遵守されねばならぬと論じた者は少数である。大多数の者がそれとは逆の提案をする。不決断は一般大衆の反乱の危険を生むかもしれない、と言うのである。騒動を恐れて、すべての上訴は慣習法に従って拒否される。この決定の責任は主にフランチェスコ・ヴァローリにある。しかし、グリエルモ・デ・パッツィ、メッセル・フランチェスコ・グァルテロッティ、メッセル・ルーカ・コルシニ、メッセル・ピエロ・コルシニ、ロレンツォ・モレルリ、ピエールフランチェスコ・トッシンギ、トッマーゾ・トッシンギ、ベルナルド・ナージ、アントーニオ・カニジァーニ、ルーカ・ダントーニオ・デリ・アルビッツィ、それにカルロ・ストロッツィなどにも同じように責任がある。

上訴を拒否すべしという特別会議の決定が、議長のルーカ・マルティーニによってシニョリーアに提案される。しかしその法案は、四つの黒豆しか獲得しない。ゴンファロニエーレとルーカ・ディ・トッマーゾ、ニッコロ・ジョヴァンニ、それにフランチェスコ・ジローラミのそれである。その他の五名は公然とその決定に反対し、否決する。五名とは、ピエロ・グイッチァルディーニ[15-8]、ピエロ・ダントーニオ・タッデオ、ニッコロ・ツァーティ、ミケーレ・ベルティ、それにベルナルド・ネレッティである。特別会議《プラティカ》はシニョリーアを説得してそれを通させようとするが、無駄である。ついにフランチェスコ・ヴァローリが憤激して席から立ちあがり、私が死ぬか、彼らが死ぬか、いずれかでなければならない、と宣言する。その権威を総動員してフランチェスコは騒ぎを惹き起こし、多くの人びとを煽動してシニョリーアを罵り、強迫させる。カルロ・ストロッツィはピエロ・グイッチァルディーニの衣服をつかんで、窓から投げ落とすと言って脅す。プリオーレの中でピエロが最も権威ある存在であったので、彼がひとたび考えを変えれば、事の決着がつくものと考えたからである。これらの騒

(15-8) グイッチァルディーニの父ピエロは断固として上訴権を擁護するのである。これに対して法学博士フランチェスコ・グイッチァルディーニは父ピエロを誇っているかのようである。

動の真只中で、再び票決が行われる。今回は黒豆六個で提案が通る。危害を加えられるのではないかと怖れたためか、あるいはさらに大きな混乱が生ずるのではないかと危惧したためか、ニッコロ・ツァーティと職人の一人[15-9]が折れたのである。ピエロ・グイッチァルディーニ[15-10]と、ピエロ・ダントーニオ・ディ・タッデオと、もう一人の職人は、毅然として考えも変えなかった。その夜、動議が通ってわずか数時間後、五人の囚人すべてがまず懺悔させられ、次いで首を刎ねられている。

　これが、これら五人の市民の予期せぬ最期であった。そのうちの何人かはわがフィレンツェの指導者である。ジョヴァンニ・カムビはあまり権威はなかったが、メディチ家の友人であった。先祖がそうであったからではなく、あるいはその地位をメディチ家に負っていたからでもなく、ピサでの、ある事業でメディチ家と関係していたからである。その後、ピサの反乱のために彼は困窮する。そのあげく、彼はこのような愚かなことに巻き込まれたのである。ジァンノッツォは極めて有能な、高い知性に恵まれた青年で、並々ならぬ資産の持ち主である。彼は祖父を介して、また父のアントーニオ・プッチを介して、ピエロに深く関わり合っている。ピエロの仲間である。さらに、ジァンノッツォは貴族の出ではなく、父親の悪行のために大衆に人気がなかった。そのため、ピエロの帰還を望んだのである。現政権のもとでは出世できないことを彼は知っていたからである。ロレンツォ・トルナブオーニを動かしたのは別の考慮である。ロレンツォは貴族の出で、親切な若者である。同世代のいかなる若者にもまして、一般大衆に好意を持たれ、愛されていた。さらに彼はピエロの血のつながった従兄弟である。そして、ピエロの時代には大きな権力を享受していた。彼は気前の良い男で、大金を使い果たしている。またメディチ家の事業にも関係していたので、彼の財政は破綻を来たし、そのままでは間もなく破産したはずである。したがって、政変を起こして財政を立ち直らせようとしたのである。

(15-9) シニョリーアを構成する八名のプリオーレの中には、小ギルドに所属する者が二人含まれていなければならない。小ギルドとは職人や小商店主などの広汎な中産階層である。グイッチァルディーニが大衆 moltitudine, universale と言っているのはこの階層で、コンシーリオ・グランデの大多数を占めている。

(15-10) グイッチァルディーニの父ピエロは処刑の手続きに最後まで反対していた。

さらに彼は、コンシーリオが長続きしないであろうと信じている。そうなれば、不倶戴天の敵ロレンツォ・ピエールフランチェスコと、ジョヴァンニ・ピエールフランチェスコが、フィレンツェの指導者となろう。彼はこれを阻止しようとしていたのである。それほど彼は、ロレンツォとジョヴァンニを恐れていたのである。

ニッコロは才能に欠けてはいなかった。また、ピエールフィリッポやその他の人びとのように、この政権に適応していたならば、名誉ある地位や名声に事欠くこともなかったであろう。しかし、彼の息子ピエロがピエロ・デ・メディチの姉妹ラ・コンテッシーナと結婚していたために、彼は旧体制において絶大な力を持っていたのである。したがって、いまや現政権が何を提供しようとも、それは彼の野心を満足させるものではないのである。彼はそれ以上のものを求めた。そしてそれを手に入れる代わりに、あのような結末を迎えるのである。この結末は彼の智恵、しきたり、貴族性に値するものではないし、また彼が享受して来た、同時代の他のいかなる市民のそれにも劣らないほどの名誉、威厳、権威、権力に値するものでもない。

ベルナルド・デル・ネロ(15-11)は相当な資産家であった。既に年老いて、子供もいない。資産もあり大きな名誉にも輝き、また英知にも富んでいるといった、当然の評判のために彼の権威は絶大なものであった。彼こそ唯一、フランチェスコ・ヴァローリに対抗する党派の指導者たり得る人物と見なされていた。しかし現政権下における大きな名声にもかかわらず、彼はコンシーリオの敵であった。それは、四百ドゥカーティの完全に不当な特別税を課せられていたためであるか、あるいは旧体制に慣れ切っていたために新体制にあって必要な平等主義と民主政に適応することができなかったためであるか、そのいずれかである。あるいはまた、単に信奉者を満足させねばならなかったからかもしれない。そ

(15-11) グイッチァルディーニの『フィレンツェの政体をめぐる対話』は一五二五年完成されたとされるが、当時のフィレンツェの名門貴族層の政治思想を知る上で極めて重要なものといえる。その内容については省略するが、この書は四人の対話者による議論という形式をとっている。処刑されたベルナルド・デル・ネロは対話者の中で最も重要な人物とされている。他の三人はグイッチァルディーニの父ピエロとパオラントーニオ・ソデリーニ、ピエロ・カッポーニである。対話が行われたのは一四九四年、ピエロが追放された後、コンシーリオ・グランデが制定される以前のある時ということになっ

のいずれであれ、彼の意図はピエロ・デ・メディチを復帰させることではなく、ピエールフランチェスコの息子(15-12)たちを権力の座に着けることであった。しかし、ニッコロの議論によって、ついに彼は自分自身の計画がうまくいかないことを確信する。このため彼は、現政権のもとで永久に生きるよりは、ピエロの帰還を支持することをよしと決めるのである。その方がより簡単な解決であるように思えたからである。それにもかかわらず、彼の罪は小さなものであった。フランチェスコ・ヴァローリが彼に対してあのように大きな憎悪に満たされておらず、また競争者を排除することにあれほど執拗でなかったならば、彼は殺されなかったであろう。フランチェスコが上訴に対して節度を欠いた態度で激しく反対したのは、まさに次の理由からである。すなわち、大衆の間でベルナルドは非常に好意を持たれており、評判も高かった。しかも彼の罪はごく些細なものである。したがって、必ずや彼は無罪を宣言されるであろうと懼れたからである。

　市民はすべて、これら富や権力、権威、家族の絆、一般的な人気を享受してきた人びとの死から、一つの教訓を学ぶべきである。ある人間が富裕でほどほどに物事の分け前にも与《あずか》っておれば、それに満足してより多くを手に入れようとしてはならない。なぜなら大体は、そのような試みは失敗するからである。政変を惹き起こそうとする時には、成功しなかった場合、死を迎えるか、あるいは少なくとも追放されることを覚悟しておかねばならない。また発覚し危険に陥った場合、人びとがおまえを助けに駆け付けてくれるであろうなどといった幻想を抱いてはならない。人びとはおまえに不利なあらゆる種類のことについて耳を傾けはじめる。そのいくつかは真実であるが、多くは虚偽である。自分を正当化しようとしても、おまえの言い分は聞き届けられないか、あるいは信じられることもない。好意は憎悪に取って代わられ、誰もがおまえを十字架にかけようと望む。おまえは友人や親族に見捨

ている（拙著『グイッチァルディーニの生涯と時代』下巻五三頁以下参照）。

（15-12）ピエールフランチェスコの息子とは、すなわちロレンツォ・イル・ポポラーノとジョヴァンニ・イル・ポポラーニである。メディチ家系図参照。

てられる。彼らはおまえのために、いかなる危険も冒そうとはしないであろう。事実、彼らはしばしばおまえを迫害するのに一定の役割を果たそうと努めるであろう。彼ら自身、何の関わりもないことを単に示すためである。(15-13) おまえのかつての権威と権力は有害である。なぜなら、人びとは心の中で次のように考えているからである。〝彼は非常にうまくやっていたではないか。何が不満であったのか。何を求めていたのか〟。このようなことが、これら五人の人びとに生じたことなのである。人びとは彼らに腹を立てていたので、おそらく上訴しても勝つことができなかったであろう。確かに、数カ月後、憤激が静まった時、大衆は彼らの死を悼んだ。しかし、だからといって、これが彼らを生き返らせはしない。当時の為政者たちが決然として法の恩典を彼らに与えていたならば、その結果は完全に合法的な判決となっていたことは確かである。これはフィレンツェに大きな名声をもたらしたことであろうし、また為政者にとっても不名誉なことでは決してなかったであろう。しかし、あまりにも多くを望む者は、常に恐れていて疑い深いものなのである。

　これらの市民が死んだ時に、逃亡していた人びとは農村の彼らの領地に追放される。その罪に応じて、ある者は十年間、ある者は五年間である。それにもかかわらず、大多数の者は一年か二年あとに許される。これもまた、法律に違反した者にとっての教訓となる。すなわち、出頭するよりも逃げる方が良い、という教訓である。これらの人びとが出頭していたならば、殺されていたであろう。逆に(e converso)、先の五人が逃亡していたならば、彼らは生きていただけでなく、反逆者と宣告されることもなかったし、財産を失うこともなかったであろう。マドンナ・ルクレーツィアは、主としてフランチェスコ・ヴァローリのお陰で釈放される。フランチェスコは彼女の夫ヤコポ・サルヴィアーティを好きだったからである。さらに彼は婦人を害することはふさわしくないと思ったのである。

(15-13) グイッチァルディーニはマキァヴェリ同様、陰謀を嫌っていた。成功の望みがないからである。『リコルディ』には陰謀を諫めるものがいくつかある。「C」一九、「C」二〇などがそれである(拙訳『グイッチァルディーニの訓戒と意見』参照)。

判決が執行され、ベルナルド・デル・ネロが死ぬと、フランチェスコ・ヴァローリはその死を迎えるまで、フィレンツェの絶対的な首長である。彼は修道僧の党派全体の、とくに修道僧を見倣っている数多くの市民の支持を得ている。メッセル・フランチェスコ・グァルテロッティ、ベルナルド・ナージ、アレッサンドロ・ナージ、アントーニオ・カニジァーニ、ピエールフランチェスコ・トッシンギ、トッマーゾ・トッシンギ、アレッサンドロ・アッチァイウォーリ、その他彼らと同様の人びとである。フランチェスコ・ヴァローリの敵であったピエールフィリッポ・パンドルフィーニは、彼の力をひどく恐れており、五人の死に仰天し、怯えていたために、数日後、病を得て亡くなっている。民主政権の力がこれらの厳しい判決によって強化されたので、国家の安全のために歩兵の護衛兵が政庁舎広場に配置される。これは修道僧の裁判の時まで、そこに留まっている。

サヴォナローラ、説教を再開する

この同じ一四九七年、ジュリアーノ・サルヴィアーティがゴンファロニエーレであった時、イエロニモ師は六月の破門によって課せられた沈黙を破って、再びサンタ・リペラータで説教を始める。彼は破門を怖れていないことを示すために、サン・マルコでミサを執り行い続けていた。いまや影響力が翳りはじめたのを感じ、友好的なシニョリーアとゴンファロニエーレが職務に就いていたので、説教を再開することを決意したのである。(15-14) 多くの誇張された理由をあげて、破門に服する必要もないし、恐れる必要もない、と断言するのである。彼の決意は、説教をしていない間、幾分か収まっていたあの嫌な気分と分裂を復活させる。イエロニモ師の反抗、不服従について耳にした教皇は激怒している。フィレンツェの多くの祭司や市民たちの強い要請に動かされて、教皇は勅書を送って、何びとも説教

(15-14) 現代の暦では一四九八年初頭。カーニヴァルでの第二回「虚栄の焼却」、これに反発するコンパニァッチ。二月二十六日、サヴォナローラ説教再開に対する教皇による激しい勅書がフィレンツェに届く。シニョリーアはサヴォナローラを弁護する返書を送るが、実際にはサヴォナローラと対立、時期を待っている。

を聞きに行ってはいけない、その場合には破門を覚悟せよ、と命じている。(15-15) イエロニモ師の聴衆は減少する。サンタ・リペラータの聖堂参事会総会は、イエロニモ師がそこで説教するのを望まない旨を明らかにすると、彼は不面目を避けてサン・マルコに引きこもる。そこで説教をしている間、三月と四月任期のシニョリーアが選出される。ゴンファロニエーレはピエロ・ポポレスキである。このシニョリーアには修道僧の支持者ランフレディーノ・ランフレディーニと、アレッサンドロ・ディ・パピ・デリ・アレッサンドリがいたが、しかし、このシニョリーアは修道僧の影響のまったく及ばないものである。教皇より、このシニョリーア宛てに書簡が届く。修道僧の説教を禁止するよう、切に要請したものである。この問題を論議するための特別会議が召集される。多くの議論を経た後、ついに大多数が説教を中止するよう勧告する。シニョリーアは命令を下し、イエロニモ師は服従する。サン・マルコで彼の代わりに説教を行うのはドメニコ・ダ・ペッシァ師にし、他の教会では他の修道僧たちが代わりを務めることになる。

イエロニモ師の敵は、かつてないほど強力になりつつある。それには理由がある。第一に大衆(15-16)というものは、その習性として、しばしの間、一つの物事を支持したとしても、とくにこれという理由もなく外套を取り換えるものであるからである。第二は破門である。これがイエロニモ師の信奉者の多くを彼から遠ざけ、中道派、穏健派の多くの人びとを彼の敵とさせたのである。彼らは、良きキリスト者として教皇の命令に反抗するのは極めて重大な、不穏当なことと見なしたからである。最後に、修道僧の敵がコンパニァッチと呼ばれるグループを組織していたからである。これらの元気旺盛で、勇敢な、十分に武装した若き貴族たちは、しばしば会合を開き、会食する。若く、武装した、名門の出身者たちであるので、誰もが彼らを怖れている。修道僧の熱烈な支持者であったパオラントーニオ・

(15-15) 三月九日、サヴォナローラ弾劾の最後の教皇勅書。サヴォナローラの最後の説教は三月十八日。

(15-16) グイッチァルディーエの大衆についての意見は次のようなものである。「大衆が後から続いて来るだろうという希望を抱いて事を始めてはいけない。なぜならば大衆は危険な土台であって、彼らは後からついて行こうなどという気持ちはさソデリーニは、息子のトッマーゾをその仲間に入れている。彼らが勝利した場合、彼らと了解に達するためである。これらすべての理由からして、イエロニモ師は下り坂に差しかかっている。彼の運命は、すぐ次に述べるように異常なやり方で決定される。

らさらないし、おまえが信じていたものとはまったく違って気紛れをしばしば起こすものだからである。ブルトゥスとカッシウスの例を見よ。カエサルを殺害した後、期待された大衆の支持を得られなかっただけでなく、彼らを恐れて、カピトルに引きのかざるを得なかったのである。」（『リコルディ』「C」一二一＝拙訳『グイッチァルディーニの訓戒と意見』参照）。

第16章

火の試煉――フランチェスコ・ヴァローリの殺害と大衆蜂起――サヴォナローラの逮捕と審理と死刑執行――サヴォナローラ論

火の試煉

一四九八年――一四九八年が始まった。ジローラモ師の破滅から始まったこの年は、極めて重大な様々な出来事に満たされている。シニョリーアの命令で彼が説教を中止すると、聖・俗双方の迫害者たちは幾分かその鉾先を収めたかのように思われた。しかし最初は些細なことであったが、それが原因となってすべてを完全に転覆させてしまう。サン・マルコには、ドメニコ・ダ・ペッシァ師と呼ばれているジローラモの同僚がいた。単純な人間で、良い生活を送っているという評判の修道僧である。未来の出来事を予言するジローラモ師のやり方を真似て、二年ほど前に、サンタ・リペラータの説教壇から彼は、ジローラモ師の予言の真実さを証明する必要が生じた場合には、神の恩寵によって死者を生き返らせ、また無傷のまま火の中を歩こう、と断言している。ジローラモ師はこれを後に繰り返している。しかしこの時まで、これについてはこれ以上何も言われていない。フランチェスコ会の原始会則派の一員にフランチェスコ師(16-1)という者がいて、サンタ・クローチェ(16-2)で説教している。彼はジローラモ師とその仕事のすべてを嫌悪している。さて、その彼がいまやその説教の中で、そのような断言

(16-1) フランチェスコ・ディ・プーリア。

(16-2) トスカーナにおけるフランチェスコ会の最も重要な教会で、ドメニコ会のサンタ・マリア・ノヴェラと対抗している。

がいかに虚偽であるかを証明するために喜んで政庁舎広場に火を作らせ、ジローラモ師が同じことをするなら、彼自身、その中を歩くつもりである、と言いはじめる。私は自分自身、焼け死ぬことを確信しているが、ジローラモ師も同様、焼死するであろう、そうなれば彼の断言していることに真実がないのが証明されたことになろう、なぜなら彼は何度も、火の中から無傷で現われ出ると言っているのであるから、とフランチェスコ師は言うのである。ジローラモ師に代わって説教していたドメニコ師は、これについて耳にすると、この挑戦を説教壇から受け入れ、ジローラモ師の代わりに彼自身、その試煉を引き受けようと申し出るのである。

　このような光景は、双方の党派の多くの市民たちを喜ばす。なぜなら彼らは、これらの反目についに決着がつけられ、やっとのことでこれらすべての不安定な状況を一掃することができるであろうと思ったからである。市民たちはこの試煉を実際に行うために、双方の説教師たちと協議を始める。多くの会合を重ねた後に、すべての修道士たちは火を作らせることに同意する。その中を、ジローラモ師によって選ばれた一名のドメニコ会修道僧と、上長によって選ばれた一名のフランチェスコ会の修道僧が歩くことになる。その日が決定されると、ジローラモ師はシニョリーアから説教の許可を得る。そしてサン・マルコにおいて、奇跡の持つ重大さについて説教を行う。奇跡を用いるのは、それが必要な時だけであり、理性と経験だけでは十分でない場合にのみ限ると言うのである。キリスト教信仰の真理は無数のやり方で証明されており、彼の予言の真理は邪悪なやり方で頑なになっていない者なら、誰でも容易に見ることができるほど効果的に、合理的に示されているのであるから、奇跡に訴えることをしてこなかったのである。これは偏えに神を怒らせたくなかったからである。それにもかかわらず、挑戦を受けた今、喜んでこれを受け入れる。修道僧たちが火の中に進んで行く時、ドメニコ会士は生きたまま無傷で歩み出るであろう。そして、フランチェスコ会の修道僧は焼け死ぬことになろう。これを誰に対しても保証する。その時にこそ、公然と虚偽の説教を行ったと言ってもらって結構である。そのようにならなかったならば、その修道僧のみならず、この真理を守るために火の中に入る者は誰であれ安全であろう、と言うのである。彼は聴衆に向かって問いかける。すなわち、神によって定められたこのような偉大な仕事のために必要とあらば、火の中に入るかどうか、と問いかけるのである。これに対して、ほとんどすべての者が大声を張りあげて、ハイと応えるのである。これは考えただけでも、何と驚嘆すべき光景であったろう。これほど多くの者が、ジローラモ師がそのように要求しさえすれば、火の中に入ったであろうことは疑い得ないからである。ついに、定められた日に、これは棕櫚《しゅろ》の主の日の前日の土曜日、四月……日(16-3)であったが、大きな薪の山が堆《うずたか》く積まれた壇が政庁舎広場の中央に建てられる。フランチェスコ会修道僧が時間通りやって来て、政庁舎の回廊の下に行く。次いで、サン・マルコの修道僧たちが来る。その多くの者は正式の僧服をまとい、聖歌、主は蘇り、その敵を滅ぼし給う(Exurgat Dominus et dissipentur inimici eius)を唱っている。彼らとともにイエロニモ師が手に聖体を奉持し、その後に数人の修道僧と多くの俗人が火を灯した松明《たいまつ》を持って恭しく従っている。彼らの到着は支持者を安心させただけでなく(etiam)、その敵を完全に怖れさせるのである。彼らは極めて献身的で、その有様からして、大きな勇気をもって試煉にやって来たことがはっきり示されていたからである。

フランチェスコ・ヴァローリの殺害と大衆蜂起

彼らもまた回廊の下に入る。フランチェスコ会の修道僧とは柵で隔てられている。ここで火の中に

(16-3)テキストには示されていない。四月七日である。

入らねばならぬドメニコ・ダ・ペッシァの身にまとう衣服について、ちょっとした問題が生じる。フランチェスコ会の修道僧が、ある種の魔術、あるいは呪文を懼れたからである。彼らの間で同意に至らなかったので、シニョリーアは二人の市民をそれぞれの側に何度か派遣して、対立点を取り除くことにする。メッセル・フランチェスコ・グァルテロッティ、ジョヴァン・バティスタ・リドルフィ、トッマーゾ・アンティノリ、それにピエロ・デリ・アルベルティである。ついに彼らは、双方に受け入れられそうな合意に近づくと、修道僧の指導者を政庁舎《パラジョ》(16-4)に呼び、ここで対立点を解消し、条件を明記して、次いで試煉を始めさせるために退出する。ちょうどその時、フランチェスコ会修道僧は、ドメニコ師が聖体を手にして火の中に入るつもりでいることを耳にする。彼らはこれに強く反対しはじめる。ホスティアが燃えたら、それはキリスト教信仰にとって重大な醜聞となり、それを危険に曝すものである、と言うのである。他方、ドメニコ師はそれを手にして行くことを主張する。長い議論の後、双方ともその立場に固執していたので何の合意にも達せず、彼らは薪に火を点ずることとさえせずに家に帰る。ジローラモ師は直ちに説教壇に登って、罪はフランチェスコ会側にあり、ドメニコ会が勝ったのだ、と論ずる。(16-5) しかし多くの人びとは、聖体をめぐってのいざこざは口実に過ぎないと思っている。その日、彼の友人たちの多くは彼から離れるのである。そして一般大衆は、大きな敵意を抱くようになる。翌日になると、欺かれた修道僧の支持者たちは、街路で大衆に悪態をつかれ侮辱されるが、彼の敵の方は大衆に支持され、武装したコンパニァッチの後押しと、さらに彼らに同情的なシニョリーアが政庁舎に座っているという事実のために、大胆になる。たまたまその日は、夕食の後、サン・マルコのある修道僧がサンタ・リペラータで説教する予定になっている。明らかに偶然ではあったが、ここで大騒動が持ちあがる。人びとが興奮に駆られ、心が恐怖と疑惑に満たされているような

(16-4) グイッチァルディーニは palagio と表記している。

(16-5) 一四九八年四月八日である。

時によく起こりがちであるが、この騒ぎは急速にフィレンツェ中を駆け巡る。修道僧の敵とコンパニァッチは武器をとり、大衆をサン・マルコに向かわせる。ここには、晩鐘の祈りのために支持者たちが多数集まっている。彼らはあたかも包囲されたかのように、石や武器を持って修道院を守りはじめる。他の場所では、激昂した暴徒がフランチェスコ・ヴァローリの邸宅の方に殺到し、そこで守っている者を相手に戦いを始める。フランチェスコの妻はジョヴァンニ・カニジァーニの娘であったが、窓側にいるところを槍で頭を突かれ即死する。暴徒は家に押し入り、フランチェスコが屋根裏に隠れているのを発見する。彼は生きたまま、政庁舎に連れて行くよう暴徒に乞い願う。暴徒は彼を外に連れ出す。しかし、彼が職杖奉持者《マッツィエーレ》に伴われて政庁舎の方に歩き出して数歩進んだ時、ヴィンチェンツォ・リドルフィとシモーネ・トルナブオーニに攻撃され、たちまち殺される。彼らの近親者ニッコロ・リドルフィとロレンツォ・トルナブオーニの復讐のためである。彼らの党派の中でも狂信的なメッセル・ヤコポ・ディ・ルーカ・ピッティも、彼らと一緒にいたが、彼が打撃を加えた時には、フランチェスコは既に死んでいる。

フランチェスコ・ヴァローリはわれわれに、運命について素晴らしい教訓を与えてくれる。少し前には、彼は大きな権威と取り巻き、その好意を満喫していた。そして、疑いもなくフィレンツェの指導的な市民であった。しかし突然、運命が彼に敵対する。一日のうちに、彼の邸宅は略奪され、彼の妻は見ているまさに目の前で殺され、彼も敵によって同じように、ほとんど一瞬にして、さもしく殺害されたのである。多くの人びとは、神が、ほんの数カ月前、ベルナルド・デル・ネロとその他、尊敬に値する人びとに対する死刑判決の上訴を拒否したことに対して、彼を罰したのだと信じている。(16-6) 彼らは彼の昔からの友人であったし、同じ階層の出なのである。あの上訴は新しい法律によって保証

(16-6) これについては本文二二三-二二五頁参照。グイッチァルディーニは父ピエロと同様、フランチェスコ・ヴァローリが上訴権を認めようとしなかったことを法的に不当なこととしている。

された特権なのである。それに、フィリッポ・コルビッツィ、ジョヴァンニ・ベニッツィ、その他の者には与えられているのである。彼らの地位や功績などを考えれば、彼らの上訴を拒否することはできたであろう。しかも、これほど非難されることはなかったであろう。いまや状況が変わって、彼は彼らの親族によって殺されるのである。彼らは上訴することができずに殺されたのであるが、少なくとも、彼らは自分たちの主張を申し立てる機会を持っていたし、市民にふさわしいやり方で行政官の判決によって有罪を宣告されたのであり、キリスト教徒として死ねるように教会の秘跡を受ける時も与えられているのである。それに対してフランチェスコ・ヴァローリは、話すことさえできないうちに、一介の市民たちによって、暴力をもって殺害されたのである。騒動と災厄があまりにも突然であったため、彼は自分の破滅と転落を認める時さえなかった。ましてや、それについて考える時などなかったのである。

フランチェスコは極めて野心的な、傲岸な人物であった。自分自身の意見の正しさを確信していたために、自分の意見を向こう見ずに押し付け、これに反対する者を誰であれ、罵倒し侮辱するのである。他方、彼は賢い人物であった。財産や横領に関する問題での彼の正直さはかつて、彼のように正直な市民はフィレンツェ政府にはいなかったほどのものである。また、公共の幸福に対する彼の関心も、際限もなく大胆なものであった。このような性格からしても、家門の高貴さからしても、子供がいなかった点からしても、彼は一時、途方もない人気と名声を満喫したのである。しばらくして後、人びとは彼の奇妙なやり方を嫌いはじめ、彼の鋭い批判と叱責は共和国においては度を越したものと考えるようになる。好意が非難に変わる。これによって、修道僧の敵と、首を刎ねられた五人の男の親族による、彼の殺害への道が開かれるのである。

サヴォナローラの逮捕と審理と死刑執行

フランチェスコ・ヴァローリが殺され、彼の邸宅が略奪されると、大衆の怒りはパオラントーニオ・ソデリーニに向けられる。彼はフランチェスコに次いで、またジョヴァン・バティスタ・リドルフィと並んで、この党派の指導者であった。しかし彼は、直ちに多くの重要人物から助けられる。彼らは、フランチェスコを憎んだように彼を憎んではいないからである。シニョリーアも助っ人を送る。このようにして、暴徒の勢いは阻止される。阻止されることがなかったならば、それはフィレンツェ全体に危害と破壊をもたらしたことであろう。そして、修道僧の党派の指導者すべてを破滅させていたことであろう。暴徒はそれからサン・マルコに戻る。サン・マルコは勇敢に守られている。武装した若者と不満を抱いている市民の一大集団を攻撃に駆り立てていたヤコポ・デ・ネルリは、その間、石弓から発射されたものと思われるが、その弾丸に打たれて一方の目を失っている。数時間後、彼らはついにサン・マルコの中へ強行突破して、ジローラモ師とドメニコ師、それにシルヴェストロ……・ダ・フィレンツェ[16-7]師を囚人として捕え、政庁舎に収容する。シルヴェストロ師は説教はしていなかったが、イエロニモ師の側近として彼の秘密は何でも知っていると思われている。

この勝利の後、武器はしまわれる。いまや、国家の威信と権力は修道僧《フラーテ》の敵たちの手に移される。彼らはこのような現状を安定させようと奔走する。ピアニョーニから成るとされている十人委員会と八人委員会は信頼できないとして、彼らはコンシーリオ・グランデを召集し、新しい十人と八人を選ぶ。ちなみに、ピアニョーニとは当時の修道僧派《フラテスキ》に対する呼称である。新しく選ばれた十人と八人はすべて、権力を掌握した人に信頼されている人びとである。コンパニァッチの首領で支配者であったドッフォ・スピーニは、八人委員会の一員となる。ベネデット・デ・ネルリ、ピエロ・デリ・アルベ

(16-7) テキストには示されていない。シルヴェストロ・マルッフィ・ダ・フィレンツェである。

ルティ、ピエロ・ポポレスキ、ヤコポ・パンドルフィーニ、その他この党派の熱狂者たちが、十人に選出される。この際、注目すべきは、彼らの領袖であったメッセル・グイドとベルナルド・ルッチェライの二人は、他の誰よりも大きな権威を有し、より多くの取り巻きを擁していたが、しかも修道僧派《フラテスキ》に対する今回の攻撃を秘かに指揮していたのも彼らであったが、両人とも十人委員会に立候補したにもかかわらず、いずれもそのメンバーに選出されなかったことである。彼らの地区において、彼らは、ジョヴァンニ・カナッチとピエロ・ポポレスキに敗れるのである。彼らは大衆の判断がどれほど当てにならぬ、偽りに満ちたものであるかを考える。どれほどの危険を冒し、どれほどの苦労を重ねたか、しかも何の報いもない、このようなことを考えて彼らは、次に述べるように、反対派の市民たちを保護することにいっそう熱意を燃やすようになるのである。これはまったく当然のことであろう。

二十人ほどの市民に、イエロニモ師とその同僚を尋問する任務が与えられる。これら二十人はすべてイエロニモ師の恐ろしい敵である。教皇の許可なくして、彼は拷問を加えられる。次いで数日後、彼らは裁判を命ずる。彼らはコンシーリオ・グランデに、彼から引き出したと称する陳述書を公表する。これには、フィレンツェとフィエーゾレの教皇代理とサン・マルコの指導的な修道僧数名の署名が付されている。この文書は既に彼らの見守る中、ジローラモ師に読みあげられていたものである。その内容が真実であるかどうか、が彼に尋ねられている。これに対し彼は、そこに書かれていることは真実であると言って、それを確言している。最も重要な結論の要点は次のごときものである。すなわち、彼が予言した物事は神、あるいは啓示、あるいは何らかの神的原因に由来するものではなく、彼自身がデッチあげたもので、これには俗人であれ、修道僧であれ、いかなる者も関与していないこと、彼がそのようなことをデッチあげたのは誇りと野心のためであり、それに教皇を退位させ教会を改革するためにキリスト教諸君主による公会議を開催させることが彼の意図であったこと、教皇位を与えられたなら、それを受け容れていたであろうこと、それにもかかわらず、教皇になるよりも、この偉大な仕事を実現するのをはるかに望んでいたことである。なぜなら価値のない人間は教皇になれても、このような改革の指導者、創始者になり得るのは秀れた人間でなければならないからである。さらに、フィレンツェの政権の安定を計るために、ゴンファロニエーレの任期を終身、[16-8]あるいは長期間にしようと計画していたこと、その際、フランチェスコ・ヴァローリが他の誰にもまして適任ではないかと思っていたこと、もっとも彼の性格と奇妙なやり方は嫌っていたので、彼ではなくジョヴァン・バティスタ・リドルフィを選んでいたかもしれないこと、ただ彼には多くの親族がいたので、このことが障害になっていたこと、火の試煉を提案したのはドメニコ師であって彼ではないこと、これについては何も知らなかったこと、彼がそれに同意したのは偏えに名誉の上からいってドメニコ師に反対し得なかったからであるが、フランチェスコ会が怯えて引き下がってくれることを望んでいたこと、もし火の試煉が実際に行われた場合には、手にしている聖体が修道僧を救うことになるのを確信していたこと、などである。これらが彼に不利な、最も重要な陳述である。他の陳述もあるが、これは彼にむしろ有利である。なぜなら、それらは誇りを除いて、彼にはいかなる悪徳も見られないことを示しているからである。彼は欲望や貪欲さといった罪とは一切無縁であったことが分かる。また、彼が国外の諸君主、あるいは国内の市民たちといかなる政治的な関わり合いがないのも明らかであった。

　このような陳述書が公表されてから、判決は数日間、延期される。なぜなら、彼の逮捕と自白につ

（16-8）終身ゴンファロニエーレについてのサヴォナローラの意見は一五〇二年、実現される。本文第23章参照。

いての知らせを受け取ると、教皇は非常に喜び、まず教会の許可なくして彼を尋問した人びとに対してだけでなく、教皇の命令に反して彼の説教を聴いた人びとにも赦免状を送ってきたからである。次いで教皇は、イエロニモ師をローマに送るよう要求する。フィレンツェはこれを拒否する。なぜなら、警吏《バルジェルロ》として行動するのはフィレンツェの名誉に反するものと思われたからである。それで教皇は、ドメニコ修道会の総長と、メッセル・ロモリーノと呼ばれるスペイン人を任命して、フィレンツェに赴いてイエロニモ師とその同僚を尋問させることにする。メッセル・ロモリーノは後に枢機卿になる人物である。彼らを待っている間、フィレンツェ人は、イエロニモ師の党派の支持者であった人びとの問題を議論しはじめる。彼の自白の結果、彼らが国家に対していかなる罪も犯していない、あるいは陰謀も企んでいないことは明らかになっているが、一般大衆が憤激していたからである。彼らに危害を加えたいと望んでいる邪悪な市民も、シニョリーア内にも、各種委員会内にも多くいた。その一人がフランチェスキーノ・デリ・アルビッツィである。フランチェスコ・ヴァローリが殺された日、彼はシニョリーアに出向いて、〝閣下、フランチェスコ・ヴァローリに何が起こったかをお聞き及びでしょう。ジョヴァン・バティスタ・リドルフィとパオラントーニオをどう扱ったらよろしいでしょうか〟。もしお望みでしたら、われわれが彼らを殺しにまいりましょうとでも言わんばかりである。他方、メッセル・グイド、ベルナルド・ルッチェライ、ネルリ家、その他、事実上の指導者であった人びとは、彼らは許されるべきだと強く主張する。多くの人びとの意見によれば、彼らがそのように主張したのは、とくに次のような理由からだという。すなわち、修道僧を倒せば、コンシーリオ・グランデを終わらせることができるであろうと信じていて、そしてまさにそのためにこそ、修道僧に対してあれほど激しく戦ったのであるが、その信念が誤っていたことに気づいたからだというのである。

しかしいまや彼らは、多くの彼らの支持者たちが、とくにコンパニァッチと一般大衆のほとんどがコンシーリオを維持したいと思っていることを知っている。そうであれば、それらの市民たちに暴力を加えてはならないと思うのである。なぜなら、そうしても何の意味もないし、自分たちの権力を増大させもしないだろうからである。これはとくに、メッセル・グイドとベルナルドにとってそういえる。彼らは、十人委員会の選挙において一般大衆の支持がどれほど当てにできないかを知っているのである。今回の事件ではすべての罪を修道僧に負わせるべきであって、彼を支持した市民たちのそれは問うべきではない、と言ったのはベルナルドである。異なった意見や議論が二、三交わされた後、結局、これら市民たちの生命は救われることになる。しかしながら、大衆を満足させるために、ジョヴァン・バティスタとパオラントーニオ、その他数人の指導者たちは、強制的に一定額の金を政府に付託せざるを得ない。これで反対派は満足する。大衆の怒りが静まるまで、フィレンツェを留守にして待つようにと友人たちから助言されていたジョヴァン・バティスタとパオラントーニオは、このようにしていまやフィレンツェに戻って来る。

次いで、新しいシニョリーアが選出される。ゴンファロニエーレにはヴィエーリ・デ・メディチが就任し、プリオーレにはメッセル・オルマノッツォ・デティ、ピッポ・ジューニ、トッマーゾ・ジァンニ、その他の者がいる。彼らの任期中、ローマからコッメサーリオが到着し、再度、ジローラモ師とその他の者の尋問が行われ、最終的に三人すべてに判決が言い渡される。火刑である。五月……日(16-9)、彼らはまず、シニョリーア広場で身分を剥奪され、次いで、絞殺され、焼かれる。説教の際、一般に集まるのを常としていた人びとをはるかに越える大群衆を前にしてである。その際、彼らのうち誰も、イエロニモ師ですらこの機会を利用して、告発するためであれ、自らを弁明するためであれ、公けの

（16-9）テキストには示されていない。サヴォナローラの処刑が行われたのは一四九八年五月二十三日である。

いかなる声明も行われなかったことは、驚くべきことのように一般に思われたのである。

サヴォナローラ論

これがサヴォナローラの恥ずべき最期であった。ここで、少し詳しく彼の性格、資質について語るのは不適当なことではなかろう。なぜなら、われわれの世代においても、父親の世代においても、また祖父の世代においても、あれほど多くの能力《ヴィルツウ》を持った修道僧、あるいは、あれほどの名声と権威をかち得た修道僧は現われなかったからである。サヴォナローラの敵でさえ、彼が多くの学問に通じていたこと、とくに哲学に長じていたことを認めている。哲学を知り尽くしていて、それを自分の目的のために巧みに操っているので、彼自らが哲学を想像したかのように思われたのである。聖書に深く通じているので、そのことでサヴォナローラに匹敵する者を探そうとするならば、何世紀も前に遡らなくてはと多くの人が思うほどであった。彼の判断力は、学識においてのみならず、世俗の物事においても深遠であった。私の意見では、彼の説教を聞けば彼がこの世界を支配している諸々の原則をよく知っていたことがはっきり分かると思う。これらの資質とあの雄弁、すなわち、作ったところがなく、無理やりなところもない、ただ、自然でやさしい、あの雄弁の才を天から授けられていたこともあって、彼の説教は同時代の最も偉大なものであった。サヴォナローラがあれほどの聴衆、あれほどの名声を保っているのを見るのは驚くべきことであった。なぜなら、彼は何年にもわたって、四旬節だけでなく多くの祭日にも説教を行っていたからである。さらに彼は、鋭敏で口やかましい人びとで充満しているフィレンツェにいたのである。ここでは、いかに秀れた説教者でも四旬節を通して説教すれば、もう退屈なものと思われてしまうのが普通だから。せいぜい持っても、四旬節二回である。

こうした能力は彼にあって極めてはっきりしており、明らかであったので、信奉者や支持者だけでなく、敵にさえもそれらは評価されたのである。

しかし、サヴォナローラの生活が良いか悪いかについては疑問や意見の違いが生じている。仮にサヴォナローラが何らかの悪徳を持っていたとしたら、それは野心あるいは誇りによって生じた見せかけにしか過ぎないということに注目せねばならない。長い間、サヴォナローラの生活や習慣を見てきた人びとは、いかなる貪欲も欲望も、あるいはいかなる形の金銭欲も弱点も見出さなかった。反対に、最も敬虔な生活の証拠を見出している。慈悲心、祈り、うわべではない真の礼拝に終始する生活である。彼を中傷する者は、取り調べ中、躍起となって探してみたが、彼のうちに道徳的な欠点をいささかも見出すことができなかった。慎み深い礼儀作法を奨励するにあたって行った彼の仕事は神聖なものであり、驚くべきものであった。彼の時代に存していたような美徳、宗教心は、かつてフィレンツェには見られなかった。彼が死んだ後、それらは消失してしまった。これによって、かつて美徳というものが存していたとすれば、いかなる美徳であれ、それは彼によって導入されたものであり、彼によって維持されていたものであることが分かる。彼が生きていた時代、人びとは公けの場でギャンブルをすることはなかった。家庭ですることさえ恐れた。ムラ気の、悪徳に染まった若者に酒を与えていた居酒屋は閉じられ、ソドミーは抑圧され公然と非難された。多数の女性たちが恥ずべき、挑発的な衣装を捨て去った。ほとんどすべての少年たちは恥ずべき多くの習慣をやめさせられ、清浄な慎み深い生活に引き戻された。サヴォナローラの指示のもとに、ドメニコ師が少年たちを組織して、いくつかのグループをつくった。彼らは教会に行き、髪を短く刈って、淫乱な男やギャンブラー、ふしだらな衣装を身に着けている女たちに向かって石を投げ侮辱したものである。カーニヴァルの日は、今までは無数の悪さをして祝った日であるが、少年たちはまず、祈りを唱えながら行列を組み、それからダイスやカードや化粧品や、淫らな書物や絵を集め歩いて、シニョリーア広場に行ってすべてを燃やしたものである。(16-10) 年とった男たちは、信仰やミサ、夕べの祈りや説教の方に熱心になり、しばしば懺悔や聖体拝領に出かけた。カーニヴァルの時期には、数多くの人びとが懺悔を行った。施し物や慈善がふんだんに配られた。サヴォナローラは毎日、人びとに、華美と虚栄を捨て宗教心とキリスト者の素朴な生活に戻るよう勧めた。この目的のために、彼は女性と子供たちの着るべき装飾品と衣服に関する法律を提案した。しかし、それらは彼の敵によって厳しく攻撃されたために、コンシーリオ・グランデは子供に関する法律のみを認めた――それでもそれらの法律は守られなかった。彼の説教によって、あらゆる年齢の、あらゆる地位の人びとが彼の修道会に入会した。その中にはフィレンツェの名門の出の多くの若い貴族たちがいたし、多くの年老いた名声のある人びともいた。たとえば、十人委員会のメンバーであり、フランス王への大使を務めたパンドルフォ・ルッチェライ、サンタ・リペラータ大聖堂参事会員であったメッセル・ジョルジョ・アントーニオ・ヴェスプッチや、メッセル・マラテスタなどがいる。善良で真面目で学識のある人びとである。また、名声のある医者で、良い生活を送っているといわれたピエトロ・パオロ・ダ・ウルビーノもいる。ラテン語やギリシャ語に通じたツァノービ・アッチァイウォーリや、その他同じような大勢の人びとがいる。全イタリアを探しても、サン・マルコ修道院のようなところはなかった。サヴォナローラは大変な熱意をもって若者を学問に導いた――ラテン語やギリシャ語のみならず、ヘブライ語まで。それによって、若者たちは宗教の聖具になるはずであった。彼はこれらすべてを人びとの精神的な幸福のために行ったのであるが、同じようにフィレンツェと公共の幸福のためでもあったのである。

(16-10) グイッチァルディーニは弟ヤコポとともに「フラーテの子供たち」に属していたものと思われる。「虚栄の焼却」にも立ち会って、『デカメロン』が焼かれるのを目撃したかもしれないのである。総じて、グイッチァルディーニのサヴォナローラ評価は好意的である。また生涯にわたって、サヴォナローラはグイッチァルディーニの精神に一定の影響を与え続けることになろう。これについては拙著『グイッチァルディーニの生涯と時代』（太陽出版）参照。

ピエロが追放され、パルラメントが召集された時、フィレンツェは揺れにゆれており、旧体制の友人たちは非常に嫌われていて危険であった。フランチェスコ・ヴァローリやピエロ・カッポーニですら、彼らを保護することができないほどであった。旧体制の仲間たちが多数殺されでもしたら、大きな災害になるのは不可避のように思われた。もしそれが起こっていたなら、フィレンツェにとっては大きな打撃になっていたことであろう。なぜなら、彼らの多くは善良で、賢明で、大家門の家と家とのつながりのある富裕な人びとであったからである。二十人委員会で生じたように、支配者たちの間で反目が生じていたことは確かである。そして分裂は深刻であったに違いない。なぜなら、ほとんど同等の位階の数人が、とくに他より抜きん出ようとしていたからである。新しい騒擾、さらなるパルラメント、さらなる市民の追放、いくつかの革命が結果されていたかもしれないのである。そして結局は、おそらくピエロが戻っていたことであろう。そうなれば、フィレンツェにとって災厄であり破滅であったろう。

これらすべての混乱や混沌を避けることができたのは、ひとえにイエロニモ師のお陰である。彼は、コンシーリオ・グランデを導入し、フィレンツェの主人たらんと虎視たんたんとしている人びとを抑え込んだのである。彼は政庁《シニョリーア》に対する上訴権を提案する。これは市民の保護のための予防手段として機能したのである。彼は昔の古い秩序を再建するという旗印のもとに、メディチ家支持者を罰しようとする人びとを単に阻止することによって、一般の平和をもたらしたのである。

疑いもなくこれらの努力はフィレンツェを救った。確かに彼の言う通り、現在支配している者とかつて支配していた者の双方のためになったのである。彼の仕事が素晴らしく、いくつかの彼の予言も実現しているがゆえに、多くの人びとは、破門や裁判や刑死にもかかわらず、彼が真に神によって遣わされた者であり、真の予言者であったと、長い間、信じ続けたのである。私としては疑っている。この問題については定見がない。長生きすれば、としてであるが、私は将来のために判断を留保したい。なぜなら、時というものはすべてのことを明らかにするからである。しかし私は次のことを信じている。すなわち、もし彼が善であったとすれば、われわれはわが時代に偉大な予言者を見たことになる。もし彼が悪であったとすれば、われわれは偉大な人物を見たことになる。なぜなら、学識は別としても、彼があれほど長い間、あれほど重要な事柄について嘘を見破られずに大衆を欺くことができたとすれば、偉大な判断力、才能、発明の力を彼が持っていたに違いないと認めねばならないからである。

既に言ったように、ドメニコ師とシルヴェストロ師も一緒に殺された。ドメニコ師は立派な生活を送っているが、単純な人物であった。彼が過ちを犯したとすれば、単純さからであって、悪意からではない。シルヴェストロ師はドメニコ師よりもはるかに機敏で、市民たちといっそう関わりがあったと信じられていた。それにもかかわらず、尋問に従えば、いかなる偽りをも自覚していない。彼らは、当時、一般にアッラビアーティ[16-11]（怒れる者たち）と呼ばれていた彼らの敵の怒りを満足させるために殺されたのである。

（16-11）Arrabiati 共和主義者であるが、同時に激しい反サヴォナローラ派。ピアノーニ（泣き虫党）に対抗。

第17章

フランス王ルイ一二世とアレクサンデル六世およびチェーザレ・ボルジアとの同盟――ピサ作戦――ピサ領にいるパオロ・ヴィッテルリ――カゼンティーノにおけるヴェネツィア人とメディチ家――カゼンティーノにおけるパオロ・ヴィッテルリ――フランス王、教皇、ヴェネツィアの同盟

フランス王ルイ一二世とアレクサンデル六世およびチェーザレ・ボルジアとの同盟

同年の四月、イエロニモ師がまだ獄中にいる間、フランス王シャルルが突然、没する。(17-1) 彼には子供がいなかったので、従兄弟のオルレアン公ルイが後を継ぐ。ルイは王族であり、シャルルの近親者である。ルイ一二世はフランスのみではなく、シャルルを通してナポリ王国を、オルレアン家を通してミラノ公国を要求する。国王戴冠式では、ルイは自らをフランス王、エルサレム王、シチリア王、ミラノ公と称している。ルイ一一世によって、彼は強制的に彼の娘、シャルルの妹と結婚させられている。彼女は不妊で、醜い女性である。ほとんど怪物である。さて、彼は教皇からの特免によって彼女と離婚し、先の王妃シャルル八世の妻と結婚する。なぜなら、生得権でブリターニュ公国を相続していたからである。この種の特免は完全に不正で、手に入れることが難しいので、教皇に返礼として何

(17-1) シャルルが没するのは一四九八年四月七日である。ルイ一二世の即位は五月二十七日。

か相当のものを提供しなければ、それを手にすることはできなかったであろう。教皇とフランス王ルイは、秘密の協定を結ぶ。王が、望んでいるミラノ公国を手に入れれば、教皇がロマーニァの教皇代理所管区域を手に入れるのを援助しようというものである。ロマーニァは使徒座に遺贈されていたものである、と教皇は主張するのである。フランス王の同盟国となった今、教皇は息子のために一国家を創出する仕事を進めようと力を入れている。先に触れたように、ガンディア公が亡くなっているので、このような困難な仕事に適した者は、もう一人の息子チェーザレ・ボルジアをおいて他にない。教皇は先にチェーザレ・ボルジアを枢機卿にしていたが、いまやその帽子を剝奪する。(17-2) 庶子のため、その資格がないことを証明するのである。もっとも、チェーザレを枢機卿にする時には、教皇は逆の証明を行っている。すなわち、チェーザレは嫡出で、しかも彼の子ではないというのである。教皇はチェーザレを大使としてフランスの新しい王のもとに派遣する。(17-3) そして王家の血を引くフランス女性、モンシニョール・ダルブレの娘と結婚させている。その前に、彼はたまたまフランスに滞在していたナポリ王の娘と結婚させようと努力している。しかし、これは徒労に終わる。少女が父親の許可なしには同意し得ないと拒絶したからである。

フィレンツェはこの新王に三人の大使を派遣する。王はわれわれに対して好意を抱いているとされている。三人の大使とは、アレッツォ司教のメッセル・コジモ・パッツィ、ピエロ・ソデリーニ、それにロレンツォ・ディ・ピエールフランチェスコである。ロレンツォは、イエロニモ師の失脚以前、彼および彼の支持者たちによって、フィレンツェの首長、暴君になろうとしていると告発されて、ガルシアに逃亡していた。この時期、一つの法律が通る。この法律が遵守されていたならば、若者にとっては非常に有益であったであろう。この法律は次のように定めていたからである。すなわち、国外に

(17-2) 八月十七日、チェーザレは枢機卿の帽子を脱ぐ。フランス王よりヴァレンティーノ公（ヴァランティノア公）の称号を与えられるのは八月十三日である。

(17-3) チェーザレのイタリア出発は十月一日。十月十二日、マルセーユに上陸。十月十八日、チェーザレはジョルジュ・アンボアースに教皇勅書を手渡す。これによってジョルジュはルーアン枢機卿に任命される。マルセーユからチェーザレはアヴィニョン、ヴァランス、リヨン、シノンに行く（十二月十八日）。翌年までフランスに滞在。

派遣される大使およびコッメサーリオは、いずれも八人委員会によって選任される年齢／二十四歳か二十五歳の若者を同行すべし、というものである。彼はすべての交渉の場に、たとえ秘密交渉の場であってさえも立ち会わねばならない。そこで物を学び、経歴を積んで、将来、政府とフィレンツェにとって有能な人材となるためである。

ピサ作戦

ジローラモ師が逮捕され火刑になった後、市民たちはピサ作戦の方に考えを集中する。なかんずく、いまやミラノ公(17-4)がわれわれを勇気づけているからである。ミラノ公は、ヴェネツィア人にピサを任せたのがいかに愚かなことであったかをとうの昔に気づいている。ヴェネツィア人はイタリアの支配者になるために、行くゆくはピサを利用することになろう、と言うのである。しかしミラノ公は、われわれがピサを取り戻すのを望んでいたにせよ、兵をもってわれわれを援助するつもりはなかった。それは一つにはイエロニモ師を、おそらくはフランチェスコ・ヴァローリを嫌っていたために、フィレンツェに対して不信の念を抱いていたからである。あるいはまた一つには、穏やかな手段に訴えて、ヴェネツィア人と断交することなく、彼らを説得してピサをわれわれに返還させることができるのではないかと考えていたからかもしれない。また、このような新しい紛争がフランス王シャルルをしてイタリアに舞い戻らす契機になるかもしれないと懼れていたためかもしれないのである。いずれにせよ、ミラノ公は皇帝、スペイン王、ナポリ王それぞれのローマ駐在大使たちをしてヴェネツィア人の説得に当たらせることに、どうにか成功している。フィレンツェはイタリアにおいて唯一、フランスに友好的な国であり、絶えずフランス王にイタリア侵入を要請しているのであるから、フィレンツェ

（17-4）ミラノ公ロドヴィーコ・イル・モロの立場はルイ一二世の即位によって極めて不安なものとなっている。ルイ一二世の祖母ヴァレンティーナは初代ミラノ公ジァン・ガレアッツォ・ヴィスコンティの娘である。ロドヴィーコ・イル・モロを簒奪者としている。系図参照。

にピサを返還するという考えは良い思い付きかもしれない。そうすれば、紛争の機会、あるいは新しい戦争の機会も除かれ、フィレンツェの友情も再び確保でき、同盟に加入させることもできるからである、というものである。

しかし、これらはすべて徒労に終わる。貪欲なヴェネツィア人は、ピサを引き渡さないことに既に決めている。彼らはイタリアの支配を狙っており、これを実現するに当たってのピサの価値を認識していたからである。ピサからヴェネツィア人を追い出すには、武力によるしかないことを最終的に確信したミラノ公は、フィレンツェにピサに対して強力な攻撃を仕掛けるよう要請する。ミラノ公はいまや、フィレンツェを支配している人びとを大いに信頼している。さらに彼は、フランスを恐れる必要はないと思っている。新王は戴冠式を終わったばかりだというのである。もっとも、フランス王ルイがイタリアの問題にすっかり心を奪われていることはミラノ公も知っている。公はフィレンツェに、皇帝、ローマ、ナポリからの援助を要請するよう勧める。同時に、自ら可能な限りの援助をフィレンツェに提供することを約束する。公の提案と申し入れは、フィレンツェに大いに受け入れられる。フィレンツェは彼の助言に従っている。ベルナルド・ルッチェライはナポリに行くよう選ばれる。ローマに関しては、既にわれわれはメッセル・フランチェスコ・グァルテロッティを送っている。

数カ月前、ナポリ王フェルランディーノ(17-5)が子供なくして没した時、彼の後を継いだのは、彼の伯父、大フェルランドの次男フェデリーゴである。ミラノ公は、ナポリ王からの援助をフィレンツェが求めるに際しては慎重にせねばならないと考える。大使を派遣するという明白な措置は、フランスの新王をして、フィレンツェに対して敵意を抱くようになる原因ともなるかもしれないからである。これはミラノ公の計画に反する。なぜなら、公はフランスとの合意に達するための道具として、フィレンツェ

(17-5) フェルランド二世。在位一四九五—九六年。系図参照。

を利用しようとしているからである。公はフィレンツェに、ナポリに大使を送らないよう要請してくる。これにフィレンツェは同意する。フィレンツェはまた、ピサ作戦で、いかなる措置、いかなる援助が必要とされるかを公と実質的に話し合うために、メッセル・グイドアントーニオ・ヴェスプッチをミラノに派遣する。そこには既に、メッセル・フランチェスコ・ペピ(17-6)が常駐大使として送られている。フィレンツェがこのような措置を取ったのは、この問題をどれほど重要なものと見なしているかを示すためである。あるいは、メッセル・グイドの方がメッセル・ペピよりも適任であると判断したからなのかもしれない。メッセル・グイドはこのような外交交渉におけるエキスパートであり、名声もより高かったからである。公の助言に応じて、フィレンツェ人はまたブラッチョ・マルテルリを大使としてジェノヴァに送る。これには、ピエロ・ディ・ニッコロ・アルディンゲルリが副大使として同行する。目的は、ジェノヴァ人に対してピサを援助しないように、われわれの敵ヴェネツィア人の力に貢献しないよう説得するためである。フィレンツェ人がその作戦の準備をしている間に、ヴェネツィア人はピサ領内の兵力を強化している。その後、サント・レーゴロで戦闘が行われる。(17-7)その詳細を私は語らない。戦闘に関するいかなる文書も持っていないからである。結果はわれわれの敗北である。大きな危険の中、われわれのコッメサーリオであるグリエルモ・デ・パッツィと、幕僚長官《ゴヴェルナトーレ・デル・カンポ》(17-8)リヌッチョ・ダ・マルチアーノ伯は、無事、サント・レーゴロの中に撤退する。この敗戦のため、グリエルモは遍く非難される。敗戦の理由は大部分、グリエルモの性急さにあったとされている。戦場において戦闘に参加するよう熱心に助言していただけでなく、フィレンツェに戻ってからも公けの場で、私の信じるに、コンシーリオにおいても八十人会においても、戦争を始める時がやって来た、と言っている。

(17-6) グイッチァルディーニの民法の師となる人物である。

(17-7) サント・レーゴロの戦いの行われたのは五月二十一日である。

(17-8) governatore del campo ここではとりあえず幕僚長官と訳しておく。capitano generale よりも地位は低い。

ピサ領にいるパオロ・ヴィッテルリ

この敗北は大混乱の始まりであった。ピサ領においてだけではない。ここでは、敵はその気になりさえすれば、いかなる抵抗に遭うこともなく、勝ちに乗じて次々と勝利を完全なものにして行くことができたであろう。混乱は全領土にも及ぶのである。いまやフィレンツェ領は、ヴェネツィア人がピサ領に導入したアルバニアのストラディオッティ兵によって、日ごとに襲撃され略奪される。ある日は彼らはヴォルテルラ領に進攻して来る。次の日にはヴァルディニエーヴォレに、さらに次の日にはサン・ミニアートに出て、ずっと進んでカステル・フィオレンティーノまで進攻してくるといった具合である。しかしついに、フィレンツェ人は逆境に憤激し駆り立てられて、ピサ人を断固攻撃する決意を固める。総司令官《カピターノ・ジェネラーレ》としてパゴロ・ヴィッテルリ(17—9)を傭い入れる。弟のヴィッテロッツォも一緒である。そして彼らに、私の信ずるところによれば、三百の重装騎兵を与える。リヌッチョ伯は復職し、再び幕僚長官《ゴヴェルナトーレ・デル・カンポ》の称号が与えられる。しかし彼は、ヴィッテルリを上官としてわれわれに仕えるのに大いに不満である。シニョーレ・ロドヴィーコも並々ならぬ熱意を示す。メッセル・グイドが到着すると、彼らはこれらの問題について熱心に協議し、マントヴァで会談を開いてイタリアで行われている様々な交渉を問題にする。後にミラノ公は、ピオムビーノの領主とメッセル・カルロ・デリ・イングラーティ、その他の傭兵隊長に率いられた相当数の騎兵をピサ領に送り、われわれを支援する。ヴェネツィア人がわれわれの兵をピサから外らすために、ロマーニァを通って攻撃して来る、というニュースが入ってくる。その方面を強化するために、われわれはイーモラのマドンナ・カテリーナの息子オッタヴィアーノを傭うために、ミラノ公の承認を得る。マドンナ・カテリーナとその子供たち、さらにその子孫は、フィレンツェの市民となっている。マドンナ・カテリーナが、ジョヴァンニ・ディ・ピ

(17—9) パオロ・ヴィッテルリ、六月初旬、フィレンツェに到着。フィレンツェ人の大歓迎。ちなみに、グイッチァルディーニはパオロ(Paolo)をパゴロ(Pagolo)と表記する。戦場に向かうのは六月六日である。六月九日、フィレンツェ人はヴェネツィア人がロマーニァでフィレンツェ人を攻撃するのではないかと恐れ、フォルリの領主、カテリーナ・スフォルツァの息子オッタヴィアーノ・リアリオを傭兵隊長として傭い入れている。ピオンビーノの領主ヤコポ・ダッピアーノを傭い入れるのは八月二十六日である。

エールフランチェスコの妻になるためである。これは必要なことであった。なぜなら、遡って九四年、ピエロが一メディチとしてよりも、むしろ一オルシニのごとく振舞っているように思われていたために、彼の結婚が多くの点でフィレンツェに害を与えているかのように思われたので、フィレンツェの市民が外国の支配者である女性、あるいは支配者の血を引く女性と結婚するのを禁じる一法律が通過していたからである。この結婚はいまや事実上、成立していたが、ジョヴァンニが生きている間は公表されない。数カ月後、ジョヴァンニは没する。残されたマドンナ・カテリーナは身籠っている。(17-10)

ピサに対する遠征は進行している。コッメサーリオはベネデット・ネルリである。その後、メッセル・ヤコポ・ディ・ルーカ・ピッティが取って代わる。副コッメサーリオは、フランチェスコ・ディ・ピエールフィリッポ・パンドルフィーニである。新しい司令官は、作戦のために必要なすべての準備を極めて熱心に勤勉に始めている。大砲を山地のほとんど配置不能な地点まで運びあげようとまでしている。この間、ミラノ公はフィレンツェ人に約束していたように、ピサ作戦のためにマントヴァ侯を任用している。われわれの総司令官が上級者を持つことに憤激するのではないかと恐れて、十人委員会はピエロ・グイッチァルディーニを陣営に送り、彼を宥めることにする。と同時に、彼が何を行おうとしているかを聞き出し、何らかの軍事行動を取るよう要請する。この問題は間もなく、自然に決着がつく。マントヴァ侯がヴェネツィア側に身を投じるからである。もっとも、後になって、彼はヴェネツィア人と衝突して直ちにミラノ公に仕えるべく戻って来る。ヴェネツィア人はピサから手を引くための、何らかの名誉ある方法が見出せれば喜んでこの戦争を終わらせようとしている、と信じる者もいるので、メッセル・グイドアントーニオ・ヴェスプッチとベルナルド・ルッチェライが大使として、また副大使としてニッコロ・ディ・ピエロ・カッポーニが派遣され、ヴェネツィア人との同

(17-10) 生まれた子供は後の猛将ジョヴァンニ・デルレ・バンデ・ネッレ（一四九八—一五二六年）である。黒軍団のジョヴァンニである。グイッチァルディーニはクレメンス七世のもとでコニャック同盟を結んでカール五世と戦うが、その際、ジョヴァンニを用いている。これについては拙著『グイッチァルディーニの生涯と時代』（太陽出版）下巻一二〇頁以下参照。

盟を話し合う。二カ月ほど彼らはヴェネツィアにいるが、ヴェネツィア人が時を稼いでいるのを知り、何の合意にも至らず、フィレンツェに帰国している。

この間、わが司令官は強力な兵力を戦場に配して、数度にわたる小競り合いで敵に大きな損害を与えている。彼はヴィコピサーノに攻撃を加え、ヴィコピサーノを強化するために、ピサ人の建設した砦を素早く奪っている。数日後、彼はヴィコそのものを奪う。この最初の仕事は彼に大きな名声をもたらす。ヴィコは堅固な都市だったからである。昔の戦争であれば、それを取るにははるかに大きな兵力で、何カ月もかかっていた。つい最近の一四九五年の戦争(17-11)でも、ヴィコはわが軍に対して防衛し、わが軍は大損害を蒙り、敵にはいかなる打撃を与えることもできずに撤退を余儀なくされている。しかも、わが軍を指揮していたのはメッセル・フランチェスコ・セッコと、その他有能な指揮官たちである。軍の規模も決して小さなものではなかったのである。

ヴィコが手に入って、次に何を為すべきかについて長い間、協議が続く。総司令官は、ピサが極めて堅固であり、有能な向こう見ずな兵士に満たされ、大砲も十分に装備され、その他、防衛に必要なすべてのものが供給されているのを知っていた。ピサそのものを力で取ることは極めて困難であろうと判断した彼は、近隣の土地を取り、周辺の農村部全体を支配し、砦や拠点を立て、かくしてピサ人から援助の希望を奪うことの方が、ピサを取るより良い方法であると思っている。多くの人びと、とくに経験の少ない人びとはこれとは逆の意見であった。ヴィコに対する勝利によって大胆となり、戦場には敵の姿のないのを見て、ピサを直接攻撃することを主張する。この見解はフィレンツェの大衆全体に支持される。意見の対立は何日にもわたって続く。しかし結局、頑固な司令官は己れ自身の計画を推進し、リブラファッタを攻撃する。それを取った後、彼はラ・トルレを攻撃し、これを取る。

(17-11) 本文一八三―一八四、一九三―一九四頁参照。

その後、いくつかの峠に堅固な砦を築く。それがなければラ・トルレは守ることができないからである。これらの作戦行動に、ひと夏全体が費やされたために、大衆は彼を非難しはじめる。彼はわれわれにいつまでも戦争を続けさせようとしているのだ、と言うのである。彼らはまた、ミラノ公もわれわれに戦争を続けさせようとしている、と信じている。フィレンツェとヴェネツィアに金を使い続けさせようとしている、と言うのである。

ピサに援助を送れなくなったのを見て、ヴェネツィア人はシエーナ領を介してわれわれを攻撃し、それによってわが軍をピサから外らそうとする。実は、そのような危険の可能性を回避するために、フィレンツェは既にシエーナと合意に達している。これにはミラノ公の助言と援助があった。この合意は必要ではあったが、極めて不名誉なものであったことも確かである。なぜなら、われわれはモンテプルチアーノ問題を五年間凍結し、ヴァリアーノの橋を取り払わねばならなかったからである。この合意に基づいて、当時シエーナを統治していたパンドルフォ・ペトルッチは、ヴェネツィア人の要求に従うことを拒絶する。しかしシエーナ内での紛争を恐れて、彼はわれわれに、安全のために一定の兵を国境に送るよう求めてくる。なぜなら、シエーナ人はフィレンツェ人を憎悪し、ヴェネツィア側につくのを好んでいたからである。これを受けてフィレンツェは、リヌッチョ・ダ・マルチアーノ伯に二百の重装騎兵を与えて、ポッジョ・インペリアーレに送る。この方面を阻止されたヴェネツィア人は、ロマーニァを通って、兵をマッラディ方面に送る。わが軍の一部はこれに対抗すべく、その地に送られる。またミラノ公は、カイアッツォ伯とフラカッソに指揮をさせて強力な援軍を送ってくる。これらの兵力と、イーモラのマドンナ・カテリーナの国から得た援軍をもって、この方面からの攻撃をわれわれは簡単に防ぐことができる。すべての側面からするヴェネツィア人の試みがこのように挫折する中、われわれの状況は日ごとに良くなっていくように思われる。われわれは成功に向けて突進しているように思われたのである。さらに、フィレンツェには調和が日一日と戻って来つつあるように思われた。コンシーリオによる行政官の選出で、もはやピアニョーニは他のいかなる者とも差別されることはなくなる。任期が十二月から始まる十人委員会の選挙は十一月に行われたが、この選挙では、修道僧の党派の指導者、メッセル・ドメニコ・ボンシと、支持者であったバティスタ・セッリストーリと、ルーカ・ディ・アントーニオ・デリ・アルビッツィが、メッセル・グイドとともに選ばれている。

カゼンティーノにおけるヴェネツィア人とメディチ家

しかし同じこの月末、(17-12)一つの事件がきっかけとなって、再びフィレンツェは混乱する。ヴェネツィア人がメディチ家を味方につけて、こっそりとカゼンティーノのビッビエーナを奪ったからである。彼らは、ピエロ・デ・メディチの秘書、セル・ピエロ・ダ・ビッビエーナの親族数名の黙認のもとで、それを手にするのである。彼らがそれに成功したのはまた、そこにわがコッメサーリオとして派遣されていたカッポーネ・ディ・バルトロメーオ・カッポーニの不注意によるものでもあった。カッポーネがそこに派遣されていたのは、そのようなことが生じる疑いがあったからである。これは重大な打撃であった。なぜなら、われわれはいまや、われわれ自身の領土内にフィレンツェ市に近接したところに敵を抱えることになったからである。彼らはメディチ家と結んでいるがゆえに、いっそうわれわれにとって危険であった。メディチ家は農村部に多くの友人を持っているからである。いまや、カゼンティーノにあるポッピ、プラートヴェッキオ、その他の場所の安全が脅かされているのを恐れて、

(17-12) 一四九八年十月末である。

フィレンツェは直ちに兵とコッメサーリオをそこに派遣する。ジュリアーノ・デ・メディチの首に賞金が懸けられる。今まではピエロの首にしか懸けられていなかったからである。ミラノ軍もまた、カゼンティーノに突進する。軍を指揮しているのはフラカッソである。カイアッツォ伯は既にロンバルディアに帰っていたからである。いかなる犠牲を払っても敵を追い出そうとして、結局はパゴロ・ヴィッテルリをピサから移動させ、カゼンティーノに派遣する。ピサでは為すこともなく日を送っていたからである。ピエロ・コルシニがコッメサーリオ・ジェネラーレに任命され、ピエロ・グイッチァルディーニはコッメサーリオとしてピサの陣営に赴く。同月の末日、新しいシニョリーアが選出された時、ベルナルド・ルッチェライがゴンファロニエーレに選ばれるが、ベルナルドは体調が悪いということで辞退している。これは彼の性格と習わしに沿ったもので、これについては他の場所でさらに触れるつもりであるが、(17-13)このために彼は大いに非難される。なぜならば、彼は飽くことを知らない野心を持っているかのように思われたからである。たかがゴンファロニエーレなどになってやるものか、というほどの野心を持っていると思われたのである。彼の代わりに、メッセル・グイドアントーニオ・ヴェスプッチがゴンファロニエーレとなる。

(17-13) 本文第26章「ベルナルド・ルッチェライ」参照。

カゼンティーノにおけるパオロ・ヴィッテルリ

パゴロ・ヴィッテルリがカゼンティーノに到着したことによって、その地方におけるわれわれの領地が再び確保される。それだけでなく、日々、敵に対する攻勢が強化されることになる。彼の到着はまた、この地方の農民を奮起させる。生まれながらにして好戦的なこれらの農民は、騎兵の近づき得ない険阻な土地に住みついていて、そこから降りて来ては敵を殺すのである。その指導者は、カゼンティーノに修道院を持っているカマルドーリ修道会の大修道院長バジーリオである。パゴロ・ヴィッテルリは直ちに敵軍を打ち敗り、追撃する。敵兵は結局はビッビエーナに退却し、ここでウルビーノ公とジュリアーノ・デ・メディチに合流する。ひとたびここに入ると、彼らは二度と再び出て来ることができないし、長期間耐えられるだけの糧食もない。したがって、この方面でのわが司令官の作戦は大成功で、巧みに遂行されたのである。それにもかかわらず、敵に対する最初にして激しい攻撃は大修道院長バジーリオと農民たちによって為されていたので、昨年の夏、わが大衆の間に生まれたパゴロ・ヴィッテルリに対する不評は高まるばかりであった。さらに、パゴロ・ヴィッテルリはミラノ公を喜ばすために戦争を続けさせようとしていると、依然として彼らは信じていたのである。いまや敵はビッビエーナに追い詰められており、しかもビッビエーナを占領することは、いとも簡単なように思われていたにもかかわらず、事態はあまりにもゆったりと推移しているように思ったのである。しかしその理由は、彼がわが軍をまったく使うことができなかったという点にある。冬の真只中であり、土地は山地で険阻であったからである。

　もう一つのことが起こる。十人委員会に諮ることなく、総司令官とコッメサーリオ、ピエル・ジョヴァンニ・ダ・リカソリが、ウルビーノ公[17-14]にビッビエーナを出てウルビーノに帰る許可を与える。ウルビーノ公の病が重かったからである。彼らの言い分によれば、許可を与えた理由は、ウルビーノ公がビッビエーナで亡くなれば、彼の公国はヴェネツィア人の手に落ちることになろうからであるというのである。このために両人は強く批判される。しかしこの件についてはそれ以上、何事も起こらない。フィレンツェでは、大修道院長バジーリオが称讃され大いに尊敬される。これに対し、司令官とミラノ公は公然と侮辱される。ミラノ公は、ビッビエーナに対する作戦を支援し続け、何が必要であ

（17-14）フェデリーゴ・ダ・モンテフェルトロの息子グイドバルド（一五〇八年没）である。その洗練された宮廷生活はバルダサーレ・カスティリオーネの『宮廷人』によって不朽のものとなっている。

るかを申し出るように求め、それをふんだんに与えようと約束しているが、また事実、兵員や金をわれわれに与えてはいるが、それにもかかわらず大衆の信頼を、あるいは政権を握っている多くの要人の信頼さえもかち取ることができなかったのである。なぜならば、彼らは公を、野心的でずる賢い、誠実さというより、むしろ好んで策略に走り、罠を仕掛けるような人物と見なしていたからである。

フランス王、教皇、ヴェネツィアの同盟

これがわがフィレンツェの状況であった。しかしイタリア全体が大変動に直面していた。フランスの新王が先の王妃と結婚することによって、ブリュターニュ公国をフランス王国にもたらし、王としての地歩を固め、王権をしっかり安定させると、いまやすべての考えをイタリア侵入に向けたからである。まずミラノに対して軍事行動を起こし、次いでナポリ王国に向かうというものである。これはイタリアのすべての支配者にとって、最も重大な問題であった。それぞれの支配者はその欲望と情熱に従って、また当時たまたま自分の置かれた立場に従って、多かれ少なかれ動揺する。

教皇は息子のヴァレンティーノ公のために、一国家を創出しようと望んで、フランスの進攻以外、それを実現する他の手段が見出せなかったので、絶えずフランス王を煽動し駆り立てる。

ヴェネツィア人は大きな困難に巻き込まれる。カゼンティーノにおける悲痛な出来事と敗北は別として、またピサをこれ以上持ちこたえていくことはできないのを知り、あるいはピサから手を引くにしても大きな損害、不名誉を伴わざるを得ないのを覚悟してはいたにせよ、これとは別に、ヴェネツィア人は東方におけるトルコとの新たな戦争を大いに怖れていたのである。[17-15] トルコは強力に準備を進めており、海陸の双方からヴェネツィア人を攻撃するものと思われている。彼らはまた懼れる。すなわ

(17-15) 事実、ヴェネツィアはトルコとの戦争に突入する（一四九九－一五〇三年）。一四九九年、トルコはヴェネツィア領のアルバニア・ダルマティアを占領。八月にはギリシャ沖サピエンザの海戦でヴェネツィア海軍が敗北、レパントを奪われている。

ち、ミラノ公が皇帝およびフィレンツェ人と協定を結べば、ロンバルディアにいるヴェネツィア人を攻撃してくるかもしれない、という懼れである。彼らは公を不信の目で見ている。公によって深く傷つけられたものと感じている。なぜなら、ピサでの仕事がこれほどうまく行かないのは公のためだからである。戦う相手がフィレンツェ人のみであれば、ヴェネツィア人はその欲するところのものを手に入れたであろう。さらに彼らは、トルコを彼らに対して煽動しているのは他ならぬ公であると信じている。したがって、ヴェネツィア人は恐怖と怒りに駆られて、考えをフランスに向け、公に対抗してフランス王との同盟を求めるのである。彼らはまた、貪欲さにも動かされている。ミラノ公国から一定の領土を獲得しようと望んでいるからである。

フィレンツェ人は二つの考えを抱いている。一つはヴェネツィア人をカゼンティーノから駆逐することであり、もう一つはピサを取り返すことである。これらはいずれも、とくに第一のものはミラノ公の助けがなければ実現し得ないので、フィレンツェ人は一方において彼とうまくやって行かざるを得ない。しかし他方、彼らはフランス王の力を非常に恐れている。さらにフィレンツェ人は、フランス王と合意に至れば、彼の手からピサを受け取れるのではないかという希望を抱いている。かくして彼らは当初、二つの考えを持っていたのである。しかし後になって、ミラノ公の勧めもあって、フランスと結ぼうという考え方を取ることになる。

ナポリ王フェデリーゴはほとんど無力で弱かった。彼もまた、間もなくこの災厄に直面せねばならなくなろう。それにもかかわらず、当然そうでなければならないのに、これらの物事に動揺しているようには思われなかった。おそらく単に、それらを理解できなかったからであろう。

ミラノ公の苦悩は深い。なぜなら、公はフランスが彼より遙かに強力なのを知っているからである。

また彼は、イタリアの同盟を当てにできないのも知っている。教皇がフランスと手を組んでいるのは明らかであるし、おそらくヴェネツィアもフランス側につくであろうからである。したがって、ミラノ公は皇帝と交渉する。(17-16) さらに、彼はパオロ・ヴィッテルリ(17-17)が極めて有能な軍人であることを知っていて、パオロを利用できればと考えている。こうしたことから公は真実、われわれが領地を回復するのを望んだのである。われわれが彼の好意と援助によって、それらを取り戻せば、パゴロ・ヴィッテルリを手に入れ、また必要な時にはフィレンツェの全兵力を利用し得るであろうと考えたのである。彼は、ヴェネツィア人がピサ問題に疲れており、協定によってそれから手を引きたいと思っていることを知っている。また、ヴェネツィア人は公によって深く傷つけられたと感じていて、その憤怒からしてもフランスと手を組むのではないかということも認識していた。ヴェネツィア人を宥めるために、また彼らに好意を示すために、彼はフェラーラ公を交渉の調停者として立て、フィレンツェ人とヴェネツィア人との紛争を収めさせようとする。同時に、われわれに対しては、ヴェネツィア人がカゼンティーノとピサから手を引くためのいかなる協定でも受け入れるよう要請してくる。しかし、この措置だけではヴェネツィア人を宥めるのに十分ではないのではないかと懼れて、われわれにフランス王と合意に達するようしきりに勧めるのである。その合意が成立すれば、彼がフランス王と一定の我慢し得る協定に至るための良き手段となるだけでなく、ヴェネツィア人がフランスと友情を結ぶのを阻止する手段ともなろう、このようにミラノ公は計算したのである。現実の条件を考慮に入れれば、フランス王はわれわれにピサを約束せねばならないであろうし、そうなれば、彼はヴェネツィアと対立せざるを得なくなろう。したがって、フランス王とわれわれの協定は、フランス王とヴェネツィア人との協定と相容れないであろう。そうなれば、ヴェネツィア人は公と一緒になってイタリア諸国の防

(17-16) 皇帝（imperadore）とはすなわち、マクシミーリアーン一世である。グイッチァルディーニはマクシミーリアーンを一般的にはローマ王（re de' romani）と呼んでいる。

(17-17) グイッチァルディーニは普通パゴロ（Pagolo）と表記するが、ここではパオロ（Paolo）としている。

衛に乗り出さざるを得なくなるか、あるいは少なくとも中立を保たざるを得なくなるか、そのいずれかを選択せねばならなくなろう。そうなれば、公は己れ自身の兵とドイツからの一定の援軍によって、フランスに対して自らを守ることがいっそう容易になろう、と言うのである。

事態がこのように不安定な、宙ぶらりんの状態にあったので、十人委員会はアントーニオ・ストロッツィをフェラーラに派遣する。フェラーラ公の手に委ねられていた条約交渉に専念するためである。ソデリーニ司教は選ばれて、ミラノに大使として赴く。メッセル・フランチェスコ・ペピが常駐大使《オラトーレ・ディ・スタンツァ》として未だそこに留まってはいたが(17-18)、ミラノの宮廷でわれわれの問題をより良く解決するためである。次いで、ビッビエーナを奪回しようという熱意のもとに、フィレンツェは二人の信望ある人物をコッメサーリオとしてわが陣営に送る。奪回作戦のために何が必要とされているかを見極め、作戦を強化し、成功させるためにである。これに選ばれたのは、ジョヴァン・バティスタ・リドルフィと、パオラントーニオ・ソデリーニである。数日後、フェラーラ公は交渉をヴェネツィアに移して行おうと決意する。ヴェネツィア人が熱意をもって協定に達しようと努力しているのを見て取ったからである。フェラーラが全権大使の派遣を要求してきたので、フィレンツェは、ジョヴァン・バティスタ・リドルフィとパオラントーニオ・ソデリーニを送る。アレッサンドロ・ディ・ドナート・アッチァイウォーリが副大使である。カゼンティーノには、彼らの代わりにアントーニオ・カニジァーニとロレンツォ・ディ・ピエールフランチェスコが派遣される。同夜、メッセル・アントーニオ・マレゴンネルレが、ローマ常駐大使に選出される。ロベルト・ディ・ドナート・アッチァイウォーリが副大使である。われわれの大使たちがヴェネツィアとフェラーラに向けて出発する前に、フランスから書簡が届く。フランス王とわれわれの話し合いは極めて順調に進んでいるが、ヴェネツィア人はその話し合いを打ち

（17-18）Oratore di stanza 常駐大使は当時、一般化しつつあった。近代の外交慣例の確立期なのである。

切ったかのように思われるという内容のものである。次いで突然、まったく予想し得なかったニュースが届く。すなわち、フランス王、教皇、ヴェネツィア間に、一つの同盟が成立したというニュースである。[17-19] ヴェネツィア人はフランス王に一定額の金を与える約束をする。その代償として（el converso）、フランス王はミラノ公国を征服した場合、王はヴェネツィア人にクレモナ人とともにクレモナとギアラダッダを与えるというものである。初めは厳重に秘密にされていた条件である。

フィレンツェはこのニュースにまったく狼狽《うろた》える。ミラノ公はなおさらのことである。びっくり仰天して、怖れを抱く。いまや彼には何の支援もないのを知るからである。しかし彼は決然としていて、あきらめようとはしない。彼は即刻、フィレンツェにメッセル・ガレアッツォ・ヴィスコンティを送る。公の高く評価している人物である。ビッビエーナでの軍事行動を遅らせているものが何であるかを見定め、司令官と兵に対して速やかに作戦行動を終わらせるよう強く求めるためである。彼はまたフィレンツェに対して、十分武装しておくように、不測の事態に備えておくように、そして大使をヴェネツィアに向けて急ぎ出発させるように要請している。公はまだ、フランス王とヴェネツィア人との協定がどれほど永続的なものであるかを知らないでいる。そのため、できればこの行為でヴェネツィア人をして彼に恩義を感じさせたいと望んでいる。これがまったく役に立たないとしても、少なくともわれわれの問題を解決させ、ヴィッテルリを利用できるよう望んだのである。メッセル・ガレアッツォがフィレンツェでの用務を終えると、カゼンティーノに行く。ここでフラカッソに、ミラノに帰国するよう命じている。フラカッソは帰国とともに反逆者として追放される。カゼンティーノのヴェネツィア人と不吉な性格の交渉を持っていたというのが、その理由である。

この時期、十人委員会はリヌッチョ伯の権限を強化する。この措置はフィレンツェにとって、後に

（17-19）一四九九年二月九日、同盟成立。公表されたのは四月十五日である。ブロア条約。

悪い結果をもたらすことになる。これをより良く理解するために、思い起こさねばならないのは、ヴィッテルリと伯との間には大きな抗争が存していたという事実である。パゴロと同じ年齢であり、しかもパゴロ以上に長期間にわたって、われわれに仕えてきた関係上、伯はパゴロが上位の地位に就いたことで立腹している。事実、パゴロが総司令官になった時に、伯はわれわれに仕えるのを辞任しようと望んでいる。しかしフィレンツェ人は、彼が有能で忠実な人物であると思っていたので、職に留まるよう説得している。彼に幕僚長官《ゴヴェルナトーレ・デル・カンポ》の称号をそのまま保持するのを許し、ヴィッテルリのそれに等しい傭兵契約《コンドッタ》を与えている。しかし、それですら彼は満足しない。パゴロを援助する代わりに彼の邪魔をし、パゴロの企てることにはすべて反対し続ける。さらに彼はパゴロよりも、より良い傭兵契約《コンドッタ》、より高い地位を要求し続けている。他方、パゴロは能力においても称号においても、ともに優越していたので、このような競争をまったく好んでいない。また、伯が彼と同じ傭兵契約《コンドッタ》を持っても然るべきだとは思ってもいない。しかし、フィレンツェ人は彼に同意するよう懇願する。パゴロはこれに応ずる。しかし彼は、伯が彼よりも高い権限を持つことは決して許すことはなかろう。口論と意見の衝突が日ごとに彼らの間に起こって、分裂が軍と兵隊の間だけでなく、フィレンツェ内でも惹き起こされる。それぞれがフィレンツェ内に支持者を有していたからである。そのある者は友人であり、ある者はフィレンツェの幸福に対する関心[17-20]のために、どちらかの側につくのである。カゼンティーノにおける軍事行動があれほど風変わりに、熱意なく行われたのは、他ならぬこの重大な争いのためなのである。

伯は、友人たちと己れのコンドッタを拡大させようと秘密裏に企んでいる。その目的のために、彼は巧みに噂をミラノとその他の土地から流させる。すなわち、伯は極めて有利な条件でヴェネツィア

（17-20）父ピエロを指しているようである。単に友人であるがゆえにパオロを支持するのではないと言いたいようである。

人に傭われようとしているといった内容のものである。そのような噂が届くと、彼の友人たちは騒ぎはじめる。これはわがフィレンツェにとってどれほど恐ろしい打撃であろうか、と言うのである。そして、わが軍の兵力が減少し、これに対してヴェネツィア人がトスカーナで強化されるであろう、と言って慨嘆するのである。ヴェネツィア人はわれわれより多くの兵を擁しているが、これはさておき、いまや極めて有能な人物を傭い入れるのである。その人物は長年、われわれに仕えて来たので、われわれの領土の峠や農村部に関して厖大な知識を持っており、わが臣下の間に多くの友人を持っているのである。このような議論が十人委員会の耳に達する。その中には、伯の強力な支持者ルーカ・ダントーニオ・デリ・アルビッツィと、ベルナルド・ルッチェライがいる。ベルナルドは、ピストイアにそのカピターノ(17-21)として派遣されたメッセル・グイドの後任として選出されている。結局、十人委員会には誰一人としてこの問題の重大さを認識している者がいなかったために、伯のコンドッタが拡大される。彼らは性急にこの決定を下す。なぜならば、彼らは、ピエロ・グイッチァルディーニがフィレンツェの幸福に対する関心のためか、あるいはパゴロとの友情のためか(17-22)、彼らの提案を阻止するかもしれないと懼れていたからである。いずれにせよ、ピエロはジョヴァンニ・マネッティが亡くなった後、十人委員会に選出されていたが、ちょうどその時、コッメサーリオとしてピサ領に行っている。事実、この決定はピエロがフィレンツェに戻ったまさにその夜になされたのである。まず、彼はシニョリーアに登庁する。それから、新しい役所に出頭する。結局、この件について彼は何も聞かされなかったので、同僚に別れを告げて帰宅する。疲れていたからである。これから何をしようとしているか、彼らは何も彼に語らなかった。しかし彼が立ち去るや、彼らは提案を通過させる。パゴロがこれについて耳にすると、秘書のメッセル・コルラードを通して激しく抗議を行ったため、ついに彼を宥める

(17-21) カピターノについては「解説」三参照。

(17-22) 既に触れたように、グイッチァルディーニの父はパオロ・ヴィッテルリの友人である。

ためにパゴロのコンドッタをも拡大させることになる。したがって、伯のそれと同じものとなる。(17-23)
　フィレンツェはいまや、傭い入れることのできる限りの多数の兵の負担を強いられる。その数の適切な限界が数度にわたって注意深く計算されてきたという事実があったにもかかわらず、である。十人委員会と有力市民たちは、激しく非難される。なぜならば、一般大衆は彼らがフィレンツェの幸福のためにではなく、彼自身の利益に従って支配していると考えたからである。その結果、悪いことが生じる。これについては次に触れられよう。

　後になって、大使たちはフェラーラに向けて出発する。フェラーラに到着し、そこで数日間、公と交渉した後、彼らは公とともにヴェネツィアに向かう。ヴェネツィア人が協定を心から望んでいたと、われわれは思い込まされている。数日間にわたって、わが大使たちはヴェネツィアでわれわれの立場を主張するが、その後、フェラーラ公はすべての対立を調停する権限を与えられる。フィレンツェはこれに同意するのを躊躇するが、最終的にミラノ公の要請に従ってそれに同意する。同意を躊躇したのは、フェラーラ公がヴェネツィアを畏敬し怖れていたために、正義が踏みにじられるのではないかと懼れたからである。

(17-23) 傭兵隊長同士の嫉妬や反目によって、グイッチァルディーニはマキァヴェリ同様、今後、大いに苦しめられよう。マキァヴェリは傭兵軍に絶望し、一五〇五年以降、市民軍の構想を抱き、それを実現していく（本文第26章「マキァヴェリと新しい市民軍法令」参照）。しかし奇妙にも、グイッチァルディーニは父のピエロ同様、市民軍構想には消極的であった。これについては拙著『グイッチァルディーニの生涯と時代』下巻三五一―四三三頁参照。

第18章

フェラーラ公の調停――フィレンツェにおける十人委員会《ディエチ・ディ・バリーア》に対する憤懣――ピサに対する新たな決断――パオロ・ヴィッテルリに対する疑惑――ミラノ公の苦境――パオロ・ヴィッテルリ、ピサ包囲を解く――パオロの逮捕と処刑

フェラーラ公の調停

一四九九年――フェラーラ公に調停が一任されて一四九八年は終わる。この年にはいくつかの大事件が起きたが、一四九九年には、さらにそれ以上に大きな事件が起ころうとしている。この年の初頭、フェラーラ公エルコーレは、われわれとヴェネツィア人との紛争の調停案を発表する。これによると、ヴェネツィア人は四月二十五日、聖マルコの日にピサ、ビッビエーナ、その他、ヴェネツィア人が占拠しているビッビエーナ周辺の農村部のすべての場所から撤退することになる。この戦争でヴェネツィア人が蒙った費用の賠償金の一部として、彼らはわれわれから十八万ドゥカーティを受け取る。支払いは十五年間にわたってなされる。毎年一万二千ドゥーカーティの割合である。ビッビエーナを回復するに当たって、フィレンツェ人はその住民の罪は問わない。ピサ人がこの協定に加入するのを望むのであれば、彼らはフィレンツェ人にピサの通商権と統治権を委ね、ピサの農村部《コンタード》全体を返還し、フィ

レンツェ人に一人のポデスタ[18-1]をピサに派遣するのを許す。しかし、ヴィコピサーノとその他の要塞はピサの安全のためにピサ人が保持する。フェラーラは上訴を扱うために、とくに私の信ずるところに従えば、刑事事件をも扱うために法律家《ドットーレ》を派遣する、といった内容のものである。

ヴェネツィア人はフェラーラ公の調停案に大いに不満である。なぜなら、ピサを放棄すれば、ピサは必ずやフィレンツェ人の手に落ちることになろうと思ったからである。フィレンツェ人が調停によってピサを回復するのであれば、少なくも彼らは直ちにこの戦争で蒙った費用の大部分を支払うべきである。費用は七十万ドゥカーティを上回るのである。ヴェネツィア人は公に対して激しく不満を表明したために、公の方では身に危害を加えられるのではないかと懼れはじめる。数日後、公は彼らを満足させるために調停案に一定の声明を付け加える。すなわち、ピサにおけるフィレンツェ人の優越性と支配権を限定し、ピサ人の安全性を強化するものである。これがなされた数日後、ヴェネツィア人は条約の条件に応ずる旨を通告する。しかし、それに直接批准するというのではなく、カゼンティーノとピサから定められた日までに兵を撤退する方を選ぶ。そして事実上（de facto）、批准したものと言明する。

フィレンツェ人もまた不満を表明する。とくに、二つの点についてである。第一に、要塞がピサの支配下にある以上、フィレンツェはピサに対する支配権を真に取り返したことにはならないという点である。なぜなら、ピサ人は好きな時に、いつでも反乱を起こすことができるからである。ピサ人の強情さ、悪意、われわれに対して抱いている大きな憎悪などを考えれば、彼らはおそらく反乱を起こすであろう。第二に、ヴェネツィア人に十八万ドゥカーティを支払わねばならないのは苛酷である。不正にわれわれを苦しめ、われわれの領土を占領したのは事実上、ヴェネツィア人の方だからである。

（18−1）ポデスタについてはカピターノとともに「解説」三参照。

あらゆる公正さからして、われわれが注ぎ込んだ費用に対して保証すべきはヴェネツィア人の方なのである。ピサおよびカゼンティーノからの彼らの撤退は、それほど大きな譲歩だとは思われない。なぜなら、彼らがそこでこれ以上持ちこたえることができないというのは周知のことだからである。これらの理由からして、フィレンツェは協定に批准するのを嫌がる。しかしミラノ公が終始一貫、そうするようにわれわれに要請してくる。機会さえあれば、それを利用してピサを取り返せば良いではないか、と言うのである。ひとたびピサに入れば、それを完全に奪回するための方法はいくらでも見出せよう、と言うのである。金額は、その支払いが長期間にわたるのであるから重い負担ではない。(18-2) 公はその支払いを援助しようとまで約束している。かくして、最終的にフィレンツェは批准する。

ピサ人の間には曖昧さはない。ヴェネツィア人によって敵に売り渡されたものと思っている。彼らは、フィレンツェ人の約束にも、彼らの権利を守っている協定にも信を置いていない。彼らは、ミラノ公があらゆる努力を払って、彼らを説得しようとしても同意することは決してないであろう。かくして、ミラノ公は依然として望むものを手に入れていない。この協定を成立させることによって、あれほど苦労を重ねて手に入れようとしていたものを、である。すなわち、ヴェネツィア人はミラノ公に感謝していないのである。それに、フィレンツェ人の状況は依然として強情なピサ人と対決していて、何一つ変わっていない。したがって、公はフィレンツェ、あるいはフィレンツェの兵を利用することができないのである。

協定が成立して主要な関係者に受け入れられた後、フィレンツェは放棄されたビッビエーナに入り、その市壁を取り壊す。これは激しい非難の的となる。なぜなら、フィレンツェはビッビエーナの住民を許すと約束している協定の条項を犯しているように思われたからである。ピサでのわれわれの混乱

(18-2) 約束の十八万ドゥカーティは結局支払われなかった。

を考えに入れれば、親切にするよう努めた方が賢明であったかもしれない。とにかく、ピサ人が依然としてピサを支配しているので、フィレンツェ人は力を用いざるを得ないものと覚悟し、来るべき作戦に全精力を集中する。条約が調印されると、(18-3)パゴロ・ヴィッテルリはカステルロに立ち去る。フィレンツェとの関係がややぐらついたままの出発である。いまや十人委員会は、ピエロ・コルシニを派遣する。ピエロ・コルシニは彼と新しい契約を行い、彼を伴ってピサ領にとって返す。ピエロはコッメサーリオとして、常駐の代表コッメサーリオ(18-4)であるピエールフランチェスコ・トッシンギとともにそこに留まる。

フィレンツェにおける十人委員会《ディエチ・ディ・バリーア》に対する憤懣

この時期、新しい十人委員会《ディエチ・ディ・バリーア》が選出される。法に従って、指名はコンシーリオ・グランデで行われる。数人のフィレンツェの有力市民が指名されるが、彼らのいずれも選出されない。シニョリーアは彼らを選出させようと試みるが、徒労である。かくして、戦争と大作戦の行われようとしている時にあって、フィレンツェは十人委員会という役所を欠くことになる。(18-5)その理由は次のようなものである。ピサとの長期間にわたる戦争にあって、フィレンツェは莫大な額の金を使ってきている。フランス王に与えた金はまた別である。しかも、これらはすべて実を結ばないままである。あるいは、いかなる成功ももたらさない。混乱が日一日と増大していく中で、物事を取り囲んでいる状況について考えたこともない大衆は、こうしたことが起こってくるのは有力市民が本当はピサを奪回することなど望んでおらず、フィレンツェを絶えず混乱させておこうとしているからである、と考える。そうなれば、いっそうフィレンツェは彼らに依存するようになるから、というのである。次いで、大衆が弱体化し

(18-3) 四月十六日調印。

(18-4) prima commessario per stanza

(18-5) 一四九四年以降、「自由と平和のための十人」(Dieci di Libertà e Pace)と呼ばれている。マキァヴェリがその書記官に選ばれるのは一四九八年六月十九日である。年俸二百フィオリーニ、任期は二年である。しかし実際は一五一二年までこの地位にある。

疲れ切った時に、有力市民たちはコンシーリオ・グランデを廃止する機会を容易に見出すことができようと考えるのである。これらの有力市民が常に十人委員会にいるので、この役所の名そのものが深く憎悪されるようになる。大衆[18-6]（モルティトゥーディネ）の間では、次のような表現がしばしば使われている。〝十人も、金も、われわれのような者のために作られたものではない〟というものである。さらに、有力市民は恐れたり、あるいは崇敬したりすることのできる一人の指導者を持っていないので、一般的に彼ら自身の利益を追求するのである。まさに十人委員会の多くの者は、そのようなことをやってきているのである。時には、先に触れたリヌッチョ事件のように、ある傭兵隊長に異常な好意を寄せたり、あるいは時には、友人や親族のために利益を計ってやったりしているのである。どこかで紛争が生じると、何の理由もなく多数のコッメサーリオを派遣し、フィレンツェに莫大な失費を負わせるのを常としている。このような結果、コンシーリオ・グランデで金銭法案《プロヴィジオーネ・ダナーリ》を通すことが困難になったばかりか、十人委員会という役所に触れただけで、他のいかなる発言にもまして大衆の間に憎悪が沸き起こるようになったのである。十人委員会が選出されそうもないと確信した任期五月と六月のシニョリーアは、戦争の問題を自ら処理しようと決断する。その際、重要な決定がなされねばならない時には、そのつど有力市民による特別会議《プラティカ》が召集され、助言が求められる。このシニョリーアのゴンファロニエーレは、フランチェスコ・ゲラルディである。いまや、わが軍の兵力と敵のそれの研究に注意が集中される。ピサは見捨てられ、しかもイタリアの状況を考慮に入れると、いかなるところからもピサは強力な支援を期待し得なかったので、ミラノ公からの援助も受けることなく、われわれの兵のみで十分ピサを征服することができるものとされる。ミラノ公は援軍の要請がないことに不愉快を感じる。フィレンツェが公の支援を得ることによって公に借りをつくるのを避けていると思っ

（18-6）moltitudine 大衆と訳しておいたが、いわゆるコンシーリオ・グランデに入る資格のない最下層民ではない。名門貴族層に対抗するコンシーリオの多数派、中小の商店主、職人層を指す。しかし市民（cittadini）には入らない。グイッチァルディーニは時に彼らを universale とも呼んでいる。moltitudine も universale もともに無知な（ignoranti）人びとなのである。当時、コンシーリオ・グランデにおける有力市民層と、圧倒的に多数を占めるこれら中小の商店主、職人層との対立が次第に尖鋭化し、フィレンツェは内政的に最大の危機に直面することになる。

たからである。日ごとに近く迫って来るように思われる公とフランスとの戦いに、フィレンツェが公を援助する義務が生じないためにである。[18-7]

ピサに対する新たな決断

このような結論に達した今、その遂行のために金が必要となる。金銭法案がコンシーリオ・グランデに提案されるが、先に述べたような状況のために、コンシーリオはそれを通すのに消極的である。さらに大衆は、国内の報酬を伴わない高位の役職《オノーレ》の選出と、そのあと続く国外の報酬を伴う役職《ウチーレ》の選出方法を、同じものにしようと圧力をかけている。すなわち、過半数をかち取ったすべての人びとの名を袋に入れるというものである。かくして、彼らはすべてに白い豆《ファーベ・ビアンケ》[18-8]を与える。この問題を論議するための特別会議《プラティカ》が召集される。彼らはピサの重要性を考慮し、いまやピサが九四年以来のいかなる時にもまして孤立しており、成功の可能性がより高まっているのを考えて、新しい金銭法案導入の危険を冒すだけの価値があると結論づける。もっとも、彼らは大衆が嫌な気分にあることは知っている。この法案の追加条項として、国内の役職の選出は、ただし候補者は指名されねばならないが、それを除いて国外の役職の選出で用いられている手続きに従うべきであるという提案が盛り込まれる。この法案が提案されると大衆は金を支出せねばならぬことで不愉快であり、またパゴロ・ヴィッテルリをまったく信頼していなかったこともあって、仮にゴンファロニエーレのフランチェスコ・ゲラルディが着々と、極めて巧妙に、かつ親切に、慎重で穏やかなやり方で、それを支持しなかったならば、確実に通らなかったことであろう。大きな困難を伴わなくはなかったが、ゴンファロニエーレの才能によって、この法案は最終的に通過する。

（18―7）ミラノ公ロドヴィーコ・イル・モロの孤立化が決定的となる。

（18―8）白い豆は否決を意味する。「解説」三参照。

パオロ・ヴィッテルリに対する疑惑

法案が通ると直ちに、金が軍に送られる。これを受け、わが司令官はカッシーナを攻撃し、数日以内で見事にこれを取る。(18-9) しかし運命がそれを望んだのであろうか。この勝利は彼の不評を高めるのである。彼は、メッセル・ピエトロ・パオロ・デルラ・サセッタの息子リニエーリをカッシーナで捕虜にする。われわれはかつて、彼をピサ戦で傭い入れている。しかしその後、いかなる理由であるか私には分からないが、突然、彼はわれわれのもとを去り、ピサに寝返っている。ここで彼はわがフィレンツェに危害を加えるために、できることは何でもやっている。たとえば、彼は、フェラーラ公エルコーレの調停をピサ人に受け入れることのないよう強く説得した者の一人である。われわれが信頼して、傭い入れた者の側からするこのような行為はひどくおぞましく、事実、フィレンツェ人は彼を憎悪していたのである。さらにリニエーリは最近ミラノに行っているので、ミラノ公がピサの問題で、われわれに対して悪意を抱いているのであれば、リニエーリは公の秘密を知っているであろうと、フィレンツェの大衆は疑ったのである。ミラノ公の悪意については、わがフィレンツェでは大いにその可能性があると思われているのである。それで彼が逮捕されると、フィレンツェは直ちに司令官に書を呈して、直ちに捕虜のリニエーリの身柄をフィレンツェに引き渡すよう命令している。彼を尋問し、知っていることを白状させれば、その後、彼の首が飛ぶことは自明のことである。しかしフィレンツェが彼を待っている間、逃亡したという知らせが届く。実際は、彼はパゴロによって釈放されているのである。パゴロは、誉れ高い、勇敢な軍人に対して、警吏《バルジェロ》の役割を演じたくなかったのである。しかし、フィレンツェでパゴロを疑っている人びとは、これに対し異なった解釈を下す。すなわち、パゴロはリニエーリが陰謀を暴露するのを欲しなかったというのである。パゴロがミラノ公とピサ人とと

(18-9) 一四九九年六月二十六日。これ以後、八月一日まで、パオロ・ヴィッテルリは積極的な作戦行動を行っていない。これがいっそうフィレンツェ人の疑惑を深める。

もにフィレンツェに対して企てている陰謀である。リニエーリはピサ人の秘密に通じ、ピサ問題についてのミラノ公の秘密をも知っていると思われていたからである。このような噂はパゴロの不評を大いに高める。この問題についてパゴロは非難され、中傷されるのである。

カッシーナを取った時期、今までのシニョリーアが任期を終える。フランチェスコ・ゲラルディに対する好意と支持は絶大である。疑いもなく、ゴンファロニエーレがこのような大きな人気を博しながら任期を終えるのは、久しくなかったことである。大衆はフィレンツェのいかなる市民にもまして彼を尊敬し、敬愛したのである。くじによって選ばれた新しいシニョリーアが任務に就くと、フィレンツェとその軍隊は、全力をあげてピサ包囲のために必要なものは何でも供給する。

ミラノ公の苦境

この間、ミラノ公の心配は日ごとに増大していく。フランス王はその準備を素早く行いつつあるからである。教皇は公との協定についての一定の希望を与えていたにもかかわらず、いまや極めて強い調子でフランス王を支持する旨を宣言する。そのため、アスカーニオ枢機卿は良い結果が期待し得ないとして、またおそらく彼自身の安全を計って教皇庁《ラ・コルテ》を去り、ミラノに行く。同じ時期、クレモナを欲しがっていたヴェネツィアは、ミラノ公国を完全に滅ぼそうと決意している。ドイツ人の熱狂は今では冷えてしまっている。そのため、その方面から期待されていた援助の希望はすべて空中の楼閣であったことが分かる。また、ピサ作戦が進められているために、パゴロ・ヴィッテルリを使うことはできないであろう。したがって、公は窮境に陥っている。とくに公は、彼自身の過失によって可能な助力の源泉を自ら奪ってしまったからである。公と、公に仕える司令官マントヴァ侯との間に、傭兵契約《コンドッタ》の条件をめぐって意見の衝突が生まれている。そしてこれは、ガレアッツォ・ダ・サンセヴェリーノによって助長される。マントヴァ侯(18-10)に取って代わることが彼の野心であったからである。貧弱な判断の結果、公はこの問題を解決することができない。このため、マントヴァ侯は公のもとを去る。このようにして、己れ自身の過失によって公は、軍をフランス兵に向けるに際しても、あるいはヴェネツィアに対してミラノ公国を守るに際しても、大変役に立ったであろうはずの道具を指の間から滑り落としてしまったのである。

フィレンツェはミラノ公の立場の弱いことを理解する。フランス王がフィレンツェに対して王を支持する宣言を出すようにと強く要求してきた時、市民の考え方は分裂する。公と断絶したくない人びとは、そのような宣言は今までの公のわれわれに対する大きな援助や好意に対する返礼としては酷いものではないか、と主張する。ヴェネツィア人をトスカーナから駆逐した功績は公にある、と言うのであるさらに彼らの考えによれば、公はドイツによって支持されているので極めて強力であって、多くの人びとが一見考えているほど簡単に飲み込まれることはなかろう、と言うのである。このような考え方は、とくに修道僧の敵だった人びとのものである。彼らは常にミラノ公の方に友好的で、フランスに対抗しているのである。他の党派は、ヴェネツィア人と教皇と同盟しているフランス王の大きな力を考え、ミラノには逃げ道がないこと、ミラノ公とともに破滅したいと望むのは狂気の沙汰であると判断する。彼らは、九四年にフランス王シャルルに対抗しようとしてどれほどフィレンツェが大きな損害を蒙ったかを思い出している。市民たちがこのような対立した見解を抱いていれば、いかなる結論も、あるいはいかなる決定にも達せられないことは明らかである。

(18-10) ジァン・フランチェスコ・ゴンツァーガ(一四六六―一五一九年)。当代一流の傭兵隊長である。夫人イザベラ・デステの主宰する宮廷は当時、イタリアで最も洗練された社交の場であった。その宮廷には一時ミラノを去ったレオナルド・ダ・ヴィンチが滞在し、イザベラ・デステの有名なデッサンを描いている。本文一八七、一九〇、一九一頁参照。

パオロ・ヴィッテルリ、ピサ包囲を解く

戦争の準備がなされると、パゴロ・ヴィッテルリはわが軍の陣営をピサの外に配置し、大砲を配備し、……日(18-11)に包囲を始める。サン・ロレンツォの日(18-12)、彼の手兵がスタンパーチェのピサの要塞を奪う。もっとも、これらの兵は戦闘命令を受けていない。要塞の喪失はピサ人を仰天させる。そのため彼らは退却しはじめる。このため、メッセル・ガムバコルティとその他数名の者はルッカに逃れている。このチャンスは八時間、あるいは十時間ほど続く。このチャンスを捉えて勝利を確実なものとしていれば、ピサは疑いもなくわれわれのものになっていたであろう。しかし司令官はその日、攻撃命令を下していなかったこともあって、兵をとどめる。おそらく、彼もまた敵がそれほど大きな恐怖に捉えられ、混乱していたことが信じられなかったのであろう。とにかく、ピサ人は勇気を取り戻し補強する。そのため、スタンパーチェはもはやピサ市内への侵入口ではなくなる。そのうち、わが軍の兵士が数多く、悪疫性の熱病に罹る。これは一年のうちのこの時期、この地方で生じる悪い空気のせいである。わが二人のコッメサーリオもこれに罹る。事実、ピエロ・コルシニはこのために亡くなる。彼らの代わりにフランチェスコ・ゲラルディとパオラントーニオ・ソデリーニが任命されるが、彼らもまた数日のうちにこの病に冒される。間もなく、市民たちはそこに赴任するのを嫌がるようになる。ルイジ・デルラ・ストゥーファとピエールアントーニオ・バンディーニが派遣されるが、彼らも直ちに病に罹る。彼らのあとピエロ・ヴェスプッチが送られるが、彼もまた病でフィレンツェに戻る。この間、司令官の大砲が市壁を破壊していたので、攻撃命令さえあれば、ピサを取ることができるであろうと多くの人びとは思っている。司令官もそれを否定しなかった。しかし、そのためには数多くの人命が犠牲になろう、三、四日、攻撃を延期した方がよかろう、と言うのである。その時までには市

(18-11) テキストには示されていない。八月一日である。

(18-12) 八月十日。

壁ももっと破壊されるので、危険も少なく、死者の数も少なくして勝利をかち取ることができるからである。このようにして司令官は、より安全な道を取るよう主張したのである。数日間という短い時間のうちに、われわれの状況を悪化させるような物事が起こるはずがないであろう、と考えていたからである。彼は最終的に攻撃の日を決定し、サンタ・マリア・イムプルネータの肖像(18-13)がその日にフィレンツェにもたらされるよう要求する。しかしこの間、病に罹った兵士の数が急増する。彼の軍には、健康で元気のよい兵が残されていない。彼もまた病に伏して、攻撃は中止せざるを得なかったのである。わが軍は縮小していくばかりである。次いで数日後、ピサはルッカから送られた三百名の歩兵によって補強される。司令官は勝利に絶望し、包囲を解くのである。これによって、フィレンツェにおける彼の不評は限りなく増大する。無知な大衆の間だけではなく、政治的に影響力のある多くの市民の間にも、同じように増大するのである。

(18-13) サンタ・マリア・イムプルネータの肖像は奇跡を惹き起こす力を持っていると考えられていた。フィレンツェが危機に瀕した時や、災厄に遭遇した時など、フィレンツェに持ってこられ、礼拝されていた。

パオロの逮捕と処刑

このようにして、ピサ作戦は終わる。この作戦は、うまく行くという大きな期待とともに始められた。われわれには多数の兵がおり、司令官も有力であり、これに対し敵の方はイタリアのすべての国から見捨てられ、孤立していたからである。このような結末は不名誉なことであり、有害でもあった。とくに、この戦いには莫大な金が投入されただけでなく、ピエロ・コルシニ、フランチェスコ・ゲラルディ、パオラントーニオ・ソデリーニ、それにピエールアントーニオ・バンディーニの生命も奪われたからである。フランチェスコ・ゲラルディの死はとくに、フィレンツェにとって痛ましかった。最近になって、あれほどの人気の高みに昇りつめた人物であったからである。パオラントーニオ・ソデリーニの死を悼んだ者はいなかった。なぜなら、たしかに彼は卓越した能力があり、極めて慎重で、雄弁で、自由を愛していたが、それにもかかわらず野心的な人間と見なされていたからである。彼は、政体の変化を支持し、権力を少数の市民の手に限定しようとしている人間と信じられていたのである。

わが軍がピサを離れた後、任期九月と十月の新しいプリオーレが選出される。ゴンファロニエーレはジョヴァキーノ・グァスコーニである。このシニョリーアが任務に就くと、パゴロは人気を取り戻そうとして軍を再編しピサに戻る。もう一度の機会を求める。多くの論拠を引き合いに出して、作戦は容易であると証明する。これを確信した賢明な人びとも、なかにはいた。しかしフィレンツェはこれに抵抗して、拒否することにする。一つには疲弊していたからであり、一つにはパゴロをもはやまったく信じなくなっていたからである。多くの理由からして、彼についての疑惑は日ごとに成長する。とくに、ピエロ・ヴェスプッチが帰って来てから、これは著しい。彼についてのヴェスプッチの報告が酷かったからである。何事かが為されねばならなかった。われわれの一司令官が敵であると見なされているのであるから、いつまでもそのまま放置しておくことは許されなかった。ついに、ベルナルド・ルッチェライとフィリッポ・ブオンデルモンティ、それにルーカ・デリ・アルビッツィが、コッメサーリオのアントーニオ・カニジァーニとブラッチョ・マルテルリに支持されて、ゴンファロニエーレとプリオーレのフランチェスコ・グイドゥッチとニッコロ・ディ・アレッサンドロ・マキァヴェリ(18-14)に接触し、パゴロを処罰させるよう説得する。次いで、これら三人が他のプリオーレを説得する。ただし、アントーニオ・セッリストーリは病で自宅に引きこもっていたために何事も告げられていない。かくして、シニョリーアはカッシーナにいるコッメサーリオに指令を送る。コッメサーリオは、軍の再編について協議するという口実のもとに、パゴロをカッシーナでの会合に呼びつけ、そこで彼を逮

(18-14) この人物はわれわれのいわゆるニッコロ・マキァヴェリとは別人である。われわれのマキァヴェリはニッコロ・ディ・ベルナルド・マキァヴェリである。

捕する。(18-15) 同じ指令に従って、シニョーレ・ピエロ・ダル・モンテとピルロ・ダ・マルチアーノ伯が、ヴィッテロッツォの幕舎に赴いて逮捕しようとするが、ヴィッテロッツォは既に、何が生じているかを耳にしていて、数名の部下に命じて途中でコッメサーリオたちを押さえさせ、その間に逃亡の時を稼いでいる。まずピサに逃れ、次いでカステルロに行って命を救っている。

パゴロ逮捕の知らせがフィレンツェに届くと、シニョリーアは、フィリッポ・ブオンデルモンティとルーカ・ディ・アントーニオ・デリ・アルビッツィを送って、彼をフィレンツェに送還させる。パゴロの逮捕は極秘で、これに関係した者以外、有力市民のすべてに知らされていない。彼らは途中、パゴロに出会い、厳重な護衛のもとに翌日の夜、彼をフィレンツェに連れ戻す。パゴロの尋問が直ちに始められる。何も聞き出せなかったので、彼は拷問にかけられる。拷問にかけても、パゴロは何も自白しない。それで他の拷問も試みる。しかし、いつまでたっても徒労である。書簡や書き物も調べられる。あらゆる手段を用いて、パゴロの秘書チェルボーネ・カステルロと親友のメッセル・ケルビーノ・ダ・ボルゴ・サン・セポルクロを尋問する。しかし、パゴロが他の君主とかつて陰謀を企んだとか、あるいはフィレンツェを欺こうとしたとかを示す何物も見出せない。それにもかかわらず、ゴンファロニエーレとその同僚たちは、パゴロの有罪を確信している。パゴロが拷問のもとにあっても屈しないのは、彼が強い人間であるからと彼らは考える。メッセル・ケルビーノとチェルボーネが何も自白しなかったのは、パゴロがその秘密を彼らに明かしていなかったからだと思う。これらの結果は次のごときものである。パゴロがフィレンツェに連行されて来た翌日の第二十三限に、シニョリーアの命令によって八人委員会は彼の首を刎ねている。(18-16) 大衆全体がこれを喜ぶ。パゴロを憎んでいたからである。有力市民の中でこれに不愉快を抱いた人びとは沈黙を守る。パゴロとともに陰謀を企んだの

(18-15) 逮捕されるのは九月二十八日である。

(18-16) 処刑されたのは十月一日。パオロ・ヴィッテルリが有罪であったかどうかは不明である。グイッチァルディーニは無罪を信じていたが、本文におけるこの問題に対する大衆の見解の記述は後の『イタリア史』の記述と完全に一致しない点もある。ヴィッテルリ自身は罪を一切認めていない。ヴィッテルリ家については本文第23章、三七五頁以下参照。

ではないかという疑いをかけられるのを懼れてのことである。これが、当時、イタリアのいかなる傭兵隊長にもまして大きな名声を誇ったパゴロ・ヴィッテルリの憐れな最期であった。

　パゴロ・ヴィッテルリが戦争術に最も才能のある、偉大な勲《いさお》しを達成できる勇敢な人物であったことは疑いがない。ピサ作戦はもう少しのところで勝利することができたといっても許されよう。しかし、彼にはフィレンツェ共和国において嫌われるような多くの性質が見られた。彼は、貪欲で、あらゆる難クセをつけて傭兵契約《コンドッタ》や俸給を吊りあげようとする。彼は多くの人びとに疎まれた。粗暴で、他人の意見を容れず、一緒に仕事をせねばならないコッメサーリオや市民たちを尊重することもなかった。軍事行動に入る前には、準備を完璧にし、糧食を十分に確保する。移動する時には、慎重に優位を確認しつつ行う。このため、フィレンツェに耐え難い失費を強いたのである。フィレンツェは多年にわたる苦しい支出のために消耗し、そのような負担を引き受けるのをとくに嫌ったのである。パゴロ・ヴィッテルリは、ピストイアやボルゴ・サン・セポルコロ、その他のわが主要な都市に縁故者や友人を多数持っていたこともあって、少数の賢人たちは、わが領土内で権力と支配権を握ろうとしているのではないかと怖れるようになる。

　しかし、彼の処刑の主な根拠ということになると、無実であったことはほとんど明白である。このような意見には十分な理由がある。傭兵隊長である以上、彼の地位と強みは価値のある誠実な人物と思われることに存する。しかも、これはピサを征服することによって達成できるのであって、敗れることによってではない。彼の栄光と名声は、実にこの事業にかかっていたといってもよいのである。ピサの征服は彼に大きな名誉とメリットをもたらしたであろうことは明らかである。いかなる不都合もなかったはずである。逆に、敗退した場合には大きな損失を蒙ることは確かである。しかもそれを償うべき利益は何もないのである。さらに、彼が欺いていたとすれば、そのようなことが起こり得るのは唯一、何者かが彼の欲するものを与えようと約束していたからであろう。しかし、誰がそのような約束をしたか。ピサ人は問題にはならない。なぜなら、彼らには提供すべき金も地位もなかったからである。事実、あるとすれば、ピサの領有権くらいなものである。まったくもって、これはパゴロにふさわしいものであったろう。なぜならその場合、困窮したピサを自らの金で防衛せねばならないであろうから。さらに後に多くのピサ人が捕虜になり尋問されるが、その中でそのような陰謀について何かを知っている者は一人もいなかったのである。尋問された捕虜の中には、ピサの秘密事項のすべてに通じていた者もいたはずなのである。イタリアのその他の国に関しても、パゴロがそのどこかと陰謀を企んでいたという事実は極めて考え難いことである。また誰も、彼がそのようなことをしていたとは考えてはいない。ただし、可能性としては、ミラノ公との関係はあり得るかもしれない。公については、若干の疑惑が残るのである。それにもかかわらず、これについて注意深く考えていけば、そのようなことがなかったことが誰にも分かるであろう。なぜなら、公がわれわれのピサ攻撃を強く望んでいたことは確かであるからである。とくに、あの時期においては疑い得ない。なぜなら、公はパゴロを司令官《カピターノ》として傭い入れたかったからである。公はパゴロの能力に全幅の信頼を寄せていたのである。公が仮にまったく逆のことを望んでいたとしても、その場合、パゴロが公に大きな注意を払ったであろうと信じるのは困難である。公がフランス王にあれほどの脅威を受けているのをパゴロは知っていて、そのような中で公から多くのものを期待することはできなかったからである。このような理由からして、私はパゴロがフィレンツェに対して何の疚《やま》しさもなかったものと断言するのである。パゴロは己れの利益、己れの名誉のためにも、何よりもまずピサでの勝利を望んでいたのである。

このことは、パゴロの信用を傷つける原因となったいくつかの中傷に対して、その反証を挙げることがいとも容易であることからしても、なおさら信頼できるのである。第一に、ヴィコピサーノの占領の後、彼が直ちにカッシーナに向かって、そこからピサの攻撃に移らず、リブラファッタとラ・トルレを占領して数カ所に砦を築いて一夏を過ごしたとしても、それはピサを取ることが不可能であると彼が考えていたからのことである。ピサが勇敢な多くのピサ人とヴェネツィア兵によって守られており、とくに補給路も依然として開かれている以上、ピサを奪うことができないと思っているのである。パゴロの戦略は敵の補給路を断つことであった。このようにしてピサ人を深い絶望感、無力感に追い詰めていけば、兵力を用いてであれ、飢餓によってであれ、ピサを取ることは容易となろう、というものである。その後の出来事は、彼の推論が正しかったことを証明している。(18-17) 間もなく、われわれは、ピサが孤立して他の者に見捨てられた時でさえ、それを征服することがいかに困難なことか身をもって知ることになろう。

カゼンティーノの事態が期待された以上に緩慢であったとしても、これには十分納得できる理由が存する。時期が冬の真只中であったことと、この地方の地形が険しかったことである。それに加えて、パゴロとリヌッチョ伯の対立が存していたことである。この対立はフィレンツェそれ自体にも好ましくない影響を与えたものである。最後に、補給が不十分であり、遅れていた事実も加わる。フィレンツェが疲弊し、その経営も不手際になされていたからである。パゴロがリニエーリ・デルラ・サセッタを釈放したとしても、リニエーリがミラノ公との陰謀を暴露するのではないかという懼れからではない。いかなる事情にせよ、彼であれ、ミラノ公であれ、そのようなことをリニエーリに洩らすことはなかったであろうからである。パゴロがリニエーリを釈放したのは、そうしなければリニエーリが

(18-17) 一五〇八年に始まるピサ作戦を指している。これについては本文四四三頁以下参照。

拷問にかけられ、何らかの形で殺されるのを確信していたからである。彼は単に、イタリアの軍人たちに共通の伝統に従ったまでのことなのである。彼らは自分たちの生命が偶然に左右されるのを知っていて、そのために互いに助け合うのである。スタンパーチェを奪い取ったサン・ロレンツォの日、パゴロは敵を追撃しなかったが、たとえそうであるとしても、それはその勝利が秩序なく混乱したものであり、突然であったことと、その日に攻撃命令が出されていなかったためである。敵の混乱ぶりについても知るところがなかったために、彼は本来の自分の計画に従ったのである。後に、彼はピサ攻撃を延期しているが、この際も疾病という異常な出来事をあらかじめ予想することができなかったからである。ピサが終わりを迎えようとしているのを確信していたパゴロは、三、四日待ちたいと思ったのである。それは、より大きな苦難と犠牲を払って少しばかり早く、それを取るよりもむしろ簡単に、危険も少なく取ろうとしたからである。最後に、彼が攻撃しなかったのは病気のためなのである。病気を予想するのを彼に期待することはできないであろうし、それについては彼も如何ともなし得なかったのである。これらの理由からして、われわれは彼の無実を断定し確認できるのである。それにもかかわらず、ほとんどすべての人びとは彼の罪を確信していたために、彼の死を見て満足するのである。彼の死はジョヴァキーノ・グァスコーニに大きな名声と権威をもたらす。しかし、この人物は有能などころか、間もなく愚かな、無価値な人間であることが判明する。

パゴロは死に対して、勇敢な人間にふさわしい大きな勇気をもって臨む。非業の死を迎えるに当たって彼は、見苦しく、言い争ったり、泣きごとを言ったり、ましてや恐怖や動揺の色を見せることはなかった。彼は断固として、次のことを言っている。彼のために彼の子供たち、彼の一門を裏切り者と呼ぶことはできない、ということをである。

パゴロの件が片付くと、ゴンファロニエーレであるジョヴァキーノ・グァスコーニが一法案を提案する。彼は常に大衆を満足させたいと望んでいたが、これこそまさに打って付けのものと信じてのことである。フィレンツェの支出した金がどこに行ったかを調査するために、五人による監査委員会を創設するという法案である。五人の委員の仕事は、金を扱った人びとの会計報告書を監査し、共同体の金を掌中にした者はいかなる者といえども、その者を債務者と宣告することである。この法案が通過し、五人が選出される。すると、滑稽なことが生ずる。ゴンファロニエーレの任期が切れ、そのことが五人に通告されると、そのあと五人が告発した最初の人物が当の本人なのである。理由は次のようなものである。彼がフランス大使で、メッセル・フランチェスコ・ペピがミラノ大使であった時、大使の俸給を引き上げる法案が通る。法律というものは遡及するものではないので、既に国外にいたメッセル・フランチェスコとジョヴァキーノは除外される。不注意のためだったのか、あるいはこの法律をつくった人びとが単に彼らを含めるつもりがなかったのか、そのいずれかである。両名がフィレンツェに帰国した時、その法の条文に従って、その利益にあずかるものとは見なされなかった。しかし、彼らには、公平さからして後に選出された者と同様の権利があるように思われたので、より大きな金額を要求する。ジョヴァキーノがゴンファロニエーレに選ばれると、愚かにも、自分自身とメッセル・ペピに差額分を支払うのである。彼の任期が切れたことが五人に知らされると、彼らは二人を債務者であると宣告し、差額を返還するよう命じている。ジョヴァキーノは他の人びとを傷つけ、陥れて、大衆を満足させるためにその法をつくったのであるが、彼自身の頭上に跳ね返ってきたのである。

第19章

ルイ一二世のミラノ公国占領――ミラノ公、ドイツに逃れる――フィレンツェとフランス王との協定――チェーザレ・ボルジアのイーモラ、フォルリの占領――ラ・デチマ・スカラータ（累進課税）――ミラノ公ロドヴィーコ、再びミラノを獲得するが、再びフランス軍に敗れ、捕虜としてフランスに送られる

ルイ一二世のミラノ公国占領――ミラノ公、ドイツに逃れる

われわれによるピサ包囲が解かれた後、しかしまだパゴロ・ヴィッテルリが殺される以前に、フランス軍がミラノに殺到する。ジァン・ヤコポ・ダ・トリヴルツィオ(19-1)に率いられたフランス軍は、強力な城塞ノンとその他の公国の地を奪う。ジァン・ヤコポ・ダ・トリヴルツィオはミラノ人亡命者であって、ミラノ公の敵である。他方、ヴェネツィア人はロディ近郊を攻撃する。ミラノ公は、ヴェネツィア人に対して少しばかりの努力さえすれば、守れるものと確信している。フランス軍の攻撃が激しくなりそうなので、彼はフランスの国境近くのアレッサンドリア・デルラ・パーリアに急拠、全兵力を集結させている。指揮を執るのはガレアッツォ・ダ・サンセヴェリーノである。彼は槍試合の名手であるが、軍を率いるのにはまったく適していなかった。なぜならば、彼は臆病者であり、戦争術に何

（19-1）テキストはGian Iacopo da Triulci（トリウルチ）となっている。

の経験もなかったからである。ヴァレンシア、トルトナ、その周辺の地をたちまち奪った後、フランス軍はアレッサンドリアに接近してくる。ミラノ軍は完全に意気阻喪して、敵軍の到着を待つこともなくアレッサンドリアを放棄する。その結果、全領土がフランス軍に降伏してしまう。いずこからも救援の望みを断たれて、狼狽したミラノ公は、ミラノで包囲されるのではないかと恐れて、ドイツに逃れる決意を下す。弟のアスカーニオ枢機卿、メッセル・ガレアッツォ・ダ・サンセヴェリーノ、その他の紳士たち、それに子供たちと財宝のすべてを携えての逃亡である。彼はミラノの城塞の防衛を十分に固めさせて、メッセル・ベルナルディーノ・ダ・コルテを城代として残す。ベルナルディーノは、ロドヴィーコがドイツで兵を集めている間、これを持ちこたえておくはずである。この城塞《カステルロ》によって、公はミラノを奪回するつもりなのである。

公が去ると、既にミラノ人は数人の貴顕を指名してミラノ統治を委ねていたが、フランス軍に大使を派遣し、降伏する。数日後、フランス軍はミラノに入城する。[19-2] また、城代の側からする裏切りのために、フランス軍は城塞《カステレット》をも獲得する。ミラノ公がこの城代をわざわざ選んだのは、忠実であると思ってのことであったが。ミラノ公国全体がいまやフランス軍の掌中にある。ただし、クレモナとギアラダッダは別である。協定に従ってヴェネツィアに移るのである。クレモナ人はヴェネツィア人に包囲されるが、何日間も頑固に持ちこたえている。その間、フランス王に大使を派遣し、王がクレモナの降伏を受け入れるよう求めている。ミラノ人の多くは王にそれを受け入れるのを勧めるが、しかしフランス王はヴェネツィア人との約束を破るのを拒否している。打撃を加えずしてヴェネツィア人はクレモナを取るが、その収入は年間十五万ドゥカーティであり、ミラノ公国の三分の一を占めている。しかし同じ時期に、ヴェネツィア人はトルコに大敗を喫している。[19-3] モドン、レパント、コロンを失っ

(19―2) アレッサンドリアを略奪した後、フランス軍がミラノに入るのは九月十一日である。ルイ自身がミラノに入るのは十月六日である。

(19―3) これについては本文二六〇頁訳注(17―15)参照。レパントが奪われるのは八月二十九日である。

ているが、これらはすべて重要な拠点であった。ミラノ公国はかくも簡単に失われ、その敵の間に分割されるのである。

　こうしたことは、イタリアが野蛮人《バルバリ》によって引き裂かれ支配されるのを嫌っていたすべての人びとを悲しませる。また、ヴェネツィア人が不断に強大になっていくのを嫌っている人びとをも悲しませる。しかしながら、ミラノ公ロドヴィーコの態度がこうした結果をもたらしたのだという点については、誰もが一致している。彼が極めて才能に恵まれた支配者であり、能力のある人間であったことは確かである。残忍でもないし、暴君の間にしばしば見られる悪い資質に冒されてもいなかった。事実、彼を有徳の人間と見なすことのできる多くの根拠もある。しかしそれにもかかわらず、彼の美徳を多くの悪徳が上回っていることは事実である。彼は男色の罪にどっぷりと浸っていた。多くの人びとによれば、老人であるにもかかわらず、受動の役も能動の役も、双方務めたという。彼は貪欲であった。曖昧で移り気で、とくに勇敢でもなかった。しかし彼があれほど同情されなかった主な理由は、その限りない野心のためであった。自らイタリアの支配者となるために、彼はフランス王シャルルを呼び入れ、イタリアを野蛮人で満たしたのである。その後、シャルルがフランスに戻った時は、イタリアの結合の時であった。しかしそうする代わりに、彼は野心に動かされて、ヴェネツィア人がピサの保護に乗り出すのを許した、あるいは強く要請したのである。他国間の戦争と紛糾が、彼の空想を実現するための道を開いてくれるのではないかと期待してのことである。ついに、神の正義がこれらの計画を彼の頭上で粉々に打ち砕いたのであるが、これによって他の人びとをも傷つけ、それのみでなく破滅させてさえいる。(19-4)

(19-4) ミラノ公ロドヴィーコ・イル・モロについて『リコルディ』に次のようにある。「私は、ミラノ国がロドヴィーコ・スフォルツァの子供たちによって享受されるのを神の正義が許しておくなどとはどうしても考えられなかった。ロドヴィーコ・スフォルツァこそ、ミラノ公国を悪辣なやり口で手に入れ、しかもそれを得るために全世界を滅ぼした張本人なのだから」(『C』九一)。これは一五三〇年になって書かれたものである。イタリアの悲劇はシャルル八世の侵入に始まるという明確な認識に立っての発言である。グイッチァルディーニによれば、ピエロ・デ・メディチの愚かさとともに、ミ

フィレンツェとフランス王との協定

ミラノ公国が征服されると、わがフィレンツェは混乱と不安定の状態となる。イタリア侵入以前、フランス王はわれわれにミラノ公に対して同盟を結ぶよう要求していた。しかし、フィレンツェは拒否している。フランスと同盟すればわれわれのピサ作戦が公によって引っくり返されてしまうから、というのがその理由である。これに対し、フランス王が譲らないのを見て、フィレンツェは王に対する敵対行為は一切しないことを秘密裏に約束している。ピサ作戦が完了した時には、それ以上のことを約束しようというものである。イタリアに軍を入れると、フランス王はより執拗に宣言を強く迫ってくる。しかし、フィレンツェはこれに対してゆっくりと対応していたために、王がミラノを取った後も依然として決断に至っていない。リヨンにいるわが大使たちは、ついにフランス王との条約草案を作成する。極めて理に適った条件で、これには、一定期日間内にフィレンツェによって承認されることになる、という留保が付いている。

この間、フランス王は既にイタリアに来ており、いまやわれわれから、より多額の金を強引に引き出そうとしている。これは彼の立場が強化されたためであるか、あるいはわれわれがミラノ公と了解に達していたという不吉な報告を彼が受け取っていたためであるか、そのいずれかである。われわれの最大の敵ヴェネツィア人によって、またメッセル・ジァン・ヤコポ・トリヴルツィオによって強く促されて、フランス王はフランスで合意された条件を変えたいと思っている。ところで、メッセル・ジァン・ヤコポ・トリヴルツィオは、ピサ人からピサの支配権を提供されていて、いまやフランス王の承認を得ようとしている。交渉は困難で、長く、いつまでも続く。しかし最終的には結論に至る。これらの協議において、フィレンツェは交渉の全権を新旧両方の大使たちに与えている。新しい大使

ラノ公の野心こそイタリアの破滅の原因なのである。

たちとは、メッセル・フランチェスコ・グァルテロッティ、ロレンツォ・レンツィ、それにアラマンノ・サルヴィアーティ[19-5]である。彼らは、王に戦勝の祝いを述べるために派遣されたのである。この結果、フランス王は最終的にわれわれを同盟国として受け入れ、ピサとその他の、われわれの領地を取り戻すために、王はわれわれに兵を送ることを約束するのである。ただし、セレッザーナは別である。他方（e converso）、フィレンツェはフランス王に対して、われわれがミラノ公ロドヴィーコに借りている金額を支払うことを約束する。その額はほぼ二万五千フィオリーニである。さらに、王がミラノ公国で必要とする場合に、一定数の重装騎兵と歩兵をもって援助し、ナポリ王国に対して計画している作戦行動においては四百の重装騎兵を供し、三カ月間にわたって五千のスイス兵の費用を支払うことも約束している。しかし王はスイス兵ではなく、五万ドゥカーティを受け取ることになろう。サン・ピエロ・イン・ヴィンコラ枢機卿[19-6]の主張で、われわれは彼の弟シニガリアの長官《プレフェット》をわが傭兵隊長《カピターノ》として傭わざるを得ない。協定の条文が作成された後[19-7]、王の言葉や行動からして、誰もが王がわれわれに対して好意を抱いていると確信するのである。彼はミラノには短い期間しかいないで、すぐにフランスに帰国する。メッセル・フランチェスコ・グァルテロッティと、ロレンツォ・レンツィが、フィレンツェを代表して王に従って行く。

　十一月と十二月のゴンファロニエーレは、ジョヴァン・バティスタ・リドルフィである。家門からしても、智恵の誉れからしても、その他の優れた資質からしても、非常に尊敬されていた人物である。彼の任期中に、金銭法案がコンシーリオ・グランデに上程される。しかし、それを通そうという試みが何度もなされたにもかかわらず、一貫して否決される。このように必要な措置が通らないのを耐え難く思ったジョヴァン・バティスタは、立ちあがって言う。市民諸兄がフィレンツェを見捨てる気で

（19-5）アラマンノ・サルヴィアーティは後にグイッチァルディーニの岳父となる名門貴族である。アラマンノにとって最初の重要な役職である。

（19-6）後の教皇ユリウス二世である。

（19-7）協定の成立は十月十二日である。

おられるならば、これらの秀れたプリオーレ諸兄はそれに我慢するつもりはなかろう。他に救済する道がなければ、三、四、七パーセントの公債に対するモンテの支払いを抑制しよう。これらの言葉は誠実に心からフィレンツェのためを思って語られたのであるが、それを聞いている人びとに不快感を与えた。直ちに、法案は再び票決に移される。しかし彼は人びとの好意を大いに失っていたので、それを通過させることはできなかった。私がこの事件を取りあげたのは、フィレンツェの統治に当たらねばならぬ人びとに、これが一つの教訓として役に立つのではないかと思ったからである。大衆に何かを力で強制し得ない場合には、統治者は当然ながら、彼らに対し親切に忍耐強く接せねばならない。荒々しく扱えば、彼らは直ちに憤慨して反抗するようになる。こうなれば、彼らには何もしてもらえなくなる(19-8)。

チェーザレ・ボルジアのイーモラ、フォルリ占領

この時期、チェーザレ・ボルジアがその父、教皇アレクサンデルの兵とともに出撃して、イーモラとフルリ(19-9)を獲得する。チェーザレはヴァレンティーノ公と呼ばれていたが、それはフランスにそう呼ばれる領地を持っていたからである。フランス王は特免を得た時の、彼らとの協定を履行して、数名の隊長に率いさせて三百から四百の槍兵を彼らに与える。司令官はモンシニョーレ・ディ・アレグリである。われわれは王に対してまずピサ戦争を急がせるべきだと主張し、王もこれに同意するように思われたが、しかし教皇のしつこさが勝つのである。マドンナ・カテリーナは極めて男性的で、勇敢な婦人であった。すべての動産を、子供たちとともに、彼らは既に成長していたが、フィレンツェに送り(19-10)、本人は雄々しく防衛の準備をする。しかし、彼女はすべての人びとに見捨てられる。なぜなら、

(19-8) 経験から普遍的な教訓を引き出すことがグイッチァルディーニの知的営為の基本である。『リコルディ』はその所産である。

(19-9) グイッチァルディーニはFurliと表記しているが、今日のフォルリ(Forli)である。

(19-10) ジョヴァンニ・ディ・ピエールフランチェスコ・デ・メディチと結婚するために、マドンナ・カテリーナはフィレンツェ市民となっている。本文二五三―二五四頁および訳注(17-10)参照。

フランスの旗を掲げ、その支持を得ている者にあえて敵対するような者はいなかったからである。ついに、部下が反乱を起こすと、彼女はフルリの砦に閉じこもる。包囲される中で、護衛兵の不注意のためか、あるいは内に裏切り者がいたためか、いずれにせよヴァレンティーノ公は砦を奪い、マドンナ・カテリーナを捕虜にしてローマに送る。イーモラとフルリの支配権を握ったヴァレンティーノ公は、己れの権力を確立する。彼は教会の金と兵によって十分に武装されていたために、恐れられるようになる。

また、ほぼ同じ時期、フェラーラ公の調停に従って、ヴェネツィア人に対する最初の一万五千ドゥカーティの支払い期日が来る。支払いがなされなかったために、ヴェネツィア人はその領土内におけるわが財産を報復的に押収する。しかし、これによって大きな損害を蒙ることはない。なぜならば、そこでのフィレンツェ商人の財産には手が付けられなかったからである。フィレンツェ商人は多くヴェネツィア市民の特権を獲得しているからである。そうでない他の商人たちには、あらかじめ警告しており、彼らは大きな損害を受けないように財産を隠していたからである。(19-11) それにもかかわらず、これについての知らせを受け取ると、直ちにメッセル・グイドアントーニオ・ヴェスプッチをヴェネツィアに行かせ、事情を説明させるべく大使に任命している。しかし、これはおそらく結果として徒労に終わるのではなかろうかと考え直して、派遣を中止している。

ラ・デチマ・スカラータ（累進課税）

この年の一月と二月(19-12)のゴンファロニエーレは、メッセル・フランチェスコ・ペピである。フィレンツェの必要としている金をいかにして徴集するかについての長い議論の末、極めて不正で、不公平な

（19-11）フィレンツェは最初から支払う意志はないのである。本文二六八－二七〇頁および訳注（18-2）参照。

（19-12）現代の暦では一五〇〇年一月と二月である。

税法が上程される。これは所有地から収入を得ている者に大きな損害を与えるものであった。九四年以来、関係行政官によって、包括的な十分の一税(19-13)が平信徒のすべての土地財産に課せられてきた。したがって数年間、この方式が採られてきたわけである。これは状況に応じて、年に一度、二度、あるいは三度、課せられる。しかし税収があがらないので、新税をつくり出す任に当たる者はいまや次のように命ずる。十分の一税で五ドゥカーティ、あるいはそれ以上収めているすべての市民に、累進税率が課せられる、というものである。五十ドゥカーティを支払うごとに税率が上がるのである。したがって、この税法が上程されると、五十ドゥカーティの収入のある者は五ドゥカーティを収めればよいが、三百ドゥカーティの収入のある者は八十あるいは百ドゥカーティを支払わねばならなくなる。前者は十分の一を支払うが、後者は収入の四分の一あるいは三分の一を支払わねばならないのである。これは累進十分の一税《デチマ・スカラータ》と呼ばれる。さて、税が年に三度あるいは四度課せられた場合、五十ドゥカーティの収入のある者は、収入の四分の一あるいは三分の一を支払うが、三百ドゥカーティの収入のある者は三百ドゥカーティ全部を支払う。この累進率からいくと、五百あるいは六百ドゥカーティの収入のある者は毎年、収入の一五〇パーセントを支払うことになる。

　このような措置は不公平で、公共にとって有害であった。なぜならば富を保持しておく方がフィレンツェの利益につながるからである。それにもかかわらずこの措置が上程されると、多くの人びとは自分の都合を考えて支持する。とくに貧しい人びとは、どのようなものであれ課税されねばならないのであれば、これを選んだ方がよいと思う。なぜなら、これは彼らをまったく傷つけないからである。多くの大金持ちもすべてこれを歓迎する。金持ちにも影響を与えないからである。土地を所有している者のみが反対する。しかも、彼らの数は少なかった。これに反対したその他少数の者も、これがい

(19-13) ウーナ・デチマ (una decima)。

かに不公平であるかを認識していたから、それのみをもって反対するのである。コンシーリオで票決に委ねられるが、最初の数回では通らない。この時、コレッジの一員であるルイジ・スカルラッティが立ちあがって、猛然とこれが通るよう演説する。彼の議論の内容は次のようなものである。財産をより多く所有している者が、フィレンツェの負担に対してより重く感ずるのは正当なことである。この税によって貧困になるであろうなどと不平を言う代わりに、支出を減らすべきなのである。馬や召使いを備えなくなるというのなら、自分の別邸に徒歩で行き、自分のことは自分でする人のことを見習えばよいのである、といったものである。これと同じような言葉とともに、彼は次第に熱《いき》り立ってきたため、彼の演説は税そのものよりも、いっそう不愉快で、より欺瞞的になっていく。この措置が通過したため、シニョリーアは名声ある人びとの間で大いに信用を落とすことになる。とくにこの措置が先のシニョリーアに提案された時には、ゴンファロニエーレのジョヴァン・バティスタ・リドルフィは任期中を通してずっとそれに頑固に反対し、ついにそれを通さなかったという事実を考えれば、いっそう信用を落としたのである。ちなみに、ジョヴァン・バティスタ・リドルフィは、とくに土地を多く所有していないのである。

ミラノ公ロドヴィーコ、再びミラノを獲得するが、再びフランス軍に敗れ、捕虜としてフランスに送られる

既に述べたように、フランス王ルイは要塞に十分防備を施し、新しく獲得した公国に多くの兵を駐屯させた後、フランスに帰国している。(19-14) ミラノ人はあれほど熱狂的にミラノ公ロドヴィーコの破滅を望んでいたにもかかわらず、いまや心を変える。フランス人の彼らに対する行動はまったく不公平で

(19-14) ルイはジァン・ヤコモ・トリヴルツィオを兵とともに残し、一四九九年十一月七日、ミラノを出発し、フランスに帰国する。

もないし、圧政的でもなかった。したがって、ミラノ人はフランスの支配に対して不平を言う謂われはなかった。それにもかかわらず、性格も異なり、血も異なっているうえ、宮廷の与えていた楽しみや素晴らしいことなしにはやって行けなかったので、ミラノ人はフランス人を迷惑で耐え難いものと見なすようになる。貴族の多くは、ミラノ公にドイツからの帰還を秘密裏に要請している。公国の再獲得の道は平坦な、たやすいものと言うのである。かくして公は兵を多数集め、ミラノに向けて行進する。公に従ってドイツに同行していたアスカーニオ枢機卿、その他の人びとも一緒である。抵抗にあわずに公は簡単にフランス軍からすべてを取り戻す(19-15)。城塞は別である。フランス軍が大軍を率いてイタリアに戻って来るのを確信していたミラノ公は、己れの立場を強化するために、考え得る限りのあらゆる手段に訴える。多数のスイス傭兵と、ドイツの農民兵から成る強力な軍隊を集めている。公は直ちにヴェネツィアに使節を送り、援助を要請する。もちろん、ヴェネツィア人にはクレモナとギアラダッダの保有と、またその他のものを与える約束をしている。フィレンツェには書簡を書き送り、友人としての挨拶を述べ、この危急存亡の時にかつて貸与した金を返済してくれるよう求めている。さらに、教皇にも訴えている。しかし、すべては徒労であった。教皇もヴェネツィア人も、またフィレンツェ人も、いかなる状況にあってもフランス王と断絶しようとはしなかったのである。次いで、公はあらゆる努力を払って城塞を取ろうとするが、糧食を十分貯えているフランス軍は勇敢に守り切り、公は失敗する。

この反乱のニュースがフランスに届くと、王は直ちに軍をまとめ、急ぎに急いで山を越えさせる。フィレンツェは王との協定を履行して、ミラノ防衛のために義務として、与えるべき重装騎兵と歩兵の代わりに一定額の金を与える。ロマーニァでヴァレンティーノ公を支援していたフランス軍は、集

(19-15) ロドヴィーコ・イル・モロがミラノを回復するのは一五〇〇年二月五日である。

結して、反対側からミラノ公国全体を横切って、ノヴァラに向けて進撃している。公は攻撃された場合にはそれに抵抗できないことを知っていたが、あえて運命を試してみようと決意する。彼はフランス国境に沿ったモルタラに進撃する。ここで戦闘を行うつもりでいる。しかし戦闘の時が来ると、公の軍にいるスイス傭兵が、フランス王に仕えるスイス傭兵と合意に達して、戦列から離脱する。歩兵に見捨てられた公は簡単に敗退し、彼自身は惨めにも、メッセル・ガレアッツォ・ダ・サンセヴェリーノとともに囚われの身となる。(19-16) アスカーニオ枢機卿は逃亡するが、ヴェネツィア領で、その傭兵隊長バルトロメーオ・ダルヴィアーノによって捕えられ、捕虜としてヴェネツィアに連行される。

このニュースが届くと、ミラノ人は助けを求むべきところもなかったので、生命、財産の保障を条件として降伏する。同時に、彼らは一定の期間内に三十万ドゥカーティを王に支払うことに同意する。しかし後になって、王はその大部分を免除している。この協定はスイス人を極度に憤慨させる。ミラノの略奪を許されていたからである。彼らは王の大砲を盗んで、堅固な陣地に移動する。スイス人を宥めるためには、王がミラノ人から受け取ったばかりの、私の思うに十万ドゥカーティを彼らに与えることが必要となる。かくして、ミラノは再びフランス人のものとなる。ミラノ公は捕虜としてフランスに送られる。そのあと間もなく、アスカーニオ枢機卿も同じ道をたどることになる。フランス人はヴェネツィア人に対して、アスカーニオ枢機卿を引き渡すよう要求している。ヴェネツィア人はこれに対して気が進まないながらも、結局はその要求に応じたからである。ヴェネツィア人は王を恐れていたのである。この同じ恐れのため、彼らはその領内に逃れて来たミラノの貴顕たちすべてに対して亡命の約束を取り消し、囚人としてフランス王に引き渡すのである。スフォルツァ家は完全にその国家を失ったのである。ミラノ公とアスカーニオはその捕虜となる。イーモラのマドンナ・カテリー

(19-16) 四月五日、ノヴァラ近郊で合戦が行われる。ロドヴィーコ・イル・モロが捕虜になるのは四月十日である。その後、フランスに送られ、十年後、ロッシュの獄で没する。

ナは、その国から追放される。ジョヴァンニ・ガレアッツォの幼い息子はフランスに連行され、ある大きな修道院の院長となる。残っているのは唯一、ペーザロの領主ジョヴァンニのみである。ジョヴァンニも間もなく、その国を失うことになる。ジョヴァンニ・ガレアッツォの弟エルメスは分別のない人物であったが、彼とミラノ公ロドヴィーコの子供たちは、ドイツのマクシミーリアーンの宮廷にいる。このようにして、われわれは、アラゴン、スフォルツァ、メディチといった、かつてはイタリアにおいてあれほど強大であった三つの大家門がすべてほとんど同時に崩壊するのを見て来たのである。

297——ミラノ公ロドヴィーコ、再びミラノを獲得するが、再びフランス軍に敗れ、捕虜としてフランスに送られる

第20章

フランス王、フィレンツェを援助してピサに対抗する――ピサ作戦の失敗――ピストイアの混乱――パンチァティキ家とカンチェリエーリ家、フィレンツェにおける両家の支持者――国内における対立――ピエロ・ソデリーニのゴンファロニエーレとしての最初の任期

フランス王、フィレンツェを援助してピサに対抗する

一五〇〇年――一五〇〇年はわが領地が回復されるであろうという大きな期待をもって始まる。フィレンツェ人はフランス王の勝利を祝う。なぜなら、王はいまやピサ作戦のために天下晴れて兵を送ってくるものと信じたからである。これは、ミラノで調印された条約(20-1)によって王に義務づけられているからである。彼がそうするであろうことは大いに可能性があると思われたのである。なぜなら、われわれは変わることなく信義を守ってきたし、われわれの義務となっていた援助提供の代金を支払ってきたからである。さらに王の方も絶えず、ひとたびミラノを取れば、われわれの信義と努力に対して報いたいと約束していたからである。王の力とその名声を考慮に入れれば、彼が兵を送って来さえすれば、確実にわれわれはわが領地を回復できるであろうと誰もが確信を抱いていたのである。したがっ

(20-1) 一四九九年十月十二日調印。

て、わが大使たちは公けに指令を与えられる。すなわち、わがフィレンツェが示してきた誠実さと愛情を王に想い出させ、王がその約束を履行するよう要求せよ、というものである。わが大使の一人、ロレンツォ・レンツィは善意の人ではあるが、慎重さに大いに欠けるところがあって、王に対してシエーナとルッカをも要求する。このような要求をする権限は与えられていない。これに対して王は、〝諸兄にそれらを与えたならば、諸兄は何を朕《ちん》に与えるのか〟と問うている。これに対してロレンツォは、金銭のことを議論しはじめる。ロレンツォはこのために、フィレンツェで極めて深刻に非難されることになる。なぜなら、このような申し出がなされた以上、王は様々な口実を設けて、しかもシエーナもルッカもわれわれに与えられることもなく、われわれから莫大な額の金を引き出そうとするのではないかと考えられたからである。したがって、大使たちには、われわれの問題のみを交渉するように、その他のことに関わり合ってはならないという訓令が発せられる。

その義務を果たすように求められたフランス王は、いつでも準備ができている、と答えている。フランスの重装騎兵とスイスとガスコーニュの歩兵から成る大軍に、定められた日時にピサに向け出発するよう命令が下される。司令官にはモンシニョーレ・ディ・ボーモンが就くことになる。ボーモンは、フランス王シャルルの時にわれわれにリヴォルノを返してくれた[20-2]ということで、フィレンツェの信頼に値する友人であると噂されている人物である。これらの兵士たちに五月分の報酬が支払われる。しかし彼らは、ほとんど五月一杯を無駄に過ごして、ミラノに留まっている。その理由は次のようにいわれている。メッセル・ジョヴァンニ・ベンティヴォーリオはフランス軍を恐れて、王に近い将来、四万ドゥカーティを支払うことに同意している。支払うまでの期間、担保を差し出すことにも同意している。ミランドラ、コレッジョ、それにカルピの領主も同様のことを行う。さて、ミラノにはわが

（20−2）本文一九五頁参照。

大使としてピエロ・ソデニーリがいる。相手のルーアン(20-3)は、このような担保を受け取るまでは、兵に進撃命令を下したくない。ということは、兵が五月一杯、ロンバルディアで王に仕えているということになる。もっとも、俸給はわれわれが支払っている。さて、いまや兵たちはさらにもう一カ月分の俸給を受け取らない限り動こうとはしないので、市民による拡大特別会議が召集されて、いかなる方針で臨むかを議論する。市民の多くはこのような遅延に疑いを抱き、何か策略が潜んでいるのではないかと懼れて、金を節約して作戦を行わない方が良いであろうと考える。作戦は高価なものにつき、無駄になることは確実である、と言うのである。最終的にはいつもの通り、ピサ欲しさが勝ちを制する。市民たちはピサ作戦を続けることにし、金が送られる。金が着くと、兵がパルマ周辺に集結する。しかし、指示されていたよりも歩兵の数が千五百名も多く、彼らの報酬もまたわれわれが支払わねばならない。これらの兵がピエトラサンタに到着すると、ルッカに対して通告する。ルッカを引き渡せというものである。さもなければ、ルッカを王の敵として、反逆者として扱うとの脅迫を行っている。この要求はルッカ内で一騒動を惹き起こす。賢明な人びとと貴族たちは、大きな災難を避けるために譲歩した方がよいと考えるが、民衆はこの要求を拒否するのを望むからである。結局、ルッカ人は、ルッカ市もその要塞もともに引き渡すことにする。

(20-3) ジョルジュ・ダンボアーズであるが、当時、ミラノ総督に任命されている。

ピサ作戦の失敗

ピサ近郊に至って、兵は包囲を始める。六月である。そこには既に、わがコッメサーリオのジョヴァン・バティスタ・リドルフィと、ルーカ・ダントーニオ・デリ・アルビッツィが到着している。(20-4) フランス王の名声からしても、話されている言葉の荒々しさからしても、ピサは数日にして飲み込まれて

(20-4) マキァヴェリも同行している。フランス軍と合流するのはカマイオーレにおいてである。六月二十三日、カッシーナに至り、ピサ市壁下に到着するのは六月二十九日である。直ちにピサ攻撃が開始される。

しまうであろうという意見が強まっている。しかし事実は、この意見が誤りであったことを証明する。失敗の理由は、何よりもまず、兵の不服従と紀律のなさである。もっとも、わが方にもいくつかの過失がある。なぜなら、食糧や武器の供給に際してわれわれは吝々しており、支離滅裂であったからである。これらの兵士たちは当然ながら大量の食糧を消費した。彼らがわが領土に到着した当初は、食糧は豊富になかったので、糧食が着くや否や、盗み合いが始まる。このため幕営地は混乱に陥る。隊長はこれに対し、然るべき措置を取ることができない。作戦を成功させたいと望んでも、彼に当然払われるべき尊敬や服従を兵に強制することができない。確かに、包囲が始まると、兵はよりましな態度で、砲撃によってピサの市壁を打ち壊そうと激しく戦っている。しかし食糧が少しでも不足すると、元の態度に戻ってしまう。混乱が増大する。今では幕営地に着く食糧を盗んだり略奪したりするだけでなく、(etiam) 様々な不当な要求を突き付けたり、強請《ゆす》りに訴えたりしはじめる。それにも満足することなく、彼らはわがコッメサーリオのルーカ・デリ・アルビッツィを侮辱し脅迫する。ジョヴァン・バティスタが病を理由にフィレンツェに戻っていたので、いまやコッメサーリオはルーカのみである。ついにスイス兵の支払い日に、ガスコーニュ兵が、同じ幕営地では同じ日に支払いがなされねばならないと不満を訴え、ルッカに向け撤退する。(20-5) ガスコーニュ兵への支払いは、これより八日、あるいは十日前に既になされている。彼らを呼び戻すために人が派遣されるが、二度と戻って来ない。このように歩兵が減れば、軍は撤退せざるを得ない。あたかも敗退したかのように、である。この撤退は軍の名声を大いに失墜させる。この時までは、その名声は極めて高かったのである。そのすべての軍事作戦で勝利を重ねてきていたからである。ガスコーニュ兵が出発するのと同時に、新たにスイス兵の一隊が幕営地に到着する。彼ら自身の意志で、志願兵としてやって来るのである。理性を持た

（20-5）七月七日である。

ない獣のように、彼らはコッメサーリオのルーカ・デリ・アルビッツィを捕え、支払いを要求する。(20-6)彼らの手から逃れるために、ルーカは千三百ドゥカーティを約束せざるを得ない。釈放されるや否や、彼は保管していた公金を使って千三百ドゥカーティを支払っている。

　退却のニュースがフィレンツェに伝わると、大衆は、全作戦はフランス王の命令でなされたペテンであった、と判断する。王は大衆の間で、想像を絶するほど情け容赦なく侮辱される。しかし実際には、フランス王はこのような結末を大変残念に思っていたのである。名誉が非常に傷つけられるように思って、王は少なくとも重装騎兵をわが領土に留め置こうと望む。われわれの財政がきちんとなって、もう一度ピサ作戦を行うのに必要なその他の物が整うまで、ピサ人を悩ませておくためである。これは拒否される。一つにはそうすることができなかったためであり、もう一つは大衆の疑惑のためである。これにフランス王は激怒する。そして、作戦が失敗したのは食糧や武器が適切に供給されなかったからである、と言うのである。彼は作戦に参加していた隊長たちの証言で、そのように信じていたのかもしれない。あるいは事実を知っていたが、でき得る限り兵隊の名誉を救おうとしていたのかもしれない。王はまた、われわれがスイス兵の帰路の支払い要求に応じなかったことに対しても、その知らせを聞いて憤慨している。帰路の支払いは慣習なのである。われわれが同意しなかったのは、スイス兵がそれに値する何事をも為さなかったではないかと思ったからである。また、賢明な人びとがこれらの支払いに応ずるよう大衆を説得できなかったからでもある。支払いに応ずるには、新たに税を課さねばならなかったからである。双方の感情が高まりはじめる。激怒したフランス王は兵を召還し、ピエトラサンタを保持して、これを数カ月後、ルッカに与える。莫大な金で売るのである。フランス王とわれわれの関係は感情的に悪化し、フィレンツェは王の不興を買ったままである。(20-7)ただ、

(20-6) ボーモンはスイス兵を抑えることができない。ルーカ・デリ・アルビッツィが捕虜になるのは七月九日である。

(20-7) グイッチァルディーニはこの間のフィレンツェとルイ一二世との具体的な外交交渉について触れていない。その概略をここに記す。王を宥めるために、フランチェスコ・デルラ・カーサとマキァヴェリが派遣されている。七月十八日に任命され、リヨンに到着するのは七月二十八日。しかし王は既にリヨンを出発している。八月七日、ネヴェールで王と謁見。しかし実際に交渉する相手はルーアンである。マキァヴェリはフランスの宮廷で孤立しており、金もない。難しい

恐怖のためにフィレンツェは公然と王と手を切ることはない。しかし、およそ考え得る限りの悪意があり、信頼感はまったくない。

　フランス人は兵をピサから引きあげ、わが領土を去る。われわれには兵もないし、名声も失われている。わが財政は混乱を極めている。なぜなら、大衆は支出に疲れ果て、成功に絶望して、いかなる金銭法案も通そうとはしないからである。このような危機にあって、ピサ人はピサ周辺の農村部を荒らしはじめる。リブラファッタとヴェントゥラの強力な砦を守備している兵は、食糧と武器の不足に悩み、フィレンツェにしばしばその困窮を知らせる。これはわずか二百か三百ドゥカーティ程度で十分補充できるほどのものである。しかしそうする代わりに、ゴンファロニエーレのピエロ・グァルテロッティと、シニョリーアのその他の成員、フィリッポ・ブオンデルモンティ、ピエロ・アディマリ、ピエロ・パンチァティキ、それにピエロ・ディ・ニッコロ・アルディンゲッリは、その金を与えるのを拒否するのである。ゴンファロニエーレのピエロ・グァルテロッティは、統治に関しては何も知らない人物なのである。事実、あれほど時間をかけ、金を使って獲得したこれらの場所に救援を送るどころか、数人のプリオーレは、彼らが共和国に貸し付けた一定額の金の返済を主張してやまないのである。このようなことの結果、ピサ人が攻撃を加えた時、糧食の補給を十分与えられていない守備兵は降伏せざるを得なかったのである。勝利の後、ピサ人はリブラファッタを保持するが、砦は解体し破壊し尽くす。われわれの問題はかくも混乱を極めている中、さらに大きな不運が、これらの同じプリオーレの任期中にわれわれに降りかかる。

状況下にある。宮廷にはピサや教皇、ルッカ、ナポリなどから代表が派遣され、互いに牽制し合っている。王は各地を転々と移動するため、マキァヴェリは経済的に窮地に追い込まれる。フィレンツェはついに一定額を王に支払うことに同意し、ピエロ・フランチェスコ・トッシンギを大使として派遣する。書記官にとって代わらせるためである。マキァヴェリの帰国は一五〇一年一月十四日である。

ピストイアの混乱――パンチァティキ家とカンチェリエーリ家、フィレンツェにおける両家の支持者

昔からピストイア市は二つの党派に分裂していた。パンチァティキ家とカンチェリエーリ家である。大変に高貴な家柄であるため、彼らの争いはピストイア全体とその農村部に波及し、それを傷つけたのである。彼らおよびその配下たちは限りない殺人を犯し、それぞれが互いに他を何度となく追放してきている。かくも長い年月の、かくも数多くの傷つけ合いの中で、彼らの憎悪と敵意は彼らにとって生得のものとなっている。これはピストイアがその自由を失い、フィレンツェの統治下に組み入れられた後になっても長く続いたのである。もっとも、対立の主要な根源は、少なくとも部分的にはピストイアの統治権の喪失とともに消滅してはいたが。それぞれの党派はいまや、その争いをフィレンツェに委ねねばならなかったのである。彼らはそれぞれ、フィレンツェを統治してきた人びとに取り入ってきている。そのため、フィレンツェのこれらの人びとは代々、両家のうちの、いずれかの支持者となっている。しかし、彼らの支持は限定されたものであった。いかなる意味でそういえるのかというと、彼らはこれらの対立を極めて注意深く、武力や殺人によってではなく、好意によって解決しようとしたからである。

九四年以降、同じこの争いが勃発する。頭領たちの間においてではなく、それぞれの配下、党派人の間においてである。なぜなら両家とも、昔からイタリア諸都市に騒擾を惹き起こしてきたために巨頭《グランディ》とされ、ピストイアの法律に従って、市のいかなる役職にも名誉職にも就任する資格を奪われていたからである。さらにカンチェリエーリ家は貧困になり、その名声も地位も低下している。パンチァティキも、貧しくはなかったが、もはやかつての財力や配下、権力を失っている。両家とも、このよ

うな状況に陥っているのである。公共の負担や支出に耐えねばならなかったが、ピストイアの報酬をもたらす少数の役職《ウティリ》(20-8)からの収入を当てにすることができなかったからである。他方、両家の配下たちは負担することなく収入を享受しているのである。彼らの数は増大し、党派を支配するに至る。相手方がうまくやっているのを見ると、こちら側もひと騒ぎ起こして利益の享受にあずかろうとする。党派間の憎悪は九四年以前に比べて、今まではとくに大きいというわけではないが、しかしより露骨に現われる。なぜなら、それを抑えるはずのフィレンツェの力と名声が衰えていたからである。騒ぎが年々大きくなっていく中、フィレンツェはほとんど常駐の形でコッメサーリオを任命し、両党派を宥め、暴走しないように監視する。双方とも絶えず傷つけ合っていて、殺人にも及ぶ。このような中、現シニョリーアの任期中に、カンチェリエーリ派が武力によってパンチァティキを攻撃する。(20-9)カンチェリエーリ派はボローニァ人から歩兵の援助を得ている。ボローニァ人は常にカンチェリエーリ派を支持しているのである。この党派に属する、ピストイア人リヌッチョが、次いでキアリートが、メッセル・ジョヴァンニ・ベンティヴォーリオに仕えていたからである。パンチァティキはピストイアから追放され、この派の幹部の家は焼かれ、すべて灰燼に帰すのである。代官《レットーリ》もコッメサーリオも、パンチァティキを保護することができなかったからである。

シニョリーアはこのために強く非難される。混乱がどの程度か認識した後でも、必要な措置を取ることができなかったからである。この失敗のために事態が進展して、ピストイアの反乱を招くことになる。これについては以下に詳しく扱うつもりである。プリオーレたちは暗雲のもとに任期を終える。大衆《ポポラノッティ》の多くが声高に、かつてそうであったように、シニョリーアからは大家門の人間を排除せねばならぬと要求していたからである。このような要求が出てきたのは、ピエロ・グァルテロッティがゴン

(20-8) utili (utile の複数形)。ウティーレとは高額の報酬を伴う官職を指す。「解説」三参照。

(20-9) 一五〇一年一月である。

ファロニエーレであり、フィリッポ・ブオンデルモンティ、ピエロ・アディマリ、それにピエロ・パンチァティキがプリオーレであったからである。彼らはすべて大家門の出である。パンチァティキ派が追放されて、まことに惨めな姿でフィレンツェに到着する。市民は特別の会議を設けて、彼らをいかに扱うかについて議論する。しかし意見は完全に分裂する。双方の支持者たちは、議論しているうち、たちまち熱くなって怒り出すという始末である。パンチァティキ派は友人が少ない。その友人たちでさえ、動きは極めて鈍い。ピエロ・ソデリーニ、ピエロ・グイッチァルディーニ、それにアラマンノ・サルヴィアーティ、ヤコポ・サルヴィアーティは、この会(20−10)での指導者と見なされているが、彼らは隠れていて表に出て来ない。事実、慎重に事を運んでいる。しかし、パンチァティキは大多数の大衆の支持を受けている。彼らはいつものように同情に動かされているのである。

彼らのために多くの議論が引き合いに出される。すなわち、フィレンツェには、その臣下を平和に保つために可能なあらゆることをせねばならない重大な義務を負わされている。臣下がその財産を利用し享受できるように、正しい行いをしている限り苦しめられないようにするためである。過ちを犯した場合には、上級者《スペリオーレ》であるフィレンツェによって罰せられるべきであって、臣下が互いに判決を下し合い、罰し合うのを許すべきではないのである。さらにカンチェリエーリ派は、常軌を逸した乱暴を働いたことで有罪であるだけでなく、わが役人とコッメサーリオの命令、布告を嘲笑したのである。無数の禁令を無視し、役人の見ている前で彼らは家を焼き、何日間にもわたってピストイアを荒らしたのである。国家の安全上、われわれは他のすべての臣下への見せしめとして役に立つような行動を取るべきであり、フィレンツェの意志に挑戦しようなどと思わない方が、良いのだということを教えなければならない。最後に考慮すべきは次の点である。すなわち、カンチェリエーリ派はあのような

（20−10）特別会議 pratica である。

極悪の罪を犯したのであり、フィレンツェ市を深く傷つけたことを自覚しているのであるから、安全であるとは思ってもいないであろうということである。事実、彼らの不服従を見れば、機会さえあれば、いつでも反乱を起こす気になっていることがはっきり分かる。われわれがこれらすべてを阻止し、カンチェリエーリ派に対して防衛するためには、単にパンチァティキ派を祖国のピストイアに戻し、彼らの財産を回復させれば十分であるというのである。

カンチェリエーリ派は多くの支持者を擁していた。それらのある者は、単に彼らの運動に共感している人びとである。他のグループは、メディチ家の敵たちである。ロレンツォとメディチ家がパンチァティキを終始、支持してきたために、彼らを憎悪している人びとである。さらにもう一つのグループがある。それはヴィッテルリ家の敵たちである。その理由は、ヴィッテルリ家が終始、パンチァティキ派を支持してきたからである。パオロとヴィッテロッツォの姉妹(20-11)が、パンチァティキ派の頭領の一人、ニッコライオ・ブラッチョリーニの息子に嫁いでいるのである。カンチェリエーリ派の支持者の頭領は、グイドアントーニオ・ヴェスプッチ、ベルナルド・ルッチェライ、メッセル・フランチェスコ・グァルテロッティ、ジョヴァン・バティスタ・リドルフィ、グリエルモ・デ・パッツィ、ネルリ家、ロレンツォ・ディ・ピエールフランチェスコ、ルーカ・ダントーニオ・デリ・アルビッツィ、それにヤコポ・パンドルフィーニである。これらの人びとのうち、ジョヴァン・バティスタ・リドルフィは極めて節度のあるやり方で行動しているが、これに対しメッセル・グイドとベルナルド・ルッチェライは激烈である。このため彼らは大衆に厳しく非難され、これらの紛争に対して大きな責任があるとして、弾劾される。

これらの市民たちは、カンチェリエーリ派の行動を熱心に正当化しようと努める。すべての紛争の

(20-11) 姉か妹か、明らかでない。

種子を蒔いたのはパンチァティキ派であり、そのためにこそ彼らは破滅したのだ、と言うのである。カンチェリエーリ派の不服従は故意のものではなく、公けの権威に向けられたものでもないし、わがフィレンツェの支配権に関係するいかなるものに対する攻撃を意図したものでもない、と彼らは言うのである。それは彼らの怒りによって惹き起こされたものであり、彼らの敵にのみ向けられたものなのである。パンチァティキは反逆者であるメディチ家とヴィッテルリ家によって支持されてきたのであるから、われわれの敵の友人なのである、と彼らは論ずる。われわれはカンチェリエーリ派との関係を深めて、ピストイアでわれわれの敵がわれわれに対して問題を惹き起こすのを阻止させるべきである、と言うのである。彼らの結論は次のごときものである。仮にカンチェリエーリ派に対して行動を起こすのは、わがフィレンツェの利益になるとしても、そのような行動の実行可能性を考慮すべきである。ピストイアは彼らの支配下にあり、われわれには武器もないし兵もない。名声もなく金もない。さらに、カンチェリエーリ派がわれわれの側のこのような意図を知れば、われわれが何らかの行動に出る前に、彼らが反乱を起こす危険がある。われわれは理性に従って、粘り強く穏やかな方法で問題を解決し、彼らを和解させ、パンチァティキ派がピストイアに帰国するのをカンチェリエーリ派が認めるよう働きかけるべきである、というものである。(20-12)

この問題について長々と論じられたが、いかなる結論にも達していない。さらに、いかなる決定が下されようとも、それは実現されない。フィレンツェにはそれを処理するだけの能力を持った、しっかりした人物がいないからである。結局、パンチァティキは、いつかフィレンツェの助力で復帰できるのではないかと期待していたのであるが、これに絶望して、ピストイア周辺の農村部で兵を集めさせる。この地で、パンチァティキ派は強い支持を得ている。暴動がこの地で勃発する。そして殺人事

(20-12) 一五〇一年のうちにマキァヴェリはこの問題で三度、ピストイアに派遣されている。二月二日と七月十三日、次いで八月十八日である。ピストイアの状況はこの年の末まで鎮静していない。しかも翌年、再び再燃する。

件が多発する。これについては次に述べるが、これはフィレンツェにとって大きな恥辱であり、不名誉なものであった。いまや、フィレンツェ人は怒りのためにフランス軍を去らせたが、そうせずにそのまま留めておけば、どれほど役に立っていたかを知る。フランスの力と名声を利用すれば、ピサ人がリブラファッタと砦を取るのを阻止できたであろうし、ピストイア人がこれほどの混乱に陥ることも阻止し得たであろう。

国内における対立

この間、九月と十月任期の新しいシニョリーアが任務に着く。ニッコロ・ツァーティがゴンファロニエーレである。この時期にまた、十人委員会の役職が再び任命される。一年以上にわたって空席とされていたものである。(20-13) それまでのシニョリーアは代々、それを復活させようとしてきたが、徒労に終わっていたものである。しかしいまや大衆は、賢明な人びとによる委員会を持つことがいかに重要であるかを、より良く理解するようになる。数カ月間、その任に当たり、公けの問題を絶えず注視している委員会である。しかし、バリーア十人委員会の名称は依然として憎悪されており、その異例の権威も嫌われていたため、大衆は同意することは決してない。したがって、一つの法案が上程される。すなわち、ディエチ・ディ・バリーアのメンバーの選出は通例の方法によるが、しかし従来は最も多くの豆を獲得した者が選ばれたのに対し、今では過半数を取ったすべての者の中からくじで選ばれるというものである。彼らは、法によって規定されている権限を持つが、ただし、講和、停戦、あるいは同盟を結ぶことはできないし、騎兵を傭ったり、あるいは十日間以上にわたるコッメサーリオを選ぶことはできない、というものである。これらの事柄は八十人会《オッタンタ》の職分であるとされるのである。

(20-13) 本文二七一頁参照。

十人委員会《ディエチ・ディ・バリーア》の権限を限定するこのような法案が通過した後、十人が選出される。その十人の中には、ゴンファロニエーレのメッセル・フランチェスコ・グァルテロッティ、ピエロ・ソデリーニ、ジュリアーノ・サルヴィアーティ、ジョヴァキーノ・グァスコーニ、その他の者がいる。次いで、次のシニョリーアが選出される。ジョヴァン・バティスタ・バルトリーニがゴンファロニエーレである。最も学殖のある者として評判のメッセル・アントーニオ・マレゴンネルレを抑えて、彼が選ばれるのである。なぜなら当時、ジョヴァン・バティスタが大変な人気を博し、フィレンツェの他のいかなる市民よりも多く豆を集めることができたからである。十人の一人であるアントーニオ・ヴィーニァが、隊長《カピターノ》として、あるいはポデスタとしてピストイアに派遣されると、ジョヴァン・バティスタが彼に代わって十人の一員に選ばれる。したがって、短期間のうちに彼は三つの役職に選ばれているのである。同時に、それぞれの職務に就いたものと私は信じている。すなわち、ゴンファロニエーレ、十人《ディエチ》とモンテである。モンテの委員は共和国に貸し付けをする必要はない。さらに、彼らは最も多くの豆を取ることによって選ばれる。したがって、選ばれた人びとは大金持ちではなく、大衆の尊敬と好意を得ている人びとなのである。

このシニョリーアの任期中に、ヴァレンティーノ公がファエンツァを攻撃する。(20-14) ファエンツァはヴェネツィアの保護のもとに、アストルレ・マンフレディが統治している。アストルレはいまだ少年である。ヴァレンティーノは教皇の軍を持っているだけでなく、フランス王の援助も受けているので、ヴェネツィア人は名誉よりも利益をとり、保護を断念し、少年を助けるのを拒否する。ファエンツァを誰もが見捨てると、ヴァレンティーノはこれを攻撃する。しかし住民は頑固に領主を守り、敢然と抵抗する。雪と厳しい天候にも助けられる。冬の最中であったからである。大砲を使い、襲撃を繰り返し、

(20-14) チェーザレのファエンツァ包囲は一五〇〇年十一月十日に始まるが、この冬、落とすことができない。

あらゆる努力を払った後、ヴァレンティーノはついに包囲を解かざるを得なくなる。

このシニョリーアの後、次のゴンファロニエーレはピエロ・ディ・シモーネ・カルネセッキとなる。善良ではあるが、国事に関しては経験と判断力のない人物である。彼の任期中、フィレンツェには金もなく兵もなく、傭兵隊長もいない。大衆は奇妙にも、また強情にも、市民たちにいかなる信頼も置かない。金銭法案はいかなるものも通さない。かくして、フィレンツェは大混乱に陥る。一方、ピサの農村部は大きな危険にある。ピサの襲撃に毎日曝されているからである。他方、ピストイアの問題は過熱しており、深刻さを増していて、住民の中の、いずれかの党派が、あるいはヴァレンティーノを抱き込むのではないかという懼れが出ている。これらの災難を独自に処理することができないシニョリーアは、四十人の有力市民による特別会議《プラティカ》を召集する。シニョリーアはこの会議に大きな期待を寄せている。会議が召集されると、プリオーレたちは彼らにフィレンツェの苦境を説明する。フィレンツェを愛するがゆえに、われわれはこの会議を召集し、その助言を求めたのであり、その助言がいかなるものであれ、われわれはそれに従うつもりである、とプリオーレたちは言う。彼らの口調からして、会議がそのように望むのであれば、コンシーリオ・グランデの廃止に同意してもよいという意志を表明しているのが明らかになる。

何が為されねばならないかを議論しはじめると、市民たちの意見は分かれる。ある者は、権力を大衆から取りあげ、市民によるバリーアを創設して、それに完全な公けの権限を与え、改革を実施し、フィレンツェの問題を処理させるべきだと考える。他の者は、コンシーリオ・グランデには手を着けるべきではないが、ゴンファロニエーレであった市民、コッメサーリオ・ジェネラーレであった市民、あるいは大使として教皇、国王、公などに派遣された市民、これらすべての市民が終身の委員として選ばれ、これに八十人会が現在有しているような権限が与えられ、さらに十人委員会を彼らの間から選出し得るような権限と、それと同様なものを付与すべきであると考える。さらに他の者は次のように判断する。そのような改革を導入するのは極めて困難で、恥ずべきことであり、また危険である。現政権の欠陥をすべて修正することは容易ではないので、とくにフィレンツェにとって有害なもののみを扱うべきである。何よりも金を調達する際の困難さ、遅れが大きな損害と混乱の原因である。なぜなら、金銭法案はまったく通らなかったり遅れたりするので、金が着いても既に遅すぎて、千ドゥカーティあれば避けられた不幸も数万ドゥカーティを費やしても癒され得ない始末となる。経験が示しているように、これらの法案は常に半分以上の黒豆をかち得ている。三分の二を取れないだけである。したがって、何よりもまず、コンシーリオにおける金銭法案の三分の二規定を廃止し、過半数とする法案を通せば、それで十分、金銭法案の通過は可能となる、といった内容のものである。市民たちは数日間、召集されたままである。しかし、意見は以上のごとく分裂している。このような意見の相違は、縮まるというより、むしろ大きくなっていく。いかなる結論にも達することはないのである。まず、あるグループがコンシーリオに終止符を打つよう、要求する。次いで他のグループもこれに従う。なかでも、ピエロ・ソデリーニもこれに加わるよう求められる。しかし彼は決してこれを受け入れない。彼は、現政体の友人であるかのように見せて、大衆の人気を得たいと望んでいたからである。(20-15) いまや次のことがはっきりしてくる。すなわち、有力市民たちはこの政体を嫌悪していて、それを修正したい、あるいは変えたいと望んでいたにもかかわらず、彼らの間では意見が懸け離れていて、ひどく分裂しており、互いに不信感に満ち、いかなる種類の一致点も見出すことができないままでいるのである。(20-16) 国家の再編成に関して同じ見方をしている人びとは、一ダースといないのである。これは

（20–15）ピエロ・ソデリーニは名門貴族の出であるが、大衆の支持を得て、後に終身ゴンファロニエーレに就任する。これについては本文第23章「ピエロ・ソデリーニ、終身ゴンファロニエーレに選出される」参照。

（20–16）賢明な有力市民たちのこのような意見の分裂について、『リコルディ』に次のようなものがある。「"六人なり八人なり賢者を一緒にしてごらんよ、とどのつまりは乱痴気騒ぎさ"とはアントーニオ・ダ・ベナフラ氏のよく言っていたことだが、けだし名言である。なぜなら、彼らには意見の一致が見られず、問題を解決するというより議論に訴えるからである」（拙

醜悪なことであった。フィレンツェの有力市民たちは、同一の利害を有し、したがって理性に従えば、物事を同一のやり方で判断すべきであったはずなのにもかかわらず、彼らにとって最重要関心事において、そうせずに、これほどの不信と不協和、怯懦に終始したのである。

ピエロ・ソデリーニのゴンファロニエーレとしての最初の任期

次いで、ピエロ・ソデリーニが三月と四月のゴンファロニエーレに選ばれる。彼と一緒のシニョリーアは弱体であったため、彼がそれを支配する。そして思うがままに扱う。任期中の彼の行動は大衆の好意を得ること、大衆を喜ばすことを狙ったものである。国家の重要問題については、彼の前任者たちは、九四年以来、常に有力市民から成る特別会議《プラティカ》を召集して協議したものであるが、ピエロ・ソデリーニはそのようなことはしない。召集しても極めて稀れである。その代わりに、彼はコレッジ[20-17]に相談する方を取る。その成員は、ほとんどすべて能力のない人間ばかりである。この慣習は二つの効果を生む。第一は、大衆の好意を彼がかち得たことである。彼は、コンシーリオ・グランデの熱烈な擁護者、国家にとって胡散臭い人びととは何の関係もない人物と見なされるようになったからである。第二に、プリオーレやコレッジの成員は理解力のない、愚かな人間であったため、常に彼らは彼の意見に同意し、何か決定がなされねばならない場合には、彼を主人とし支配者とするのである。これはまた、フィレンツェにとって悪い結果をもたらす。彼の任期中に、コレッジはフィレンツェの秘密を知り、あらゆる重大な事柄を審議する習わしになったために、彼の後継者が任務に着いても、その慣習を断固持続しようとしたことである。重大なすべての事柄に対して、彼らは判断を下そうと望む。私は次に、彼によって導入された、この悪い慣習がいかにしてフィレンツェをほとんど破滅の淵にま

訳『グイッチァルディーニの訓戒と意見』「C」一一二参照。）。

（20-17）すなわち「十二人の良き人びと」と「十六人ゴンファロニエーリ・ディ・コンパニーア」である。名誉職であって、当時はかつてのような政治的意味を失っていた機関である。「解説」三参照。

で追い込んで行ったかを物語るつもりである。これはアレッツォ問題が生じている期間に起こったことである。

第21章

ヴァレンティーノ公のロマーニァ作戦——ヴァレンティーノのカムピ到着とフィレンツェとの協定——ナポリ王国に対するフランス・スペイン同盟——ルクレーツィア・ボルジア——フィレンツェとフランスとの新しい協定——国内改革

ヴァレンティーノ公のロマーニァ作戦

一五〇一年——一五〇一年が始まった時、ピエロ・ソデリーニは依然としてゴンファロニエーレの地位にある。この時期、ヴァレンティーノは既にイーモラとフルリを征服した後、次いでいともたやすくリーミノとペーザロの支配者となっている。これらの都市の領主たち、すなわち、パンドルフォ・マラテスタとジョヴァンニ・スフォルツァは逃走している。なぜなら、彼らはヴァレンティーノ公の力に対して抵抗できないことを知っていたからである。いまやヴァレンティーノ公はファエンツァを再び包囲する。当初、ファエンツァ人は頑強に攻撃に抵抗している。しかしついに疲れ果て、希望を失ってファエンツァを引き渡す。[21-1] しかし、まず領主のアストルレのために安全と自由の約束を取り付けてからである。ヴァレンティーノはこの約束を守らない。そうせずに、アストルレを獄に入れ、好色の相手をさせたといわれている。アストルレは大変に美しい少年であったからである。次いで、彼

(21-1) ファエンツァの落ちるのは一五〇一年四月二十五日である。

を殺害させる。(21-2) このようにして、裏切りと肉欲と途方もない残忍さを証明してみせるのである。すべて同時に証明されるのである。ファエンツァを征服し、またその他数多くのロマーニァの諸都市の支配権を手にして、ヴァレンティーノ公は大きな名声を博すようになる。とくに強い兵隊を擁し、支配者としても有能であり、兵士たちにも愛されていたからである。兵士に対しては、ヴァレンティーノ公はまことに気前が良かったのである。さらに彼は、ジァンパオロ・バリオーニ、ヴィッテロッツォ・ヴィッテルリ、パオロ・オルシニ、その他イタリアの傭兵隊長のほとんどすべてを傭い入れている。フィレンツェは軍事的にも財政的にも混乱しており、ピサとピストイアでは厄介な問題を抱え、フィレンツェ内での秩序は乱れ、その統治も劣悪である。フランスとの諒解も欠いている。こうしたことのすべてが結びついて、ヴァレンティーノに対する大きな恐怖を生み出している。とくに、ヴィッテルリ家とオルシニ家は、わがフィレンツェの不倶戴天の敵である。その彼らがヴァレンティーノに仕えているからである。(21-3)

ファエンツァの征服後、ヴァレンティーノはボローニァに進撃して、教会のためにこの国家を打倒し奪い取ろうとしている。しかし、ベンティヴォーリオ家の糧食は十分であり、作戦も長期にわたり、困難なものになるであろうと予想して、ヴァレンティーノは彼らと一定の協定に達し、多額の金を受け取ってボローニァを去る。ヴァレンティーノがボローニァ領を出る前に、メッセル・ジョヴァンニ・ベンティヴォーリオは、メッセル・ガレアッツォ・マリスコッティの息子のメッセル・アガメンノーネと彼の数人の兄弟たちを殺害させている。ボローニァをヴァレンティーノに引き渡すべく陰謀を企んだというのが、その理由である。彼がそうさせたのは陰謀が事実であったからか、あるいは彼らを片付けるための口実としてそれを利用したのか、そのいずれかである。なぜならば、メッセル・アガ

(21-2) アストルレはローマに送られる。その後、殺害される。一五〇二年六月九日、ティベル河に彼の死体が発見される。

(21-3) 対内的には、有力市民層と大衆との深刻な対立のためにコンシーリオ・グランデの機能が麻痺している。対外的には孤立しており、ヴァレンティーノ公の脅威にさらされている。一五〇一年から一五〇二年にかけて、フィレンツェ共和政は最大の危機に直面する。

メンノーネは極めて才能のある野心的な人間であったからである。その貴族性のために、またその他多くの理由のために、彼はボローニァにおいて多くの支持者を持ち、大きな名声を享受していたのである。五月、ロレンツォ・ディ・ロット・サルヴィアーティがゴンファロニエーレであった時、ヴァレンティーノはボローニァ領を離れ、ヴァルディマリーナを経由してカムピに出る。ここはわが領土である。彼は、ピエロ・ディ・メディチをボローニァ領にあるルイアノに残して来ている。しかし、ヴィッテロッツォ[21-4]とオルシニ家が同行している。

ヴァレンティーノのカムピ到着とフィレンツェとの協定

これはフィレンツェ市内に大きな騒ぎを起こさせる。ヴァレンティーノがやって来たのは、彼を利用して政府を打倒したいと望んでいるわが有力市民たちの誘いによるものだと、大衆は思ったからである。ヴァレンティーノと彼の兵が堅固な場所であるヴァルディマリーナに入った時に、この疑いが強まる。下層民《ヴルゴ》たちは、われわれの手持ちの兵を送っていれば、ヴァレンティーノを打ち敗ることができたであろうと考えている。そして何事も為されなかったのは、ヴァレンティーノを呼び入れた有民市民たちが彼の敗れるのを欲しなかったからであると信じているのである。この噂は日ごとに毒のあるものとなって行き、ベルナルド・ルッチェライやロレンツォ・ディ・ピエールフランチェスコ、ネルリ家、アルフォンソ・ストロッツィといった人びと、その他彼らと同様の人びとは公けに侮辱されるようになり、いまやこれら高位の市民たちの邸宅を大衆が焼き打ちをしはじめるのではないかといった危険が迫る。しかしこれらすべては少し後に、ヴァレンティーノとの協定が結ばれた時に終熄する。ヴァレンティーノと彼の兵がカムピ[21-5]に到着すると、その周辺地域に大きな損害を加えたので、

(21-4) ヴィッテロッツォ・ヴィッテルリである。

(21-5) カムピ(Campi)はフィレンツェ市より十キロほどのところに位置する。地図参照。

われわれは彼のもとに数名の大使を派遣する。その中にはパッツィ司教、ベネデット・デ・ネルリ、ピエロ・ソデリーニ、それにアラマンノ・サルヴィアーティがいる。彼らは最終的に彼と合意に達する。次のような規定を含むものである。これ以上の危害、あるいは損害を加えることなく、わがフィレンツェ領を立ち去ること、われわれはヴァレンティーノをわが総司令官《カピターノ・ジェネラーレ》として今後三年間、一定数の重装騎兵とともに年／三万ドゥカーティの契約《コンドッタ》をもって傭い入れること、またこれはヴィッテロッツォの主張によるものだが、ヴィッテルリ家の秘書官チェルボーネ(21-6)を釈放すること、等々である。このような協定がひとたびなされると、(21-7)ヴァレンティーノは出発する。ピエロ・ソデリーニとルイジ・デルラ・ストゥーファ、アレッサンドロ・アッチァイウォーリが同行する。彼らは大使として、またコッメサーリオとしての双方の仕事を行うことになる。ヴァレンティーノが通過せねばならぬ場所を提供したり、混乱が生じないよう手配したりする仕事である。しかし、われわれのすべての努力にもかかわらず、彼の兵はわが領土に相当の損害を与えるのである。

このようなヴァレンティーノの到来は、彼自身の思い付きによるものであったかもしれない。フィレンツェの混乱を見て、それによって何かを、総司令官《カピターノ・ジェネラーレ》としての契約料であれ、あるいはその他の取得物であれ、何かを引き出すことができるかもしれないと判断したのかもしれない。しかし後になって、彼は自らを正当化して、数度にわたってわれわれの大使に向かって次のように言っている。すなわち、ボローニァを出発するに際して、ロマーニァ経由で、わが領土に触れずに行くつもりでいたが、ヴィッテロッツォとオルシニ家に強く要求されたので、彼らの申し出を拒否することができなかった、と言うのである。ひとたびわが領土に入ってから、いかなるものであれ、できるだけの利益を手に入れようと決意したのだという。他方、ヴィッテロッツォとオルシニ家は、カムピでのヴァレンティー

(21-6) チェルボーネについては本文二八〇頁参照。

(21-7) 協定は一五〇一年五月十五日に成立。

ノ公に派遣されたわが大使との私的な会話の中で、極めて説得力のある言い方で次のように述べている。すなわち、ヴィッテロッツォはわがフィレンツェによって傷つけられたものとは思っていない、彼を傷つけたのは少数の市民である、適切な何らかの措置がとられ、彼の名誉が維持されるのであれば、彼を傷つけた人びとを害することなく、フィレンツェの良き息子、良き召使いになりたいものだ、と言うのである。オルシニ家についても同じことがいえる。彼らは、友情が双方にとってどれほど有利であるかをよく認識している、と言うのである。しかし、これらの申し出は受け入れられなかった。なぜなら、フィレンツェ人は彼らを信用せず、彼らがこのようなことを言うのはすべて不和と中傷を生み出すためのものではないかと恐れたからである。

ヴァレンティーノの侵入の理由がいかなるものであれ、それは数々の理由からして、賢明な市民の間に大きな恐怖を惹き起こす。第一に、有力市民が関係しているという大衆の誤った疑惑のためである。この疑惑は増幅し、これら有力市民の、大衆における評価が低下する一因となって、そのあげく、大衆はピエロ・ソデリーニの邸宅に首切り台や絞首台の絵を描くことまでしている。第二には、フィレンツェとフランス王との険悪な関係のためである。ほんの数日前、フィレンツェはミラノで署名された箇条に従って、その義務となっていたフランス王への支払いを指定の日に果たすことができなかった時、王は言葉通り、われわれの大使ピエールフランチェスコ・トッシンギを罵倒して、もはや宮廷で歓迎するつもりはない、敵からの大使を望まないから、とまで告げている。事実、多くの賢明な人びとは、ヴァレンティーノのこのような動きはフランス国王によって惹き起こされたのではないかと懼れたのである。王はヴァレンティーノという笞を用いて、われわれを笞打とうとしているのではないかというのである。フィレンツェはヴァレンティーノが総司令官の契約金を強請《ゆす》り取るのを許したが、それはこのような苦境から脱出するためである。しかしこの契約はそれに要する金額のために、またフィレンツェが彼を信頼していなかったために、決して守られなかった。こうした理由のために、フィレンツェは王のために金を都合する。このように王の方は宥められて、ヴァレンティーノにわれわれを苦しめないよう命じている。ヴァレンティーノはフィレンツェ領を出てシエーナに入る。盟友パンドルフォ・ペトルッチの援助を受けて、兵をピオムビーノに向かわせ、その領主を追放し、ピオムビーノの支配者となっている。(21-8) わがフィレンツェはこれに不愉快を感じる。彼の力がフィレンツェにこれほど近いところで増大しているのを見て歎くのである。

ナポリ王国に対するフランス・スペイン同盟

これとほとんど同じ時期に、もう一つ重要な出来事がイタリアに起ころうとしている。フランス王がナポリ王国を再度、取ろうとしている。しかし、ナポリ王フェデリーゴがスペイン王フェルディナンドと交渉に入っているのを見て、フランスは、両者と同時に戦わねばならなくなる事態を回避しようと決意する。それで、王はスペインと秘密条約を締結する。(21-9) その条約とは、フランスとスペインとの間でナポリ王国を半々に分割するというものである。フランス王の兵はナポリ王国に向かう途中、ヴァレンティーノ公が出発したすぐ後に、われわれの領土を通過する。反対側からスペイン王は大艦隊を強力な兵とともにカラブリアに派遣する。これを率いているのが、最も有能な隊長ゴンサルヴォ・デ・コルドヴァである。フランスとの協定はいまだ秘密にされていたために、ナポリ王フェデリーゴには王を助けるためであると装っている。しかしフランス軍がナポリ王国に入るや、スペイン人はフランス側に立っていることを宣言する。

(21-8) マキァヴェリは八月十八日、シエーナに派遣されるが、その目的はおそらくチェーザレのピオンビーノ征服に関係したものと考えられる。

(21-9) 一五〇一年六月二十九日、ローマで公表されたグラナダ条約。七月八日、フランス軍、ナポリ領に入る。この分割条約は既に一五〇〇年十一月十一日に成立していたが、翌年六月二十九日まで秘密にされていたものである。ルイはテルラ・ディ・ラヴォーロ、アブルッツィを含む北部、それにナポリ王とエルサレム王の称号を取る。フェルディナンドはアプリアおよびカラブリア公の称号とともに両地方を取るというものである。

このような攻撃に対して、ナポリ王フェデリーゴはカープアで持ちこたえようと計画する。彼は多数の歩兵と多くの馬を送り込む。指揮するのはリヌッチョ・ダ・マルチアーノ伯である。彼を傭い入れたのは数カ月前のことである。しかしフランス軍の勢いと力は凄じく、最初の戦闘の後に強襲してカープアを占領する。私の信ずるところによれば、大砲を敷設した同じ日にである。ひとたびカープア市内に入ると、彼らは兵といわず、住民といわず、性別、あるいは年齢に関係なく殺戮する。リヌッチョ伯も殺される。ナポリ王フェデリーゴはこれを聞くと、ナポリを放棄してイスキアに逃れる。そして数日後、彼は、イスキアとまだ彼の手にある要塞をフランス王の隊長に引き渡すことに同意する。彼はまた、フランスに行くことにも同意する。フランス王は年間／三万スクーディの収入のある一国家を彼に提供するはずである(21-10)。この協定が成立すると、ナポリ王国は合意されていた通り、フランスとスペインの間で分割される。スペインはカラブリアと、私の思うにアブルッツィを手に入れ、フランスはナポリ、カープア、ガエタ、ラクィラ、王国のその他の地を手に入れる。

(21-10) この協定の成立は九月六日である。フェデリーゴは一五〇四年九月九日、フランスで没する。

ルクレーツィア・ボルジア

同年、九月か十月に教皇は、その庶出の娘マドンナ・ルクレーツィアを、フェラーラ公エルコーレの長男ドン・アルフォンソに嫁がせる。この婚姻はフェラーラ公にとっては不名誉なものであった。なぜなら、ルクレーツィアは庶出であり、平民の出だからである。さらに彼女は既に二度結婚している。一度目はペーザロのシニョーレ・ジョヴァンニ・スフォルツァとである。教皇は後になって、この結婚を無効としている。ジョヴァンニはインポテンツであるというのがその理由である。二度目はアラゴン家の庶子との結婚である。彼はローマである夜、ヴァレンティーノ公によって殺害されている。さらに、彼女の父教皇と兄のヴァレンティーノ公が彼女と関係していたということが、一般に固く信じられていたからである。また、この結婚が不名誉であったのは、エステ家が極めて高貴な家柄で、婚姻関係も常に堂々としたものであったからである。フェラーラ公エルコーレの妻はナポリ王フェルランドの娘であり、ドン・アルフォンソの最初の妻は、子供なくして死んだが、ミラノ公ガレアッツォの娘であった。それにもかかわらず、フェラーラ公は様々な理由からして名誉よりも実利を選んだのである。教皇を満足させたいと思っているフランス王の強い勧めがある。莫大な持参金がある。この結婚によって、フェラーラ公国には大きな安全がもたらされると思われたからである。かくして、教皇の事情は運命の女神の大きな好意によって大いに有利に働くのである。

フィレンツェとフランスとの新しい協定

この時期、一方においてフランス王と、他方、マクシミーリアーンとブルゴーニュ大公フィリッポ[21-11]の間に、一つの協定をめぐって交渉が進められている。フランスはこの協定を強く望んでいたので、フランス王を完全に支配しているルーアンがまずミラノに行き、次いでドイツに赴く。皇帝と協議するためである。数日間交渉した後、彼らは互いに同盟を締結する。これには、イタリアの問題を彼らが適切と思う通りに解決するための多くの秘密の付帯条項が付いている。この協定の公開部分は、大公の若い息子[21-12]とフランス王の若い娘の結婚を明記したものである。フランス王の娘には持参金としてミラノ公国が与えられる。これらの協定は後に述べるように、すべて水泡に帰す。

これらの仕事を終えると、ルーアンはミラノに赴く。これを受けてフィレンツェは、アントーニオ・マレゴンネルレとベネデット・ネルリを大使として彼のもとに派遣する。理由は、フランス王がもは

（21-11）フィリップ美男公。父はマクシミーリアーン、母はブルゴーニュ公女マリアである。系図参照。

（21-12）息子とは後のカール五世のことである。

やわれわれを保護する義務はないと通告したことによる。特定の日時にわれわれが一定の支払いを行っていないではないか、というのである。さらにわれわれは、ミラノで署名された条項に規定されているように、フランス王のナポリ作戦に当たって歩兵を供給する代わりに支給するはずの五万ドゥカーティを王に支払ってはいないではないか、というのである。したがって、われわれの協定はいまや無効になっているというのである。これに対してフィレンツェは、自らを容易に正当化し得たはずである。とくに、ピサおよびその他の領土を回復するまでは、五万ドゥカーティを支払う義務はないからである。しかし、フランス王はわれわれ以上に力がある。彼はわれわれのすべての紛争に当たって、当事者と裁判官の二役を演じたのである。今回、彼はいかなる弁明をも受け入れようとはしなかった。公然と、われわれに対して不快感を抱いていることを示したのである。われわれを害するために何事かを始めるのではないかという懼れが、いまや生じる。わが市民たちが彼との協定を求めるに至った理由の一つが、これなのである。しかし、主たる理由は次の点に尽きるのである。すなわち、兵も力もなく、われわれを守ることのできるいかなる国の友情も持っていないという事実である。それのみではない。ロマーニァの支配者で、ピオンビーノの領主であるヴァレンティーノ、軍備を強化した、強力なヴァレンティーノがいるのである。彼は野心的な人物で、われわれを害する理由を持っている敵なのである。なぜならば、われわれはやむなく彼と結んだ総司令官契約の約束を守っていないからである。さらに、ヴィッテルリ家、オルシニ家、ジァンパオロ・バリオーニ、それにシエーナの指導者とその党派全体が彼に仕え、かつ信頼されている。またメディチ家も彼についている。メディチ家はわれわれの国内の混乱を知り、教皇およびフランス王側からするわれわれに対する悪感情をも知っていて、彼ら双方と密接な交渉を持ち、フィレンツェに復帰したならば多額の金を提供しようと約束している。ジュリアーノがフランスにいるのは、まさにそのためなのである。

賢明な市民たちはこれらのことを初めから知っている。これが、少し前にフランス王とある種の取り決めをしようとした理由なのである。しかし、大衆はこれに耳を貸そうとはしなかった。彼らは金を使うことに疲れ果てており、さらに王に対して憤激し、不満を抱いていたからである。彼らは、われわれの直面している危険を理解することができなかった。彼らにそれを告げる人びとを信用しようとはしなかった。しかし、いまや危険が日ごとに大きくなるのを見て、同意するようになる。フィレンツェ人は、モンシニョーレ(21-13)・ディ・ルーアンが王に対して大きな影響力を有していること、ルーアンとうまく行けば、すべてがうまく行くことを知っている。先に触れた大使たちをミラノに派遣したのは、彼と交渉させるためなのである。しかし、彼らは何の成果もあげられない。なぜなら、ルーアンは様々な理由をあげて会見を先に先にと延期するからである。次いで、彼はフランスに帰国してしまう。フィレンツェの新しい大使《オラトーリ》、モンシニョーレ・ソデリーニ(21-14)とルーカ・ダントーニオ・デリ・アルビッツィが、ルーアンに従ってフランスに赴く。彼らには極めて苦しい局面が待っている。一つにはフランスの貪欲さのためであり、一つにはわれわれに対するイタリアの敵意のためである。大使が到着したところで直ちに合意が成立するであろうと思われていたが、そのようにはならず、彼らはリヨンからブロアに移動せざるを得ない。ブロアでは様々な口実のもとに長々と待たされ、そこで八カ月間も無駄に時を過ごしている。この間、親切な言葉ひとつかけてもらえない。事実、彼らは無礼なやり方で、王によって、またルーアンによって、フランスの宮廷全体によって終始、排斥されている。これに対して、ジュリアーノ・デ・メディチは彼らの面前で甘やかされ、長い謁見が許されている。ジュリアーノは彼らに多額の金を約束していて、その保証としてローマの銀行を与えることができる。

(21-13) ここでは枢機卿を意味する。すなわち、ルーアン枢機卿ジョルジュ・アンボアーズである。これについては、本文二四九頁訳注(17-3)参照。

(21-14) ピエロ・ソデリーニの兄弟で、当時、ヴォルテルラ司教。

フランス人がわれわれとの交渉をあらゆる努力を傾けて長引かせようとしていること、王が協定を結ぼうという意志を持っていないことが明らかになる。実際、われわれが攻撃に曝されるのを彼が傍観するつもりでいることは明白である。われわれが攻撃に曝されれば、われわれは彼に何か大きな利益を提供せざるを得なくなるであろう、あるいはメディチ家を再び受け入れることさえせざるを得なくなるであろう。そのいずれかになろうと、王は思っているからである。必要な場合には、われわれの現政権よりもはるかに容易にメディチ家を利用できるのを彼は知っているのである。しかし、彼自身の兵をもってメディチ家を復帰させることは、あまりにも恥多きことであろう。それはできないのである。なぜなら、われわれの態度、われわれの誠実さは、彼からそうする正当な理由を奪っているのである。

この時点で、フィレンツェはどっち付かずの不安と優柔不断の状態にある。これらの交渉から良い結果が生まれることに絶望しているのである。しかしたまたま、マクシミーリアーンとフランス王との関係が冷却する。マクシミーリアーンはいまやイタリアに数名の大使を派遣してくる。その中には、先のミラノ公ジョヴァン・ガレアッツォの弟エルメスがいる。彼らは数日間、フィレンツェに滞在して、次のような協定を結ぶ。すなわち、マクシミーリアーンが帝冠のためにイタリアを通過するような場合、フィレンツェは帝国への義務を守り、特定の期日に三万ドゥカーティを提供するというものである。この訪問およびそれに次ぐこの協定は、フランス王を懼れさす。すなわち、われわれをあまりにも拒否していけば、われわれは完全に彼から遠ざかり、マクシミーリアーンに身を投ずることになるのではないかと懼れるのである。マクシミーリアーンとは問題を抱えはじめているのである。このためか、あるいは他に理由があったのか、いずれにせよ彼はわれわれと協定を結ぶことを決意する。ここれには誰もが驚く。この協定の条項によって、われわれは三年間にわたり、年間／四万ドゥカーティを彼に支給することになる。そしてこの期間、王は、われわれを攻撃するものに対してわれわれを守り、われわれが要求する時にはいつでも、われわれを援助するために四百名の槍兵を送ってくる義務を負う、というものである。(21-15) フィレンツェにとって、この金額は重い負担であった。あれほど多くを支出した後で、疲弊していたからである。しかし協定のニュースは、それにもかかわらず大いに歓迎される。なぜならば、すべての者は、フランス王の名声と力をもってすれば、ヴァレンティーノもヴィッテルリ家も、あるいはその他イタリアのいかなる国といえども、われわれを悩ますことはできないであろうと思ったからである。

(21-15) 一五〇二年四月十二日成立。

国内改革

この協定がなされると、外国との戦争の恐怖は熄んだ。ピサ作戦を始める季節でもなかったので、いまやすべての考えは二つの重要な国内問題に向けられる。第一の問題は次のようなものである。最近の戦争の間、フィレンツェは市民たちから莫大な額の金を借りており、いまや重い負債を抱えて支払うべき利子に追われている。このため一定の期間内に、このような負債を返済し得るような対策が講ぜられねばならない。しかも、市民たちの安全と、可能な限り、最大の共同体の便宜とを結び付けるようなやり方で為されねばならない、という問題である。第二の問題は、フィレンツェで裁判を行うようになったポデスタとカピターノに関するものである。彼らには経験のない、あるいは無知な人間が選ばれて、すべての裁判を永遠にだらだらと引き延ばしたり、あるいは正しい判決を与えることができないでいる。さて、いまやわれわれは判事として、有能かつ善良な人間に来てもらい働いてもらいたいと望むのである。フィレンツェの基本的な柱の一つである正義が適切に行われるためにである。

第一の問題に関しては長い協議を経た後、一つの計画が案出される。これによって、共同体は六年以内に借り入れた負債総額を返済するというものである。しかし、これに伴って生じた不幸な出来事と費用のために、この計画は機能しない。もう一つの問題に関していえば、正義の協議会《コンシーリオ・ディ・ジュスティーツィア》が創設されねばならないとされる。これは一五〇二年十一月から実施されることになる。これには五人の外国人判事《ドットーリ》が任命されることになる。有能な人びとで、コレッジとプリオーレによって選ばれ、俸給はそれぞれ五百ドゥカーティで、任期は三年間である。彼らは一緒に民事事件の裁判に当たり、彼らの判決に対し、彼ら自身に対する以外、控訴権はない。名誉《オノーレ》が利益《ウティレ》に付け加えられるならば、優秀な人間がこれにより積極的に引き付けられるであろうとして、五人はそれぞれ六カ月任期でポデスタに任命されることになる。これは立派な理由があって行われたのであるが、しかしポデスタ職に不名誉なことになる。なぜなら、判事になった人びとの身分が低かったために、ポデスタ職を名誉あるものと考えていた多くの貴族が、もはやそれに就くのを望まなくなったからである。この法制度は正義の協議会《コンシーリオ・ディ・ジュスティーツィア》、あるいはルオタ[21-16]（輪）と呼ばれたが、これは本日、すなわち一五〇九年二月二十三日[21-17]の段階で依然として存在している。もっとも、手続きや判事の人数、俸給の点で改革がなされているが。それにもかかわらず、この制度は期待された、また当然期待され得た結果を生むことはなかった。なぜならば、われわれはほとんど常に、不適切な人物を選んできたからである。われわれの悪意と無知は、それほど酷いものなのである。さらに、職務に就いた後、彼らは腐敗堕落したために、まったく酷いことが判明する。そしてわれわれは無意味な邪悪なやり方で彼らを赦してきたのである。

（21-16）Consiglio di Giustizia あるいは一般に Ruota と呼ばれる。

（21-17）この日付は本書『フィレンツェ史』の執筆時期を確定するに際して重要な手がかりを与える。この時期、ピサ作戦の最終的な段階に差しかかっている。

第22章

ピサに対する新たな決定――ヴァルディキアーナとアレッツォの反乱――ヴィッテロッツォの作戦――フィレンツェ人による奪回、アラマンノ・サルヴィアーティとシニョリーアによる精力的な行動――ピストイアの回復

ピサに対する新たな決定

一五〇二年――一五〇二年は、わがフィレンツェにとって最も大きな動きと変化を見た年である。この年の初め、市民たちの心はピサ問題に向けられる。フランス王との協定(22-1)の結果、外からの脅威が除かれたからである。フランス軍の包囲の後、ピサに対してはいかなる注意も払われてこなかったからである。協議の結果、ピサ包囲は好ましくないとの結論を得る。なぜならば、費用が嵩み、既に疲弊し、重い負担に喘ぐフィレンツェはそれに耐えられないからというのである。さらに、包囲作戦は困難になろう。なぜならば、われわれは優れた軍人を傭い入れていないし、イタリアにおいてはヴィッテルリ家、オルシニ家とも、オルシニ家を除いて傭うべきいかなる軍人もいないからである。しかもヴィッテルリ家、オルシニ家とも、わがフィレンツェの敵なのである。また、マントヴァ侯は問題にならなかった。彼を傭えば、彼の敵、フランス王を怒らせることになるからである。その他、少数の有能な軍人がいる。彼

(22-1) 協定が成立するのは四月十二日である。

しかし彼らはすべて、ヴェネツィア人かスペイン王に傭われているのである。たとえば、ピティリアーノ伯、[22-2]シニョーレ・バルトロメーオ・ダルヴィアーノ、[22-3]コロンナ家といった人びとである。したがって、われわれはピサ作戦のために、十分に強力な兵を送ることができないのである。そして、仮に兵を送ることができたとしても、ピサ人は頑固で、戦闘に巧みであり、また彼らの都市は備えが堅固で、大砲その他防衛に必要なものはすべて揃っていたからである。望んでも、勝つことは容易でなかろう。とくにそういえるのは、ピサはヴァレンティーノやヴェネツィア人から、あるいはわが近隣諸国から歩兵の増援を得ているからである。事実、増援をすることはたとえ小さな国でさえ可能であった。数日間しか続かない失費で済んだからである。

ピサ問題に関するこのような考慮は大変賢明なもので、長年の経験によって確証されたものである。たとえ強力な準備をもってしても、その結果がどのようなものであるかを経験によって学んだ市民たちは、ピサそのものに対する作戦ではなく、ピサの小麦に損害を与え、次いでリブラファッタを奪回する方が良いのではないかと考えを変えたのである。われわれはリブラファッタと農村部《コンタード》の他の適切な場所に騎兵を配置して、陸路、ピサに食糧が入って来ないよう監視するのである。次いで、海路からのルートを遮断するために船を傭い入れることができよう。われわれはゆっくり時間をかけて、ピサ人を一年あるいは二年のうちに飢餓によって征服することができるであろう。飢餓に対しては、ピサ人の力も住民の武勇も抵抗し得ないであろう。イタリア諸国も容易には彼らを助けることができないであろう。なぜならば、ピサを救援しピサに食糧を供給しつづけることは大変高くつくであろうし、重い負担となろうからである。これに対し、われわれは逆に（e contrario）これらの作戦を費用をかけずに行うことができるのである。九四年以来、われわれが大作戦を行わずに、このようにしてお

（22-2）ピティリアーノ伯ニッコラ・オルシニについては本文八五、一一八頁参照。

（22-3）バルトロメーオ・ダルヴィアーノについては本文二一一、二九六頁参照。

れば、今ではわれわれには十分金があり、ピサ人は消耗し疲弊したあげく、何年も前にわれわれに降伏していたであろうというのである。

この時期、十人委員会《ディエチ》の職(22-4)には何びとも就いていない。なぜなら、大衆はヴァレンティーノの到来以来、有力市民たちに激昂しており、彼らを任命するのを望まなかったからである。それで、ピサに対するこのような作戦が決定されると、シニョリーアは数人の市民を任命してこの作戦に専念させる。この任務に大きな熱意をもって取りかかろうとしたその時、ピサ人は突然、ヴィコピサーノを奪う。これには誰もが大いに驚かされる。ヴィコピサーノ内部の兵士たちの共謀によるものか、あるいは城代のプッチョ・プッチの卑劣さ、あるいは邪悪さのためなのか、そのいずれかである。その後、プッチョ・プッチは反逆者として追放される。しかし、この喪失はフィレンツェ人の熱意を煽る。メッセル・エルコーレ・ベンティヴォーリオが直ちにわが幕僚長官《ゴヴェルナトーレ》として送られ、アントーニオ・ジァコミーニはコッメサーリオ・ジェネラーレに選ばれる。アントーニオは、ルベルト・ダ・サンセヴェリーノ(22-5)に仕えていた勇敢な軍人で、有能な戦士として大衆の間に大きな名声を博している。さらに彼は大衆の信頼もかち得ている。なぜなら、コンシーリオ・グランデの熱烈な支持者、有力市民に容赦なく反対する男と見なされていたからである。

ピサ人はこれらわれわれの準備について耳にすると、ヴェネツィア人、ヴァレンティーノ、それにイタリアのすべての国に援助を求める。その代償として、ピサそのものを提供するというのである。彼らには戦場に投入できる重装騎兵も、あるいは兵士もいない。もっとも、ルッカからは一定額の金を受け取っていたものと私は信じている。彼らはそれを使ってフラカッソを傭う。フラカッソはたまたまマントヴァ領のサッケットにいて金もなく、これといった仕事のないままでいる。彼は急ぎ準備

(22-4) ディエチ・ディ・バリーア（一四九四年以降、自由と平和の十人委員会）の職は欠員のままであるが、書記官のマキァヴェリはこの年、多忙である。チェーザレ・ボルジアやヴィッテロッツォ・ヴィッテルリのもとにしばしば派遣されている。

(22-5) ルベルト・ダ・サンセヴェリーノについては本文五四―五五、五七、六九、九〇、九四、一〇六、一〇九、一一七、一二二頁参照。

を整え、数人の騎士を伴ってピサに向かう。しかしバルガ近くを通過中、われわれの兵に襲撃される。フィレンツェから、フラカッソ通過の情報を得ていたのである。フラカッソは隘路で馬が役に立たなかったため、また衆寡敵せず、長く戦っていることができない。踵をめぐらして逃亡する。わが兵は追跡する。既にフィレンツェ領を出て、フェラーラ公の土地に入っていたが、フラカッソは捕えられ、フィレンツェに送られる。コレッジは当時、わが共和国を支配していたが、この知らせを聞くと、彼の首を切り落とすよう命令を下している。傭った人びとに仕えるために赴く途中の軍人が死刑に処せられるとは、考えただけでも不条理なことである。(22-6)

(22-6) 処刑は実際にはなされていない。正式名はガスパーレ(フラカッソ)・ダ・サンセヴェリーノ。ルベルト・サンセヴェリーノの息子。本文一一八、二五六、二五八、二六四頁参照。

ヴァルディキアーナとアレッツォの反乱

この間、わが軍は作物を荒らしはじめる。しかし全体には及ばない。なぜなら、バルベリチーナやその他ピサ市の真下の地には近づくことができなかったからである。次いでその後、ヴィコピサーノを包囲する。しかし、そこに野営している間に大事件が生じて、人びとの心をもっと重要な事柄に向けさせる。これを良く理解していただくために、当時フィレンツェが置かれていた状況について話をしよう。

市民たちはフランス王との協定に大いに元気づけられ、活気づいていた。ヴァレンティーノやヴィッテルリ家、オルシニ家、その他の敵に対して安全であるという確信を生み出していたからである。彼らはまた、ピサに対する勝利の期待にも喜び勇んでいた。直ぐさまというわけにはいかないにせよ、そう遠くはないと思われていたからである。モンテの価値は上がった。六月の聖ヨハネ祭の祝日が近づくにつれ、多くの祝賀式典が行われ、また行われつつあった。さらに式典の計画がある。九四年以前の幸福な日々が帰って来たかのようである。しかしちょうどこのような時に、フランスにいる大使《オラトーレ》ルーカ・デリ・アルビッツィからの言葉が届く。ちなみに、モンシニョーレ・ディ・ヴォルテルラ(22-7)はイタリアへの帰路にあった。すなわち、王の保護にもかかわらず、わが敵がわれわれを攻撃しようとしているという知らせである。詳細を知りたければ、パンドルフォ・ペトルッチの秘書であるセル・ペーポなる人物を捕えなさい。彼はすべてを知っているからである。彼はわれわれを攻撃する許可を王に求めていたが、それに失敗し、いまやシエーナに向け帰路に着いている、というものである。この警告を受け取ると、グリエルモ・デ・パッツィ(22-8)が即刻、アレッツォとその周辺地域のコッメサーリオとして送られる。ヴィッテルリ家の近くに位置するということで、その方面に対してある種の怖れを生んだからである。グリエルモは、軽薄で統治能力のない、そういった人物として広くフィレンツェで知られている。しかし彼が選ばれたのは、求められればいかなる仕事でもいつでも引き受け、直ぐにでも馬に乗る用意があったからである。これに反し慎重で立派な市民たちは、フィレンツェ内での混乱を頭に入れ、これらの義務を避けたからである。彼を選んだもう一つの理由は、彼の息子のメッセル・コジモがアレッツォの司教であったからである。その後、間もなく、注意深く計画を練ったあげくに、セル・ペーポをフィレンツォーラで捕らえ、フィレンツェに連行する。口頭で尋問するが、彼は何事も明かさない。これ以上、彼に対しては何の措置も取られない。なぜならば、パンドルフォがこの知らせを聞いて直ちにフィレンツェに書をよこし、セル・ペーポにいささかでも危害を加えた場合には、何倍にもして数多くのわがフィレンツェ市民に仕返しをする、と言明してきたからである。彼は直ちに、シエーナ領のバーニョ・ア・サン・フィリッポで多数のフィレンツェ市民を拘留している。これらの私的な市民たちを考慮してセル・ペーポは釈放され、シエーナに行くのを許される。こ

(22-7) ヴォルテルラ司教フランチェスコ・ソデリーニ。ピエロ・ソデリーニの兄弟である。

(22-8) グリエルモ・パッツィについては本文七二頁参照。

の間、アレッツォにおける反逆的な動きについて耳にした者はいない。ここで爆発が起ころうとしていたのである。

　アレッツォの数人の有力市民がヴィッテロッツォと共謀して、フィレンツェに対し反乱を起こそうとしていたのである。グリエルモはアンギァリにいたが、その間、ヴィッテロッツォの敵であるアウレーリオ・ダ・カステルロなる人物から、この件について詳細な情報を与えられる。グリエルモはアレッツォに戻って、これに備えて要塞《チタデルラ》に兵を入れ市の安全を計っている。この問題について隊長《カピターノ》と協議し、彼らの力が強くなる前に、事前に真相を知り得たのである。露見したのを知ったアレッツォ人は、武器をとり、グリエルモと隊長のアレッサンドロ・ガリレイ、ポデスタ(22-9)のピエロ・マリニョルリを捕らえ、〝自由を〟の叫びとともに反乱に踏み切るのである。アレッツォ司教はこの騒ぎを聞きつけると、要塞に逃れる。フィレンツェ人の役人も若干名、逃れて来る。ベルナルディーノ・トンデネルリ、その他、フィレンツェに忠誠を誓っているアレッツォ人数名もいる。反逆者たちは直ちにヴィッテロッツォに知らせる。ヴィッテロッツォは、予定された日時よりもかなり早く起こったことで準備が整っていないと不満を述べるが、それでも少数の騎士を率いてやって来る。アレッツォはこの間、何日間も備えがなく防備は弱体であった。したがって、わが兵が送られておれば要塞には抵抗を受けずに入ることができたであろうし、そこから市を再占領することも極めて容易であったことは明らかである。しかし、兵は送られなかった。神《ディオ》が何らか良き目的のためにそのような道を定め給うたのか、あるいは運命《フォルチュナ》の女神がわれわれの事柄に戯れ、われわれが愚かで無価値なものと思われるよう望んだのか、そのいずれかである。

　この反乱のニュースがフィレンツェに届くのは六月……(22-10)日の深夜である。シニョリーアは直ちにコ

(22-9) ポデスタはフィレンツェよりアレッツォに派遣されている行政長官。詳細は「解説」三参照。

(22-10) テキストには示されていない。一五〇二年六月四日である。

レッジとフィレンツェの有力市民を召集する。ゴンファロニエーレはフランチェスコ・ダントーニオ・ディ・タッデオである。この事件の報告がなされ、これに対する意見が求められると、有力市民の会議《プラティカ》は、アレッツォは重要なのでピサ作戦を中止するだけの価値があると考える。たとえわが包囲軍が明日にでもヴィコピサーノで勝つことができるとしてでも、である。彼らは即刻、要塞が降伏する以前に、また敵がこれ以上強化される前に、わが兵をアレッツォに送ることを強く主張する。

コレッジ(22-11)の成員たちは、いつもの見下げ果てた無知な輩のやり方で、疑い深く、アレッツォのニュースが事実ではないと信じはじめる。実際はヴィコピサーノの征服を間接的に阻止したいという意図を持った有力市民たちの作り話だ、と言うのである。このような見方が生まれたのは、彼らが次のように信じていたからである。すなわち、有力市民たちは、フィレンツェを絶えざる混乱に置いておきたいと望んでいる、政体を打倒するための機会を得るために、ピサの征服を阻止したいと思っている、と信じていたのである。したがって、コレッジはわが兵をピサ領に留めおき、ヴィコピサーノに対する作戦だけでなく、それと結び付いたすべてのことを継続して行うべきだ、と勧告する。この意見は数人のプリオーレによっても支持される。とくに、ジョヴァン・バティスタ・デ・ノビリと、バティスティーノ・プッチーニなる者がそれである。このバティスティーノ・プッチーニなる人物は職人で、有力市民を憎悪しており、向こう見ずで強情な、口だけの人間である。フィレンツェはコレッジの勧告に従わざるを得ない。ピエロ・ソデリーニがゴンファロニエーレになった時以来、コレッジは多くの自由と権威を持ち、公けの事柄すべてについて知ろうとし、彼らの考えに従って事を決定しようとするのである。コレッジのために、フィレンツェはアレッツォを簡単に経費もかけずに回復する機会を失ったのである。いまや、ピエロ・ソデリーニがいかに大きな過ちを犯したかが明らかになったの

(22-11)「十二人のよき人びと」と「十九人ゴンファロニエーリ・ディ・コンパニーア」を指す。いずれもフィレンツェの古い行政機関であるが、この時期、実際の権限は失われている。ソデリーニはこれに一定の権限を与えようとする。

である。すべての者にとってではない。賢明な人びとにとってである。ピエロ・ソデリーニは野心のために、フィレンツェ全体の重みをコレッジの双肩に置いたのである。(22-12)

後に、ヴィッテロッツォがアレッツォに入り反乱が公然たるものになったという知らせが入る。しかしコレッジと大衆は、盲目的な愚かさで依然としてそれを信じない。しかしこの噂があらゆる方面から入って来るので、彼らはコレッジの成員で、シモーネ・バンキという者をアレッツォに派遣し、ヴィッテロッツォがいるかどうか、あるいはいたかどうか、その真相を調べさせる。彼は戻って、そのニュースが完全に誤りであること、アレッツォ人は確かに武器をとり反乱を起こしているが、外部の者は一人も市に入っていないことを報告する。この報告を得て、コレッジはその信念を確認される。アレッツォの回復のために、わが兵をピサ領から移動させる必要はないと信じ込むのである。その地区の農民および兵士だけで十分であると考える。事実、彼らを徴集し、組織するためのコッメサーリオが既に派遣されている。しかしわれらの敵は、われわれのようには進めなかった。逆に彼らは、このような好都合な機会を逃さないよう、あらゆる努力を払う。ヴィッテロッツォはアレッツォに着いて、わが兵がピサ領から到着すればすべては失われるであろうことを見て取る。ヴィッテロッツォはアレッツォには数時間いただけで、反逆者には援助の希望を与えて出発する。あとには庶出の弟、カステルロ司教メッセル・ジューリオを残していく。彼が出発したのは恐怖のためか、あるいは必要な準備を進めたいと望んだためか、そのいずれかである。数日後、フィレンツェ人が援軍を送って来ないことを知ると、彼らは相当数の騎兵を率いて戻って来る。その直ぐ後には、シニョール・パオロ・オルシニとその息子のファビオが着く。彼らには、ピエロ・デ・メディチとジァンパオロ・バリオーニの重装騎兵が数名従っている。これらのことについての報告を得て初めて、フィレンツェ人ははっ

(22-12) ピエロ・ソデリーニは名門貴族の出で、この後、新制度の終身ゴンファロニエーレに選ばれる。それを支持したのはアラマンノ・サルヴィアーティである。グイッチァルディーニの岳父となる人物である。アラマンノはソデリーニが名門貴族層の勢力回復を狙うものと期待したからである。しかしその期待は裏切られる。ソデリーニは大衆と組んで名門貴族層を裏切るからである。以後、アラマンノはソデリーニの最大の政敵となっていく。本文三六八頁以下参照。

きりとアレッツォの反乱はまったくの事実であり、それを処理するためには全兵力を用いねばならぬことを認識するのである。彼らはピサ領にいるコッメサーリオに書を送り、わが兵を直ちにアレッツォに送るよう命じている。次いで、わが兵はヴィコピサーノから移動する。もう一日か二日とどまっていれば、ヴィコピサーノは落ちていたかもしれないのである。この後、新しい十人委員会を選出するかどうかの問題が再び論議の的となる。コレッジは依然として反対の様子を見せていたが、国家の危険を考慮して選出することに同意する。即刻、任務に就くべく選ばれた人びとは、ピエロ・ソデリーニ、ピエロ・グイッチァルディーニ、ニッコロ・ツァーティ、ジュリアーノ・サルヴィアーティ、フィリッポ・カルドゥッチ、アントーニオ・ジァコミーニ、ピエールフランチェスコ・トッシンギ……等々(22-13)である。

フランスにいる唯一のわが大使、ルーカ・ダントーニオ・デリ・アルビッツィは、アレッツォの反乱について知らされる。フィレンツェは彼に書き送って曰く。アレッツォにはヴィッテルリ、オルシニ、ジァンパオロ・バリオーニの兵で満ち溢れている。彼らはすべてヴァレンティーノ公に仕えている者たちである。したがって、これは教皇およびヴァレンティーノ公の仕業であることは明白である。さらに一つの陰謀が進行中である。これにはヴィッテルリ、オルシニ、バリオーニ、パンドルフォ・ペトルッチが関係している。これらの者はともにわれわれの敵であるのみならず、陛下の敵でもある。われわれに対する攻撃は、われわれの保護者であるフランス王に対する攻撃でもあることを承知しているので、彼らがこのようなことをしでかした以上、明らかにわれわれだけを相手にしようというのではないのである。これを手始めとして、やがて力を付けて陛下をイタリアから駆逐しようというのが彼らの意図なのである。したがって、ルーカは王に約束を守るように、そして王の利益のためにも、

(22-13) アントーニオ・ジァコミーニは記録にない。選出された他の人びとは次の人びとである。アントーニオ・ディ・ヤコポ・テバルドゥッチ、ジョヴァンニ・ディ・サンティ・アンブロジ、フランチェスコ・ディ・アントーニオ・タッデオ、ロレンツォ・ディ・ニッコロ・ベンインテンディ。なおフランチェスコ・ディ・アントーニオ・タッデオは実際には任務に就いていない。代わりにルーカ・ディ・マーゾ・デリ・アルビッツィの名が記録されている。

モンシニョーレ・ド・ショーモンに命じて直ちに協定に従って四百の槍兵を派遣するように求めねばならない。四百で十分でない場合には、それ以上送らねばならない、なぜなら、われわれに対する攻撃は王への攻撃でもあるからである。

リヨンに戻った時に、王はこのようなことを告げられる。そして事実、王はこの知らせに激怒する。王はわれわれを攻撃した者どもの邪悪さを認識し、できれば王をイタリアから駆逐したいと彼らが望んでいることも了解した、と断言する。われわれを危険な状況から救い出すために、四百の槍兵のみならず、全兵力を用いるつもりである。すなわち、自ら直ちにイタリアに赴こうというのである。彼はショーモンに命じて、ミラノ公国に駐屯している重装騎兵をすべて、できるだけ早くトスカーナに送らせる。その兵数は二百の槍兵を超えるものではないので、新しく兵をロンバルディアに派遣するよう命令を下している。彼はローマ駐在の大使に命じて、教皇に強く抗議させる。この侮辱がいかほど彼を不愉快にしたかを告げ、兵をわが領土から移動させるよう強く要求し、そのようにしないのであれば、教皇を敵として扱うであろうというものである。彼は軍使をトスカーナに送る。軍使には、ヴィッテロッツォ、パンドルフォ、ジァンパオロ、それにオルシニ宛ての書簡を託し、彼らにわが領土を返還し、わが地を去るように命じている。そうしない場合には、彼は彼らに対して不倶戴天の敵として当たるであろう、と言うのである。彼はわが大使に命じて、フィレンツェに彼の取った素晴らしい措置と方策について報告させている。フィレンツェ市そのものの外殻だけは十分に守り通すように、なぜならその他の全領土を失ったとしても、それをすべて朕が回復するつもりだから、と王は言うのである。

この間、フィレンツェは多数の傭兵隊長を傭い入れようと努める。しかし、ジァンパオロの従兄弟であるモルガンテ・バリオーニを除いて、引き受ける者は誰もいない。教皇とヴァレンティーノが彼を阻止しようとしたために、数日間、彼は躊躇《ためら》っているが、ついに約束を守ってフィレンツェに来る準備を整える。ともかく誠実な人物であったのである。しかしジァンパオロがこれを知ると、モルガンテの傭い入れはフィレンツェの力をあまりにも強大にするのではないかと懼れ、秘密裏にモルガンテを毒殺させる。この間、わが兵はヴァルダルノに到着する。しかし今となると、アレッツォにいる敵は数においても指揮官においても極めて強力で優越していたため、わが兵は怖れて、これ以上、先に進むことができない。アレッツォの要塞を守っている兵は力強い抵抗を示しており、勇敢に振舞っている。これはパッツィ司教の大いなる功績である。しかしいまや援助の望みも断たれ、食糧も底をついて来たために彼らは降伏する。条件は、九名を除くすべての者の身の安全である。この九名とはヴィッテロッツォの選んだ者で、彼の捕虜として拘束される。彼の選んだのは司教と要塞にいるフィレンツェ人、それにベルナルディーノ・トンデネルリである。ヴィッテロッツォは、このベルナルディーノ・トンデネルリを憎んでいる。ヴィッテルリ家の競争者リヌッチョ伯(22-14)のかつての秘書であったからである。数日後、ベルナルディーノは、ヴィッテロッツォの娘婿ベルナルディーノ・カマラーニに酷《むご》たらしく殺害される。また、アレッツォに残っていた彼の息子たちもすべて殺される。

　この時期、シニョリーアは、セル・アントーニオ・グイドッティ・ダ・コルレなる者に、シエーナに赴いてもよいという許可を与えている。セル・アントーニオは、パンドルフォ・ペトルッチにシエーナに来るよう呼ばれていたのである。セル・アントーニオは国事に関して豊富な経験があった。そしてパンドルフォと極めて親しかった。なぜなら、彼はシエーナとわれわれとの間の交渉にすべて関わり合っていたからである。フィレンツェに戻った後、セル・アントーニオは次のように報告する。すなわち、トスカーナにおけるヴァレンティーノの成功と征服は、究極的にはパンドルフォにとっても

(22-14) リヌッチョ・ダ・マルチアーノ。フィレンツェの傭兵隊長。パオロ・ヴィッテルリがフィレンツェの総司令官になると激しく敵対。後、ナポリ王に仕えカープアで殺される。本文三二一頁参照。

他の者にとっても害をもたらすことになるのをパンドルフォはよく認識していて、この火災を消し止めたいと思っている。ヴィッテロッツォとフィレンツェを和解させ、トスカーナ諸国すべての同盟を成立させたいと望んでいるというものである。フィレンツェ人はこのような報告を受けると、即刻、秘密裏にメッセル・グァルテロッティを大使《オラトーレ》としてシエーナに派遣する。大使には協定を結ぶ権限が与えられている。この協定内容には、フィレンツェによるヴィッテロッツォの傭い入れと、高い地位の提供さえ含まれている。もちろん、メディチ家については何も触れられていないし、ヴィッテロッツォを満足させるために何人かの市民に対して行為を起こすことについても、[22-15] あるいはフランス国王陛下に敵対するような物事についても何も触れられていない。さらにわれわれは、この反乱で失ったもののすべてを取り戻すことになる。

(22-15) 一四九九年十月一日、ヴィッテロッツォの兄パオロはフィレンツェで処刑されている。本文二七八―二八四頁参照。処刑に関係した市民に対する報復措置を暗示している。

ヴィッテロッツォの作戦

シエーナ近くの別邸で数日間過ごした後、メッセル・フランチェスコは何事も締結せずにフィレンツェに帰国する。これはわれわれの準備を遅らせるために最初から仕組まれた計画であったのかもしれない。あるいは、ヴィッテロッツォの成功によって気持ちを変えたのかもしれない。ヴィッテロッツォの成功とは次のようなものである。アレッツォの要塞を奪った後、直ちにヴィッテロッツォはコルトナに向かう。コルトナは直ぐに彼の手に落ちる。次いでその砦をも取る。城代の臆病さのためである。それから突然、彼はボルゴ・サン・セポルクロ、アンギァーリ、カスティリオーネ・アレッティノ、ラ・ピエヴェ・ア・サン・ステーファノ、エル・モンテ・ア・サン・サヴィーノ、その他その地域でわれわれの所有している領地を取る。[22-16] 彼の成功の速度の早さは次のような事実によるものである。

(22-16) 地図参照。

すなわち、この地域の人びとはいかなる援軍も得られないのを承知していて、作物を失わないために降伏するのである。さらに、征服がピエロ・デ・メディチとメディチ枢機卿(22-17)の名において為されているのを告げられて、なおさらたやすく降伏するのである。したがって、それはフィレンツェの統治への反逆、離脱の問題ではなく、われわれ自身の兵に対する降伏の問題のように思われたのである。彼らはこれからもフィレンツェ人の支配のもとに生きて行くであろう。政権が変わっただけなのである。しかしながら、ヴィッテロッツォを好むがゆえに降伏した場合もある。かくして、わが要塞は堅固極まる地に位置していたにもかかわらず、城代たちは、ある者は臆病さのため、ある者はピエロ・デ・メディチを愛しているがために降伏するのである。フィレンツェ内の混乱のために、彼らに糧食が十分に与えられていなかったことは確かである。しかしそれにもかかわらず、しばらくの間は持ちこたえることができたはずなのである。

自由の旗印をあげたアレッツォを除いて、すべての物事がピエロ・デ・メディチの名において為される。しかし実際は、ヴィッテロッツォの手に握られているのである。彼がこれらの地を手に入れたのは、ピエロのためであったのか、あるいはヴァレンティーノの意志を実際に移したのか、そのいずれかである。あるいは多くの人びとが思っているように、ヴィッテロッツォは己れ自身のために一国家を創り出そうとしていたのかもしれないのである。そのいずれであれ、ヴィッテロッツォはその征服が素晴らしく迅速であったにもかかわらず、より大きな機会を逸してしまう。メッセル・エルコーレ・ベンティヴォーリオとわが兵は、完全に恐怖に把えられている。わがフィレンツェは不意の打撃のために完膚なきまでに怯えている。さらに金もなく、秩序もなく、良い統治もなく、力もなく、調和もなく、信頼感もない。このためにいっそう怯えているのである。アレッツォを取るや否や、彼ら

(22-17) ジョヴァンニ・デ・メディチ。後のローマ教皇レオ一〇世。

がメディチ家の名において、またその支持のもとにフィレンツェを攻撃していたならば、われわれの兵たちは彼らを阻止することができなかったことであろう。これは確実である。そうなれば、フィレンツェでは政体が変わり、ピエロ・デ・メディチが帰還していたであろう。このように一般に信じられているのである。次いで彼らは、ヴァルディキアーナだけでなく、わが全領土を彼らのやり方で支配することができたであろう。しかし、わが危急存亡の時にしばしば助け給うたように、神がフィレンツェの滅亡するのを許し給わなかったのである。ヴィッテロッツォはボルゴ(22-18)とヴァルディキアーナに向かう。フィレンツェの攻撃が直ちに成功しないのではなかろうかと懼れていたためか、あるいはこれらの領土を奪って己れ自身の国を創出しようという貪欲に捉えられていたためか、そのいずれかである。その時、フランスからの吉報が届く。またフランス王が手を打つ。これは多くの者にとって驚きであったが、このためにフィレンツェは勇気を取り戻すのである。ショーモンに対するフランス王の命令についての知らせを受け取ると、直ちに十人委員会はピエロ・ソデリーニをロンバルディアに派遣し、それらの兵を受け取る。事を急ぐのと威信のためにである。しかし着いてみると、ロンバルディアには兵はいない。それに大変混乱している。彼はフランスからの情報と指示が届く間、何日間もぶらぶら過ごしている。ヴィッテロッツォはボルゴ攻撃のために遠征している。また、フランス王の意図に関してのあらゆる不安、不安定の真只中にあって、フィレンツェは七月と八月任期の新しいシニョリーアを選出せねばならなかった。有力市民が現政体を転覆したいと望んでいるのではないかと懼れた一般大衆は、有力市民をゴンファロニエーレに選びたくない。有力市民の代わりに、彼らはジョヴァン・バティスタ・ジョヴァンニを選出する。身分の低い、あるいは名声のない、つまらない人物である。しかしフィレンツェの運命がそのように望んだのか、彼らは優れたシニョリーアを選

(22-18) ボルゴ・サン・セポルクロを指す。地図では単にサン・セポルクロになっている。

ぶ。その指導者にはアラマンノ・サルヴィアーティ(22-19)、アレッサンドロ・アッチァイウォーリ、それにニッコロ・モレルリがいる。

フィレンツェ人による奪回、アラマンノ・サルヴィアーティとシニョリーアによる精力的な行動

シニョリーアが七月一日に任務に就いた時には、フィレンツェは、おそらくフランス王がフィレンツェにいた時(22-20)にそうであったよりもいっそう混乱を極め、いっそうの危険に瀕していた。なぜなら当時、状況は耐えがたいものがあったが、それにもかかわらず、市民たちは私的な利害のみを追求していた。当時の利害関心はピエロの復帰と、ピエロを追放した者の反乱であった。これに対し現在は、自由の喪失とわれわれがまだ所有している領土の縮小である。アレッツォとわが領土のほとんど全体を失って、フィレンツェはいまや大変な苦境に追い込まれているため、フランス王の救援がなければ、フィレンツェは敵の強要するいかなる条件にも同意せざるを得なくなるであろう。しかもすべてが示しているように、それらの条件は極めて苛酷なものとなろう。ピエロの復帰ですら、教皇とヴァレンティーノの軛《くびき》の下に置かれるのに比べれば、より少ない悪と見なされよう。フランスの来援については、それがあまりにも遅れているので、それに大きな信を置く者はいなかった。

新しいシニョリーアが任務に就くと、フィレンツェの状況は改善されはじめる。ゴンファロニエーレは身分の低いつまらない人物であったがため、その指導者はアラマンノ・サルヴィアーティ、アレッサンドロ・アッチァイウォーリ、それにニッコロ・モレルリと考えられねばならない。なかでも、アラマンノ・サルヴィアーティは多くの信頼と権威を有していたために、すべてに責任を持っているの

(22-19) 二九〇頁訳注(19-5)参照。グイッチァルディーニの岳父となる人物である。

(22-20) 一四九四年十一月十七日、フランス王シャルル八世はフィレンツェに入城している。本文一七〇頁参照。

は彼であり、何か良きことが実現されるとすれば、何よりもまず彼の能力と努力によるものであり、同僚のそれはそれを補足するものであるといっても誇張することにはならないであろう。これらの人びとは不退転の覚悟と勇気をもって、われわれの自由と支配地を守ろうとする。最も重要なことは金を徴集することである。任務に就いて最初の日に、彼らはゲルフ党の隊長《カピターニ》(22-21)たちに命令を下し、一定の製粉所を売却せしめる。このような行動は隊長たちのコレッジの同意を要する。コレッジの過半数が当時、フィレンツェにいなかったために、隊長たちにそれら不在者を解任して代わりを選ぶよう通告する。このようにしてコレッジが召集される。しかし提案が拒否されると、それを通すまで解散してはならないという命令を出している。プリオーレの意志を実行せざるを得なかった隊長たちは、製粉所を売却して数日以内に金を調達する。

この間、富裕な市民たちは金の貸し付けを強要される。多くの者が拒否すると、シニョリーアは支払いを命じ、支払わない場合には警察長官(22-22)のもとに出頭するよう要求する。金額全体が徴集される。これには、プリオーレの友人、親族であれ、一切、特別扱いされない。このように彼らは活発に素早く行動して、フィレンツェの必要とするものを調達する。いわばこのような危機の時にあって、アラマンノのような人物を指導者として持ったことはフィレンツェにとって幸運である。彼は生き生きとした率直で暖かい人物であり、終始一貫、公共の幸福の追求に当たっている。彼は力強く、強烈な措置を取りあげる。この種の措置を当時のフィレンツェはその繁栄のために必要としていたのであり、遅れれば危険であったろう。事実、フィレンツェは当時、その頂点に緩慢で慎重な人物を頂いていたならば、たとえその人物が賢明であったにしても、フィレンツェには彼の手のもとで破滅する危険が存していたであろう。

(22-21) ゲルフ党は一三世紀中葉からチオンピの乱に至るまで強大な政治勢力であった。その後、政治的には力を失うが、莫大な土地、財産を保有していて、これによって一五世紀から一六世紀に至るまで経済的に大きな影響力を有している。この財力の基礎となったのはすべてギベリン党から奪い取ったものである。このゲルフ党は六人の「ゲルフ党の隊長たち」によって支配されている。隊長たちにはそれぞれ諮問機関（コレッジ）がついていて補佐する。

(22-22) バルジェルロ(Bargello)。ここでは仮に警察長官と訳しておく。

この間、フランスから、王自身がイタリアに来るという通知が届く。王はわれわれを救い、われわれの敵を破滅させようと決意を固めたのである。さらに王は教皇とヴァレンティーノに対して機嫌を損ねている。フランス軍は既にわがフィレンツェ領に到着し、モンテヴァルキに向かっている。ここにわが兵が集結していたからである。これらの優秀な兵たちの来援は、フィレンツェにとって大きな救いであった。もっとも、食糧の供給は大変に困難である。これらのフランス兵は途方もない量を消費したからである。事実、食糧が欠乏したならば、すべてが混乱に陥る危険があった。なぜなら、フランス兵は獣的で、忍耐を知らぬ者どもであったからである。しかし、すべての障害は熱狂的な決断をもって克服される。

この間、フランス王はアスティに到着している。ここで、われわれの新しい大使メッセル・フランチェスコ・グァルテロッティと、ルイジ・デッラ・ストゥーファが王に謁見する。ピエロ・ソデリーニとともに彼らは王を訪ね、丁重に迎え入れられる。諸々の問題について協議がなされるが、王は彼のトスカーナ軍に四千か五千のスイス兵を加えることが必要ではなかろうかと思っている。そのうち、フィレンツェが傭い入れるのは三千の兵である。王は、教皇とヴァレンティーノがヴィッテッリ、オルシニとその党派を結集して抵抗してくるのではないか、彼の四百の槍兵では十分ではないのではないかと懼れている。それで著名な傭兵隊長モンシニョーレ・ド・ラ・トレムイユに率いさせて、さらに四百の槍兵を送る命令を下している。それでも十分でない場合には、自ら全軍を率いて馳せ参ぜよう、と言うのである。なぜなら、われわれの共通の敵によってわれわれから奪い取られたすべてのものを取り返し、敵を撲滅するのが目的であるから、と言うのである。このような決意を下した後、王は部下の一人を派遣してスイス兵を徴集させる。ルーカ・デリ・アルビッツィには、急ぎフィレンツェに戻り、これらの決定を口頭で伝え、フィレンツェが三千のスイス兵を傭い入れるよう説得するよう要請している。フィレンツェはこれに同意する。

この時期、ヴァレンティーノ公はウルビーノの国境地帯にいる。ウルビーノ公[22-23]とは協定を結んでいたが、彼は突然、公を急襲する。隙を突かれて、数日のうちにウルビーノ公は全公国を失い[22-24]、命からがらヴェネツィアに逃れている。ヴァレンティーノ公は、できるならばわれわれを亡ぼしたかったのである。事実、彼自身の兵や指揮官がこれに携わっている。そして彼の残りの軍とヴィッテロッツォのそれとを結合させたいと彼が望んだのは、このためなのである。しかし、激怒したフランス王が大軍を率いてイタリアに来ているのを知っているがゆえに引き下がり、フィレンツェに対して誰か人を派遣してくれれば敵対行為は終わりになろう、と示唆するのである。教皇もまた、誰か人を送るように言ってくる。メッセル・フランチェスコ・ペピが直ちにローマに、モンシニョーレ・ディ・ソデリーニはヴァレンティーノのもとに派遣される[22-25]。しかし交渉の結果は難しいことが判明する。教皇は、フィレンツェがボルゴ・サン・セポルクロを彼に引き渡せばすべてを返還すると約束する。ボルゴ・サン・セポルクロは本来、教会のものと主張するのである。これに対しヴァレンティーノ公は、フィレンツェが彼の傭兵契約を守り新政府が樹立されるならば、すべてを返還すると約束する。新しい政府とは、彼の信頼することのできる少数の市民、現在の諸問題について相談し得る少数の市民から成る政府のことを指しているのである。とにかく、これらの要求は何一つとして承認されない。とくにフランス王の行為がはっきりした後のことだからである。ソデリーニ司教はウルビーノから召還される。フランチェスコ・ペピはローマに留まるが、交渉の権限は縮小される。

フランス軍がモンテヴァルキに到着すると、ヴィッテロッツォはアレッツォ方面に撤退する。以前

(22-23) ウルビーノ公とはグイドバルド・ディ・モンテフェルトロを指す。先のウルビーノ公フェデリーゴ・モンテフェルトロの子供である。

(22-24) 六月二十一日、ウルビーノ公は全公国を失っている。

(22-25) ヴォルテルラ司教フランチェスコ・ソデリーニとともに、マキァヴェリも派遣されている。任命されたのは六月二十二日である。六月二十四日、ウルビーノでヴァレンティーノ公に謁見。しかし本文にあるように交渉はうまくいかない。六月二十六日、ウルビーノを去る。

には、彼は、フランス軍と戦闘を交える決意である、あるいはアレッツォに撤退せざるを得なくなった場合でも、少なくとも記憶に残る防衛戦をしてみせると豪語していたのであるが、ぐらついてきた教皇とヴァレンティーノがフランス王を満足させるためにも彼を裏切るのではないか、またフランスの全軍が彼のみを目がけて進撃してくるのではないかと懼れて、自信を失い、退却することに意を決するのである。フランス軍の隊長モンシニョーレ・ド・ラーンクルと、モンシニョーレ・アンボールとの交渉で、一つの協定が成立する。しかし、フィレンツェはこれにまったく満足し得ない。なぜなら、この協定に従えば、われわれは失ったすべてを回復することはできるが、ただしアレッツォは外される。アレッツォは自由に留まるというのである。フィレンツェは王の宮廷にいる大使たちに至急便を送る。これを受けて、王はこの協定を成立させないよう隊長たちに命じて、他のすべてとともにアレッツォをも返還されるのを欲する旨、言明している。ヴィッテロッツォはついに譲歩せざるを得ない。彼は、王の代理を務める隊長たちに、アレッツォおよび彼が占領したすべての領土を引き渡す。(22-26) ヴィッテロッツォ、オルシニ家、メディチ家が立ち去った後、フランス軍の隊長たちが王の名においてすべてを受け取る。三千のスイス兵への支払いが完了するまで、王は返還を行わない。支払いがなされた時、彼はモンシニョーレ・ド・ムランをフィレンツェに派遣し、返還をはじめ、それを行うためにフィレンツェが必要と考えることは何でも行うよう命じている。

ムランがフィレンツェに来る。しかしアレッツォに赴く前に、ルーアンの甥のモンシニョーレ・ド・ラヴェルと合意することが必要となる。メディチ家が彼に八千ドゥカーティを借りているのである。この問題を早く片付けるために、アラマンノ・サルヴィアーティは彼自身の財産を義務の遂行の担保として差し出す。ムランはアレッツォに行くが、領土を受け取るためのコッメサーリオとして、ピエ

(22-26) ヴィッテロッツォがアンボールに引き渡すのは七月二十九日である。

ロ・ソデリーニとルーカ・ダントーニオ・デリ・アルビッツィが同行する。彼らは平和裏のうちに、アレッツォとその他失われた領土を受け取る。その後、ヴィッテロッツォがすべての大砲をこれらの領土から持ち去っていたことが分かる。また、アレッツォ反乱の多数の指導者が逃亡しているのも知る。いまや反逆者として彼らは追放される。莫大な費用と危険と労苦の後、この反乱は鎮圧されるのである。コレッジの愚かさがなかったならば、労力もかけずにいとも簡単に、しかも他の誰にも拘束されずに鎮圧することができたであろう。(22-27)

フランス王がイタリアに到着し、モンシニョーレ・ド・ラ・トレムィユが王の敵と戦うために派遣されたのを見て、フィレンツェはピサが容易に回復できるのではないかという希望を抱く。なぜなら、われわれはあらゆる方面で安全となり、フランス軍の支持を手にしていたからである。この希望は後に分かるように実現されることはない。ところで、イタリアに到着したフランス王を訪問したのは、われわれの大使たちのみではない。ヴェネツィア人が、フェラーラ公が、マントヴァ侯が、枢機卿フェデリーゴ・ダ・サンセヴェリーノが、またオルシニ家が王を訪問している。枢機卿サンセヴェリーノは弟のフラカッソの釈放を策し、オルシニ家は教皇の邪悪なやり方について不平を訴えるためである。すなわち、簡単にいえば、イタリア全体がフランス王のまわりに参集しているのである。ヴァレンティーノ公はこれを見て非常に恐れる。とくに、怒った王が多くの重装騎兵と歩兵を持たせてモンシニョーレ・ド・ラ・トレムィユをトスカーナに送ったという知らせを聞いて以来、そうである。逃れる術のないことを悟ったヴァレンティーノ公は、ミラノに奔り、王に対して自らを正当化する。(22-28) この和解は次に述べるような結果を生む。しかし、フィレンツェ人の知ったのは唯一、この年、ピサ問題は解決され得ないであろうということである。

(22-27) アレッツォがフィレンツェに最終的に引き渡されるのは八月二十六日である。この交渉にはマキァヴェリが当たっている。なおこの後、九月十一日と十七日の二回、マキァヴェリはアレッツォに派遣されている。

(22-28) 七月十九日、ヴァレンティーノ公チェーザレ・ボルジアは、ルイと会見をしはじめる。八月中、王に従ってパーヴィア、ジェノヴァ、アスティと転々と滞在。チェーザレがイーモラに帰るのは九月十日。ルイと完全に和解している。

ピストイアの回復

このシニョリーアの任期中に、もう一つ極めて危険な恥辱に満ちた災いが降りかかる。ピストイア問題である。これは、日ごとに腫瘍が崩れ、腐っていくような疫病のごときものであった。パンチァティキがピストイアから追放された後、カンチェリエーリは農村部に出た彼らを追跡するのをやめない。フランコという若い一農民が出現して、パンチァティキ側についている。非常に勇敢な男で、頭の良い穏やかな性格である。本来ならば、自分自身の仕事に専念するのを喜びとしていた人間なのである。しかし、カンチェリエーリが彼の農園を攻撃すると、彼は堂々と見事に自衛する。間もなく彼は評判の的となり、隣人によってだけでなく、パンチァティキ派全体によって指導者と目されるようになる。彼はパンチァティキ派の主人となり、支配者となるのである。彼らの支持を得て彼は二度、カンチェリエーリ派と戦い、彼らを打ち敗り、二百人以上を殺している。

このようなパンチァティキの成功は、フィレンツェにとって役に立つ。なぜなら、カンチェリエーリの悪い意図を抑制するものであったからである。カンチェリエーリはこのような悪い意図を抱いていて、もし可能ならばそれを実行に移そうとしたであろう。なぜなら、彼らはフィレンツェを傷つけ、フィレンツェに反抗したことを知っていて怖れを抱いていたからである。状況は険悪なままであった。双方ともフィレンツェに不満を抱いていたからである。パンチァティキは農村部で防衛することはできたが、ピストイアに帰還するだけの強さはなかった。カンチェリエーリはパンチァティキをピストイア市から駆逐することはできたが、農村部の大部分を支配することはできなかったために、大いに悩まされることになる。双方が、それぞれ外国の君主と交渉し、反乱を起こし、あるいは裏切り行為に出る、このようなことをするだけの覚悟はいつでもできているのである。このような状況下にあって、フィレンツェはピストイアを利用することができなかっただけでなく、疑いもなくそれが反乱を惹き起こすであろうことについては確信を持っていたのである。

アラマンノ・サルヴィアーティの強い主張に基づいて、シニョリーアは断固たる行動に出る決意を固める。軟膏や湿布が役に立たないことが分かっていたので、彼らはいまや鉄と火を試みようとする。十人委員会はこれに賛成しない。そのような措置には大きな危険が内在しているというのである。シニョリーアの同僚の許可を得て、アラマンノは十人委員会に意見を強く開陳する。シニョリーアは行動を取るのを望んでいる、と十人に告げる。私の意見が阻止されることになれば、シニョリーアはフィレンツェの全住民に、十人はピストイアを奪還するのに反対していると公表するつもりである、と詰め寄る。これを聞くと、十人委員会は会議を開き、急拠、シニョリーアの計画の実施に踏み切る。双方の多くの指導者たちが特定の日時にフィレンツェに出頭するよう、直ちに命令が下される。これに従わない場合には、さらなる措置が取られるはずである。指導者たちは動揺する。しかし結局は、ほとんどすべての者が指定された日に出頭することになる。トスカーナに駐屯するフランス軍を恐れてのことである。逃亡する者も少数いる。彼らは反逆者として追放される。双方が出頭して来る日は、奇しくもアレッツォの大使が出頭する日と同日、あるいは翌日である。アレッツォは復帰後、初めて大使を派遣して来たのである。このようにして、フィレンツェは再びピストイアを確保する。[22-29] パンチァティキ派は帰還を許される。数カ月以内に様々な法令が布告されるが、これについては目下触れる必要はなかろう。

この時期、ある事件が発生する。これはフィレンツェ内に少々混乱を惹き起こす。これがそのまま放置されておれば、場合によっては当時なされていた行政上の改善の成果が失われていたかもしれな

（22–29）前年、マキァヴェリは三回にわたってピストイアに派遣されていたが、この年、『ピストイアに関する報告書』(Relazione di Pistoia) としてまとめている。

い。十人委員会が選出された後、コレッジはもはや慣習となっていたように、すべてについて協議に与らなくなる。ある日、コレッジが一定の措置についての承認を拒否する。小ギルドを代表していたデ・ペリなる委員が、その理由を説明して、あらかじめ問題になっている出来事についてコレッジは通告されていなかったからだという。これがシニョリーアに報告されると、議長を務めていたアレッサンドロ・アッチァイウォーリが、デ・ペリを解任するよう提案する。この提案は直ちに通る。激怒したコレッジは、デ・ペリにコンシーリオに上訴するよう要求する。コンシーリオで、彼の弁護に立とうというのである。このようなことが起こったならば、コンシーリオはシニョリーアと対立し、もはやシニョリーアに何びとをも選ぼうとはしなくなろう。しかし賢明な市民たちがコレッジに対して、フィレンツェがこのような状況にあって、そのような抗争に陥るようなことになれば大変なことになるであろうと説得する。ついに彼らは静まり、解任された者は上訴しなかったのである。

第23章

フィレンツェ憲法の国内改革、終身ゴンファロニエーレ制の確立――ヴァレンティーノの軍事行動――傭兵隊長たちによる反ヴァレンティーノ同盟の結成――ピエロ・ソデリーニ、終身ゴンファロニエーレに選出される――ヴァレンティーノ、傭兵隊長たちと和解、次いで彼らをシニガーリアに誘い、殺害

フィレンツェ憲法の国内改革、終身ゴンファロニエーレ制の確立

このシニョリーアはわが領地での混乱と反乱を極めて称讃に値する適切なやり方で解決し、わが統治権を維持し、対外的な平和をもたらしたが、いまやその注意をフィレンツェの国内問題と政体《スタート》の再編成に集中する。これらが無秩序なために、その他のすべての混乱、紛争が生まれてくるからである。事実、このようなことがいつまでも続いていけば、フィレンツェは最終的に破滅し終末を迎えるのではないかと誰もが懼れたのである。当時のわがフィレンツェほど、荒廃した、あるいは劣悪に統治されていた国家を想像することは困難であろう。すべての不幸は次の事実から生じるのである。すなわち、フィレンツェには公けの問題に持続的に仕える特別の責務を負った一人の人間、あるいは数名の人間がいないという事実である。ある決議、方策がひとたびよしとされても、それを実行する権限を

与えられた人びとがいないのである。シニョリーアは二カ月ごとに代わり、コレッジは三カ月ごとに、また四カ月ごとに交替するのである。そのような短い任期では、誰もが用心して行動しがちであり、公けの問題に対しては個人的に誰も責任を感じることはないのである。さらにフィレンツェの法律では、ある人物がシニョリーアやコレッジのポストに選ばれ、その任に就いても、次にそれに選ばれるまでの期間が長く規定されており、しかもこれはその人物個人のみに適用されるだけではなく、その人物の家族にも適用されるのである。(23-1) その結果はたいていの場合、これらのポストは能力のない、愚かな未経験の人間によってのみ占められるのである。そのような人間が賢明で熟達した市民の意見に耳を傾けず、彼ら自身の考え、彼ら自身の権限に従うのであれば、フィレンツェが滅びない方がおかしいのである。このようなことが生じるのは、彼らが、有力市民たちは政体の転覆を望んでいると懼れているからなのである。これに次のような問題も付け加わる。すなわち、数多くの人間が未消化の事柄を扱わねばならぬ際に生じる問題で、審議が長引いたため、たとえその後決定に至っても、しばしばその決定が遅きに失するといった問題と、秘密の欠如の問題である。これは多くの災厄の原因となる。

これらの問題を抱え、さらにフィレンツェの繁栄を持続的に注視している者が誰もいないとなると、イタリアにおける動向、危険な出来事について一般大衆が何も知らされていないとしても驚くべきことではない。降りかかって来て初めて、災厄を知るのである。いかなる物事についても情報を伝える者はいない。知らせれば、素早く大衆の知るところとなるのを知っているからである。外国の諸君主や国家は、わがフィレンツェと交渉するのを拒絶する。フィレンツェには、彼らが信頼し、あるいは利用することのできる者がいないために、よそよそしいものを感じているのである。金は多くの手を経て、多くの水路を経て、行政的な配慮がなされないままに流れて行くため、配分される前に費やさ

(23-1) 役職に就くためには様々のディヴィエート（禁止条項）をクリアしなければならなかった。これについては「解説」三を参照。

れてしまう。さらに危険を認め、それに備える際の遅れが甚しく、そのための金が調達されても遅すぎるためにまったく無駄に費やされることになる。百ドゥカーティで済まされたことも、後になれば十万ドゥカーティかけても為され得なくなるのである。

このことから、大きな課税法案が絶えず上程されねばならなかった。しかし、時とともに大衆はこれにうんざりして、それらを通すのを拒否するようになる。使うべき金がないので、シニョリーアは最も富裕な市民たちを毎日政庁舎に呼んで、共和国のために貸し付けを行うよう強制するようになる。しかしそうしても、シニョリーアは十分な金を捻出することができない。そのために、彼らは最終的にすべてをなおざりにしておかざるを得ない。兵もなく、要塞や諸都市を完全に無防備のまま守備兵も置けずに放置せざるを得ないのである。このような恐ろしい状況のために、賢明で名誉ある市民たちは不満を抱き絶望している。そして完全に政府に愛想をつかしている。また、このような状況を改善しようとすることも彼らにはできなかった。なぜなら、そのようにするたびに、政府を転覆しようとしていると誰からも大声で非難されたからである。彼らの多くは税の支払いを遅らせている。強制されない限り、コッメサーリオや外交使節を引き受けようとはしない。混乱がひどいために、すべてが悪い結果になることは確実だからである。これらの市民たちは、自分たちの咎でないもののために大衆の非難と批判を買いたくなかったからである。ピエロ・コルシニやグリエルモ・デ・パッツィといった人びとが、常にコッメサーリオとして派遣されていたのは、このためなのである。なぜならば、賢明で名誉ある市民たちが引き受けたくないのであれば、熱心にそれを求めている人びとに頼らざるを得なかったからである。ジョヴァキーノ・グァスコーニ、ルイジ・デッラ・ストゥーファ、その他ここに記す必要のない人びとがフランスに大使として派遣される。(23-2) これに対して、メッセル・グイド

(23−2) ここに挙げられている人びとはグイッチァルディーニが無能呼ばわりしている人びとである。この時期、フィレンツェはかつてないほどの内部分裂に苦しんでいる。大衆と名門貴族層の深刻な対立である。名門貴族層の賢明な、良き人びとは重要な役職に就くのを拒否する。ボイコットである。

アントーニオ・ヴェスプッチ、ジョヴァン・バティスタ・リドルフィ、ベルナルド・ルッチェライ、それにピエロ・グイッチァルディーニ(23-3)は、避けることができる場合には引き受けることはなかった。これらの理由のために、フィレンツェは国の内外を問わずその名声を失ったのである。このことはピストイア事件で明白になる。なぜなら、フィレンツェを怖れ、あるいはフィレンツェを尊敬していたならば、ピストイア人はあのようなことをあえて行うことはなかったであろう。また、このように明白な悪だけが唯一のものでもなかった。何びとであれ、フィレンツェでは永続的権限を持つことはできなかった。役職に就いている者は一時的に就いているのであって、したがって、びくびくしながら用心深く行動するのである。その結果、大衆は放縦に流れ、ほとんどの人びとは、とくに貴族の出でない者は何でも好き勝手なことができると思い込んだのである。役職に就いている者が、その管轄下にある一定の仕事に関して、私的な利益あるいは欲望があれば、正当であるか否やは問わず、それを手にしたのである。

　権威に慣れきっていた賢明な市民たちは、このような状況に大変な不満を抱いており、ほとんどこの種の政体に絶望しているのである。フィレンツェが時速百ミーリアの速度で破滅に向かって突っ走っているものと、彼らは考えている。彼らは、自分たちから名声と力が奪われつつあると思うのである。そして、このことは彼らを傷つける。これは私利私欲のためばかりではない。上流階級の人びとが、独裁的な力とまではいわないにしても、少なくとも当然値するような位階を持っていない時には、フィレンツェは確実に痛手を蒙るからである、と言うのである。これらすべてのことに対して、また次の事実も加わる。すなわち、騒動が起こるたびに大衆は彼らを疑い、彼らの邸宅が攻撃されるという危険が存したという事実である。実際、過ぎ去っていく毎日毎日が大きな危険をはらんでいたのである。

(23-3) ここで父ピエロをグイッチァルディーニはあげている。当時、グイッチァルディーニは法律を勉強していたが、フィレンツェの政情不安のために一五〇一年三月十九日、突然、フィレンツェを出てフェラーラ大学に移っている。二千ドゥカーティをピエロは息子のフランチェスコに与えている。財産を分散しているのである。

これらすべての理由からして、彼らは熱烈に政体の変化を、少なくとも改革を望んだのである。フィレンツェがよく統治され、彼らの地位が幾分でも回復し、土地財産を安全に、平和のうちに享受し得るようになるために、である。ピエロ・デ・メディチの敵たちも同じように感じる。彼らは、彼らの存在そのものが危険に晒されていると感じ取っている。なぜならば、フィレンツェの混乱はメディチ家の帰還をもたらしても不思議ではないからである。これらとは別に、通常は政治には関心を抱いていないが、毎日、強制的に金をもって共同体に奉仕させられることに疲れ切っている富裕な人びとがいる。彼らもまた、誰が支配しようが、平和裏に土地財産を楽しむことのできる政権を望んだのである。

フィレンツェ人の大多数は小さな家《カーセ・バッセ》(23-4)の出身者から成り立っている。より寡頭的な政体のもとにあっては、いかなる発言権も持てないのを自ら知っているような人びとである。次に、事実上、よい家柄の出ではあるが、それでも寡頭制になった場合には、それから排除されるのを自覚している人びとがいる。彼らの一門には、彼らより、より優れた能力のある、またより権威のある人びとが数多くいるからである。フィレンツェ人の大多数を構成していたのはこれら二つの集団である。彼らは現政体をとくに好んでいる。なぜならば、この体制は人と家柄をまったく差別しなかったからである。彼らはこの政体が一定の欠点を有しているのを知っているが、しかし油断することなくそれを守っているのである。実際、彼らはそれが奪い取られるのではないかと恐れているので、変革とか、あるいは改革とかいった話が出ると直ちにそれに反対するのである。しかしついに彼らも、莫大で、絶えざる税負担と、モンテが市民たちに支払えなくなった事実に疲れ果てる。最後に彼らは、アレッツォ事件に伴っている大きな危険を認識する。この事件がわれわれの国内的な混乱によって惹き起こされたことは明らかである。したがって、フィレンツェが改革に踏み切らない場合には必ずや破滅がやって来るであ

（23-4）case basse　コンシーリオ・グランデを構成する大多数の者は中小の商店主、職人などである。グイッチャルディーニは彼らを大衆、すなわち moltitudine あるいは universale と呼んで、賢明な、良き市民（cittadini）と厳密に区別している。賢明な、良き市民とは、名門貴族層を指す。しばしば case grande（大きな家）と呼ばれている。

ろうことを、彼らは初めて明確に知りはじめるのである。彼らが、政体を改革するために一定の措置を取ることに同意するのはこの時である。ただし、コンシーリオは排除されず、権力が少数の市民の手に限定されないという条件を付けた上でのことである。

シニョリーアと、とくにアラマンノ・サルヴィアーティは熱心に行動する。そして風がいまや思い通りに吹きはじめると、次の打つべき手を議論するために特別の会議を召集する。特別会議はついに次のことを決議する。新しい候補者リストを作り、バリーア（特別権限）を市民たちに与えること、またコンシーリオは廃止しない方が賢明であるといったことである。これにはいくつかの理由がある。まず、少数者の手に権力を集中することは、かつて二十人アッコピアトーリ[23-5]とその他の機会に生じたように、彼ら自身の間で分裂と派閥争いを惹き起こすことになろうからというものである。その結果は次のようなものになろう。彼らが互いに戦い合えば、一人の人間をその指導者とせねばならないであろう。この意味するところは、最終的に暴君を生み出すということであろうからである。さらにそのような方向に進むのが望ましいとしても、大衆はそれを決して許しはしないであろう。したがって、不可能なことを議論したり、あるいは期待したりするのは賢明ではない。そうではなくて、特別会議は一方においてコンシーリオを維持しながら、フィレンツェにとっての、また彼ら自身にとっての悪をでき得る限り排除する方法を考え出さねばならないであろう。これらの悪の中でも最も焦眉のものは、次のものである。すなわち、重大で深刻な事柄を、それらを理解していない人びとによって処理させていることである。賢明で、その資格のある市民たちに、彼らにふさわしい地位を与えることができないということである。それに、わが司法行政における、とくに犯罪事件における正義と理性の欠如である。

（23-5）一四九四年、ピエロ・デ・メディチが追放された後の臨時政府。本文一七五頁参照。なお、アッコピアトーリについては「解説」三参照。

一つの救済策は、二十名、四十名、六十名、八十名、あるいは百名の市民たちによる終身の司法行政評議会《マジストラート》を創設することであろう。彼らは八十人会が行っていたように、すべてのコッメサーリオと大使を指名するが、他の役職者、行政官を指名する権限は有しない。コンシーリオからその権限を奪わないためである。彼らは財政問題に発言権を持つことになろう。事実、最終決定権を持つことになろう。したがって、金銭法案はコンシーリオに戻される必要はなくなる。彼らは十人委員会を互選することになろう。彼らは、ヴェネツィアのプレガーティ(23-6)のように国家の重要な、すべての問題について議論し、あるいは助言を求められることになろう。このような司法行政評議会《マジストラート》(23-7)によって、フィレンツェの重大な問題が協議され処理されることになろう。なぜなら、これらの人びとはその任期が終身であるからである。これらの市民たちはフィレンツェでも最も賢明な人びとであるために、大衆は彼らの意見に耳を傾け、助言を求めてくるであろう。彼らは、必要とされる時にはいつでも遅れずに金を徴集するであろう。彼らは常に十分な情報を得ているであろう。なぜなら、彼らは絶えずすべての事柄に関わり合っているからである。彼らは常に情報を与えられているであろう。なぜなら、誰も彼らに裏切られるのを恐れる者はいないからである。そしてイタリアの権力者たちは、彼らと進んで交渉に応じるであろう。なぜなら、彼らはいまや信頼することのできる、当てにできる人びとを相手にしているからである。したがって、公けの問題はうまく処理されることになろう。賢明で適格な人びとが、それに値する名声と地位に復帰することになろう。このような権威のある尊敬すべき人びとが権力を握っているので、多くの者の放縦さは抑圧されることになろう。かくて、評議会の成員は刑事事件において、しばしばその義務を果たすことになろう。彼らが拒否するとしても、彼らを強制する手段を見出すことは困難ではなかろう。

(23-6)テキストはPregatiヴェネツィアの場合、Pregadoと表記される。一種の元老院である。

(23-7)Magistrato便宜的に司法行政評議会と訳したが、行政、司法問題で大きな権限を持つ機関を指している。

このような解決策は非常に望ましいもののように思われた。しかし、市民による評議会が考えられつつあるということを耳にすれば、大衆は政体全体が転覆されるのではないかという恐怖のために賛成することはなかろうと危惧される。したがって、終身ゴンファロニエーレ、あるいは任期の長い三年とか五年とかのゴンファロニエーレを選出する方が好ましいように思われたのである。これには二つの理由が存した。第一は、市民による評議会がどれほど良いものであろうと、少なくとも任期の長いゴンファロニエーレがいなかったならば完全ではないからである。第二は、大衆の信頼を得ている賢明で尊敬すべき人物をゴンファロニエーレに選べば、彼は容易に評議会あるいはそれに類したものを創設するための道具となるのではないかと判断されたからである。彼は、重要な事柄がフィレンツェの有力市民によって決定されるように、身分の高い者がそれに値する指導的な地位や権威ある地位に就けるように手配するであろう。彼らは、運命が彼らに野心的なゴンファロニエーレを与えるであろうことを予見できなかった。[23-8] この人物は名声ある人びとに取り巻かれたくなかった。好きなように彼らを支配し、操縦することができないからである。彼が自由な地位を与えられた場合には、束縛されるのを望まないであろうことを彼らは予見し得なかった。彼らはあらかじめ、すべての制度を設立しておくべきだったのである。それから終身ゴンファロニエーレを選ぶべきだったのである。そうはせず、彼らはまずゴンファロニエーレを選んで、変革を行うべきかどうか、自らを人に拘束させるべきかどうかを彼に自由に決定させることにしたのである。

シニョリーアがこのような決断に達し、次いで巧みにコレッジを説得した後、彼らは最も賢明な市民たちを召集し、終身ゴンファロニエーレの権能と権限をいかなるものにすべきかを協議《プラティカーレ》しはじめる。権限は過去のそれと同一で、いかなる形であれ増大したり縮小したりしてはならない。ただし、フィ

(23-8) ピエロ・ソデリーニを指している。ソデリーニは有力市民による特別会議で議論された評議会を創設することはなかったし、その意思もなかった。

レンツェでのいかなる法廷にであれ、刑事事件においてこれを主宰し、判決に当たっては発言し得る特権が与えられる。これらの特権が与えられた理由は、貴族が犯罪を告発された際など、判事が気の弱さから、時折りその職を全うするのを嫌うことがあったからである。裁判に臨席することによって、ゴンファロニエーレは、その権威と存在によって判事たちを勇気づけ法を守らせることができるであろうと考えたためである。

次いで彼らは、任期を終身にすべきか、あるいは数年にすべきかを議論する。多くの者は終身とすることに反対する。なぜなら、彼らは他のすべての者がゴンファロニエーレになる機会を奪われるのを望まなかったからである。さらに、無知のためであれ、あるいは悪意のためであれ、ゴンファロニエーレが満足すべき人物でないことが判明した場合には、任期が限定されていた方が良かろう、これによってフィレンツェは永遠に重荷を背負わなくても済むからである。終身でなくとも長期のものであれば、この改革によって求められている効果を十分達成することができるであろう。このようにして、フィレンツェは公けの問題に専念する者を持つことになろう。その者はしっかりした舵取りであり、秩序をもたらす者となろう。最後に、任期が限られていれば、それを自覚して勝手気ままな振舞いを行うことはできなくなろう。そして、シニョリーアに市民たちを参加させるのにいつでも同意することになろう。終身ともなればゴンファロニエーレの事情は異なってこよう、と言うのである。

多くの市民たちは、これと逆のことを考える。その中にはジョヴァン・バティスタ・リドルフィがいる。彼らはとくに二つの理由を挙げる。第一は、終身の任命はフィレンツェで誰もが望み得る最高の地位をもたらすことになろう。満足したゴンファロニエーレは他のいかなるものにも心を労せずして、フィレンツェの繁栄のために専念することになろう。任期が限られていれば、野心のためにそのポストを永久のものとすべく、大衆の好意を得ようとしたり、あるいはその他、異常な手段を用いたりして様々な方策を考え出そうとするであろう。これはフィレンツェに大きな災厄と騒擾を惹き起こす原因ともなろう。第二に、終身の任命となれば、正義が遵守され、罪が罰せられるために強力な手が打たれることになろう。なぜなら、終身ゴンファロニエーレであれば、何びとをも怖れる必要がないからである。これに対し、限られた任期のゴンファロニエーレであれば、いつの日にか私的な生活に戻らねばならないのを考えて、この点でまったく精力的に力を発揮し得ないかもしれない。実際に、フィレンツェの他の行政官とまったく同じように用心深くなるかもしれない。その場合には、われわれは満足のいくように正義を守ることはできなくなろう。正義を守ること、これがこの改革を行う主要な目的ではなかったのではないか、と言うのである。最終的には、終身ではなく任期三年のゴンファロニエーレを任命するよう提案される。この動議が作成され提案されると、ピエロ・デリ・アルビッツィ、エーレを任命した方が良いと叫び出す。彼らと同じような人びとが、声高に終身ゴンファロニベルナルド・ダ・ディアッチェート、その他、彼らの惹き起こした騒ぎは大変なものである。このため、先の動議は否決される。彼らが騒ぎを惹き起こした動機は実は、三年であれ、終身であれ、いかなるゴンファロニエーレをも任命したくなかったことにある。そして、大衆は終身ゴンファロニエーレを任命するのに同意することはなかろうと確信していたのである。

シニョリーアは、とくにアラマンノはこの規定を通過させようと熱意を燃やしていた。したがって、これがひっくり返されたことで大いに当惑する。シニョリーアは終身ゴンファロニエーレ任命の動議を提案する。条件として次のことが付け加えられている。すなわち、終身ゴンファロニエーレに選出されるべき者は少なくとも年齢五十歳に達していること、さらにフィレンツェでのその他のいかなる役職にも就くことができないこと、またその者の息子は主要な三つのいかなる役職(23-9)にも就けないこと、その者の兄弟および兄弟の息子たちはシニョリーア入りすることはできないこと等である。これ以外にもまた、その者およびその者の息子は一定の商業活動や経営に従事できないことも条件の中に入れられる。商業活動を行って、具体的な取り引きなどで他の者を搾取、利用することはあってはならないからである。ゴンファロニエーレの収入は年俸千二百ドゥカーティとする。ゴンファロニエーレに不穏当な行為があった場合には、プリオーレは誰であれ、解任要求をすることができる。解任に際しては、プリオーレ、コレッジ、十人《ディエチ》、ゲルフ党のカピターノ、八人《オット》の同時投票で四分の三の豆を必要とする。ゴンファロニエーレ職には誰でも選出され得る。禁止条項に当てはまる者、あるいは税金の支払いが遅れている者ですら可能である。これらの前提条件は極めて広く解釈される。そのため、小ギルドを代表する者でさえ、条件の中に含まれているように思われたのである。このようなことになったのは、あるいは不注意のためであったかもしれない。あるいは、小ギルドの同意を得るのを容易にするためであったかもしれない。そのいずれかである。

任命の手続きは次のごときものとされる。コンシーリオ・グランデが召集される。すべてのメンバーがその日には出席する。税金の支払いが遅れている者でさえ出席する。選出される者が可能な限り、最大の民衆の同意によって選ばれるようにするためである。コンシーリオのメンバーは誰でも望む人を指名することができる。指名された者は次いで票決に付される。投票数の半数に一票を加えたもの、たとえその者が一人であれ、あるいは多数であれ、それが二回目の票決に付される。二回目の票決で勝ち残った者は、三回目の票決に付される。この三回目の票決に付された者のうち、最も多くの票を勝ち得た者が勝者となる。ただし、過半数を取っていなければならない。その者が終身ゴンファロニ

(23-9) 主要な三つの役職とは、すなわちシニョリーア、十二人の良き人びと、十六人ゴンファロニエーリ・ディ・コンパニーアである。「解説」三参照。

エーレになるというものである。

このような手続きが採用されたのは、いかなる選出も大衆による選挙でない限り可能ではなかったからである。このような状況にあって可能な限り正確な成果を得るためである。これら数回の票決が採られたのは、このシニョリーアの任期中に行われることになる。この間、大衆はふさわしい候補者について考えを深めることができよう。勝者は、次のシニョリーアが十一月の初旬、任務に就いて公示されることになる。これらの規定にもう一つの条項が付け加えられる。すなわち、八十人会《オッタンタ》は過半数を得た人びとの中からくじで選ばれていたものが、これから以後は過半数を得た人びとのうちの百人を少し越える程度の人びとの姓名(23-10)から選ばれることになる。またフィレンツェの四つの区域は、それぞれ正当な割当数を満たすことになる。このような措置が取られたのは、最も優秀な人びとが八十人会に残るためである。なぜなら、既に述べたように、八十人会に賢明な、尊敬すべき人びとを持つことはフィレンツェにとって大きな利益となるからである。

このような方策がシニョリーアとコレッジで決定され、通過すると、それは八十人会に回される。しかし、ここで多くの困難が生じるのではないかという懼れがある。なぜならば、任期が二カ月であればゴンファロニエーレになり得る多くの市民たちが、この高位のポストを自ら放棄しないためにこれに反対票を投ずるかもしれなかったからである。さらに、ベルナルド・ルッチェライが公然とこのような方策に反対していたからである。なぜならば、一般に言われていたところによれば、彼の敵ピエロ・ソデリーニの方に支持が傾きつつあるのを見ていたからである。それにもかかわらず、シニョリーアとコレッジの要請でこの方策案は八十人会に上程され、その二回目で手際よく通るのである。次いで、コンシーリオ・グランデが召集される。コレッジの代表者がそれの賛成演説を行う。ピエロ・

(23-10)「くじではなく、姓名から選ばれる」とは厳密には今日の選挙ではない。候補者の姓名を挙げ、その一人ひとりについて賛成か反対かを豆によって示すのである。

グイッチァルディーニもヤコポ・サルヴィアーティも、その他、富裕な人びとも賛成演説を行っている。しかしこの提案は、コンシーリオの第一日目は僅差をもって通らない。翌日は簡単にいく。(23-11) これを支持した者の中で、ピエロ・ディ・ニッコロ・アルディンゲリが大いに称讃される。十二人会のメンバーで、年齢は三十一歳か三十二歳である。彼は十二人会を代表してこの問題について数回にわたり演説し、誰をも納得させる。このため数日後、八十人会は彼をカスティリオーネ・アレッティノのコッメサーリオに任命している。彼は、フィレンツェのいかなる者にも劣らない高い地位への道筋にうまく乗れたが、後に自らそれをすべて破壊してしまう。

このような方策案が通り、フィレンツェの再編成が始まると、シニョリーアは任務を去る。このシニョリーアがその任に着いた時、フィレンツェは混乱の極みにあった。アレッツォおよびその地方全体が切断されていた。ピストイアは反乱しつつあり、ほとんど失われようとしていた。いまやフィレンツェはピストイアで再び力を取り戻し、アレッツォとその反乱の期間中に失われたものをすべて回復している。最後に、フィレンツェの再編のための方策をかち得ている。このシニョリーアは誰をも満足させ、希望を持たせたのである。任期を終えるに当たってこのシニョリーアは、当然ながら大きな称讃に包まれていたのである。その良き仕事はとくにアラマンノ・サルヴィアーティ、アレッサンドロ・アッチァイウォーリ、それにニッコロ・モレルリによるものであるが、なかんずく、アラマンノによるもので、すべての栄光の四分の三は彼に与えられるのである。

ヴァレンティーノの軍事行動

次のシニョリーアのゴンファロニエーレは、ニッコロ・ディ・マッテオ・サケッティである。彼の

(23-11) この改革法案がコンシーリオ・グランデで承認されるのは一五〇二年八月二十六日である。

任期中、フィレンツェはフランス王に、われわれの安全のためにトスカーナの彼の軍隊のすべて、あるいはその一部をわが領に駐屯させておくのを認めるかどうかを尋ねている。王は、しばらくの間、留めておいても結構である、と答えている。しかし彼自身、それらを必要とすることもあるので、好きな時に召還し得るようにしたい。その場合、あなた方を実際、見捨てることになるかもしれない、と言うのである。当初、フィレンツェはこれに同意する。しかし次いで、フィレンツェがそれに動揺しはじめると、すべての軍隊は出発してロンバルディアに戻ってしまう。いまや新しい苦悩がフィレンツェに付きまとう。なぜなら、フランス王はヴァレンティーノと和解していて、いまやフランスに帰国しようとしていたからである。多くの人は、フランス王がヴァレンティーノをフランスに連れて行き、そこに丁重にとめ置くものと考えていたが、そうせずにアスティまで一緒に行くが、そこからヴァレンティーノはロマーニァの領土に帰っている。(23-12) フィレンツェは彼を非常に恐れるようになる。われわれが無防備なことを自ら認識していたからである。確かに、出発前に王がヴァレンティーノに対してわがフィレンツェに手を着けないよう念を押していたことは知れ渡っている。それにもかかわらず、われわれは、ヴァレンティーノ公がわれわれを攻撃する機会さえあれば、フランス王など意に介することなく直ちにその機会を利用するのではないかと懼れるのである。王については、フランス人すべてがそうであるように、行為がなされた後で容易に改善策を見出すことができるのである。ヴァレンティーノは、経験からそれを知っているのである。いましがた、彼は王と親密な和解に達したばかりである。フランス王は、ヴァレンティーノが和解しに来たのは、王にイタリアから出てもらうために過ぎないということを十分了解しているのである。さらに、われわれがアレッツォとその他のわが領土を回復している最中に、教皇とヴィッテルリ、オルシニは、公然と、王がイタリアを出るや否

(23-12) ヴァレンティーノ公がアスティからイーモラに戻るのは十月十日である。次いでボローニァ攻略の準備に入る。

や、われわれを再び攻撃するつもりであることを断言しているのである。しかし今回は、ひとたび攻撃がなされれば、われわれを助けるためにフランス軍が帰って来ても間に合わないであろう。このようなすべて不確実な状況の中で、一つの事件が突発する。しばしの間、この事件はわれわれに少しばかりの安全を与えることになる。これをより良く理解するために、その起源を述べることが必要となろう。

傭兵隊長たちによる反ヴァレンティーノ同盟の結成

オルシニ家、ヴィッテルリ家、バリオーニ家、それにパンドルフォ・ペトルッチは、教皇およびヴァレンティーノ公の兵士であり、あるいは信奉者である。その契約も結んでいる。しかし彼らはまた、互いに親密で、党派と呼んでも許されるようなものをつくりあげている。彼らは多くの理由によって自分たちの運命を共にしようと決断する。多くの理由の中でもとくに、彼らがヴァレンティーノ公の野心とその際限もない支配欲を知っていたからである。彼はまず、近くの領土に手を延ばしていた。すなわち、何らかの称号、あるいはあまり根拠があるとはいえない要求権を主張している領土である。彼らが恐れ疑惑を抱いていたのは、とくにペルージアとチッタ・ディ・カステルロが本来、教会に属していると考えていたからである。オルシニ家の領土の一部も教会に属しているのである。そしてその他の部分はローマ領にある。これらの領土がひとたび処理されれば、シエーナが次になる。ヴァレンティーノがファエンツァを取った後、彼のボローニァ作戦が失敗するのをシエーナが強く望んだのはこのためなのである。しかしこれらの人びとは、教皇とヴァレンティーノ相手では戦えないことを知っていたので、とくに教皇はいまやフランス王の支持を受けているのであるから、それでピエロ・

デ・メディチがフィレンツェに帰還すれば良いと望んだのである。フィレンツェ軍があれば、安全が計れるであろうと考えたのである。

他方、ヴァレンティーノの方ではこれらの人びとを密かに憎悪し、彼らの転落を望んでいる。一つには、彼らの感情を理解しており、疑いを抱くようになっていたからである。また一つには、彼らの国を奪いたいという欲望のためでもある。ある人びとの意見によれば、ヴァレンティーノはわれわれが敗退すれば幸せであったろうという。なぜならば、彼はわが領土の一部を手に入れるか、あるいは、そのようなわれわれの状況からして何らかの利益をもたらす協定を結ぶことができるものと思っていたからであるというのである。しかし実際は、われわれが敗れれば彼は残念がったであろう。なぜなら、ヴィッテロッツォがわが領土の一部を獲得するか、あるいはメディチ家がフィレンツェに帰還するか、そのいずれをも彼は恐れていたからである。後に、フランス王がイタリアに来た時に、ヴァレンティーノはまず書簡で、次いでじきじきに自らを正当化している。フィレンツェに対するこうした侮辱については何も関係していない、ヴィッテロッツォとオルシニが自分の知らぬ間に行動したのだ、と言うのである。これを受けて王は、ヴィッテロッツォにミラノに来るよう命じる。しかし彼は恐れを抱いて、病気を口実に出向こうとは絶対にしない。王はヴィッテロッツォに激怒し、彼を不倶戴天の敵と見なしはじめるのである。

普通の状況のもとにあってさえ、ヴィッテロッツォとオルシニ一家の死は王を喜ばせたであろう。なぜなら、イタリアの軍事力の消滅は彼に利益をもたらすであろうことを知っていたからである。さて、いまやこのような悪意が加わって、王はヴァレンティーノを大いに支持するのである。確かに、王は教皇とヴァレンティーノに対して同じように憤激していたことは事実である。さらに彼らを不信の目で見てさえいる。しかしフランス王は後に述べるように、ナポリ王国内でスペイン人と戦っており、そのため教皇との和解は有益であろうと思ったのである。これに対し、教皇との敵対関係はナポリ王国の問題で彼を大いに傷つけることになろう。教皇との敵対関係は、教皇、スペイン王、それにヴェネツィア人の同盟へと導くことにさえなりかねない。そうなれば、これは彼を大きな危険に曝すことになろう。このような理由からして、またルーアンの勧めもあって、フランス王と教皇との間に一つの協定が成立する。教皇はルーアンをアルプス以北の教皇特使とし、また彼の甥を高位聖職者の地位に引きあげることによって、彼と並々ならぬ関係を維持しているのである。王は、ヴァレンティーノ公がボローニァ、ペルージア、それにチッタ・ディ・カステッロの領主になることに同意する。その代償として、教皇はナポリ王国の問題で、可能なあらゆる援助を約束する。そこでヴァレンティーノはロマーニァに戻り、ボローニァの軍事作戦の準備に取りかかるのである。これについての知らせをヴィッテロッツォ、オルシニ家、それにその党派が耳にすると、彼ら自身の国はどうなるかと思う。ヴァレンティーノがボローニァを取れば、彼らはすべてヴァレンティーノの言うがままにならざるを得ないのを知って、彼らは団結し、ヴァレンティーノの力の拡大に対しては、これを阻止するために武力を用いることを決める。メッセル・ジョヴァンニ・ベンティヴォーリオは、彼の利害、彼の危険のために、また最近、オルシニ家の親族となっていたために、彼らに加入する。その他の参加者は、パンドルフォ・ペトルッチ、ジァンパオロ・バリオーニ、オルシニ家、ヴィッテロッツォ、オリヴェロット・ダ・フェルモ、それにウルビーノ公グイドである。ウルビーノ公グイドに対して、彼らは彼の公国の回復と維持を約束している。この新しい火災が発生したことによって、フィレンツェはヴァレンティーノだけでなく、ヴィッテロッツォその他の者に対しても恐れる必要がなくなる。(23-13)

(23-13) 陰謀のニュースがフィレンツェに届くのは十月初旬である。マキァヴェリは早くも九月の時点で、ヴィッテロッツォがチェーザレに対し不信感を募らせているのに気づいている。

ピエロ・ソデリーニ、終身ゴンファロニエーレに選出される

この間、八月に通った措置に従って、終身ゴンファロニエーレが選出されねばならなかった。コンシーリオ・グランデが召集される。召集されたのは二千人以上のメンバーである。メンバーの一人ひとりが好きなように候補者を指名したために、二百人以上の候補者が出揃う。票決に付されるのはこれらの人びとである。第一回目の票決のあと残ったのは三人のみである。メッセル・アントーニオ・マレゴンネルレ、ジョヴァキーノ・グァスコーニ、それにピエロ・ソデリーニである。二回目の票決で残ったのは、ピエロ・ソデリーニのみである。三回目の票決にはピエロ・ソデリーニのみが出馬して、選挙に勝っている。彼の選出は公的に布告されないことになっているが、二回目の票決のあと彼のみが出馬したという事実からして、まったく明白である。かくして、まだ五十歳に達していなかったピエロ・ディ・メッセル・トッマーゾ・ソデリーニが、終身ゴンファロニエーレに選ばれたのである。(23-14)

ピエロ・ソデリーニが他の者にもまして、このような高位のポストに選ばれたことについては多くの理由がある。彼は良い家柄の出であり、しかも男子の数も多くないし、親族も多くない家柄である。彼は金持ちであり、子供がいなかった。賢く、有能であるという評判が高かった。大衆《ポポロ》とコンシーリオ・グランデを愛していると思われていた。また雄弁でもあった。さらに九四年以来、フィレンツェのために骨身を惜しまず奉仕して来た。これに反して、他の高い尊敬を集めていた市民たちは、仕事に関わり合いになったり、仕事を委任されたりするのを避けていたが、彼は求められればいつでもそれを引き受け、遂行する唯一の人物であった。これによって彼は、良き市民であり、公共の福祉を念じているという名声を博していた。さらに大衆は、彼が他の市民よりも、はるかにたびたび委任され

(23-14) 一五〇二年九月二十二日選出。その後、ソデリーニ政権は一五一二年九月一日、メディチ家がスペイン軍の援助のもとにフィレンツェに帰還するまで存続する。マキァヴェリはこの間、ソデリーニの右腕として活躍している。ソデリーニ政権の外交政策の基本は親仏政策である。ルイ一二世はソデリーニの選出に好意を示している。

るのを見て、また彼と同じ身分の他の者が職務に就くのを避けていることを知らなかったので、彼が他の者より能力があるから委任されると思ったのである。これらの理由に加えて、アラマンノ・サルヴィアーティとヤコポ・サルヴィアーティの好意を得ていた。アラマンノ・サルヴィアーティとヤコポには多くの友人がおり、親類縁者も多く、一般市民の人気と尊敬をかち得ていた。年齢制限のため、彼ら自身、そのポストに選出される資格がなかったために、全力をあげてピエロ・ソデリーニの選出の後押しをしたのである。ソデリーニの親族であるとか、友人であるとかいうことでなく、ソデリーニの選出がフィレンツェのためになると思ったからである。この助力は極めて効果的で、少なくともソデリーニ支持の四分の一はこれによる。ソデリーニが選出されたのは、ルーカ・デリ・アルビッツィが当時亡くなっていたために、コッメサーリオとしてアントーニオ・ジァコミーニとともに遠くアレッツォにいる間である。後にソデリーニに代わるために、アラマンノ・サルヴィアーティがコッメサーリオに選ばれる。ソデリーニは彼の選出のニュースを受け取ると、カゼンティーノに行き、数日後、フィレンツェに着く。自宅にとどまって、選出が公けに告示されるまで待つのである。

　当時、オルシニ家、ヴィッテルリ家、その他、同じ党派に属する人びとは、……領[23-15]のラ・マッジョーネで会合を持ち、新しい同盟を結成し、その宣言を行っている。次いでウルビーノを攻撃し、それを簡単に取って、先の領主[23-16]にそれを回復させている。教皇とヴァレンティーノは、この攻撃に衝撃を受ける。しかし、直ちにその対策を求めはじめる。まずフランス軍に通告し、援助を求める。彼らは、できるだけ多くの兵、すなわち歩兵と騎兵の双方を戦場に投じ、次いでフィレンツェに援助を繰り返し要請してくる。このような最大の危機にあって、ヴァレンティーノ側につけというのである。他方、同盟側もパンドルフォ・ペトルッチを介して、フィレンツェに対し何度も援助を求めてくる。その見

(23-15) テキストには示されていない。ペルージア領である。会合が持たれたのは十月九日である。

(23-16) グイドバルド・ディ・モンテフェルトロである。

返りとして、ピサ作戦に対する援助を申し出てくる。このため、セル・アントーニオ・ダ・コㇽレが、詳細な情報を集めるために密かにシェーナに派遣される。しかし、同盟側は実際にはフィレンツェを助けるだけの力を持っていないという報告を受け取ると、フィレンツェは、フランス王の意図がより明らかになるまで中立に終始しようと決定している。フランス王がヴァレンティーノを援助するであろうと一般に信じられていたので、十人委員会はその書記《カンチェリエーレ》ニッコロ・マキァヴェリをわが善意の兆しとして、イーモラに派遣してヴァレンティーノ公の好意をつなぎとめようとする。[23-17] このような問題に十分熟達している人物のアレッサンドロ・ブラッチが、ローマに派遣され、教皇の意に添うように応対させ、その間、新しく任命した大使メッセル・ジョヴァン・ヴェットーリオ・ソデリーニを送り込んでいる。[23-18]

この同じ時期、軍備のないのを知っているフィレンツェは、マントヴァ侯を総司令官《カピターノ・ジェネラーレ》として傭い入れる。彼を傭い入れた日、侯はミラノにいる。フランスに赴く途中である。侯と王は長い間の反目ののち最近、和解したのであるが、そのために王は全面的に侯を信頼していない。事実、王はこの傭兵契約《コンドッタ》に腹を立てている。王は、フィレンツェの兵力を侯の手に委ねるのは将来、極めて危険なことになるのではないかと思っている。王とルーアンは、わが唯一の大使《オラトーレ》であったルイジ・デㇽラ・ストゥーファに対し、この契約を撤回させたいと望んでいる、と告げる。唯一の大使といったのは、グァルテロッティがいまだアルプスを越えていないからである。しかし撤回がなされねばならないとしても、侯がその理由に気づくようであってはならない。フィレンツェは彼らの望みを叶えるために、多くの屁理屈を付けねばならない。結果として契約は阻止される。それにもかかわらず侯は、それがわれわれのやったことではなく、フランス王の仕業であることを完全によく理解している。

(23-17) マキァヴェリが任命されるのは十月五日、イーモラ到着は十月七日である。

(23-18) 新大使がローマに着任するのは十二月七日である。

次いで十一月の初め、新しいゴンファロニエーレが任務に就く。二つの点が新しく、かつて類例がなかった。第一に、任期が終身であるということである。第二に、同じポストを離れて、その後わずか十八カ月で再任されたということである。なぜなら、フィレンツェの法律では、任期と任期の間に三年間の空白の期間を措いていたからである。後に他の問題が生じる。これも同じように新しいことである。彼が任務に就いている間に、彼の親族がシニョリーアとコレッジの一員となったことである。これ以前には、同じ家門の二人の人間が同時に三大役職の地位に就くことはできなかったのである。さらに、一門の一人がプリオーレであった場合には、その親族はその者が職を離れたのち一年間はシニョリーアの一員になるのを禁じられている。コレッジの場合は六カ月間である。ピエロ・ソデリーニがあれほど大きな支持と名声を博しつつ任務に就いた時、フィレンツェの誰もが彼のもとで一般的な繁栄がもたらされるのではないかと望んでいる。さらに彼が多くの改革を行い、フィレンツェ人の生活に良い、聖なる方式をもたらすことによって、フィレンツェが長く栄えるのではないかと期待したのである。なぜなら、この時期、フィレンツェにとっては混乱した労苦の多い時であったからである。

フィレンツェの国内問題に関する限り、終身ゴンファロニエーレの選出は良い始まりであった。しかし、船の装備がきちんとしていない場合には良い舵手がいても十分でないように、終身ゴンファロニエーレの規定も、その機能は舵取りであるが、フィレンツェの幸福にとっては十分ではなかった。なぜならば、共和国が自由を維持し、独裁と自由の両極端を回避するために必要な他の部分がうまく作動しなかったからである。船を運行するために必要な器具の獲得に備えることのない舵手がいれば、その者を立派な舵手と呼ぶことはできないが、それとまったく同じように必要な改革を導入せず、先に触れた難局の解決に専念しないような終身ゴンファロニエーレがいたならば、その者を立派なゴンファロニエーレということはできないであろう。

対外的な問題に関する限り、フィレンツェは二つの主要な難題を抱えていた。第一に、依然として解決していないピサ問題がある。この問題はわれわれがピサを奪回するまで、われわれを休ますことはなかろう。第二に、メディチ家の問題である。メディチ家は弱体化し、友人も少なく、フィレンツェ市内でも組織的な支持を受けているようには思われなかったし、また彼らだけでわれわれを攻撃することはできなかったが、それでもわが市内においても農村部においても力は十分残っていて、そのため、われわれに敵意を持つ強力な君主がわれわれを攻撃する際の道具としてそれを利用することはできるのである。これらに加えてフィレンツェは、それほど重要でもないし、直接的でもないが、これとは別の厄介な問題を抱えていた。まず、休むことを知らぬヴィッテロッツォの敵意があった。(23-19) 彼は兵士の間に絶大な人気があり、またオルシニ家、パンドルフォ、バリオーニなどからの強い支持もあった。したがって、彼と和解するか、あるいは彼を絶滅しない限り、疑いもなくフィレンツェを絶えざる恐怖と混乱に陥れ続けるであろう。もう一つの悩みは、教皇とヴァレンティーノ公の力と野心である。教会の大きな権力とロマーニァ諸国家の近さを考えれば、怖れる理由が存するのである。さらに、ヴァレンティーノは有能で彼の軍備も充実しているのに対し、われわれは弱く、ピサ問題でガタガタになっている。これらが誰にも明らかな、目に見える最大の災厄なのである。次に、ヴェネツィア人の強大な権力が問題となる。この時期、彼らがフィレンツェを攻撃したり、あるいは攻撃しようとしたことがなかったことは確かである。しかしながら、われわれは常に次のことを心にとめておかねばならなかった。仮にフランス王が死亡したり、あるいは何らかの事件によってミラノとナポリ王国の支配権を失うようなことになれば、イタリア全体がヴェネツィア人の餌食となり、彼らの為すがまま

(23-19) 一四九九年、フィレンツェは当時の傭兵隊長パオロ・ヴィッテルリを処刑している。弟のヴィッテロッツォは間一髪、逃れている。本文二七八頁以下参照。

になってしまうであろう、それほどヴェネツィア人の力は強力であったという事実である。これらすべてに起因する災厄の可能性は極めて大きかった。したがって、フィレンツェのみではそれらに対して何事も為し得なかった。それにもかかわらずフィレンツェは、一方でフランス王を煽動してヴェネツィア人に対抗させることにより、他方、ロマーニァでの動向に目を光らせることによって、できる限りのことを為そうとして来たのである。教皇が死亡したり、あるいはその他の事件が突発したりして、突然、ロマーニァの状況が変わるかもしれないからである。フランスとわれわれの関係は極めて重要であった。この点に関しては、フィレンツェはうまく行っているように思われた。なぜなら、すべてを支配しているフランス王とルーアンの二人が、われわれに好意を抱いていたからである。それにもかかわらず、考慮されねばならなかったことは、われわれが彼らから利益を引き出す以上に、比較にならないほどいっそうゴタゴタや失費を強いられるのではないかということである。それほど彼らの貪欲さ、軽率さ、私利私欲は大きかったからである。

ヴァレンティーノ、傭兵隊長たちと和解、次いで彼らをシニガーリアに誘い、殺害

当時のわれわれの状況はこのようなものであった。さて、同盟を結成した諸侯とヴァレンティーノ公との紛争が、イタリアでの他のいかなる事件にもまして大きなものになっていく中、すべての者の注意と関心はそれらに向けられる。ウルビーノの突然の征服とヴィッテロッツォの名声は、ヴァレンティーノとその部下を大きな恐怖に投げ込んでいる。事実、同盟軍がロマーニァに直ちに侵攻していれば、彼らはロマーニァ全体を引き裂き、おそらくは完全無欠の勝利を手にしていたであろうと考えられるのである。しかし、彼らはそうせずに躊躇している。その理由は次のいずれかである。一つは、

これは常に困難な仕事であるが、多くの兵からなる軍を集結するのに手間取ったためであるか、一つには、協定に達するよう交渉していたためかのいずれかである。このため、ヴァレンティーノは要塞を強化し自衛するために、十分の騎兵や歩兵を傭い入れ、次いでゆっくりとフランスの援軍を待つ時間の余裕があったのである。フランスの援軍は強大なものになろう。フランス王は即刻、ミラノにいるモンシニョーレ・ド・ショーモンに、全軍をロマーニァに派遣せよとの命令を書き送る。この際、でき得る限りの援軍を送り続けるという意志を明確にしているのである。ヴェネツィア人は幾分か疑念が残ったが、フランス王が何をしようとしているのかを見て取ると、教皇とヴァレンティーノに対して全軍を御用立てる用意があることを知らせている。フィレンツェ人についていえば、教皇につくか、あるいは中立を保つか、そのいずれかに決定している。これらすべての状況に脅かされた同盟側は、いまや和平交渉を始める。(23-20)オルシニ家、ヴィッテルリ、それぞれの党派は、ウルビーノをヴァレンティーノに返還し、元通りヴァレンティーノに仕えることに同意する。ボローニァ問題とメッセル・ジョヴァンニ・ベンティヴォーリオに関しては、彼らは妥協している。しかし、メッセル・ジョヴァンニには通告していない。メッセル・ジョヴァンニはこれを知ると激怒して、彼もまたヴァレンティーノと合意に達している。(23-21)ヴァレンティーノがボローニァに手を着けないのであれば、数年間、一定の金額と重装騎兵をもって彼に仕えようと約束している。ヴァレンティーノは自らの兵とフランス兵からなる強力な軍を戦場に配していたが、ボローニァをそのまま放置しておくことに満足する。それがまた、フランス王の望みでもある。なぜならば、メッセル・ジョヴァンニは王の保護下にあったからである。また、他の問題に何物にも妨げられずに専念したいと思ったからである。これについては直ぐに明らかになる。

(23-20) パオロ・オルシニ、十月二十五日にイーモラに赴き、問題の解決に当たる。十月二十八日、合意が成立。パオロはこれに署名する。他の同志たちの間で意見が分かれたため、最終的な批准は十二月末になる。

(23-21) 合意の成立するのは十二月二日である。

ヴァレンティーノは同盟側との和解に応ずるふりをする。(23-22) これを受けて、ヴィッテルリ、パオロ・オルシニ、オリヴェロット・ダ・フェルモ、それにオルシニ家の一員であるグラヴィナ公は、ヴァレンティーノとの会見のために、それぞれの兵を率いてシニガーリアに赴く。ヴァレンティーノが彼らの兵より強力な軍隊をそこに集結していたことを、彼らは知らない。彼は極めて多数の槍騎兵を傭い入れるが、一度に少数の馬のみを少しずつ入城させているので、何びともその数を正確に知ることはないのである。次いで、隊長たちが到着すると、彼は全員を逮捕させる。ヴィッテロッツォとオリヴェロット・ダ・フェルモは、即座に絞め殺される。(23-23) これは新しい残忍な処刑のやり方である。数日後、シニョーレ・パオロとグラヴィナ公が同じ方法で殺される。(23-24) 同日、教皇は命令を下して、オルシニ枢機卿、フィレンツェ大司教メッセル・リナルド・オルシニ、それにメッセル・ヤコポ・ダ・サンタ・クローチェを逮捕させる。メッセル・ヤコポはローマの縉紳《しんしん》で、オルシニ党の領袖である。ヴァレンティーノは枢機卿を即座に殺させる。他の二人はしばらく拘留された後、釈放されている。

　ヴィッテロッツォの最期はこのようなものであった。彼の武勇はイタリアのいかなる者よりも優れていた。彼の父メッセル・ニッコロは正嫡の四人の息子を残す。すなわち、ジョヴァンニ、カミルロ、パゴロ、それにヴィッテロッツォである。彼らのすべてが武勇に秀いで、当時、イタリアで第一級の軍人と見なされていた。これら兄弟たちの並み外れた能力《ヴィルツウ》は家門に大きな力と権威をもたらすであろうと、誰もが信じていた。しかし運命《ソルテ》がそのように望んだのであろう、これらの幸先きの良い始まりが最も不幸な結末に終わるのである。九四年以前、ジョヴァンニは教皇インノケンティウスに使われていたが、マルケにおけるオシモの戦いで大砲で殺されている。カミルロはフランス王シャルルに仕えてナポリ王国で戦っていたが、城を取ろうとしている最中に、城壁から投げられた石に当たって死

(23-22) マキァヴェリは早くも十一月三日に、チェーザレ・ボルジアの真の目的に気づいている。チェーザレは十二月十日、フォルリに向け出発。次いでチェゼーナに行く。マキァヴェリも同行している。十二月二十六日、チェーザレはチェゼーナを出て、シニガーリアに向かう。十二月三十一日、シニガーリアに着く。即刻、隊長たちを逮捕、処刑する。

(23-23) 処刑は十二月三十一日から一五〇三年一月一日にかけての夜に行われる。チェーザレ・ボルジアについてはマキァヴェリの『君主論』第七章参照。

(23-24) 処刑は一五〇三年一月十八日である。なお、マキァヴェリは一五〇三年、『ヴァレ

んでいる。パゴロは首を刎ねられ、ヴィッテロッツォは絞殺されるのである。四人はすべて若くして非業の死を迎えるのである。

オリヴェロットはフェルモ出身の貴族である。軍人としての能力は別として、彼はヴィッテロッツォの義弟であり、またオルシニ家の支持を得ていたので大いに尊敬されている。ある日、彼はフェルモを占領しようと決意する。兵力が必要とされたために、多数の信頼できる兵士にフェルモに行くように命ずる。他の仕事があるかのように装って、しかも小さなグループに分けて定められた日に、そこに着くよう命ずるのである。その日に彼は、大きな声望のある伯父のメッセル・ジョヴァンニ・フランジァーニと一緒に、フェルモの有力市民たちを多く自分の邸宅に招待している。晩餐会が終わると、オリヴェロットは数人の友人たちに彼ら全員を殺害させ、次いで彼自身の名でフェルモ市を掌握するのである。怯えた市民の間に、あえて異議を唱える者はいない。オリヴェロットはこの残虐行為を一五〇一年、聖ステーファノの日に犯している。神の正義はそれを望んだのであろう、ヴァレンティーノ公に翌年のまさに同じ日、既に述べたようなやり方でオリヴェロットを殺害させている。(23-25)

これらの人びとを残忍な形で殺害させた後、ヴァレンティーノ公は軍をチタ・ディ・カステルロに向かわせる。チタ・ディ・カステルロは、カステルロ司教にしてヴィッテロッツォの庶出の兄弟メッセル・ジューリオと、ジョヴァンニ、カミルロ、パオロの若い息子たちによって占拠されている。ヴァレンティーノ公がやって来るという知らせを聞くと、彼らは逃走する。兵も持たないし、兵を持てる希望もなかったからである。チタ・ディ・カステルロを取った後、公は直ちにペルージアに向かう。ここには何の抵抗もなく入城している。(23-26) ジァンパオロ・バリオーニが絶望のあげく、逃亡したからである。次いで公はシエーナに向かう。敵のパンドルフォを引き渡せという口実の下ではあるが、実際

ンティーノ公がヴィッテロッツォ・ヴィッテルリ、オリヴェロット・ダ・フェルモ、シニョーレ・パオロ・オルシニ、グラヴィナ・オルシニ公を殺害したやり方について』なる論稿をものしている。

(23-25) 聖ステーファノの日は十二月二十六日である。オリヴェロットの殺されるのは十二月三十一日から翌一月一日にかけてである。なお、オリヴェロット・ダ・フェルモの残虐行為についてはマキァヴェリの『君主論』第八章参照。

(23-26) 一五〇三年一月六日である。

はシエーナを取ることができるかどうかを見るためである。シエーナ人が頑固に防衛しようとしていることが明らかになると、公は攻撃を加えない。しかしパンドルフォは余儀なくシエーナを去り、[23-27]ピサに赴いている。それにもかかわらず、パンドルフォの支持者と友人たちはシエーナに留まり政権を握っているが、この強制された退去に腹を立てている。ヴァレンティーノとの戦いを避けるためにのみ、これに同意したに過ぎないのである。パンドルフォ自身が同意したのは、シエーナを出た方が最善であると思ったからである。ヴァレンティーノは次にローマ領に入り、オルシニ家の領地を征服する。短期間のうちに、それらすべてを占領するが、しかしジァン・ジョルダーノのいくつかの領土は別である。この間、われわれのローマ駐在大使メッセル・ジョヴァン・ヴェットリ・ソデリーニは、教皇とわれわれとの条約を結ぼうと手配している。ピエロ・グイッチァルディーニは、ヴァレンティーノ公とこの問題を討議するために大使に任命されるが、彼は拒絶している。その代わりにヤコポ・サルヴィアーティが派遣されるが、[23-28]当時、ヴァレンティーノ公は依然としてわが国境近くにおり、ローマに未だ向かっていない。多くの交渉を重ねた末、条件がほとんど決着を見ようとするが、結局はいかなる条約も結ばれない。一つには、教皇が不公平な条件を主張して譲らなかったからであり、一つには、われわれがまずフランス王が何を考えているかを知りたいと思ったからである。

（23–27）パンドルフォがシエーナを去るのは一月二十七日である。

（23–28）マキァヴェリに取って代わるためである。マキァヴェリは一月二十日までチェーザレのもとにいる。

第24章

ナポリ王国内のフランス軍とスペイン軍――ピサに対する新しい作戦――アレクサンデル六世の死とその影響――ピウス三世――ユリウス二世――ヴァレンティーノの死――フランス軍、ガリリアーノで敗退――ピエロ・デ・メディチの死

ナポリ王国内のフランス軍とスペイン軍

一五〇三年――一五〇三年はイタリアの事情に大きな変化を見た年である。この年の初め、フィレンツェはフランスの隊長、ベイリ・ディ・カーンを傭うことを決定する。軍事畑で評判の高い、極めて有能な人物である。彼を傭うについては二つの理由があった。一つは、フィレンツェの軍備を整えること、一つは、フィレンツェにはフランス軍が付いているぞ、という名声を高めることである。さらに、フランス王とルーアンが、フィレンツェに彼を傭うよう強く要請して来たからである。その要請にいまやフィレンツェが応ずるのである。その任に当たったのは、フランス駐在のわが大使《オラトーリ》シニョーレ・デ・ソデリーニと、アレッサンドロ・ナージである。契約の内容は百名の槍騎兵であるが、その五十をフィレンツェが負担し、他の五十はフランスが負担する、というものである。ベイリ・ディ・カーンを傭ったのは、フランス軍がいるということによって、教皇とヴァレンティーノがわれわれを

攻撃するのを阻止できると思ってのことである。このようにイタリアの事情が動き出した時に、ナポリ王国にとって極めて重大な出来事が王国内に起こる。

ナポリ王国内ではプーリアの関税をめぐって、スペイン人とフランス人との間にある種の意見の対立が生じていた。話し合いで解決できなかったために、彼らは武器に訴える。フランス軍の方が強力で、数において勝っていたために、彼らはカラブリア全土をほぼ占領する。しかし短期間のうちにフランス軍の優位は失われ、双方の力関係は五分五分に釣り合いがとられる。スペイン王が、極めて有能な隊長ゴンサルヴォ・ダ・コルドヴァに率いさせて援軍を派遣してきたからである。この時期、ブルゴーニュ公フィリッポが、自らフランス王のもとに赴いて話し合いをしている。フィリッポはローマ王マクシミーリアーンの息子で、同時にスペイン王の娘婿である。[24-1] 彼はフランス王と交渉して、これら諸君主間に一つの協定を締結することができた。この協定によってすべての攻撃が熄み、双方とも武器を置く。スペイン王は彼の指令に基づいて、娘婿が実現したこの協定に批准するはずであった。しかしそうせずに、彼は何かと屁理屈を並べはじめる。次いでゴンサルヴォはフランス軍に戦いを挑み、これを完全に打ち破っている。[24-2] 勝ちに乗じて、彼は数日のうちにナポリと全王国を手にする。非凡な名人芸をもって、彼は難攻不落とされていた要塞を占領する。すべてが彼の手に落ちるが、ガエタだけがまだ残っている。フランス軍の一部がそこに逃れ行く。

この攻撃はフランス王を恐ろしいほど激怒させ、心を深く傷つける。スペイン人は多くの口実を設け、新しく和平交渉を始めようとする。しかし、フランス王はすべてが言葉だけに過ぎないのを悟って、ナポリ王国と名誉を回復すべく、また停戦の見せかけのもとに加えられた侮辱に復讐すべく、大規模な軍事行動を展開しようと決意する。

（24-1）フィリップ美男公。父はハプスブルク家のマクシミーリアーン、母はブルゴーニュ公女マリア。母より広大なブルゴーニュ公領を相続している。妻のファナ（ジョアンナ）の父はアラゴン王フェルディナンド、母はカスティリア女王イザベルラ。したがってフィリップとファナの間に生まれたカール（カルロス）には将来、広大な領土が約束されている。カールは後の神聖ローマ帝国の皇帝カール五世である。

（24-2）四月二十八日のチェリニョーラの戦い。五月十四日、ゴンサルヴォ、ナポリに入城。

この時期、フランス王と教皇との間に大きな反目が生まれている。これには何か個人的な理由が存していたのかもしれない。王は教皇を疑い、彼の力を恐れはじめるのである。しかし、表向きの理由は別である。オルシニ家一族の殺害後、王は教皇とヴァレンティーノに対し、いかなることがあってもジァン・ジョルダーノ・オルシニの領土を占領してはならぬ旨、書き送っている。ジァン・ジョルダーノは王の傭兵隊長の一人なのである。彼らがピティリアーノ以外の他のオルシニ家の領土を奪い、次いでジァン・ジョルダーノのいくつかの城を攻撃すると、王は書簡と使者を送って怒りを露わにする。しかも王は執拗である。教皇とヴァレンティーノは大いに不満を訴えるが、問題の領土を王の手に預けることに同意せざるを得なかった。さらにヴァレンティーノは、フランス軍を支援するためにナポリ王国に行く義務を負っている。しかし、諸々の口実を設けて出発を遅らせている。フランス軍が大敗するのはこの時期である。ヴァレンティーノも教皇も、このニュースに狂喜する。これは彼らに利するところがあろうと判断してのことである。王は、彼らがスペインと合意に達するのではないかと疑い、イタリアにおける彼の立場を強化するために、トスカーナ同盟を結成しようと考えはじめる。これにはフィレンツェ、シエーナ、ボローニァが加入するはずである。フィレンツェと協議し、その支持を得ると、王はパンドルフォ・ペトルッチをシエーナ政府に復帰せしめる。シエーナ政府がパンドルフォの友人たちの手にあったがゆえに、これは簡単なことであった。彼らは、これが王の意志であり、フィレンツェも支持しているのを耳にして、教皇とヴァレンティーノに対する恐怖を一掃し、パンドルフォをシエーナに平和的に、何の困難もなく復帰させるのである。パンドルフォは、復帰すれば直ちにモンテプルチアーノを返還する旨、フィレンツェと王に対し厳粛に約束する。[24-3] しかし復帰しても、これについて何事をも為さない。大衆が同意しないので、彼に返還の権限がないという

(24-3) 一五〇三年四月二十六日、マキァヴェリはパンドルフォ・ペトルッチのもとに派遣されている。同盟交渉のためである。またモンテプルチアーノの返還を実現するためである。

のである。われわれは適当な機会を待たねばならないであろう、とパンドルフォは言う。その時が来れば喜んで支持したい、と言うのである。このような口実をもって、彼がこの問題を長いあいだ引き延ばしたために、条件とその時期が変わるのである。

ピサに対する新しい作戦

この間、フィレンツェはピサ領を荒らしはじめる。ピサ人は、その大使を通して教皇とヴァレンティーノに一定額の金と一定数の歩兵を要求し、受け取っている。それにもかかわらず、ピサの各地方はほとんど荒廃させられる。わがコッメサーリオはアントーニオ・ジァコミーニ(24-4)で、他のいかなる市民よりもこの戦法に通じていたからである。しかし、海路、ピサに補給する人びとがいたために、わが作戦は期待したような結果をもたらさなかった。ある程度の窮乏、ある程度の欠乏が生じていたことは事実である。しかしピサ人は頑固で、フィレンツェの支配に復帰するくらいなら、いかなるものであれ、それに屈した方がよいと思っていたのである。窮乏でもないし、欠乏でもない、必然《ネチェシタ》と力のみがピサ人を取り戻すことができよう。この年、あるいは翌年、われわれはヴィコピサーノとリブラファッタを奪回する。われわれはほとんど偶然にラ・ヴェッルコラを占領する。ラ・ヴェッルコラはこの戦争で、常にピサ人のために持ちこたえてきたのである。同所に立派な要塞の建設計画が立てられ、その建設が始められる。

この時期、教皇は多くの枢機卿をつくり出す。その中には、ゴンファロニエーレの兄弟ヴォルテルラ司教メッセル・フランチェスコ・ソデリーニがいる。年齢はほぼ五十歳くらいで、長い間、ローマの教皇庁《コルテ》内で過ごしてきた人物である。この新しい地位は彼にふさわしいものであった。学殖があり、

(24-4) コッメサーリオはもう一人いる。トッマーゾ・トッシンギである。ベイリ・ド・カーンに率いられたフランス兵も作戦に参加している。

世界の事情にもよく通じ、他の高位聖職者と比べてみても品行が良かったからである。それにもかかわらず、彼の昇進はこれらの美点によるものではない。名目的にはフランスとフィレンツェの支持によるものである。しかし事実は、相当額の金でそのポストを買い取ったのである。なぜなら、これこそがまさしく教皇のやり方なのである。また、このソデリーニも確かに多くの点で有徳の士ではあったが、しかし彼を駆り立てたのは過度の貪欲さであり、野心であって、品位もなく、信仰もなく、良心さえもないのである。

アレクサンデル六世の死とその影響

この時期、フランス王はイタリアに、千五百以上のフランスの槍騎兵と一万五千の歩兵からなる強力な軍隊を派遣する。[24-5] 歩兵の大部分はスイス兵である。総司令官《カピターノ・ジェネラーレ》はモンシニョーレ・ド・ラ・トレムイユである。フランスで最も尊敬を集めている軍人である。マントヴァ侯は直接、本人が仕えるよう求められる。フェラーラ、ボローニァ、シエーナは一定数の重装騎兵を提供し、フィレンツェは百の槍騎兵とともにベイリ・ド・カーンを派遣する。フランスは状況を判断して、フランス軍の勝利を奪っているものが三つあると考える。一つは、ナポリ王国に対してスペイン王の派遣してくる強力な援軍であり、次いで二つ目は、ヴェネツィア人によるスペイン援助、三つ目は、スペイン、教皇、ヴァレンティーノ間の協定である。スペインからの援軍を牽制するために、フランス王は、イタリア派遣軍に劣らぬ、同じように強力な軍隊を集結させ、これをラングドックに送る。そこでスペイン人に戦いを挑むためである。この地帯で防衛を強いられれば、スペイン人はナポリ問題にのみ専念することはできないであろう。フランス王はまた、ギリシャ人のメッセル・コンスタンティン・ラスカリスを大

（24-5）イタリアに入るのは七月である。

使としてヴェネツィアに派遣し、ヴェネツィア人の支持を取り付けようとする。このラスカリスはフィレンツェでギリシャ語を教えていたが、[24-6]次いで九四年、フランスに赴き、ルーアンの保護を受けている。最後に王は、ローマ駐在大使に命じて教皇の真意を探らせようとする。しかし彼らの得たものはすべて、疑わしく曖昧な返答ばかりである。フランス王の援助によって、教皇とヴァレンティーノはコロンナ家の領土、イーモラ、フルリ、ファエンツァ、リーミニ、ペーザロ、それにロマーニァのその他の国々、ウルビーノ公国、カメリーノ、フェルモ、マルケの大部分、ペルージア、ピオムビーノ、オルシニ家の領土、それにチッタ・ディ・カステルロを手に入れている。しかしいまや彼らは、フランス王がそれ以上取るのを望んでいないことを明敏に見て取っている。このことは、フィレンツェを攻撃した時、次いでボローニァやジァン・ジョルダーノ、シエーナを攻撃した時にはっきりしていたのである。教皇はまた、ナポリ王国でフランス王が成功した場合には、己れも、また全イタリアも王の意のままになるであろうと考えている。他方（e coverso）、スペイン人と協定を結べば、シエーナ、ボローニァ、それにわが領土の一部を取る際に寛大な条件と援軍を手にし得るであろう。このような理由からして、教皇はもはやフランス王との友情を続けていこうとは思っていない。他方、イタリアに侵攻して来るフランス軍の巨大な力と装備を考慮に入れねばならなかった。さらに、ヴェネツィア人は、たとえスペインの勝利を望んでいるにしても、中立にとどまるであろうことが日ごとに明らかになってきている。スペインを援助するにしても、不十分な秘密の援助となろう。これらの理由からして、危険は極めて高いものに思われた。それにもかかわらず、教皇はいくつかの事柄によって勇気づけられる。まず、ナポリ王国内には比べようもないほどの大きな能力と名声を持った、ゴンサルヴォ・ダ・コルドヴァに率いられた極めて強力なスペイン軍が駐屯していることである。コロンナ家

（24–6）ロレンツォ・イル・マニーフィコは古代ギリシャの文献を集めさせるため、ラスカリスをギリシャに派遣している。本文一三五頁参照。

はスペインに傭われている。スペインからの強力な増援部隊が期待され、事実、到着してもいる。イタリアで第一級の傭兵隊長の一人と見なされているバルトロメーオ・ダルヴィアーノ・オルシニが、まさにスペイン王に傭われようとしている。あるいは既に傭われている。彼は傭い主であったヴェネツィア人のもとを去っている。契約条件についてヴェネツィア人と合意に達せられなかったからなのか、あるいはこれを口実にして、ヴェネツィア人が何の非難も招くことなくスペイン王の求めに応じたものか、そのいずれかである。これらの巨大な軍が教皇自身の軍、およびヴァレンティーノ軍によって補強されれば、勝利は確実であるように思われる。一般に信じられていることに従えば、これらすべてのことを考慮に入れた後、教皇は己れの野心に征服される。野心は領地の増大とともに大きくなっている。そしてフランスを見限ってスペイン側につこうとしていた、まさにその時、教皇はまったく突然に……月、亡くなる。[24-7] これにはすべての人が驚いたのである。

教皇の死の原因は様々に言われているが、多くの人の一致しているところは毒殺されたということである。教皇は大園遊会を催そうとしていた。この園遊会で、彼は数人の枢機卿に毒を盛ろうと計画している。これによって、枢機卿のポストと教会禄を他の者に売ろうというのである。教皇とヴァレンティーノの到着が早く、食べ物はまだ用意されていない。大変に暑い日であったので、彼らは飲み物を求める。他にワインがなかったので、計画を知らない者が彼らに毒入りのワインを与える。これを彼らはうっかり飲んでしまう。教皇の死はこの結果なのである。これが真実であることは、次の事実によって証明されている。まず、教皇の死んだのは当日の夜、あるいは翌日であるという事実、それに同行していたヴァレンティーノとその他少数の者が毒物の症状を伴った長期にわたる重い病に倒れたという事実である。若かったせいもあって、毒は年老いた教皇に与えたのと同じような、直接の

(24-7) テキストには示されていない。八月五日、教皇とチェーザレ・ボルジア、ハドリアーヌス枢機卿と会食。一週間後の八月十二日、教皇発熱、枢機卿とチェーザレも病に臥す。教皇が亡くなるのは八月十八日である。毒殺説は今日、否定されている。しかしブルクハルトはこれを採用している。

効果を彼らに与えることはなかったのである。彼らは生き延びたが、病が治るまでには時間がかかっている。

教皇アレクサンデルは、大きな栄光と繁栄の真只中で死んでいる。彼の行動と事業を見れば、彼が極めて有能で、判断力にも優れ、勇気もあった人物であることは明らかである。しかし、彼が教皇位に就いたことは醜悪で、恥ずべきことであった。この大きな地位を彼は金で買ったからである。それとまったく同じように、その後の彼の行動もまた完全に不正なものであった。彼は肉体および精神のあらゆる悪徳を度外れに持っていた。教会を運営するに当たって、どれほど邪悪なことを行ったか想像を絶するのである。彼は両性を問わず、好色そのものであった。公然と女や少年を囲っていたが、とくに女の数は多い。女については極端を極め、一般に信じられているところに従えば、娘のマドンナ・ルクレーツィアと関係があったとされる。ルクレーツィアに彼は限りのない優しい愛情を注いだのである。彼は恐ろしいほど貪欲であった。持っているものだけに限らず、それ以上を手に入れようとする。金を引き出す手段を見て取ると、彼は躊躇《ためら》うことなく奪い取るのである。彼の治世においては、すべての教会禄、特免、赦免、司教座、枢機卿職、教皇庁の高位のポストはすべて、あたかも競売にかけられるように売却される。彼はこれら様々の事柄を、二、三の信頼している、極めて抜け目のない人びとに任せている。彼らは最高の値を付けた者にそれらを売り付けるのである。

彼は多くの富裕な枢機卿や高位聖職者を毒殺させている。その中には彼の友人たちもいる。殺させるのは単に、彼らから教会禄と彼らの家に所有している現金を奪うためなのである。彼が残忍なことは明白である。多くの人びとを暗殺するよう命じていることからしても、そう言えるのである。残忍さに決して劣ることのないのは忘恩である。彼を教皇にするために骨を折ったスフォルツァ家(24-8)やコロ

(24-8) 本文一四七頁参照。

ソナ家の、滅亡の原因となったのは彼の忘恩なのである。彼の内には宗教は存しない。信仰の遵守もない。彼は何事であれ、簡単に約束する。しかし己れの利益にならない限り、約束を守ることは決してない。正義など少しも気にかけていない。彼の治世の間、ローマは盗っ人と暗殺者の巣窟であった。彼の野心は限りがない。権力を握れば握るほど、それは大きくなっていく。それにもかかわらず、彼の罪はこの世でふさわしい報いを得ていない。死に至るまで、彼は大変幸福《フェリチッシモ》であった。

若かった頃、ほとんど少年であったが、伯父である教皇カリストゥスが彼を枢機卿にする。次いで副書記官《ヴィチェカンチェリエーレ》にする。彼は大きな収入と名声と平安を楽しんでいる。そしてついに、教皇になるのである。教皇として彼は、庶出の息子パンプローナ司教チェーザレを枢機卿にする。これはローマ教会のすべての規則と法令に反したものである。たとえ教皇の特免をもってしても、庶出の者が枢機卿になるのを禁止しているからである。彼は偽りの証言をもって、チェーザレが正嫡であるという証明を行って枢機卿にしている。後に彼は、再びチェーザレを還俗させて枢機卿位を剝奪している。次いで、彼は心を国家の獲得に集中させる。この事業での彼の成功は、時には彼自身の計画を超えるものがある。初めて彼は、ローマのオルシニ家、コロンナ家、サヴェッリ家、その他歴代の教皇たちが怖れてきた領主《バローニ》たちを壊滅させ、かつてのいかなる教皇にもまして絶対的なローマの支配者となる。いとも簡単に彼はロマーニァ、マルケの諸君主を征服し、ウルビーノ公国を取る。彼のつくりあげた国家《スタート》は極めて堅固で、かつ強力であったため、フィレンツェ人は大いに彼を恐れ、ヴェネツィア人は疑惑を抱き、フランス王は彼に大いに敬意を表したのである。彼は素晴らしい軍隊を集めたが、このことによって有能で信頼し得る隊長を得た時には、教皇の力がどれほど大きなものになり得るかが示されたのである。彼の立場は、最終的に極めて強力になっていた。したがって、フランスとスペインとの戦争にあって、彼が決定的な役割を果たすものと見なされたのである。要するに、かつての数世紀間にわたる教皇のいかなる者にもまして、彼ははるかに邪悪であり、かつ幸福《フェリーチェ》であった。

ピウス三世

アレクサンデルが没した後、教皇庁には新しい目論見が生まれ、諸君主間にも新しい計画が生まれる。ルーアンの希望はとくに大きい。枢機卿会《コレッジョ》には数名のフランス人枢機卿がおり、またフランス王に依存している少数の独立したイタリア人枢機卿もいる。さらに、イタリアには強力なフランス軍がいる。(24-9) このようなことから、ルーアンは長いあいだ抱いていた、教皇になるという望みが実現されるのではないかと信じはじめる。数カ月前、彼は王にアスカーニオ枢機卿を獄から出すよう働きかけ、彼を名誉ある形で宮廷に留めおくよう手配している。彼がそうしたのは、アスカーニオ枢機卿がかつて枢機卿会で享受していた大きな名声と取り巻きを、いつの日か利用できるのではないかと望んだからである。アレクサンデルが死んだという知らせが届くと、アスカーニオはルーアンとともに軍に加わり、大きな熱意をもって彼を教皇に就かせようとする。枢機卿会における彼の友人や名声に、ルーアンが確実に手にし得る王の支持が加われば道は容易に拓かれよう、とアスカーニオは断言する。こうした希望に満たされて、ルーアンはアスカーニオ枢機卿とともに新たな選挙会議に出席すべくイタリアに来る。もっとも、王がそのように望めば、いつでもフランスに戻ることをまずアスカーニオに誓わせている。彼らは旅を急がなかったが、教皇選挙枢機卿会議《コンクラーヴェ》が不在の枢機卿を長期間待っていたために、彼らがローマに着いた時にはまだ会議は始まっていない。彼らがフィレンツェを通過するのと同じ時期に、多くのフランス軍も同じように通過している。マントヴァ侯も通る。モンシニョーレ・

(24-9) 教皇アレクサンデルが亡くなるのはフランス軍がパルマに到着した時である。

ド・ラ・トレムイユも通る。彼は大いなる敬意をもって遇せられる。アラマンノ・サルヴィアーティは、彼を迎えるためにわざわざパルマまで赴いている。

ほぼ三十八名ほどの枢機卿がローマの教皇選挙枢機卿会議に入る。投票が始まると、ルーアンの希望は多くの交渉、術策にもかかわらず空しかったことがはっきりしてくる。約十一人ほどいるスペイン人枢機卿は別として、彼を怖れる理由のないすべての枢機卿が彼に強く反対したのである。彼を支持しているのはわずかフランス人枢機卿とイタリア人枢機卿、ソデリーニとメディチ、その他、王に依存している少数の枢機卿のみであることを彼は知る。全部合わせてみても、全体の三分の一を上回るものではない。己れ自身のことに絶望したルーアンは、サンタ・プラッセデ枢機卿の選出を主張する。彼はジェノヴァ人であったが、アレクサンデルの友人であったことから、多くのスペイン人枢機卿の支持を得ていたからである。しかし、なかでも、アスカーニオ枢機卿とメディチ枢機卿がこの考えに反対する。最終的に約十二日間ほどの議論の後、彼らはシエーナ人枢機卿のフランチェスコ・ピッコロミーニを選出する。善良な性格、品行方正の老人である。彼は伯父ピウス二世にちなんでピウス三世を称する。[24-10] 選挙が終わると、ティベル河をまだ渡っていなかったフランス軍が、いまやナポリ王国を目指して移動する。モンシニョーレ・ド・ラ・トレムイユがフランスに帰国したために、全軍の責任はマントヴァ侯の手に委ねられる。トレムイユの帰国の理由は、病か、あるいはその他、何かの理由による。[24-11]

アレクサンデルの死後、ヴァレンティーノ公は病のため何日間も兵とともにローマに留まっている。ローマに留まっていたのは教皇選挙に影響を与えたいと望んでいたからだ、と一般に信じられている。しかし、後になって健康が幾分か回復したためか、あるいは他の計画を立てたためか、いずれにせよ

（24-10）教皇即位は九月二十二日である。

（24-11）病気のためである。

兵とともにローマを去って、[24-12] ローマーニァ方面に向かっている。病は依然として彼を非常に苦しめている。そのため、チヴィタ・カステルラーナ近くで立ち止まらざるを得ない。この間、ヴィッテルリ家はカステルロに帰還している。ジァンパオロはペルージアに、ウルビーノ公グイド・ダ・モンテフェルトロはウルビーノに、オルシニ家は彼ら自身の領地にそれぞれ戻っている。われわれ自身の兵とコッメサーリオは、わがフィレンツェの名においてピオムビーノに入っている。われわれのためにピオムビーノを保持していくことは彼らにとって簡単ではあったが、兵はコッメサーリオの命令を実行し、それをその領主に返還している。ローマーニァ諸国家のみが不動のままである。ヴァレンティーノが健康であったならば、彼がそれらを保持していたであろうことは確実である。なぜなら、ローマーニァの人びとは彼を非常に愛していたからである。その理由は、ヴァレンティーノの代官たちがローマーニァを支配するに当たって示した大きな正義と誠実さのためである。さらに、ヴァレンティーノはフィレンツェの支持をも得ていたはずである。ヴェネツィア人がこれらの諸国のいずれであれ、その支配者となるのをフィレンツェは恐れていたからである。しかし病のため、彼はローマーニァに到達することができなかった。そのため、ペーザロ、リーミニは以前の領主を呼び戻している。イーモラとフルリは教皇に自らを委ねている。もっとも、要塞はしばしの間、スペイン人城代の名において持ちこたえている。彼は引き渡しによって一定の個人的な利益を得ようとしていたのである。

　ファエンツァが残っていたが、ここではヴェネツィア人が既にファエンツァ市民と城代《カステルラーノ》の間で交渉を進めている。フィレンツェ人もまた、マンフレディ家の生き残った者のためにそこで交渉を行っている。マンフレディ家を愛しているからではなく、ファエンツァがヴェネツィア人の手に落ちるのを阻止するためにである。この目的のためにフィレンツェは、ジョヴァン・バティスタ・リドルフィを

（24-12）ローマを去るのは九月二日である。しかし病のためローマーニァに到着しないまま、十月三日、ローマに戻っている。

コッメサーリオとしてカストラカーロに派遣している。当時、私はフィレンツェにいなかった(24-13)ので、その詳細についての知識を持っていない。しかし、大して金もかけずに、フィレンツェ人はファエンツァに対して思い通りに扱い得たように思われる。有力市民たちは、ファエンツァをヴェネツィア人の手から守るために、可能なことはすべて行おうとしていたのである。ヴェネツィア人がロマーニァ問題、それにわれわれの問題に干渉するためにファエンツァを利用することは、いとも簡単であったからである。なぜなら、ファエンツァはわが国境に近く、フィレンツェそのものから三十ミーリアも離れていないからである。しかし、ゴンファロニエーレはこのようには考えなかった。それは彼がローマ教会を懼れていたか、あるいはヴェネツィア人との戦争を必要もなく懼れていたか、そのいずれかのためである。フィレンツェがいかなる決断にも至らぬうちに、ヴェネツィア人は要塞を城代から買収してファエンツァを獲得するのである。これとほぼ同じ時期、ヴェネツィア人はリーミニをも買い取る。取るに足らぬ、軽薄な人物であったリーミニの支配者、パンドルフォ・マラテスタを脅してのことである。その代償として、ヴェネツィア人は彼に一定額の金とパドヴァ領のチッタデルラの要塞を与え、傭兵隊長として傭っている。

ユリウス二世

このような時、教皇庁は再び空位となる。年老いて病気がちの教皇ピウスが、選出されて一カ月ほどで亡くなるからである。ルーアンはこの選挙戦には加わっていない。そのため戦いは、モンシニョーレ・ディ・サン・ピエロ・イン・ヴィンクラ枢機卿と、サンタ・プラッセデ枢機卿の間で行われる。サン・ピエロ・イン・ヴィンクラ枢機卿はサヴォナの人で、ジュリアーノと呼ばれている。(24-14) 伯父の教

(24-13) 当時、グイッチァルディーニはフェラーラ大学からパドヴァ大学に移り、そこで有名な法学者フィリッポ・デキオの指導を受けている。グイッチァルディーニ、二十歳の時である。拙著『グイッチァルディーニの生涯と時代』上巻六八頁参照。

(24-14) 本名はジュリアーノ・デルラ・ローヴェレ（Giuliano della Rovere）である。

皇シクストゥスによって枢機卿にされていたが、いまや教皇に選ばれ、教皇ユリウス二世を称する。新教皇は、ファエンツァとリーミニを失ったことで、恐ろしい怒りの爆発を演ずる。しかし徒労である。なぜなら、ヴェネツィア人はそれらを教皇に引き渡すために買い取ったわけではないからである。このような紛争のために、ヴェネツィア人は一年を経て初めて教皇に使節《オラトーリ》を派遣し、服従を誓うのである。

フィレンツェは直ちに六人の使節《インバシァドーリ》を送って服従を誓っている。選ばれた六人の使節は次のような人びとである。アレッツォ司教のメッセル・コジモ・デ・パッツィ、教皇の友人とされているグリエルモ・カッポーニ。彼はアルトパッショウの首席公証人兼長官である。メッセル・アントーニオ・マレゴンネルレ、フランチェスコ・ジローラミ、トッマーゾ・ディ・パオラントーニオ・ソデリーニ、それにマッテオ・ストロッツィである。彼らを選ぶに当たって、フィレンツェは一定の権威ある者だけを選んだのではない。富裕な人をも選んでいる。このような使節が当然要求するあらゆる装飾品を身に着けて立ち現われねばならないからである。服従を誓った後、彼らはチテルナを教皇に引き渡している。チテルナはヴィッテルリ家からヴァレンティーノの手に入り、アレクサンデルの死後、フィレンツェ人の手に転がり込んできた都市である。しかし、この都市は正当な権利で教皇に属しているものであったため、教皇はその返還を求めていたものである。フィレンツェとしては返還することに積極的に同意する。なぜなら、われわれはこのような些細な問題で教皇を怒らせたくなかったからである。さらに、これは一つの例となろう。フィレンツェのこの例をもって、教皇はさらにヴェネツィア人に対して怒りを新たにするはずである。

ヴァレンティーノの死

この間、バリオーニ家とオルシニ家は、ヴァレンティーノを追跡して殺そうとしている。ヴァレンティーノはまだ病んでいる。彼はローマに引き返さざるを得ない。ローマでヴァレンティーノはサン・ピエロ・イン・ヴィンクラを支持して、スペイン人枢機卿に影響力を行使する。サン・ピエロから大きな約束を与えられていたからである。(24-15) しかし教皇はヴァレンティーノを捕え、何カ月も獄に入れていたが、とくに彼をどうこうするというわけではない。ヴァレンティーノは逃亡し、ナポリのゴンサルヴォのもとに行く。ここでは歓迎されるが、次いでスペインに捕虜として送られる。ヴァレンティーノはここに一年以上も捕えられているが、脱走してナヴァールの親族のもとに赴く。その後まもなく、戦闘で殺されるのである。(24-16)

フランス軍、ガリリアーノで敗退――ピエロ・デ・メディチの死

この間、フランス軍がナポリ王国に侵入する。マントヴァ侯が病のために帰国せざるを得なくなったために、フランス軍の指揮を執るのはフランスの指揮官である。ガリリアーノ河に至ると、ここには既にゴンサルヴォがその前進を阻むべく待機している。フランス軍は何日間も何事も為し得ずに、留まったままである。次いでフランス軍は抵抗に遇うと、常にそうであるように軍規を乱し、あらゆる方面に動き出す。これを見た勇猛果敢なゴンサルヴォは、チャンスとばかりフランス軍を攻撃し、完全に打ち敗る。(24-17) イタリア人の能力《ヴィルツウ》、とくにコロンナ家とバルトロメーオ・ダルヴィアーノの能力が、この戦闘で大きな称讃を博する。フランス軍の一部がガエタに敗走する際、ピエロ・デ・メディチは、その中にいたが、ガリリアーノ河で溺死している。数日後、すべての希望の失せたフランス軍は、安

(24-15) 十月二十八日、サン・ピエロ・イン・ヴィンクラ（ジュリアーノ・デルラ・ローヴェレ）とチェーザレ・ボルジアとの協定が調印される。ジュリアーノはチェーザレを保護すると約束。この約束の代償はスペイン人枢機卿の票まとめである。チェーザレは教会のゴンファロニエーレになり、ロマーニァの統治を許される。しかし、教皇に即位するとジュリアーノはその約束を守ろうとはしない。

(24-16) 一五〇七年初頭、ヴィアナで戦死。

(24-17) ガリリアーノの戦いは一五〇三年十二月二十八日に行われる。

全の保証を得た後、ガエタをゴンサルヴォに引き渡している。ナポリ王国全体がスペイン王の手に落ちる。大将軍《グラン・カピターノ》として知られるようになるゴンサルヴォは、大きな名声を得たが、イタリア全体が彼について語る時には大きな怖れと畏敬の念を抱くのである。

フランス王の運命《フォルチュナ》は、アルプスの彼方でも、より良いものではなかった。ラングドックの軍隊は、サルセスでスペイン軍によって大敗を喫している。(24-18) これらの敗北は大部分が部下の無紀律によるものと認識し、王は激怒して、以後は自らすべての作戦行動に加わり、従来のようにすべてを隊長たちに任せておくことはしないと決意している。フランス王の力がかくも動揺し弱体化しており、イタリアにおける彼の友人たちや、彼に依存している者がすべて意気消沈する中、もしゴンサルヴォが隷下の軍を進撃させれば全イタリアは彼に財政的な援助を与えるであろうし、全イタリアからフランス軍を駆逐することができたであろうと、すべての者が固く信じたのである。しかし、この可能性を彼が考えなかったからか、あるいは何か知られざる理由があったためか、全王国を獲得するや否や、武器を置いたのである。ただし、全王国といっても、ヴェネツィア人の手にあるいくつかの港は別である。ヴェネツィア人とは彼は極めて親しい関係にあったのである。このあと直ぐに、フランスとスペインとの間に休戦が成立する。(24-19) 次いで一つの条約を目指して交渉が始まる。これは次に述べるように間もなく実現される。

(24-18) ルイ一二世のスペインに対する大規模な反撃は三方面に対して行われる。イタリア侵入、スペイン本土への侵入、ルシヨンに侵入してサルセスを取ることである。イタリアに侵入したフランス軍はガリリアーノの戦いで敗北、ルシヨンに侵入したフランス軍は早くも九月、大敗している。

(24-19) 一五〇四年一月一日、フランス軍はガエタからの撤退に同意する。

第25章

ピエロ・ソデリーニの政権――ピサ作戦におけるソデリーニの失錯――フィレンツェとフランスを相手としたアスカーニオ・スフォルツァの準備

ピエロ・ソデリーニの政権

一五〇四年――一五〇四年の初頭、ある種の新しい気分がわが市民たちの間に現われはじめる。先に、私は長々と終身ゴンファロニエーレ制の規定がつくられた理由について述べた。私はまた、ピエロ・ソデリーニに対して大衆がなぜあれほどの好意を抱いていたかについても論じた。そしてまた、なぜあれほど多くの市民たちによって、とくにアラマンノ・サルヴィアーティ、ヤコポ・サルヴィアーティによって支持されていたかについても論じた。さて、いまやわれわれは、その結果がどのようなものであったかを見なければならない。これは大部分、当初意図されていたものに一致しないのである。まず、ゴンファロニエーレはすべての物事を特別会議《プラティカ》と協議しなくなる。(25−1) 特別会議は必要とされた時に召集されるのであるが、有力市民たちがこれに参加している。なぜソデリーニがプラティカと協議しなくなったのかという理由は、次のようなものかもしれない。賢明にして、かつ権威のある良き人びと《ウォミニ・ダ・ベーネ》に重大な問題の処理を任せれば、彼らは自分たちのやり方で処理するであろう、意見が一致しない場合には、彼らは彼の意見に従うのを拒否するであろう。これに対して（e converso)、

(25−1) pratica 既に本文の中でしばしば繰り返し触れられて来たが、プラティカは法的に拘束力のある議決機関ではない。有力市民層を対象として、重大な問題が生じた時に、シニョリーア、十人、コレッジ等々によって召集されるある種の諮問機関である。

より頭の悪い《メーノ・チェルヴェルロ》、身分も低い人びとに委ねれば、すべての問題で彼らは彼の言うがままに従い、言うがままに行うであろうと思ったからかもしれないのである。彼の動機は野心か、あるいはおそらく根拠のない猜疑心であろう。すなわち、良き人びとが力を得れば、国家《スタート》を強く掌握し、彼をその地位から追放するのではなかろうかという猜疑心である。彼はその地位を彼らの援助で手にしたのである。ともかく、こうした二つの動機が働いていたのかもしれないのである。すなわち、猜疑心の混じった野心である。いずれにせよ、彼はすべての問題を特別会議《プラティカ》と協議しなくなった。協議した場合でも、己れの意見に反対の決議であれば、これを拒否したのである。事実、彼は自らの思い通りに行くように仕組んでいる。そしてたいていは、そのようにしたのである。理由は次の点にある。大衆は、彼の選出以来、政庁舎《パラジョ》には強力な指導者がいる、したがってフィレンツェは滅びることはないであろうと確信するようになる。このため、彼はシニョリーアにはほとんど常に愚かな人物を選出するようになったということである。このような人間を支配することは、ゴンファロニエーレにとって容易であった。したがって、彼は六つの豆《ファーヴェ》(25-2)を欠くことは決してないのである。同じことがコレッジについても言えた。また、十人委員会と八人委員会の選出も、より開放的になる。己れの望んでいるものを特別会議から得られない時には、彼はこれらの機関に問題を投げかける。そしてあらゆる種類の間接的な圧力を用いて、常に自らの欲するままに彼らを操ったのである。

　さらにソデリーニが任務に就いた時には、財政上の運営が大混乱に陥っていて、フィレンツェは莫大な失費と重税の負担を負い、モンテは混沌としていた(25-3)。しかし、いまやモンテは常にも増して多くの利子を支払い、税は毎日軽減されていく。これらの変化は、その大部分が彼の努力に負うものである。なぜなら、彼は金銭を精力的に管理し、極端な吝嗇《りんしょく》さをもって扱ったからである。ソデリーニは

(25-2) シニョリーアの定員は八名である。それにゴンファロニエーレが加わる。六票が採決の絶対条件となる。

(25-3) 一五〇二年から三年にかけて、フィレンツェは財政危機にある。防備のために多数の兵を傭い入れねばならなかったことと、新税導入にコンシーリオ・グランデが反対していたからである。これを解決したのは不動産に課せられた十分の一税である。

大変金持ちで、子供もいなかった。それにもかかわらず、私的な金銭問題にあってさえ（etiam）、吝嗇は彼に特徴的なものである。彼は支出を大幅に削減している。その際、彼は幾分か運にも助けられた。なぜならば、フィレンツェはもはや教皇やヴァレンティーノ、ヴィッテロッツォ、オルシニ家などを絶えず恐れる必要がなくなっていたので、以前には必要とされていた多くの支出が熄んでいたからである。かくしてフィレンツェでは三つのことが行われていて、それらは大衆をことのほか喜ばせていたのである。役職は以前よりも、より多くの人びとに開かれていたこと、モンテが日ごとに改善されつつあったこと、それに税金が減少したことである。これらの理由からして、ソデリーニ政権は広く称讃されたのである。

さらに、数人の権威ある人びとや名声を博しつつある若者たちが、全身全霊をもってソデリーニに身を捧げる。ある者は野心から、ある者は彼を利用するためである。理由は様々である。これらの人びとはメッセル・フランチェスコ・グァルテロッティ、ベルナルド・ナージ、アントーニオ・カニジァーニ、ニッコロ・ヴァローリ、アレッサンドロ・アッチァイウォーリ、アレッサンドロ・ナージ、それにフランチェスコ・パンドルフィーニなどである。もっとも、これらの人びとの中でベルナルド・ナージは後にソデリーニと対立し、その敵となる。しかし、その他すべての身分の高い人びとは、若者も老人もほとんどがソデリーニ政権を嫌う。すべてを己れ自身の手で、己れ自身の権威に基づいて支配しようというソデリーニの欲望は、二つの悪い結果を生むことになろうと考えてのことである。一つは、日ごとに繰り返されているように、多くの過ちを犯し、公けに損害を与えるであろうというものである。もう一つは、良き人びと《ウォミニ・ダ・ベーネ》（25−4）を完全に排除し、葬り去ってしまうであろうというものである。

さらに、ソデリーニは正義についてはいかなる注意も払わなかった。就任以来、この点、何の改善

（25−4）グイッチァルディーニの言う、いわゆる賢明で、富裕な有力市民層を指す。

もなされていない。むしろいっそう悪くなり、なおざりにされたのである。それにもかかわらず、しばしの間、このようなソデリーニの正義の無視は隠されていて、表面に現われなかった。しかしこの年、やがて明らかになる。ソデリーニの甥が、まだ幼い小さな娘をピエールフランチェスコ・デ・メディチのところに嫁がせたからである。ピエールフランチェスコは、前年亡くなったロレンツォ・ディ・ピエールフランチェスコの息子である。他の結婚と異なって、この結婚は親族や良き人びとによってまとめられたものではなく、公証人によって秘密になされたのである。これは筋の通らぬことであった。ピエールフランチェスコと姻籍関係にあるジュリアーノ・サルヴィアーティは、激怒する。アラマンノもヤコポも同様である。彼らにせっつかれたメディチ家は、結婚契約書を引き裂く。婚姻問題は混乱し、曖昧な形で放置されることになる。

ゴンファロニエーレに対して、サルヴィアーティ家は憤激した。ソデリーニの態度を好まなかったというだけでなく、ソデリーニ選出のためにあれほど大きな役割を果たしたのに対し、彼が感謝の意を少しも示さなかったからである。[25-5] ソデリーニの忘恩が彼らにはっきり示されたのは、それより数カ月前に起こった一つの出来事である。商人組合の書記長であり、サルヴィアーティ家の親しい友人であるセル・ヤコポ・ディ・マルティノをその職から追放するために、ソデリーニは必要な六票をシニョリーアでとりまとめ、彼の職を解いたのである。ゴンファロニエーレはサルヴィアーティ家に打撃を与えるためにそれを行ったのである。なぜなら、サルヴィアーティ家がセル・ヤコポのような人物を商人組合に配しておけば——才能も並み外れていて、経験も豊かな人物であるため、組合の決定に重要な役割を演ずることになり——組合と関係せねばならぬ多くの市民はまずサルヴィアーティ家のもとに伺候せねばならなくなるであろうことを、ソデリーニは知っていたからである。ゴンファロニエー

(25-5)『リコルディ』「C」五二はこのように文脈の中で読まれ得よう。「……他人の手先となってその権力獲得を助けてやった人はほとんどすべて時がたつにつれてあまり彼に用いられなくなる。その理由として……権力を得た者は彼の手腕を知っているので、いつの日か与えてもらったものを奪われるのではないかと恐れているからである。同じく手先となった方でも大いに役立ったものと思っているので、当然、彼にふさわしいだけのものを越えて、それ以上を要求するところからも生まれるのかもしれない。……」。拙訳『グイッチァルディーニの訓戒と意見』参照。

レは次のように言って自らの行動を正当化している。すなわち、サルヴィアーティ家が自らフィレンツェの指導者になるのを望んでいることを知っていたがために、公共の利益を思って彼らからその手段を奪っておかねばならなかったのである、と。このようにしてフィレンツェは分裂しはじめた。一方にはゴンファロニエーレのピエロ・ソデリーニが、他方には多くの有能な人びとがいる。その中でも最も積極的なのがサルヴィアーティ家であり、次いでジョヴァン・バティスタ・リドルフィであった。それにもかかわらず、大衆とコンシーリオ・グランデは、このような問題にさしたる注意を払わなかった。そのため、このような分裂は権威ある人びとや少数者による特別会議《プラティカ》、それに政府の狭い上層部においてのみ鮮明に示されたのである。

ピサ作戦におけるソデリーニの失錯

この時期、フィレンツェ市民の注意は再びピサ問題に向けられる。農村部を荒らし続け、ピサを飢えさせることによって服従させる方が、賢いやり方であるように思われる。フィレンツェは、メッセル・エルコーレ・ベンティヴォーリオとジァンパオロ・バリオーニ、それにコロンナ家、サヴェッリ家の数人を傭い入れる。アントーニオ・ジァコミーニがコッメサーリオに任命される。ほとんど全領土が荒らされる。後にピサ人が食糧を海から船で受け取っているのを知り、数隻のガレー船とともに……アルベルティネㇽリを傭う(25-6)。アルベルティネㇽリは、これらの船をポルト・ピサーノとトㇽレ・ディ・フォーチェ近くに配置させて、糧食の侵入を阻止することにする。これらの措置はピサ人に大きな損害を与える。しかし、わがガレー船をもってしても、入って来るすべての船を阻止することはできない。アルノ河がピサを通らず、スターニョ近くを流れるようにピサの手前で川床を変えようと

(25-6) テキストには名が示されていない。フランチェスコ・アルベルティネㇽリである。

いう計画が、ゴンファロニエーレによって示される。(25-7) ピサが干上がり、海上から糧食が届かなくなれば、ピサは容易に消耗するであろう。十人委員会がプラティカを召集して、賢明な市民たちに諮る。市民たちはその計画を拒否する。やや空想的に思われたからである。しかしゴンファロニエーレは、やってみるべきだとして多くの委員会に対して、いろいろ手を替え品を替えて提案する。この計画は結局、受け入れられる。結果は、数千ドゥカーティを無駄に費やした後、この試みは、賢明な市民たちが予告していたように失敗する。

次いで、これとは別にもう一つ重大な過ちを犯す。ピサの市民や農民はもうすっかり参っているので、いつでもピサを見捨てるのではないか、とソデリーニは確信している。ただ、それを工作する、ある手立てが必要だというのである。そこで賢明な有力市民《チタディーニ・プリミ・エ・サーヴィ》たちの意志に逆らって、ソデリーニは一つの法案を通過させる。一定期間内にピサを離れてわが領土に移り住むピサ人には、その財産を回復し、その罪を許し、公債を免除するという内容のものである。この法案が通ると、ピサ人はこれを利用する。真実、ピサを離れたいと思っている者は極めて少なかった。しかしピサは、この法律を利用して多くの役立たずの人間を排除する。その結果は、養っていく口の数も減って、残った者はそれだけ頑張れるというものである。事実、後になってわれわれは、様々な消息筋から、食糧不足が深刻であったため、この出口がなかったならばピサは降伏せざるを得なかったであろう、と耳にするのである。さらに、ピサ周辺で財産と所有物を再び得たピサ人は、ピサに残った人びとに秘かに援助を与え続けていることを誰もが知っている。しかし真の証拠がないために、われわれは約束を守らざるを得ない。これらのわれわれの不注意から生まれた災難の他に、運命によって遣わされたもう一つの災難が加わる。アルベルティネルリの船が嵐のために破壊される。かくして海のルートが開かれると、ジェ

(25-7) マキァヴェリも書記官としてこの計画を支持している。あるいは立案者とも考えられる。

ノヴァ人、シエーナ人、ルッカ人がピサの飢えを救うべく十分な穀物を送ってくるのである。

フィレンツェとフランスを相手としたアスカーニオ・スフォルツァの準備

この年の冬、フランス王は長い病の後、重態に陥った（in extremis）ように思われる。なぜなら医者たちは、王が水腫に冒されており、治癒しないように思われると語ったからである。王には息子がいなかったために、娘とブルゴーニュ公の息子[25-8]との婚約を破棄し、モンシニョール・ダ・アングレームに嫁がせる。彼は次の王位継承予定者である。宮廷の多くの貴紳たちは、遠くにいたアングレームのもとを訪れ、新国王として彼に忠誠を誓っている。ルイ王の死は、それほど確実なもののように思われたのである。この知らせはイタリア人を勇気づける。ローマにいたアスカーニオ枢機卿は、ルーアンにフランスに戻るように求められるが、拒否している。彼は教皇ユリウスに、彼の約束を取り消させてもらってさえいる。いまやミラノ公国を回復すべき時が来たものと、アスカーニオは思っている。そのために、彼は教皇とヴェネツィア人の援助を受けるであろうと一般に信じられている。彼はバルトロメーオ・ダルヴィアーノ[25-9]を傭い入れる。傭い入れるための金は彼自身のものであるか、あるいは他の誰かからのものか分からない。さらに彼は、ゴンサルヴォの支持とパンドルフォ・ペトルッチおよび、これは後から知られるのであるが、ジャンパオロ・バリオーニ[25-10]の兵を得ている。これらの兵をもって彼はまずわが領土に侵入し、メディチ枢機卿とジュリアーノ・デ・メディチを復帰させようと計画する。フィレンツェに彼を支持する政府を樹立した後、ミラノに向けて進撃しようというのである。フランス王が死ねば、勝利は確実となろう。これらの企みを予感したフィレンツェ人は、心を乱し、疑惑に捉えられる。しかし、これは新しい年の出来事である。

（25-8）カール（カルロス）。後の皇帝カール五世。

（25-9）バルトロメーオは当時、ヴェネツィアを去りゴンサルヴォに仕えている。

（25-10）ジャンパオロはフィレンツェと傭兵契約を結んでいる。

第26章

アスカーニオ枢機卿の死――フィレンツェに対するデル・アルヴィアーノの作戦――アルヴィアーノの敗北――新たなるピサ作戦、フィレンツェ人撃退される――ソデリーニに対する反対――マキァヴェリと新しい市民軍《ミリツィーア》法令――ベルナルド・ルッチェライ

アスカーニオ枢機卿の死

一五〇五年――一五〇五年初頭、フィレンツェは深刻な食糧不足に見舞われる。小麦が一スタイオ／一ドゥカーティまで高騰し、貧しい者と大衆の間に騒動が持ちあがるのではないかと大いに危惧されるほどである。しかし大衆は何とか食いつないで行っている。あらかじめ、差し迫った食糧不足が予想されていたために、フィレンツェはフランスとポーランドから小麦を買い付けていたが、大量の小麦がリヴォルノに到着する。しかし、たまたま略奪に出かけていたわが兵が、はるかに少数のピサ兵にポンテ・ア・カペレットで敗北するという事件が起こる。わが兵の紀律が乱れていたためである。(26―1) このように農村部で敵の方が優勢になったために、リヴォルノから小麦が届かない。しかし最終的には強い措置が取られ、小麦は到着する。また、収穫期も近づいていたので、食糧不足は切り抜けられる。

(26―1) 三月二十七日、タルラターニに率いられたピサ兵が、ルーカ・サヴェッリに率いられたフィレンツェ軍を敗る。

フィレンツェに対するデル・アルヴィアーノの作戦

この時期、フランス王の病状が回復しはじめる。事実、誰もが驚いたのであるが、回復が早く、数日のうちに王は完全に危険から脱出している。他方、申し分のない健康を満喫していたアスカーニオ枢機卿が、ローマで病を得て、数日のうちに亡くなっている。病気はペストだといわれている。このように、人間の計画というものは、いかに空しく、偽りに満たされたものであるか。王の突然の回復とアスカーニオの予期せざる死は、進行中の高遠な計画や設計図を引っくり返してしまう。それにもかかわらず、バルトロメーオ・ダルヴィアーノは武装を整えており、他の仕事もなかったので、そのまま準備を進める。なぜなら、パンドルフォとジァンパオロの指図で、彼はフィレンツェに対する軍事行動を遂行する決意を固めていたからである。フィレンツェ人も必要な準備を進めているが、マントヴァ侯を隊長《カピターノ》として傭おうとする。(26-2) マントヴァ侯はそれを受けるべくフィレンツェに来るが、何らかの理由でこれは実現しない。また、ペルージアに戻っていたジァンパオロは、われわれとの傭兵契約を破棄してくる。(26-3) これらのために無防備となったフィレンツェは、マルカントーニオ・コロンナ、ムツィオ・コロンナを傭い入れる。彼らの傭い入れはゴンファロニエーレのやった仕事である。彼らはオルシニ家の敵である。この点、ゴンファロニエーレは彼らを信頼しているからである。なぜなら、ソデリーニ枢機卿は、ローマでメディチ枢機卿と肩を並べるためにもコロンナ家の支持を得たいと望んでいたからである。メディチ枢機卿はオルシニ家と姻籍関係にあり、その支持を受けていたからである。

この年の冬の間、この雇傭に関しては大きな意見の相異が存していた。ゴンファロニエーレは兄弟の枢機卿を満足させるために雇傭を推し進める。枢機卿の方では既にこのことをコロンナ家に約束し、

(26-2) このために一五〇五年五月四日、マキァヴェリがマントヴァ侯のもとに派遣される。しかし交渉は難行。数日後、フィレンツェに戻る。七月末、交渉は決裂。

(26-3) ジァンパオロが破棄してくるのは四月初旬である。四月九日、マキァヴェリが彼のもとに派遣される。カスティリオーネ・デル・ラーゴで会見。傭兵契約の破棄を撤回するよう説得しているが失敗する。マキァヴェリは四月中旬、フィレンツェに帰国。

支払いを始めていたといわれている。この雇傭は、アラマンノ・サルヴィアーティとランフレディーノ・ランフレディーニに率いられている十人委員会によって反対される。後に、マントヴァ侯の雇傭を阻止したのはゴンファロニエーレであったと信じられるようになる。理由は、そうすればフィレンツェはコロンナ家を傭い入れざるを得なくなるからである。さて、いまやゴンサルヴォがバルトロメーオの作戦を支持するかもしれないと思われたので、不安を抱いた十人委員会は、使節としてロベルト・ディ・ドナート・アッチァイウォーリを彼のもとに派遣する。この派遣を実現するためには大変な困難を伴った。ゴンファロニエーレがこれに反対したからである。彼は、十人委員会の書記官で側近の一人、ニッコロ・マキァヴェリを派遣する方を望んでいたからである。ニッコロ・マキァヴェリに、ゴンファロニエーレは完全な信頼を寄せているのである。八人委員会のニッコロ・ディ・モレルリが、モンシニョール・ド・ショーモンに使節として派遣される。ナポリからわれわれは、ゴンサルヴォがバルトロメーオを支援するつもりのないことを知る。しかし彼は、われわれに対してピサ人を苦しめるのを中止するよう要求する。ピサ人はスペイン王の保護下にあるからだ、と言う。ジァンパオロを再雇傭するための交渉は、何の成果ももたらさない。それにもかかわらず、彼は二十の重装騎兵とともに彼の息子をわれわれが傭うことには同意する。なぜなら、アスカーニオが死んだために、われわれに対する攻撃計画は力を失っていると思っていたからである。フィレンツェはジァンパオロの息子を得たことで喜んでいる。これによってジァンパオロの攻撃に対してわれわれは保証されたからである。

アルヴィアーノの敗北

この間、バルトロメーオは準備を完了している。八月、シエーナ経由で進撃を始める。ジァンパオロはいまや、バルトロメーオに同行するのを望んでいない。その口実として、彼は息子がわれわれに仕えていることを挙げている。したがって、バルトロメーオはマレンマ・ディ・シエーナを経由、次いでヴォルテルラを経由してピサに向けて進撃する。ピサに彼が入城することは、われわれにとって大きな打撃となるはずである。そのため、わが軍の幕僚長官《ゴヴェルナトーレ》メッセル・エルコーレ・ベンティヴォーリオと、わがコッメサーリオのアントーニオ・ジァコミーニは、彼に戦闘を仕掛けることにする。両軍は重装騎兵の数において互角である。歩兵の数ではわが方が優勢である。次いで互いに接近した後、八月……(26-4)日に合戦が行われる。長い戦闘の後、敵は敗走し多くの兵が捕虜となる。バルトロメーオ・ダルヴィアーノは追跡されるが、逃れている。彼のすべての軍用行李《カリアッジ》は軍旗とともに押収される。軍旗はコンシーリオの会場に吊るされる。ゴンファロニエーレは思いあがって、この勝利を己れの手柄とする。これによって彼の栄光が高まったものと考えるのである。

新たなるピサ作戦、フィレンツェ人撃退される

この勝利の後、メッセル・エルコーレとアントーニオ・ジァコミーニは当時、大きな名声を博していたが、ゴンファロニエーレに対する多くの公的および私的な書簡を通して、ピサを直接攻撃するよう強く要請してくる。これらの書簡の中で、彼らはピサ市内に一定の共謀者がおり、勝利を確実に約束できるとほのめかしている。これによって、ゴンファロニエーレは大いに乗り気になる。次いで攻撃に取りかかるのであるが、その有様たるや、それに望みを託している、あるいはそれを信じている

(26-4) テキストには示されていない。戦闘が行われたのは八月十七日である。

というようなものではなく、完全に成功を確信しているといった具合である。しかし、賢明で、権威《チタディニ・サーヴィ・》のある市民《エ・アオトリタ》たちは、ゴンファロニエーレとは異なった風に考える。ピサ人がいかに頑固であるか、いかにたびたび、その気がないのに和平交渉に臨んできたかを知っているので、われわれの唯一頼れるのは力のみである、それ以外は無益であると確信しているのである。したがって、いかに十分な兵力を備えねばならないかを考えねばならないのである。さらに考慮せねばならないのは、ピサ人が有能で、経験に富む人びとであり、彼らの都市は完全に大砲やその他防備に必要なもので満たされていることである。ピサを打倒するためには三つのものが必要である。まず第一に有能な指揮官である。メッセル・エルコーレでは駄目である。メッセル・エルコーレは確かに極めて慎重な、非常に思慮深い立案者であるが、同時に勇気に欠けた人物であり、計画の実行に当たっては技量に欠けている。確かに彼はバルトロメーオ・ダルヴィアーノを破った。しかし一回だけの幸運では、長い間の経験に基づいた彼についての評価を完全に覆すことはできないのである。第二に必要とされるものは、大軍である。とくに優秀な、経験を積んだ歩兵である。しかしこれは不可能である。一つには、金を調達することがわれわれにはできないからであり、一つには、日が短くなるので直ちに包囲を始めねばならないからである。必要な第三のものは、何日間も包囲を続けるための力である。これさえあれば、たとえ最初の攻撃でピサを征服できなくとも、包囲を長く続ければ可能となろうから。しかし、このような長期間にわたる包囲は問題外である。一つには季節が遅いこと、そのためわが軍が着いたあと直ちに悪天候が始まるであろうから。わが軍が到着できるのは、せいぜい九月六日、あるいは八日以後なのである。一つには、ピサ人はゴンサルヴォから援軍を得ることができよう。この援軍を当然、ピサ人は防衛のために極めて効果的に利用するであろうからである。われわれは最近の勝利によって得た名声を利用し、わが軍をシエーナ領に投入した方がはるかに良かろう。シエーナにはいまや恐怖と臆病が支配しているからである。マレンマを思う存分荒らし、略奪し、次いでモンテプルチアーノの代わりとしてマッサ、あるいはその他の地を奪えば、シエーナ政府は転覆するであろう。次いでルッカに向かい、同じようなことをして彼らを強制して協定を結ばせる。ピサ人を生かしているこれら二つの援助の源を奪った後、われわれは一年の残りを休息せねばならない。ピサに対して性急な攻撃を始めるよりも、このようにした方がはるかに好ましいであろう。ピサ攻撃を始めれば、シエーナとルッカ問題に復讐し、それを解決するための機会を失い、大金を投げ捨て、ゴンサルヴォの敵意を招き、バルトロメーオの敗北によって獲得された名誉と栄光をも失うことになろう。

このようなことが、思慮分別のある市民たちの議論であった。四十人ほどの有力市民から成る、十人委員会によって召集された特別会議《プラティカ》で、彼らの行った助言はほとんど全員が一致していた。しかし、ゴンファロニエーレは既に他の計画を立てている。このため、彼は八十人会を急ぎ召集する。八十人会は票決で攻撃を支持する。特別会議に出席していた人びとは、これを聞くと帰宅する。彼らの助言が無駄なうえに、ゴンファロニエーレによって愚弄されているのを知ったからである。(26-5) 翌日、ゴンファロニエーレはコンシーリオを召集し、ピサ攻撃を提案する。この提案は、千人以上の票のうち反対《ファーヴェ・ビアンケ》がわずか百六で可決される。決定がなされると、彼らは準備に専念する。(26-6) かくして九月……日、(26-7) わが軍はピサの面前に展開することになる。この間、ゴンサルヴォはこのようなフィレンツェの準備について知らせを受け取ると、ロベルト・アッチァイウォーリを呼び手厳しく抗議している。ピサを攻撃しないと約束したではないか、と言うのである。彼は、ピサに援軍を送る、と脅迫する。ロベルトは、そのような約束した

(26-5) プラティカの助言は法的拘束力がないのである。

(26-6) マキァヴェリが命令を伝えるべく陣営に赴く(八月二十三日)。

(26-7) テキストには示されていない。九月七日である。

については承知していない、と答える。これに対してゴンサルヴォは、証人としてプロスペロ・コロンナを呼び入れる。彼は、ソデリーニ枢機卿がゴンファロニエーレに代わって約束した、と言う。ロベルトはフィレンツェを正当化して、フィレンツェはゴンファロニエーレによってなされた約束に拘束されるものではない、と応ずる。その他、すべてのことが役に立たないことが判明すると、ゴンサルヴォはロベルトに、フィレンツェに戻って八日以内にゴンサルヴォの軍隊がピサに着いているであろうことを報告するよう命ずる。ロベルトが帰国して、これをゴンファロニエーレに報告すると、彼は微笑して答える。〝ロベルト、八日間のうちにわれわれは問題を解決しているよ〟。これほどゴンファロニエーレの確信は深かったのである。この間、兵の準備がなされているが、メッセル・エルコーレ・ベンティヴォーリオは隊長《カピターノ》の称号を要求する。(26-8) 彼がこの称号を得たのは、フィレンツェが彼にこの称号を与えたかったからではない。与えないと、彼が辞任するかもしれないと懼れたからに過ぎない。

(26-8) ベンティヴォーリオの従来の称号はゴヴェルナトーレ（幕僚長）である。

ソデリーニに対する反対

軍は九月六日、ピサ城下に到着する。宿営を設立するに当たって、一頭の馬がメッセル・エルコーレの命令で殺される。八日には、シニョリーアがサンタ・マリア・イムプルネータの肖像をフィレンツェに持って来させる。(26-9) しかし、作戦行動が急がされ唐突であったように、その結果もまた貧弱で恥多きものであった。ピサにはいかなる共謀者もいないことを知ると、隊長とコッメサーリオは完全に狼狽《うろた》えてしまう。彼らは他のいかなるものにもまして、そのことのみを当てにしていたからである。次いで数ブラッチァの市壁を破壊した後、彼らは攻撃しようとする。しかしわが歩兵は臆病で、無秩序の様をさらけ出し、何事を為すこともなく酷らしく撃退されてしまう。その後、ゴンサルヴォのス

(26-9) 本文二七八頁訳注（18-13）参照。

ペイン歩兵隊の一部がピサに着くと、すべての希望は潰えるのである。包囲は解かれねばならなかった。(26-10) まさしく隊長の不名誉であり、コッメサーリオの不名誉であり、(26-11) ゴンファロニエーレの不名誉である。賢明な市民たちの意見が正しかったことは明らかである。この戦闘を導いたのは彼らでもあって、大衆ではない。大衆は何も認識せず、物事を取り巻いている状況について考えることもないし、またほんのわずかな希望でさえ、それに従って行動しようとするからである。ゴンファロニエーレが大衆の助言に影響されたのではないことは、まったく明らかである。いかにしてもこの作戦を遂行しようと決意したのは、ゴンファロニエーレその人である。彼がコンシーリオに訴えたのは、単に反対派を脅かし物事がうまくいかなかった場合に、その責任から逃れるためなのである。重要な公けの物事をこんな風に扱うとは、何と醜行で有害なことであろうか。

わが軍がピサから撤退した後、間もなくスペインのイザベㇽラ女王が亡くなる。(26-12) これは重大な出来事であった。なぜならば、男の相続者がいなかったために、女王に属していたスペインの一部が、相続法によって、娘のファナ、ブルゴーニュ公フィリッポの妻のもとに移ったからである。これはすなわち、フェルディナンド王の権力が分割されるということを意味していたのである。彼は生存中に限ってその領土の総督に指名されるよう工作するが、そこの住民たちはブルゴーニュ公フィリッポを呼ぶ。公は直ちに妻とともにスペインに来る。

マキァヴェリと新しい市民軍《ミリツィーア》法令

この時期、ゴンファロニエーレは、わが領土において歩兵から成る市民軍《ミリツィーア》を設立しようと計画する。彼は、その市民軍をドン・ミケレットという名の、残忍極まるスペイン人に率いさせようと望む。ヴァ

(26-10) ジァコミーニが包囲を解くのは九月十四―十五日にかけてである。

(26-11) ジァコミーニは市民から非難されるが、マキァヴェリは忠実な友人として擁護する。

(26-12) イザベㇽラ女王の亡くなるのは一年ほど前の一五〇四年十一月二十六日である。グイッチァルディーニの思い違いである。

レンティーノに仕えていた恐ろしい人物である。これを容易にするために、ゴンファロニエーレはまず、農村部の警吏として彼を傭うことにする。しかしゴンファロニエーレは、この雇傭について十人委員会の召集する市民の特別会議《プラティカ》で討議されれば、市民たちがこれを承認しないのではないかと懼れる。このため彼はまず、書記官のマキァヴェリに極めて巧妙に、メッセル・フランチェスコ・グァルテロッティ、ジョヴァン・バティスタ・リドルフィ、ピエロ・グイッチァルディーニ、その他の有力市民たちの意見を探らせている。彼らがこれに反対しているのを見て取ると、彼はこの雇傭案を何らかの特別会議《プラティカ》にかけることなく、いきなり八十人会で票決させる。八十人会は何も知らされていなかったため、二回目と三回目の票決でこれが通る。有力市民はこれに大いに困惑する。ドン・ミケーレを傭いたいというのには何か邪悪な計画があるのではないか、と懼れたからである。このような男であれば、彼の手足となって独裁政をもたらすかもしれない、あるいはゴンファロニエーレが何か面倒な状況に陥った場合に、このような男を用いて政敵を排除するのではなかろうか、と懼れたのである。反対論が多く出たが、雇傭については尊重されねばならなかった。既に八十人会で通っていたからである。

同じ時期、歩兵大隊を創設する動きが始まる。これは、戦争が傭兵隊や外国兵によって行われるのではなく、われわれ自身の市民と臣下によって行われていた遠い昔には、わが農村部《コンタード》にも存在していた。二百年ほど前にこれは廃止されているが、一四九四年以前に再建しようという提案もなされていた。九四年以後には、われわれの体験した様々の災難にあって、古い昔の習慣に戻った方が賢明であると主張する人びとも多く現われてきた。しかし、公式にこれについて議論されたことはなかったし、それに関するいかなる計画も実行もなされなかった。後にマキァヴェリがその実現に動き出す[26-13]。ゴン

(26-13) マキァヴェリは傭兵軍に絶望して、市民軍再建に乗り出す。ジァコミーニがマキァヴェリの意見を支持し、ソデリーニを動かす。一五〇六年、マキァヴェリは市民軍編成の仕事に精力的に没頭している。一五〇六年十二月六日、市民軍を管理運営する新しい役所「市民軍の九人」《ノーヴェ・デルラ・ミリツィーア》(Nove della Milizia) が設置される。一五〇七年一月十日、新役所の九人が選出され、一月十二日、マキァヴェリがその書記官に任命される。ドン・ミケーレは二月二十七日、正式に司令官に任命される（実際の任命は一五〇六年四月一日である)。ドン・ミケーレの称号は次のようなものである。capitano di guardia

ファロニエーレを説得しはじめ、これがうまく進んでいるのを知ると、具体的に仕事に着手する。このような大きな企画は、コンシーリオ・グランデの承認が必要となろう。市民の同意と支持が得られるかどうかを見るべきであろう。しかし、このような新しい尋常ではない物事は、初めにそれが実際に試みられているのを目にしない限り、あるいは有力な市民がそれに同意しない限り、人びとの承認を得るのは難しいであろうとゴンファロニエーレは考え、また正当にも、有力市民はこれに反対するであろうとも恐れていたので、誰にも相談することなく仕事を進めたのである。シニョリーアの権威をもって、フィレンツェ支配下の農村地帯やロマーニァ、カゼンティーノ、ムッジェルロ、その他すべての好戦的な地域で役人に命じて、兵士の仕事に最も適しているように思われる人びとの名を登録させている。次いで、これらの人びとには指揮官がつき、休日に訓練を受けさせる。スイス方式で隊に編成される。フィレンツェ市それ自体では何もなされない。新しい、思いきった考え方なので、一時に少しだけ実現されねばならないのである。

　有力市民の間では、これについての意見が分かれている。考え方そのものは良いが、二つのことが必要である、と言っている。一つは、徴収された者に対して報酬が支払われねばならぬということである。意欲的に訓練を行い、忠誠心をもって任務に着かせるためである。他の一つは、兵士の間には厳格な賞罰が徹底されねばならないということである。なぜなら、武装した者は無法行為を犯すかもしれず、さらにいつの日かフィレンツェ市および市民に叛く危険もあるからである。(26-14) 市民の間の意見の相違は、一方はこの危険を現実のものと考え、他方は現実のものとは考えなかったことから生じたのである。あるグループはいつの日か、ゴンファロニエーレがこれらの兵を用いて市民の自由を抑圧し、あるいは己れの政敵を排除するようになるのではないかと信じたために、このプロジェクトを呪

del contado e distretto.

(26-14) フィレンツェ共和国は、フィレンツェ市と、かつて独立していたがフィレンツェの支配下に入った都市（アレッツォ、ヴォルテルラ、ピストイア、その他多数のディストレット distretto）と、それぞれの農村部（contado）から成っている。かつて独立していた諸都市の領民を武装させるのは、一定の危険を伴うものと考えられたのである。他方、フィレンツェ市内の住民を徴収するのは不可能とされた。

い嫌ったのである。人びとは、どう考えたら良いか分からなかった。彼らの賛成を得るために、シニョリーアは政庁舎広場で六百名か、あるいは八百名の兵士をスイス方式で訓練しているのを人びとに見せはじめるのである。これは多くの人びとに好感をもって迎えられたのである。

ベルナルド・ルッチェライ

この時期、ゴンファロニエーレの不倶戴天の敵であるベルナルド・ルッチェライは、秘かにフィレンツェを去り、アヴィニョンに行っている。ソデリーニの選出以来、彼は特別会議に参加すること、あるいは何らかの形で公共の事柄に関与することを常に拒否してきた。ベルナルドは、自分の計画、あるいは（フィレンツェを）立ち去る理由について、何びととも話し合っていない。したがって、様々な憶測がなされている。ある者は次のように考える。ベルナルドが去ったのは、歩兵大隊の設立と、ドン・ミケーレの傭い入れを見て、ゴンファロニエーレがその敵に対して何か異常な独裁的な仕方で行動を起こそうとしているのではないかと、彼が恐れるようになったからであるというのである。これが事実であるならば、まず犠牲になるのは彼である。あるいは、最初の犠牲者の一人である。他の者は次のように信じている。ベルナルドはゴンファロニエーレを憎んでいたために、メディチ家と、あるいはパンドルフォ・ペトルッチと共謀して現政権を打倒しようとしたというのである。これはとくに説得力のあるもののように思われた。なぜなら、彼の息子のジョヴァンニが、数度にわたって大急ぎで秘かにローマに行っているからである。ジョヴァンニの考え方ややり方は、彼自身のそれと極めて近いのである。いまベルナルドが逃亡したのは、四十人《クアランティア》法廷に引き出されるのではないかと懼れたからだというのである。四十人会は、後に触れるように恐ろしい法廷である。この意見はおそらく最も賢明な人びとの抱いたものであるが、次のような事実によって確認されるように思われる。すなわち、ベルナルドがジョヴァンニを数カ月前にヴェネツィアに送っておいて、それから彼を伴ってアヴィニョンに行っているという事実である。その他、多くの者は次のように考える。ベルナルドは何者をも恐れていない。彼が立ち去ったのは、単にこのような大きな煩わしさの巣から身を移し、怒りを残していったのである。彼はゴンファロニエーレとそのやり方を許せなかったからである、と言うのである。この判断は、ベルナルドの性格と態度からして支持される。ベルナルドの性格と態度について何事かを語るのは、不適切なことではなかろう。なぜなら彼は優れた人物で、時に大きな名声を博していたからである。

ベルナルド・ルッチェライは大きな才能に恵まれた、教養の深い、非常に雄弁な人間であった。しかし賢明な人びとによれば、幾分か判断力に欠けるところがあったという。それにもかかわらず、彼は広く一般に大変賢明な人間と見なされていた。なぜなら、彼は軽快な口調で華麗にして明敏な会話を交わすことができ、また才気煥発であったからである。しかし彼は、フィレンツェの政体にはいかなるものにも満足し得ないような性格の持ち主であった。その理由は、彼自身、フィレンツェの指導者にならんと熱望していたからなのか、あるいは自由を愛し、富裕な人びとによる自由な共和政を望んでいたからなのか、そのいずれかである。（しかし、多くの問題で彼は辛辣に論ずるので、直接に対決する以外、彼をとめることはできなかったのである）。ロレンツォ[26-15]は義兄であった。当時、彼は大きな信頼と名声を誇っていたが、それにもかかわらず、彼は焦々とロレンツォの行動を批判しはじめるのである。もちろん、公けの場ではなく、少数の人びとに対してである。しかもたびたびのことで、それを耳にしたロレンツォは、大いに不愉快に思ったのである。しかし、ロレンツォは彼を大目

（26-15）ロレンツォ・デ・メディチ（ロレンツォ・イル・マニーフィコ）である。

に見ていた。彼を大変愛していたからである。また義弟でもあったからである。ロレンツォが亡くなった時、ピエロに対する彼の立場は最初は極めて強かった。事実、親族関係にあったこと、また年齢を考えれば、ベルナルドはピエロの父親代わりになることさえ望めたのである。しかしピエロと交わりはじめると、ベルナルドは彼の敵となる。彼は息子のコジモを介して、ピエールフランチェスコの息子たちおよびミラノ公と組んで陰謀を企む。しかしその結果、ピエールフランチェスコの息子たちが逮捕されると、コジモは反逆者として追放される。ベルナルドはフィレンツェに留まることを許されたが、大きな危険と大きな疑惑のもとに置かれるのである。

　ピエロの追放の後、コンシーリオ・グランデが創設されたが、これはベルナルドを心底から怒らせる。したがって、彼は単に修道僧に反対しただけではない。役職に就くのを拒否し、税の支払いにも応じない。それにもかかわらず、彼はフィレンツェで行われていることに対し、他の誰にも劣らず大いに注目しているのである。このために、彼は野心家で、不満を抱いた者と見なされるようになり、一般大衆に完全に憎悪されるのである。修道僧が焼かれた時、ベルナルドは、修道僧の支持者であった市民たちを救うために大いに力を貸している。次いで彼はゴンファロニエーレに選ばれるが、このポストに就くのを拒否している。このことは彼の名声をひどく傷つけることになる。彼の野心が際限もないことを、多くの人びとが信じ込むようになるからである。通常の、ありきたりの名誉に満足せず、並外れた権力と権威を望んでいるものと一般に信じられるようになるからである。それにもかかわらず、知恵者という評判が高いので、特別会議《プラティケ》での彼の発言は常に注目を引き、重んぜられた。しかし、個人的な理由で彼の敵となったピエロ・ソデリーニがゴンファロニエーレに選ばれると、ベルナルドはいつものやり方に従って、彼を訪問もせず、特別会議に出席することもやめてしまう。ベル

（26-16）ベルナルド・ルッチェライの代表的著作は *De bello italico Commentarius*（原意は「イタリアの戦争について」であるが、シャルル八世のイタリア侵入を扱っているので『フランス軍侵入の歴史』としておく）。ま

ナルドは不平分子として生き続けるのである。ひたすら文筆家とのみ交際し、文芸と著述(26-16)にのみ専念しているという印象を与えてはいたが、メディチ家と陰謀を企んでいたと信じる者もいるのである。最終的に彼は、恐れからであれ、怒りからであれ、ともかく自らの意志でフィレンツェを出て行く。フィレンツェによって追放されたのではないのである。すべての政権にあってあれほどの評価を享受していた彼が、最終的にこうした状況のもとで立ち去って行ったことを考えると、憐れむべきこと(26-17)である。しかし、彼の出発を知って心を痛めたように思われる者、あるいは関心を持ったように思える者は、いかなる立場の人びとにもいないのである。彼の性格と、安住を知らない落ち着きのなさが、誰をも不愉快にしはじめていたからである。

た、ルッチェライは「ルッチェライ庭園の集い」を主宰し、当時の人文主義者や文人を集め、文化活動を行っている。マキァヴェリはベルナルドの子供コジモの主宰する会の常連であった。『ティトゥス・リヴィウス論』はこの時期に書かれたものである。

(26-17) グイッチァルディーニの『リコルディ』「B」一五七は、次のようなものである。「……亡命の危険を決して冒してはならない。……われわれは外地で名声もなく、資産もなく、生きるために物乞いをせねばならなくなろう。ベルナルド・ルッチェライの例を思い起こせば十分である……」。

第27章

新税――アレッサンドロ・マネッリ事件――ブロア条約――ユリウス二世対ヴェネツィア――フィリッポ王の死――スペインのフェルディナンドのナポリ滞在

新税

一五〇六年――一五〇六年初頭、モンテの定期的な改革[27-1]が予定されている。これに付け加えて〝十分の一税(デチマ)〟と〝アルビトリ税〟をそれぞれ二五パーセント増にするという措置案が提案される[27-2]。これは、支払いに応じるのを可能にするためである。何度も八十人会に上程された後、この措置案は通過する。しかし、そのためには大きな困難が伴ったのである。なぜなら、この案はメッセル・アントーニオ・マレゴンネルレによって強く反対されたからである。彼はこの税が不公平なものであることを示し、この案の代わりに通常の税を強く擁護する。これは塩の価格を高くするものである。これにゴンファロニエーレは断固反対し、拒否する。このため、八十人会は原案を通すが、この後、コンシーリオに回されると、ここで通らない。争いが始まる。一方には、ゴンファロニエーレがいる。彼は毎日、コンシーリオを召集し、絶えず原案を提案し、熱心にこれを支持する。他方には、多くの良き人びと《ウォーミニ・ダ・ベーネ》、とくにその若者たちがいる。彼らは原案に反対するために、できることは何でもする。

(27-1) モンテは通常、五年ごとに改革されていたが、一四九四年以後は毎年改革されることになる。

(27-2) デチマ(decima)とは不動産収入の十分の一を収める税をいう。アルビトーリオ(アルビトリは複数形 Arbitrio. arbitri)は商工業に対して課せられる特別税である。時々、デチマと同時に課税される。その税率は課税する人びとの意志に基づいているのでアルビトーリオ(自由意志)と呼ばれている。

なぜなら、ゴンファロニエーレがそれを通すためには、もう少しの豆《ファーヴェ》さえ集めればよいことを、彼らは知っていたからである。

ある朝、コンシーリオが召集されるとゴンファロニエーレは、前回の公職選出《インボルサツィオーネ》(27-3)がなされたのち税金を滞納している者はコンシーリオに出席することができない、これは法の命ずるところである、と宣言する。ゴンファロニエーレは躍起になっているのである。これは多くの人びとに影響を与えるが、とくに原案に反対している若者たちに当てはまる。かくして、多くの反対票をコンシーリオから排除したので、ゴンファロニエーレはこれで勝てるのではないかと思う。しかし、先に賛成票を投じた人びとの多くが彼の不公平な手続きに怒って、今度は逆に反対票を投ずる。そしてそれを差し戻すのである。双方とも険悪な感情を抱いている。実にこの提案は百六回票決し直されたが、通ることはなかったのである。ゴンファロニエーレはこの問題に取り憑かれている。新しいシニョリーアが政務に着くと、それを再び取りあげようとする。しかし、新しいプリオーレとなったジョヴァン・バティスタ・リドルフィが、彼に反対する。大衆と衝突するのは正しくない、と言うのである。かくして、モンテはいかなる新税を課せられることもなく、八カ月かけて改革されたのである。しかしこのシニョリーアが去ると、十分の一税、十分の一アルビトーリオが提案される。関税については、八分の一の増加が提案される。これらは負担が極めて軽いとされて、簡単に通る。

(27-3) コンシーリオ・グランデの成員たる資格があるかどうかを審理し、決定する。

アレッサンドロ・マネッリ事件

この時期、一つの私的な事件が突発して、何週間にもわたってフィレンツェを不安に陥れている。アレッサンドロ・ディ・レオナルド・マネッリは、アラマンノ・デ・メディチの娘と結婚している。

悪名高い、不正直で邪悪な若い女性である。彼女が田舎におり、夫がフィレンツェ市内にいた時のある夜、彼女はアレッサンドロの召使いに殺害される。この殺人は夫のアレッサンドロの命令でなされたように思われたので、彼は八人委員会に告訴される。しかし、八人委員会は真実を発見できない。したがって、この問題は四十人《クァランティア》法廷に委ねられる。これは、ゴンファロニエーレの時代以前につくられた一法律によるものである。この法律は次のように規定している。すなわち、ある犯罪事件が何らかの司法当局に任され、しかも一定期間内に解決されなかった場合には、その事件は四十人法廷によって裁かれねばならぬというものである。この法廷の構成員は、ゴンファロニエーレ、プリオーレ一名、コレッジの成員三名、その事件を扱った司法官《マジストラート》、それにくじによって選出される八十人会からの数名、この他、プリオーレとコレッジによって任命される者から成る。ただし、構成員の数は二十名以上、四十名以下である。裁判は十五日以内で決着がつけられねばならない。

　かくして、この事件は四十人法廷に移される。殺害された夫人の兄弟たちが、アレッサンドロを告発する。アレッサンドロを弁護するのは彼の兄弟フランチェスコである。まず、アレッサンドロは警察長官《バルジェルロ》のもとに出頭を命ぜられる。次いで、情況証拠が彼に極めて不利なものに思われたので、口頭と拷問によって彼を尋問する者をくじで選ぶことにする。四十人法廷の一員、メッセル・アントーニオ・マレゴンネルレが選ばれるが、アレッサンドロを拷問によって尋問することを彼は望まない。十分な証拠がない、と言うのである。十五日間が過ぎたが、真相は究明されない。判決に達することができないので、彼らは次のような条件のもとにアレッサンドロを釈放する。その条件とは、いつでも裁判が再開され得るということ、および保釈金／五千ドゥカーティの支払いである。保釈金は、司法官の要求に応じて彼が出頭するための保証である。しかし、この問題はこれで終わらない。彼女を殺害した召使いがシエーナに逃れているという知らせをメディチ家が受け取ると、それをメディチ枢機卿に知らせる。メディチ枢機卿は喜び勇んで援助するつもりである。家族のつながりのためでもあるし、またマネルリ家がメディチ家の敵であり、ゴンファロニエーレの友人であることを知っていたためでもある。パンドルフォ[27-4]に対する影響力を行使して、彼はシエーナ人に召使いを逮捕させる。召使いは次いで拷問にかけられ、アレッサンドロの命令で夫人を殺したことを自白する。殺された夫人の兄弟たちは、これを聞くと、八人委員会に再び彼を告発する。この問題はフィレンツェをほとんど二分している。ゴンファロニエーレは一方の側に立ち、ゴンファロニエーレの敵とメディチ家の友人たちは他方の側についている。したがって、八人委員会はパンドルフォに、真相を究明するために召使いを彼らに引き渡すよう求める。パンドルフォが拒否すると、八人委員会のペレグリーノ・ロリーニとジョヴァン・バティスタ・グァスコーニの二人が、シエーナに赴いて召使いを尋問する。ここで彼らは、アレッサンドロの罪が再確認されるのを聞く。これを受けてフィレンツェに帰国すると、彼らは直ちに彼を再逮捕させる。

　しかししばらくして、アレッサンドロは拷問を受けるが、自白しない。その理由が何であるかは分からない。その時、パンドルフォは召使いを引き渡す。彼は生命の保証を与えられて、フィレンツェに来る。ひとたびフィレンツェに来ると、彼はシエーナでの自白を撤回し、アレッサンドロの無実を確認する。このため、八人委員会は彼を釈放する。もっとも、大部分の人びとはアレッサンドロが犯罪を犯したことを信じている。このようにして、フィレンツェばかりでなく、シエーナでもローマでも話題になっていた一事件が終結するのである。この事件に対して下された解釈は、次のようなものである。すなわち、この刑事裁判は政治的な怒りや対立を隠すための目隠しに過ぎない、というもの

（27-4）シエーナの支配者パンドルフォ・ペトルッチである。

である。メッセル・アントーニオ・マレゴンネルレは四十人法廷の一員であったが、激しく非難される。というのも、アレッサンドロを解放したいと望んで、義務を怠ったかのように思われたからである。四十人法廷のメンバーは、マレゴンネルレを非難する報告を多く書く。ピエールフランチェスコの息子たち、すなわちロレンツォとジョヴァンニが逮捕された時[27-5]には、彼はそれほど慈悲深くはなかったではないか、と言うのである。彼は誠実な人間、非常に名誉を尊ぶ人間という評判を得ていたので、このように非難されたことで悲しんでいる。数週間後、彼は亡くなるが、その死はこの傷のためとされるのである。

これとまったく同じ時期、ピエロ・デ・メディチの娘が、ローマでフランチェスコ・ディ・ピエロ・ピッティと結婚したという噂が広がりはじめる。ピエロ・ピッティは当時、マルケにいる。彼は八人委員会に告発される。八人委員会は四十人法廷を要求する。アレッサンドロのための四十人法廷がくじで選ばれたのと同じ日に、ピエロ・ピッティのためのそれも選ばれる。しかし、彼らがピエロを審理し、噂が真実でないのを確認すると、直ちに彼を釈放する。ピエロ・ピッティを告発した人びとは真実を知っていたと、一般に固く信じられている。しかも、そう信じたのは正しいのである。それではなぜ、彼らは告発したのか。それはピエロを罰するためではない。そうではなくて、そのような結婚を望む者に対して次のことを示したかったからなのである。すなわち、フィレンツェはそのような事例に対しては怒りをもって対応し、国家に対する犯罪と見なすということを示すためなのである。

ブロア条約

また同じ時期、スペイン王フェルディナンドと、ブルゴーニュ公フィリッポとの間に、協定が成立

（27-5）これについては本文一五三－一五四頁参照。

したというニュースが届く。この協定に従えば、ナポリ王国、シチリア王国、アラゴン王国は、フェルディナンド王の手元にとどまる。これに対して、フィリッポはカスティリアとグラナダ、その他の諸国を手に入れる。協定によってフィリッポはスペイン王の称号を得、フェルディナンドはアラゴン王にとどまる。これより少し後、フェルディナンドはフランス王家の婦人と結婚する。その持参金としてフランス王はフェルディナンドにナポリ王国のすべての相続権を譲り、フランス王とアラゴン王との間には平和と友情が約束される。(27-6) この時期、アラゴン王フェルディナンドは、ゴンサルヴォがナポリ王国を簒奪しようとするのではないかと疑っている。このために、また他の理由もあったが、彼は王妃と宮廷人を引き連れてイタリアに赴き、しばしの間、そこに留まろうとする。彼は、旅の準備万端を整えはじめる。またこのような時、マクシミーリアーンが息子のスペイン王フィリッポに支援されて帝冠を受け取るために、さらにフランス王に対抗するために、イタリアに赴く準備を始めているという知らせも届く。全イタリアがこのニュースに沸き立つ。しかし、以下に述べるような理由で彼は来ない。

ユリウス二世対ヴェネツィア

教皇は、リーミニとファエンツァの喪失について依然としてヴェネツィア人に激怒している。また依然として、これらの都市と他の教会領国家、とくにボローニャを奪回しようとしている。フランス王が兵を出して援助しようと約束すると、ボローニャには自ら進軍すると断言する。ひとたびボローニャを手に入れれば、ヴェネツィア人がロマーニャに保持している教会領国家に向かうことになろう。フランス王はロンバルディアで戦争を始めるであろうと、一般に人は信じている。教皇はローマを出

(27-6) アラゴン王フェルディナンドがルイ一二世の姉ジェルメーヌ・ド・フォアと結婚するのは一五〇六年三月十八日であるが、この結婚は前年十月十二日のフランス・スペイン間のブロア条約による。ルイはジェルメーヌ・ド・フォアにアンジュー家のシチリア、ナポリ両王国の相続権を持参金として与え、その代償としてフェルディナンドは十年間で七十万ドゥカーティをルイに支払うというものである。

発する。しかし、何日間も何事も為し得ないでいる。フランス王の援軍が来ないからである。その後、援助の来るのを確信すると、ペルージアに行く。(27-7) ここでペルージアの支配者ジァンパオロ・バリオーニと協定を結んでいる。教皇はバリオーニと傭兵契約を結び、ペルージアには教皇特使《レガート》を置く。かくしてペルージアは名実ともに教皇の支配下に入る。彼はジァンパオロと敵対関係にある多くの亡命者たちを帰国させ、没収された財産を返還している。次いで、フィレンツェに対し百名の重装騎兵を要求する。作戦に参加させるためである。この要求が特別会議《プラティカ》で議論されると、数名の市民がこれに反対する。反対させているのはメッセル・フランチェスコ・グァルテロッティ、メッセル・フランチェスコ・ペピ、それにアラマンノ・サルヴィアーティである。彼らは多くの反対理由を持ち出すが、すべては根拠が薄弱である。しかし、彼らは反対の真の理由については黙している。実は、彼らはゴンファロニエーレと兄弟のソデリーニ枢機卿を困らせたかったのである。彼らが個人的に教皇に援助を約束し、公共の援助を通して私的な利益を計ろうとしていることは確実だからである。しかし、そのような要求を拒否することはほとんど不可能であった。ジョヴァン・バティスタ・リドルフィ、ピエロ・グイッチァルディーニ、その他多くの者はこれを支持する。過半数の者が賛成し、ゴンファロニエーレの支持もあって、この要求は承認される。マルカントーニオ・コロンナが、これらの兵とともに派遣される。(27-8)

教皇はその旅を続ける。ヴェネツィア人に対して怒りを抱いているので、彼らの領土を通過する直接ルートを避けて、長い困難な道をとって、われわれの領土に入る。彼の側には、ロマーニァにいるわがコッメサーリオ、ピエールフランチェスコ・トッシンギが従っている。彼に対して教皇は、いまや教会とフィレンツェの敵に復讐すべき時が来た、と言う。ヴェネツィア人を指していることはまっ

（27-7）一五〇六年八月二十六日、ユリウス二世は二十四人の枢機卿を率いて、兵の先頭に立ってペルージア、ボローニァを攻撃するために出発する。フランス、マントヴァ、フェラーラ、シエーナの援助を得ようとする。フィレンツェには百名の重装騎兵を要求。

（27-8）マキァヴェリが教皇のもとに派遣される。八月二十七日、ネピで教皇と会見。フィレンツェの受け入れの返答を伝える。八月三十日、教皇、ヴィテルボに到着、九月五日、オルヴィエート。オルヴィエートでメッセル・ジョヴァンニ・バリオーニと協定に達する（九月八日）。九月十三日、教皇、ペルージアに入城。次いでウルビーノ、

たく明らかである。大軍を率いてボローニァに向け進軍して行く間、教皇は破門状を公布し、メッセル・ジョヴァンニ・ベンティヴォーリオと、その息子たちを激しい調子で破門する。これには、彼に資金を提供したり、援助したりする者も含められている。フランス軍は北から迫って来る。このような状況にあって、メッセル・ジョヴァンニは極めて苦しい立場に追い込まれる。教皇はファエンツァに着く。ここには、メッセル・フランチェスコ・ペピがフィレンツェを代表する大使として既に着いている。この時点で、メッセル・ジョヴァンニと息子たちは、望みを失い落胆して一定の協定を結び、次いでボローニァから逃走している。ボローニァ人は直ちに教皇に降伏する。フランス軍は獣のように、無法にもボローニァを略奪しようとする。教皇に降伏したという知らせを受け取ると、力でボローニァに入ろうとする。しかし、住民は勇敢に防衛し、フランス軍を撃退する。教皇は一定額の金を与えて、フランス軍を宥める。次いで平和的に全廷臣を率いてボローニァに入城し、そこに要塞を築きはじめる。

チェゼーナを経て、イーモラに到達。マキァヴェリは教皇とともに十月二十七日までイーモラに留まる。フランチェスコ・ペピと交代。教皇がボローニァに入城するのは十一月十一日である。ベンティヴォーリオは逃亡。

フィリッポ王の死

この間、アラゴン王は海路、ナポリ王国に向かっている。宮廷人の多くは陸路、妻や側近を連れての旅である。王は途中、ピオムビーノに立ち寄ることになっている。フィレンツェは、王を訪問し歓迎するために使節を派遣する。メッセル・ジョヴァン・ヴェットーリオ・ソデリーニ(27-9)、ニッコロ・デル・ネロ、ジョヴァン・バティスタ・リドルフィ、それにアラマンノ・サルヴィアーティたちである。なお、ニッコロ・デル・ネロは長いあいだスペインで仕事をしていて、王の友人でもある。ジョヴァン・バティスタは途中、病を得てフィレンツェに戻っている。一カ月以上も彼らはピオムビーノで王

(27-9) グイッチァルディーニの民法の師。

の到着を待たねばならない。なぜなら、王はジェノヴァのポルトフィーノに立ち寄り、それから悪天候のため何日間もそこに滞在せねばならなかったからである。次いでピオムビーノに着くと、彼は、フィレンツェのこのような歓迎は彼にとって貴重なものである旨、われわれに理解させようとする。ピオムビーノを出発した後、彼は、娘婿のスペイン王のフィリッポが二、三日の病の後に亡くなったという知らせを受け取っている。[27-10] 人間の弱さの何という現われであろうか。あれほど偉大で幸福な、スペイン王にしてブルゴーニュ公、帝国の継承者である若くして頑健な君主が、かくも突然に死すとは。

スペインのフェルディナンドのナポリ滞在

スペイン王フィリッポの死は、マクシミーリアーンのイタリアへの旅を延期させる。なぜなら、無力で、フィリッポの援助なしでは進軍などできないので、援助を他に求めねばならなかったからである。フィリッポ死す、のニュースは、フランスにとっては非常に歓迎すべきものであった。極めて強力な、敵意を抱く隣人がいなくなったのであり、また彼の死によってローマ王[27-11]の力が弱まったからである。アラゴン王フェルディナンドにとっても歓迎すべきものであった。なぜなら、スペイン王国に呼び戻される望みが出て来たからである。スペインはいまや娘の手にあるからである。それにもかかわらず、彼は航海を続ける。ゴンサルヴォは王に会いに来て、自らの自由意志で王の手に身を委ねる。次いで王はナポリに入る。[27-12] 歓喜とお祭り騒ぎの歓迎である。最初の日々、ゴンサルヴォに対しては善意に満ちた様々な身ぶりで応対している。しかし、しばらくすると、可能なあらゆる手段を用いて、控え目に彼の信用を傷つけようとする。賢明で善良であるという評判のこの国王、イタリアの問題が

（27-10）一五〇六年九月二十六日である。

（27-11）もちろん、皇帝マクシミーリアーン一世のことである。

（27-12）フェルディナンドがナポリに滞在するのは一五〇六年十月二十九日から一五〇七年六月四日までである。

解決されるのを願った人びとによって期待されていたこの国王、この国王にフィレンツェは、メッセル・フランチェスコ・グァルテロッティとヤコポ・サルヴィアーティを大使として派遣する。ピサ問題で何か一言あるのではないかとわれわれは大いに期待したのであるが、これらの期待は次に触れるように徒労であったことが分かる。

後に、農村部《コンタード》で歩兵大隊を設立するための法が通る。それに、より大きな権威を与えるために九名の市民による行政職(27-13)が創設されて、その実施運営に当たる。彼らの権威は十人委員会のそれに次ぐものである。

ボローニァを取った後、教皇はヴェネツィアに対して軍事行動を行うのではないかと、誰もが期待している。教皇はフランス王からたびたび書簡を受け取っている。それらの書簡の中で、王は、大軍を集めて自らイタリアに赴き、ボローニァで教皇に敬意を表し、いろいろな問題について話をしたいと述べていたからである。しかし突如として教皇は、ボローニァに教皇特使を置き一定の政府を樹立すると、廷臣を連れて、ロマーニァ経由で途中ヴェネツィア領にふれてローマに戻っている。このような教皇の行動は次のような懼れに基づくものと、一般に理解されている。すなわち、フランス王国は実際は、一見、王の背後に隠れているように見えるが、ルーアンに握られているのではないかという懼れである。ルーアンは教皇たらんという野心を抱いている。したがって、王がそのような大軍を率いてイタリアとボローニァにやって来れば、ルーアンに動かされてユリウスを攻撃して、彼から教皇位を奪うのではなかろうかという懼れのためであるというのである。このような疑念がひとりでに教皇の心に生まれ出たものか、あるいはユリウスを完全に支配しているパーヴィア枢機卿(27-14)によって植え付けられたものかどうかは、誰にも分からない。あるいは、ヴェネツィア人に買収された側近がい

(27-13) 本文四〇九頁訳注(26-13)参照。「市民軍の九人」(Nove della Milizia)である。

(27-14) フランチェスコ・アリドーシ。ユリウス二世に対し大きな影響力を持っていた。

て、その者たちに吹き込まれたのかもしれないのである。理由が何であれ、教皇のこの出発は、ヴェネツィア人に対してなされたすべての計画を台無しにしてしまう。実は、ヴェネツィア人はこの断固たる計画を大変恐れていたのである。

　この年の暮れ、教皇がローマに戻った時、われわれはロベルト・アッチァイウォーリを大使として彼のもとに送る。ナポリにはニッコロ・ヴァローリが送られ、メッセル・フランチェスコとヤコポ[27-15]にとって代わる。両人とも帰国を望んでいたからである。

(27-15) フランチェスコ・グァルテロッティとヤコポ・サルヴィアーティである。

第28章

ジェノヴァの反乱――フランス王による素早い鎮圧――ナポリ王の出発――マクシミーリアーンの計画と彼との交渉――フィレンツェにおける意見の対立――ドイツ軍、ヴェネツィア人に敗退

ジェノヴァの反乱

一五〇七年――一五〇七年の初頭、ジェノヴァ問題が新しい騒動を惹き起こす。前年の末、ジェノヴァでは貴族と平民との間で対立が生じていた。この対立が激化して、ついに平民が武器をとる。次いで、すべての貴族を妻および家族とともにジェノヴァから追放する。ジェノヴァは、フランス王がミラノを獲得した際、王の統治下に入っている。このため、ジェノヴァ貴族はいまや王の助けを求める。王は平和的に貴族たちを祖国に復帰させようとするが、平民はそれを受け入れようとしない。平和的な手段で十分でない場合には王が武力を用いるつもりでいるのを知ると、彼らは武器をとり、王に反乱を企てる。彼らは、王の守備兵によって守られているカステㇽレットを包囲する。同時に、教皇、皇帝、ナポリ王、およびヴェネツィア人に援助を求めている。次いでこの年、フランス王は強力な大軍を集結し、イタリアに侵入して来る。(28-1) フィレンツェは、わが大使《オラトーレ》フランチェスコ・パンドルフィーニによって国王の来るのを知らされる。パンドルフィーニはニッコロ・ヴァローリの後任としてそこ

(28-1) 一五〇七年三月二十三日、ブロアを出てリヨンに着く。四月初旬、イタリアに入る。

に派遣されている。また、ヴァローリはその前のアレッサンドロ・ナージの後任である。イタリアにやって来たフランス王に敬意を表すために、新しく大使《オラトーリ》が選ばれる。ジョヴァン・バティスタ・リドルフィと、アラマンノ・サルヴィアーティである。しかし彼らが拒否すると、ピエールフランチェスコ・トッシンギと、ジョヴァンニ・ディ・トッマーゾ・リドルフィが派遣される。

フランス王による素早い鎮圧

ミラノに着くと、王は自ら兵を率いてジェノヴァに乗り込もうとする。ルーアンと、その他多くの有力な廷臣たちが強く反対するのを押し切ってのことである。彼らが反対したのは、荒々しい険しい土地柄を考えて、王が危険に身を曝すようなことになるのではないかと懼れたからである。たとえ危険がなくとも、作戦が失敗すれば、名声に大いに傷がつくのである。事実、この作戦は極めて困難なものに思われたので、全イタリアがその結果を息をひそめて待っている。フランス軍はミラノとジェノヴァ間の多くの危険な峠を越えねばならないであろう。さらにジェノヴァは自然の備えからしても、その設計からしても、極めて強固である。勇敢なジェノヴァ人は戦闘に慣れているので、執拗に防衛するであろうと思われている。卑しい身分の出の平民をドージェに選んだ後、彼らはジェノヴァを傭兵や外国の歩兵をもって満たす。いまや、大いなる勇気をもって敵を待ち受けているように思われる。しかしフランス王とその兵がジェノヴァに近づくと、ジェノヴァ人は突如として臆病風にとらえられ、混乱に陥る。とくに、彼らの兵が峠の山道から駆逐されたからである。たちまちにして彼らは王に降伏する[28-2]。

フランス軍のこの勝利は、教皇とナポリ王にとって不愉快極まるものであったと信じられている。

（28-2）ルイ一二世がジェノヴァに入城するのは四月二十八日である。平民党の指導者の処刑が行われ、ジェノヴァはフランスに再び併合される。このようなフランスの行動はマクシミーリアーンを怒らす。マクシミーリアーンは平民党を保護していたからである。

しかし両者とも、とくにナポリ王は当時にあっても、また後になっても、その不愉快さを注意深く、少しも表に出していない。ヴェネツィア人も大いに不愉快であったことは確かである。フランス王の軍隊の大きさと、ジェノヴァのような極めて強力な都市を速やかに征服したことによってもたらされた大きな名声を考えて、彼らは彼ら自身の国家の安全を心配しはじめるのである。このために、彼らは皇帝に頼って、フランス王が彼らを攻撃するような場合には皇帝が救援に出向いて来るというような、何らかの保証を求めるのである。皇帝は喜んでこれに応ずる。五千の兵を送り、全兵力を挙げて援助しよう、と断言するのである。

わがフィレンツェはこの勝利に歓喜する。なぜなら、ピサ人がジェノヴァ救援のために多くの兵を送っていたからである。フランス王はこれに衝撃を受けている。それで彼は、何度もわが大使たちに、ジェノヴァを取ったならばピサをわれわれのために回復させよう、と言っている。必要とあらば、その作戦を自ら隊長として行うつもりであると言うのである。しかし、われわれの良い知らせがすべてそうであるように、これもまた水泡に帰す。フランス王は、このたびのジェノヴァ征服がヴェネツィア人を怯えさせており、しかもいまやドイツ人を抱擁し、彼らをイタリアに呼び寄せようとしていることを理解している。彼はヴェネツィア人に対して悪感情を抱いていたが、現在、そのような洪水に立ち向かうよりも、むしろヴェネツィア人を安心させるためにできるだけのことをしようと決意する。彼は直ちに兵の一部を帰国させ、傭っていたスイス兵を解散し、間もなく自らも帰国することをそれとなく示す。事実、彼の行ったことは次のようなことである。まず、貴族をジェノヴァに帰国させる。同時に、彼らから多額の金を徴集する。次いで彼は、新しいドージェと数人の指導者の首を刎ねさせ、その他多くの者を追放している。彼はジェノヴァの要塞を気に入るような形に直し、最後にサヴォナでナポリ王と話し合っている。(28-3) 次いで、直ちにフランスに帰国する。その後、わが大使のジョヴァンニ・ディ・トッマーゾ・リドルフィが従って行く。

ナポリ王の出発

同じ時期、娘の国の統治のために呼び戻されたナポリ王は、スペインに帰国しようとする。ナポリには副王を置いていく。ゴンサルヴォを連れて、王はフランス王の待つサヴォナに向かう。サヴォナでフランス王と話し合って、数日間を過ごす。次いで船に戻り、ゴンサルヴォとともにスペインに向かう。ここで彼は娘の全国家の統治権を握る。しかし総督としてであって、国王としてではない。イタリアを離れる時、彼は到着した時に受けたのと同じような好意、同じような名声を楽しむことはない。彼を神と仰ぎ見ていたナポリ王国の国民は、とくに幻滅を感じていた。なぜなら、多額の金を彼らから巻き上げ、さらに多くを手に入れる様々な方策をつくり出していたからである。

イタリアの諸問題を解決してくれるであろうと望んでいた人びとは落胆している。なぜなら、彼がおよそそのようなことに思いを巡らすような人間ではないように思えたからである。多くの人びとは、とくにわが大使たちは彼に次のことを納得させようと努める。すなわち、彼であれ、その他誰であれ、ヴェネツィア人の力をどれほど恐れねばならないかという点である。彼らは彼に対して、ナポリ王国内の港を再征服し、ヴェネツィア人に屈辱を味わわすよう強く要請する。ひとたびピサが再統合されれば、過去の経験が何度も示しているように、わがフィレンツェはこれらの結果を実現するに当たって大きな助けとなるであろうことを論ずる。しかし、ピサをめぐるすべての彼との交渉は、結局は金の問題に帰結する。これは極めて貪欲な彼の性格のせいにばかり帰せられない。フランスとの条約以(28-4)

(28-3) サヴォナ会談は一五〇七年六月二十八日に始まり、三日間続く。友情を確認し合い、フィレンツェがピサを回復すべきことで合意。その際、ルイとフェルディナンドはそれぞれ五万ドゥカーティをフィレンツェより受け取るというものである。

(28-4) ブロア条約を指す。本文四二〇頁訳注（27-6）参照。アンジュ家の相続権を得る代償として総額七十万ドゥカーティをフランス王に支払うことになっていた。

来、彼が陥っていた窮状のせいでもある。この条約によって、彼は一定額の金、すなわち年間／五万ドゥカーティを一定期間中、支払わねばならない。この条約によって彼はまた、フランス側についた多くの人びとを権力の座にとどめておかねばならない。あるいは、補償せねばならない。さらに彼は、彼自身の支持者に報酬を支払い、適切に扱わねばならない。誰にも行き渡るだけの国が十分あるわけではないので、ある者は金で満足させねばならないからである。それにもかかわらず、フィレンツェは彼が立ち去るのを残念に思っている。なぜならば、彼がナポリにとどまっておれば、そこの絶対的な支配者となるよう努めたことであろうし、ヴェネツィア人の力を減少させていたであろうからである。

マクシミーリアーンの計画と彼との交渉

二人の王がイタリアを去った後、ドイツのために新しい心配事が生じる。皇帝がイタリアに来る決意を固めて、コンスタンツに帝国議会を召集したというニュースが入る。(28-5) ドイツの諸君主、都市代表からなる帝国議会である。ドイツの諸国家の援助を受けて、皇帝が帝冠のためではなく、イタリアでの帝権を再確認するために来るというのである。フィレンツェは、フランス王がこのような動きを真剣に受けとめて、彼自身、大規模な準備を始めたという報告を受け取る。教皇とヴェネツィア人がドイツに外交使節を派遣したことを聞くと、多くの人びとはこれを重大なことであるとして、われわれもまた然るべき人を派遣した方がよいと提案する。ゴンファロニエーレは、誰か信頼できる人物を派遣したいと望んで、マキァヴェリが選ばれるよう手配する。しかし、彼がまさに出発しようとしている時に、多くの富裕な人びとが誰か他の者を送るよう要求する。多くの優秀な名門出の青年がいつで

(28-5) マクシミーリアーンのイタリア遠征の目的は帝国の諸権利を強要し、ローマで皇帝の戴冠式を行わせ、自ら教皇に選出されて、帝国と教皇庁を統合することである。コンスタンツの帝国議会は一五〇七年四月二十七日に開催される。このニュースがイタリアに届くのは七月である。

も行ける準備ができているではないか、と彼らは言うのである。彼らに経験を積ませるのは良いことであろう。かくして選び直され、マキァヴェッリに代わって、フランチェスコ・ディ・ピエロ・ヴェットリが派遣される。(28-6) 彼は一般的な任務を与えられる。良く相手の言うことに耳を傾け、それを報告するように、というものである。しかし、何事かについて交渉し、あるいは結論を下すことは許されない。

しかし噂が日ごとに大きくなるにつれ、フィレンツェは大使派遣《インバシァドーリ》について議論しはじめる。ゴンファロニエーレはこれに頑固に反対するが、特別会議《プラティカ》で大きな名声と権威を有しているジョヴァン・バティスタ・リドルフィがその提案を熱心に支持したために、それは承認される。その後、八十人会がピエロ・グイッチァルディーニとアラマンノ・サルヴィアーティを選出する。彼らが引き受けると、大きな障害が生ずる。なぜなら、ゴンファロニエーレは彼らが行くのを望まなかったからである。ジョヴァン・バティスタ・リドルフィと、サルヴィアーティ家はこれを望む。後者は、ロレンツォ・モレルリ、メッセル・フランチェスコ・ペピ、ランフレディーノ・ランフレディーニ、グリエルモ・デ・パッツィ、ピエロ・ポポレスキ、ピエロ・デリ・アルベルティ、その他多くの者に支持されているが、彼らは大軍を率いての皇帝の到着があり得ると考える。それは全ドイツが召集され、進攻に同意したという事実によっても示されているというのである。また、ドイツが自ら恥を招きたいと思っていると信じることもできなかった。進攻を実現しなかったならば、恥をかくことになろう。進攻の可能性は、彼らが教皇の支持を金という形であれ、その他あらゆる種類の援助という形であれ、手にし得るであろうという事実によっても強化される。フランス王とヴェネツィア人に復讐するために、教皇は長い間、マクシミーリアーンと交渉を重ねて来ている。そしてつい最近、サンタ・クローチェ枢機卿を教

(28-6) ヴェットリがフィレンツェを出発するのは六月二十七日である。コンスタンツの帝国議会についての報告を行い、マクシミーリアーンの軍が九月までには準備が完了するであろうと知らせている。

皇特使として派遣している。(28-7) 彼には十分な権限と交渉権を持たせている。この可能性はまた、フランス王によってなされた準備や莫大な経費によっても示されている。マクシミーリアーンがまさに侵入しようとしていると思わなかったならば、これほどの面倒なことに手を染めなかったであろう。

フィレンツェにおける意見の対立

彼が侵入して来れば、勝つことは確実のように思われた。なぜなら、ドイツの兵力はフランス王のそれよりはるかに大きいからである。さらに、スイス兵によって補給されれば、勝利はより確実なものに思われる。しかも、これは大いにあり得ることである。さらに攻撃が向けられるはずのミラノ公国は、王に対して悪意を抱いていて、このような変化を待ち望んでいる。これらすべてを考慮に入れると、ドイツの勝利は確実であるように思われる。マクシミーリアーンがわれわれと合意に達する前に勝利した場合には、われわれに対して立腹するだけの十分な根拠を持つことになろう。なぜならば、それは、帝国に対するわれわれの義務によって課せられた当然の敬意を示すのをわれわれが怠っていたことを意味するからである。また、われわれはヴェネツィア人がどのような行動をとるかを座して見るべきでもない。なぜなら、あらゆる可能性からして、彼らの友人である皇帝と組んで敵のフランス王に当たるであろうから。ヴェネツィア人が皇帝の側に立たないとすれば、それはヴェネツィア人と教皇の反目のために皇帝がヴェネツィア人を拒否する場合のみであろう。これはそれ自体、マクシミーリアーンの力を確実に証明するものであろう。さらにこれは、われわれが皇帝と協定を結ぶ一つの誘因として役立つであろう。われわれがヴェネツィア人の破滅をもたらす手助けとなるかもしれないからである。われわれが皇帝と協定を結び、あらかじめ約束の言葉を受け取っていれば、彼が勝利

(28-7) ユリウス二世は教皇特使としてサンタ・クローチェ枢機卿ベルナルディーノ・カルヴァジァルを派遣する（八月四日）。八月十日、マキァヴェリが派遣されて、シエーナでサンタ・クローチェ枢機卿と会談。教皇と皇帝の意図を探るためである。

した際には、われわれはピサを再び手に入れられることを心に留めておかねばならない。彼が破れた場合には、われわれは経験が何度も示して来たように、金でフランス王と和解し得るであろう。われわれがフランス側に立って、たとえ彼らが勝ったとしても、われわれは何も得るものがないであろう。われわれは今までフランスを支持して来たが、それによって何物も得たことはなかったのである。彼らが敗れれば、われわれの損害は大きなものとなろう。フランス側について来て、われわれはすべてを失い、得るものは何物もなかったのである。したがって、われわれは他の方向に向かうべきであって、ゴンファロニエーレの言うことに耳を傾けてはいけない。フィレンツェの生存そのものがかかっているとしても、ゴンファロニエーレはフランスから離れることはなかろう。なぜなら、彼も彼の兄弟の枢機卿も、フランス王に依存しているからである。ソデリーニ枢機卿は、フランスに数千ドゥカーティの教会禄と収入を持っていたのである。これらが、大使の派遣を助言している人びとによって挙げられた理由である。しかし、彼らの多くの者がこのような考え方を支持したのは、皇帝の侵入がフィレンツェを動揺させ、ゴンファロニエーレを権力の座から駆逐するのではないかと思ったからである。

　他方、ゴンファロニエーレは大使を派遣するのを望まなかった。彼は、フランスとの友情を破棄したくないという秘かな欲求に動かされていたのかもしれない。この友情は彼にとっても、兄弟の枢機卿にとっても、非常に都合がよいからである。あるいは、大使の一人の政敵のアラマンノが、彼に反対して煽動するのではないかと疑っていたからかもしれない。彼はまた、ピエロ・グイッチァルディーニがたとえ彼に不利なように働きかけないとしても、有利に働くこともない、ただフィレンツェの問題にのみ専念するであろうことを知っていたのである。(28-8) 大使を送ることに反対する立場は通常、いつ

(28―8)『フィレンツェ史』を読むに当たってわれわれにとって興味あるのは、父ピエロを描くグイッチァルディーニのやり方である。グイッチァルディーニは父を敬愛していた。これについては拙著『グイッチァルディーニの生涯と時代』上巻三二頁以下、その他参照。

もゴンファロニエーレの意見に従うすべての人びとによって支持される。たとえば次のような人びとである。ニッコロ・ヴァローリ、アレッサンドロ・アッチァイウォーリ、フランチェスコ・パンドルフィーニ、その他の人びとである。これらの人びとはすべて、大して権威のない人びとである。しかしこれと反対の立場は、ピエロ・グイッチァルディーニによって代表される。彼は自分の立場を精力的に、しかも特別会議《プラティカ》での一切の権威をもって示したのである。メッセル・フランチェスコ・グァルテロッティはしばしば曖昧に語ったが、全体としてはピエロ・グイッチァルディーニに同意するものであった。

これらの人びとは、一定の協定に達することなく、単に皇帝を甘言で釣り、儀礼的な、決まりきった話をするだけのために大使を派遣するのは、われわれを傷つけることになろう、と論ずる。われわれが大使を派遣しようとしているのを彼が知れば、交渉するために来るものと確信するであろう。交渉をしないのであれば、欺かれたものと思い、それだけ怒りも増すであろう。皇帝への大使派遣にはフランス王もまた立腹するであろう。そして、われわれが彼を見捨てようとしているものと疑いはじめるかもしれない。さらに彼は、われわれが彼の敵にそのような敬意、そのような栄誉をもって支持するのを見て、憤激するであろう。われわれは二つの物事のうち、いずれかを行うべきである。すなわち、大使を派遣しないか、あるいは派遣する場合は、交渉権を与えるか、そのいずれかである。この審議の唯一の問題点は、皇帝との協定に達することが賢明であるかどうかを見極めることである。さて、この問題に関しては次のことが明白である。すなわち、皇帝と何らかの協定に達するには、多額の金が必要であろうということである。新税なしには金は徴集され得ない。したがって、そのような提案がコンシーリオを通過しないのは明白である。なぜなら大衆は、危険あるいは希望が差し迫っていない限り、新税には決して同意することはないからである。彼らは、イタリア内の近くの騒動にすら心を動かされることはない。ましてや、遠くドイツのそれであれば、それに動かされることなど決してないのである。皇帝との協定がたとえフィレンツェにとってどれほど有益であるにしても、金を徴集することの困難は大きく、多くの新たな危険をはらんでおり、したがって、よほどの必然性が生じない限り、それを考えることはできないのである。これは明らかである。さらに議論は進む。仮に金が手元にあったとしても、皇帝との協定は次の二つの形式のうちの、いずれかの形で達せられるであろう。第一のものは、皇帝の軍事行動に、たとえフランスに対するものでさえ、それに参加するという同意のもとになされる。第二のものは、第三者に敵対するいかなる義務を負うことなく、単に金を与えるというものである。しかし、これらいずれのものも、フランス王の心を深く傷つけるものであろう。フランス王は、皇帝が兵を欠いているだけでなく、金にも事欠いていることを知っている。その皇帝に金を与えることは、彼をフランスに対して武装させ、戦場に送り込むに等しいからである。

皇帝とのいかなる協定も、最重要事項であることは明らかである。なぜなら、それはフランス王を怒らせ、彼を敵に回すからである。ところで、皇帝による侵入は確実なことではない。単独で行い得るほど、力がないからである。ドイツの諸侯は熱狂しているように思われるが、決定を下すことは困難であろう。決定は数多くの人びとの意志にかかっているからである。さらに、金を持っているのは諸侯ではなく、都市である。都市が皇帝と諸侯のために軍事行動の資金を出して、莫大な金を費やすであろう、などと信じることはとくに困難である。諸侯の権力の増大は、都市にはいかなる利益にもならないであろう。逆に諸侯の権力が増大すればするほど、都市はそれだけ怖れねばならなくなろう。さらに、教皇とヴェネツィア人の意図が未だ十分に明らかでないのであるから、これを議論の基礎として利用することはできないのである。皇帝が実際に侵入して来たとしても、フランス王の力と準備を考慮に入れれば、ドイツの勝利を単純に自明（de facili）のことと考えることはできないであろう。したがって、われわれは冒そうとしている危険をよく考えた方が良かろう。なぜなら、皇帝が侵入して来なかった場合、あるいは侵入して来ても敗北した場合、われわれは完全に無力になり、フランス王の意のままとなるであろうからである。フランス王はわれわれが傷つけた敵なのである。皇帝が勝った場合、われわれからより多くの金を引き出すための方法や手段を見出すことは確実である。なぜなら、われわれは金持ちであると思われており、彼は金にひどく困っているからである。また彼は、他の野蛮人(28-9)に比べてとくに約束を守るというわけでもない。他方、われわれがフランス王を支持し、王が勝った場合、われわれにピサを与えることはないかもしれないが、しかしわれわれはこれ以上の面倒なことを抱え込むことはないだろうし、現にわれわれが所有しているものを保持していくことができよう。このことは、こうした困難で、危険な時代にあっては小さなことではないのである。たとえ王が敗れても、皇帝は金に困っているので、いつでも金で彼と和解する何らかの方法が見出せるであろう。しかも、おそらく今現在よりも少額で済むであろう。なぜなら、皇帝が金を必要としているのは今現在をおいて他にないからである。さらにわれわれは、皇帝がドイツにいる間に彼の側に立たなかったことに対し弁解することもできよう。すなわち、われわれはフランス王を恐れざるを得なかった。なぜなら、王は直ぐ近くイタリアにおり、強力な兵力を持っていたからである、と言えばよいのである。すべての事柄を考えれば、皇帝と友情を結ぶより、フランスと結んだ方が良いのである。皇帝との協定が多額の金を要するという事実は重大である。われわれにとって、これは厄介な困難な問題なのである。フランス側にいれば、何の面倒なこともないのである。なぜなら、王は何も要求して

（28−9）gli altri barbari ルネサンス期のイタリア人はアルプス以北の国々を野蛮人扱いしている。マキァヴェリの『君主論』二六章の「イタリアを野蛮人から解放すべし」、およびユリウス二世の同様なモットーはこれを示している。

こないであろうから。せいぜい要求してきても、少数の重装騎兵であろうが、これは難なく提供できよう。なぜなら、われわれはそれらの兵を傭っており、しかもわれわれはそれらを現在必要としていないからである。

これらの問題について、十人委員会も八十人会もたびたび特別会議を召集したが、常にフランチェスコ・ヴェットリからの最新のニュースを待とうということで終わる。ヴェットリからの知らせが届く。それによれば、事態は熟しつつあり、噂によれば帝国議会で承認された軍は聖ミカエル祭までには戦場に出現するとのことである。このような状況において、ヴェットリに協定交渉の権限が与えられる。すべては、常に金の問題になるが、皇帝の最初の要求は莫大なものである。なんと五十万ドゥカーティを要求する。次いで、より理に適った五万ドゥカーティにまで要求を減額している。この問題を協議するために召集された特別会議《プラティカ》で、一定の制限を付けてそれらの金額を皇帝に与える権限を、ヴェットリに認めている。ドイツからの急迫した勧告のためである。しかし、ゴンファロニエーレは十人委員会に示唆して、誰かを派遣してじかに話をさせた方がよい、書簡は途中紛失することもあるから、と言う。ゴンファロニエーレは、信頼できる人物を一人そこに派遣して、フィレンツェの利益を計るとともに、己れの利益も計ろうというのである。この提案に反対する者はいなかった。かくして、彼はマキァヴェリを派遣することに成功したのである。(28-10)

この時期のフランス駐在大使はジョヴァンニ・リドルフィである。毎日、彼はフランス王の強力な準備について報告を送って来る。そして、フランスとの友情を放棄しないよう強くフィレンツェに要請している。リドルフィはこのような助言を行ったことで厳しく非難される。なぜなら、そのようなことは大使職としても、また思慮分別の点からしても、ふさわしいことではないからである。彼は従

(28-10) マキァヴェリの出発は一五〇七年十二月十七日である。ジュネーヴ到着は十二月二十五日。翌日、コンスタンツに向け出発。マキァヴェリの使命は、必要であればマクシミーリアーンがフィレンツェの安全を保証するという条件で、三回の分割払いで五万ドゥカーティをマクシミーリアーンに与える権限をヴェットリに委ねることである。フランチェスコ・ヴェットリとマキァヴェリとの友情はこの時より始まる。

来、賢明で有能な市民であると見なされてきたが、いまや彼の名声は著しく傷つけられたのである。次いで、王がわれわれに重装騎兵を提供するよう要求してくると、フィレンツェはこれを拒絶する。ピサ作戦のために必要だからというのが、その口実である。憤激と疑惑を隠して、王は怒りの色も見せなかったし、憤然とした様子もない。この時期、ヴェネツィア人が王と協定に達する。(28-11) これによってフィレンツェ内での意見の対立が収まることもない。ある者は、ヴェネツィア人が王と協定に達したのはドイツの無力を認識したからだとし、これに対し他の者は、教皇を立腹させないために皇帝がヴェネツィア人を拒否したのであると判断するのである。さて、フィレンツェにおいても国外においても、ともにゴンファロニエーレはフランス人の友人であり、フランス王のすべての敵の敵であると一般に考えられていたために、皇帝は、コンスタンツに帝国議会を召集した時に側近の一人を信書とともにアラマンノ・サルヴィアーティのもとに派遣している。サルヴィアーティに、皇帝の側につくようフィレンツェを説得して欲しいと要請するのである。皇帝はまた、ゴンファロニエーレが動揺することなく、フランスとの友情を維持していくであろうことを知っている。したがって、ゴンファロニエーレを当てにすることができないことも承知している。また、皇帝がこのように思っていることを、誰もが知っている。したがって、皇帝に大使を派遣すべきだと主張している者は、すべてゴンファロニエーレについて悪く言う。このため、ゴンファロニエーレはフィレンツェ中で厳しく批判されるのである。

(28-11) 王は教皇との協定を重視してヴェネツィアに援軍を送る。その代償としてヴェネツィアはフランス王のミラノ支配を保証している。

ドイツ軍、ヴェネツィア人に敗退

皇帝の問題は行き詰まってしまう。また、彼の侵入の時期もどんどん延期されつつある。ヴェネツィア人はフランス王の味方になろうとしている。それだけではなく、吝嗇のためであるか、あるいは問題全体の重大性、危険性をよく認識していたからなのか、いずれにせよ、教皇は皇帝に力を貸して金を与えようとはしないのである。たまたま皇帝は糧食の不足したガレー船上にいたが、ついにヴェネツィア領を攻撃しようとして、兵の一部を割いてフリウォーリ方面に、他の一部をトレント方面に送る。これに対しヴェネツィア人は、大軍とともにバルトロメーオ・ダルヴィアーノをフリウォーリに派遣し、ピティリアーノ伯はトレントに向け移動する。フランス王は援軍として、メッセル・ヤコポ・トリウルツィ（28-12）に率いさせて多数の重装騎兵を送っている。

ドイツ兵はヴィチェンツァまで略奪しながら進撃する。しかし彼らの兵数は少なく、略奪も不十分である。次いで強烈な抵抗に遭遇すると、即刻、ドイツに向けて退却している。他方、フリウォーリにいるドイツ兵は弱体で、紀律も乱れている。シニョーレ・バルトロメーオによって戦いを挑まれ、完全に敗退している。戦いは小競り合い程度のものである。ドイツ兵の弱さを知ったバルトロメーオは、ヴェネツィア人の許可を得て、ドイツの諸都市の包囲を始める。次いで彼はトリエステを取り、ゴリツィアを取り、フィウメを取る。これによって、ヴェネツィア人のために五万ドゥカーティ、あるいはそれ以上の収入のある都市を獲得するのである。さらに多くの重要な峠も手にし、この方面のヴェネツィア人の都市のための強力な守りとして大いに利用されることになる。このような打撃に仰天した皇帝は、ウルムに諸侯会議を召集する。ここでいかなる援助も得られないことを知った皇帝は、ついにヴェネツィア人と休戦条約を結ぶ（28-13）。この条約によって、ヴェネツィア人は彼らが占領したすべての都市を休戦期間中、保持することになる。しかしその代償として、ヴェネツィア人は皇帝に年／三万ドゥカーティを支払う。これが皇帝による脅迫的な行動の結末である。このためにフランス王は

（28-12）トリヴルツィオ（Trivulzio）であるが、グイッチァルディーニはトリウルツィ（Tri-ulci）と表記する。

（28-13）休戦条約が結ばれるのは一五〇八年六月六日である。この間（一月十一日―六月八日）、マキァヴェリは皇帝のもとに留まっている。『ドイツの事情報告』（Rapporto di cose della magna）はその所産である。なお、マクシミーリアーンのヴェネツィア作戦の詳細は本文第29章訳注（29-1）参照。

驚愕して大金を注ぎ込み、わがフィレンツェではあれほど大きな騒ぎとなったのである。もう少しあのような状況が続けば、何らかの混乱が生じていたかもしれないほどにである。これらすべては、その大部分が皇帝の動きの意味を真に理解していなかったことから生じたのである。

後に知られることになるが、一年前、教皇がボローニァを離れた当時、皇帝はイタリア侵入について教皇と話し合っている。当時、教皇はフランス王に対して立腹している。王のジェノヴァ征服は、ヴェネツィア人を脅かしている。このため皇帝はヴェネツィア人を支持し、フランス王が彼らを攻撃することがあれば、彼らを援助しようと約束している。このことをもって皇帝は、詳細にきちんと取り決めたわけでもないのに、ヴェネツィア人が彼の側についているものと確信してしまう。彼はまた、スイス人を当てにできるものと思い込んでいる。なぜなら、彼はしばしば彼らに恩恵を与え、ドイツ諸侯に対抗して彼らを支持してきたからである。コンスタンツで帝国議会が開かれている時、ドイツ人はこの事業に熱狂している。彼らは大軍を組織し、隊長を任命し、帝国の名のもとにイタリアで戦争を行うことを提案している。これらの提案が受け入れられていたならば、確実にドイツ人は巨大な軍を率いて侵入していたはずである。しかし、皇帝は作戦を一人で遂行しようと望む。すべての戦利品を一人占めするためである。皇帝は帝国議会の援助を必要としないと確信している。彼には教皇、ヴェネツィア人、それにスイス人がついていると信じているからである。皇帝は諸侯の提案に、次のように言って強く反対する。〝私はこの仕事を果たすことができる。さらに私は栄光を欲する（Ego possum ferre labores, volo etiam honores）〟。彼は少額の援助金のみを求め、それを彼らは与える。しかしこれは、イタリア人の援助がなければ皇帝は何事をも為し得ないことを意味している。そして、これが後に判明するように、彼の破滅の原因となるのである。しかも、これは皇帝の自業自得である。なぜなら、曖昧な推理や了解に基づいて、何かを他人に期待するようなことがあってはならないからである。皇帝は明確な協定を結んで彼らを強く拘束すべきだったのである。ヴェネツィア人は皇帝に対抗して、フランス王と協定を結んでいる。教皇は金を出すのに応じなかった。スイス人は、皇帝からも、あるいはその他誰からも金を受け取っていない。したがって、動こうとはしなかった。絶望した皇帝は、何事も為さなければ物笑いにされるであろうことを懼れて、唐突に戦いを始める。恥を避けるために、彼は愚かにもはるかに優勢な敵軍を刺激してしまうのである。これによって、いっそう大きな恥辱と損害を招くのである。損害を蒙った皇帝は、ウルムに諸侯を召集する。ここで、彼の恥辱と損害は全ドイツの恥辱と損害であると論ずるが、これらは〝コリント人への言葉（verba ad corinthios)〟であることと悟って、この年の暮れ、あるいは翌年の初頭、醜悪で恥ずべき休戦条約に同意するのである。これ以上悪くなるのを避けるためである。

　この年の十二月、野蛮で向こう見ずなコルトナ司教メッセル・グリエルモ・カッポーニは、フィレンツェの大司教メッセル・リナルド・オルシニ(28-14)と、大司教のポストをめぐって交渉する。メッセル・リナルドがそのポストを放棄して、それを司教に与えるというものである。これはメディチ枢機卿の仲介によるものである。メッセル・グリエルモはかつてはメディチ枢機卿に対して敵意を抱いていたが、今ではこのような枢機卿の配慮によって友人となっている。問題はほぼ決着がつきそうに思われていた。しかし、ゴンファロニエーレはこれに憤っている。彼はメッセル・グリエルモが大嫌いである。それに現職者が亡くなった時に、兄弟の枢機卿がその後を継ぐのを望んでいたからである。彼は、ジョヴァキーノ・グァスコーニ、ヤコポ・ジァンフィリアッツィ、その他多くの者にシニョリーアに不満をぶっつけさせる。表面的には彼ら自身の意志ということにして、彼らはフィレンツェの利益を

（28-14）義理の兄ロレンツォ・イル・マニーフィコの支持でフィレンツェの大司教に任命されていた。本文七四頁参照。

優先させるためと称して、シニョリーアに対してメッセル・グリエルモの性格を考慮すべきことを願い出る。また、シニョリーアが教皇に宛てて書簡を送るよう要求する。メッセル・グリエルモがそのポストに就くことに教皇が反対するよう要請するためである。しかしこれらの人びとは、カッポーニ家の人びととその親族ジョヴァン・バティスタ・リドルフィを怒らせているのに気づくと、干渉しないことにする。しかし、なおかつポストの移譲を阻止しようとしたゴンファロニエーレは、表面に出て来ざるを得ない。彼自身、シニョリーアに数多くの書簡を送らせる。結果は、この交渉は解消される。教皇はフィレンツェを怒らせたくなかったからである。

一月と二月任期の新しいシニョリーアが選出されても、ゴンファロニエーレはしばしば六つの豆を押さえることができる。カッポーニに反対する旨の書簡を教皇に送付する問題においても獲得できた六票である。しかし、新しいプリオーレの中には、バルトロメーオ・ディ・フィリッポ・ヴァローリ、ジョヴァンニ・ディ・スタージオ・バルドゥッチ、それにジョヴァンニ・ディ・リドルフォ・ロッティがいる。ゴンファロニエーレに強い敵意を抱く、精力的で大胆な人びとである。皇帝に関する交渉がまだ完全に解決していない中、彼らはすべてのことにおいてゴンファロニエーレに強く反対し非難する。このため、ゴンファロニエーレは彼らに大幅に譲歩せざるを得ない。彼は、彼らの任期が終わる日まで持たないのではないかと思う。彼らが名門の出であることはもちろんのことである。彼らと同様の人物がもう二人、同僚としておれば、ゴンファロニエーレにとって、その生は厳しいものになっていたであろう。それにもかかわらず、大衆はこのシニョリーアを非難したのである。必要がないところで軽々しく侮辱の言辞を弄するというのである。もちろん、多くの良き人びとは、ゴンファロニエーレが反対されているのを見て、心楽しく思ってはいたが。

第29章

ピサ領を再び荒らす――ピサに関してのフランスおよびスペインとの交渉――ルッカとの対立、次いで合意の成立――フィレンツェ大司教コジモ・デ・パッツィ

ピサ領を再び荒らす

一五〇八年――一五〇八年の初頭、皇帝の計画が失敗した時、(29-1) フィレンツェはピサ領を荒らす問題で協議を始める。一年間、行っていなかった問題である。十人委員会で召集された有力市民の特別会議《プラティカ》でのほとんどすべての意見は、行ってはならないというものである。彼らは様々な理由を引き合いに出す。第一に、このような作戦はピサ人に損害を与えるが、勝利を約束するものではない、なぜなら彼らは常に援助に頼ることができるからである。このことをわれわれは経験からはっきり思い知ったではないか、というものである。第二に、フランス王はわれわれがピサを取るのを望んでいないのではなかろうか。これは大いにあり得ることである。なぜなら、王はわれわれが皇帝の側に傾いたことを見ているからである。またヴェネツィア人も、フィレンツェに対する昔からの憎悪からしても、またイタリアの支配者たらんとする、その野望からしても、われわれがピサを取るのを望まないであろう。われわれがピサ人を攻撃しているという知らせを受け取れば、即刻、彼らは援軍を送っ

(29-1) マクシミーリアーンのイタリア遠征は次のような経過を辿る。一五〇八年一月、ボルツァーノに到着、イタリア侵入の準備を行う。マキァヴェリがボルツァーノに着くのは一月十一日。マキァヴェリはボルツァーノ、インスブルック、トレントと移動しながら、一月十一日から六月八日までマクシミーリアーンのもとに留まる。二月初旬、マクシミーリアーン、トレントに到着。二月四日、ユリウス二世より皇帝の称号(Imperator Electus)を得る。翌日、ヴィチェンツァ方面に出発、他方、ブランデンブルク侯はロヴェレードに向かう。多少の成功の後、皇帝はボルツァーノに戻る。帝国軍の一部は

てこよう。おそらく強力な援軍となろうから、われわれは困ったことになるであろうし、あるいは悲惨な結果に直面することにもなりかねないであろう、というものである。またある人は、それを公けには認めなかったが、ある種の良心の痛みを感じていたのかもしれない。なぜなら、このような作戦は農民を極度に困窮させ、多くの家族が悲惨な最期を遂げる。とくに、女性が犠牲となっていたからである。

より賢明な市民たちの意見はこのようなものであった。しかし、ピサ作戦に常に熱意を抱いていたゴンファロニエーレは、このようには考えなかった。特別小会議《プラティケ・ストレッテ》がこの作戦をどうしても支持しようとしないのを見て取った彼は、問題を八十人会に委ねる。ここで、これは特別拡大会議《プラティカ・ラルガ》によって扱われる。当初、彼らはより賢明な市民たちの意見を再確認する。しかし、執拗なゴンファロニエーレはいつまでも再提案を繰り返し押し付けてくるので、ついに作戦は承認される。彼はニッコロ・ディ・ピエロ・カッポーニの書簡によって助けられる。ニッコロ・カッポーニ(29-2)は、カッシーナでアレッサンドロ・ナージの後を継いで、コッメサーリオ・ジェネラーレとなっている。彼は切迫した書簡を次々と書き送ってくる。作戦を行えばピサは窮乏に陥り、農民たちはその収穫を守るために市内で反乱を惹き起こすかもしれないし、そうでなくとも飢えのためピサ人は最終的に降伏せざるを得なくなろう、といった内容のものである。ゴンファロニエーレはまた、八十人会に次のように告げて曰く。ピサ内に一定のつながりを持っているので、わが軍が接近して行けば実りある結果を生むことになろう、と言うのである。このようにしてピサ領は再び荒らされることになる。われわれは、どこもかしこも荒らし回る。なぜなら、ピサ人には兵が少なく、われわれを阻止するために何事も為し得ないからである。それにもかかわらず、彼らは頑強に頑張り、反乱の気配すら示さない。さらに、ゴンファロニエー

フリウリに入る。二月末、皇帝は六千の歩兵をもってボルツァーノよりこれに合流、カドーレ付近を略奪。しかし軍資金の不足のため、インスブルックに戻る（マキァヴェリも同行）。残された皇帝軍はバルトロメーオ・ダルヴィアーノに率いられたヴェネツィア軍の攻撃にさらされる。カドーレの砦、その他の地、ゴリツィア、トリエステをヴェネツィア軍に奪われる。コンスタンツの帝国議会後、六カ月にして皇帝軍は解散。六月六日、ヴェネツィアと不名誉な和解。

(29-2) マキァヴェリのつくりあげた市民軍がニッコロ・カッポーニのもとで初めてピサ作戦に投入される（一五〇八年五月）。この

レの言うつながりとやらも役に立たない。マルコ・デル・ペッキアと名乗る小さな一古物商が、ピサの一市民メッセル・フランチェスコ・デル・ランテと接触している。しかしこの人物は裏切り者で、われわれの敵であって、われわれを欺くことがその意図なのである。賢明な市民たちが当初から考えてきたことはこれであって、そのようなつながりなどに頼るのは愚かなことと見なしていたのである。しかし、ゴンファロニエーレはこれを非常に重視したのである。彼はこうした問題にかくまで単純にして、かくまで信じやすいのである。

ピサに関してのフランスおよびスペインとの交渉

作戦行動が始まって間もなく、フランス王はフィレンツェにミケーレ・デ・リッチなる大使を送ってくる。ミケーレ・デ・リッチはナポリ人で、国事に関して極めて有能な人物である。この使節の任務は不愉快なものになるのではないかと危惧された[29-3]。王がわれわれを軽んじていたからである。しかし実際は、むしろ穏やかなものであることが判明する。彼は丁重にわれわれに、ピサ人を苦しめるのをやめるよう求める。しかし、これは王の真に望んでいることではない。王の真に望んでいるのは、この要求を一つの手段として利用することである。すなわち、われわれがピサを回復することに対し王がそれを阻止しないと決意した場合、われわれが王に金を与えるという約束をわれわれから取り付けるための手段として、王はこの要求を利用しようとしているのである。十人委員会の二人のメンバー、すなわちメッセル・ジョヴァン・ヴェットーリオ・ソデリーニとアラマンノ・サルヴィアーティが、他の四人の市民、すなわちメッセル・フランチェスコ・グァルテロッティ、ロレンツォ・モレルリ、ジョヴァン・バティスタ・リドルフィ、それにピエロ・グイッチァルディーニとともに、王と交渉す

時期、マキァヴェリはマクシミーリアーンのもとに派遣されていてフィレンツェを離れている。ドイツから帰国した後、マキァヴェリはコッメサーリオとして陣営に送られる（八月十六日）。

（29−3）新しい市民軍をピサ戦線に送ったことで、ルイ一二世はフィレンツェに対し疑惑を感じ、ピサを援助するためにトリヴルツィオを派遣すると脅していたからである。このためにピサ作戦を遂行するために、フィレンツェはルイと交渉に入らざるを得なかった。

るよう任命される。一つの提案がなされる。王はピサに援軍を送らない、またジェノヴァ人とルッカ人がそうするのも中止させる、といった内容のものである。これに対し、われわれの方では一定額の金を与えざるを得ないであろう。ピサを援助しないと約束したスペイン王も、一定額の金を受け取ることができる。ただし、これはわれわれがこの協定が成立した日から一年以内にピサを取った場合に限る。それ以外の場合は、その限りではない。これらの交渉はフィレンツェで行われている。フィレンツェにはまた、スペイン王、すなわちアラゴン王からの大使も来ている。フランス王がその大使を召還すると、交渉の場はフランスに移されねばならない。そこで討議に討議を重ねた末、次のような結論に達する。フランス王はわれわれを保護する義務を負う。ピサ問題でわれわれを阻止しないだけでなく、われわれが求めればいかなる援助をもってしてでもわれわれを助ける、その中でもとくに重要なのは、ジェノヴァ人とルッカ人にピサを援助しないよう命じることである。またスペイン王に対しても、同じ条件を遵守させる義務を負う。他方、われわれはフランス王に十万ドゥカーティ、アラゴン王に五万ドゥカーティを与える義務を負う。申し合わせとして、これらすべては次の場合にのみ効力を有することが確認される。すなわち、この条約が調印された日から一年以内にピサを取った場合にのみ効力を有するというのである。その他の場合には、双方にとってのすべての協定、すべての義務は終了し、無効となるというものである。

この問題は特別会議で何度も議論される。メッセル・フランチェスコ・グァルテロッティは、すべての交渉を打ち切るよう懸命に弁ずる。フランス人は本来、信頼が置けないし、契約も決して守らないではないか、この条約の結果はわれわれはピサを取れず、それにもかかわらずフランス人は難クセをつけ、あるいは力づくでわれわれの金を奪うことになろう、と言うのである。ゴンファロニエーレ、ジョヴァン・バティスタ・リドルフィ、ピエロ・グイッチァルディーニ、アラマンノ・サルヴィアーティ、ヤコポ・サルヴィアーティは、これとは反対の意見であった。彼らの議論は、これら二人の国王の合意なしにピサを取ることができないというものであったが、これは正論であった。しかし彼らが契約に合意し、次いでそれを履行すれば希望は極めて大きいものとなる。ピサが回復されれば、金額はたとえ莫大なものであっても、ピサの喪失によって既に舐めた苦労や、将来直面せざるを得ない苦難を思えば、無駄に費やされたとは言えない。さらに、両王は金に非常に困っているので、確実に約束を守るであろう。しかし、彼らが約束を守らなかった場合、あるいは約束を守っても、われわれが何らかの理由でピサを取れなかった場合には、われわれは彼らに何も与える必要はなかろう。もちろん、彼らが力を用いて、あるいは詐術を用いてわれわれから金を巻き上げるつもりでいるならば、このような条約の口実がなくとも、彼らにはそれを行う方法や手段に事欠くことはないであろう、と言うのである。したがって、このような理由からして、また特別小会議《プラティカ・ストレッタ》においても、特別拡大会議《プラティカ・ラルガ》においても、それらを提言した人びとの権威によってこの方針が採られる。しかし、二、三の難題が生じる。すなわち、この協定はフランス王によって処理されているために、アラゴン王の承認を得られないのではないかという懼れのためである。アラゴン王の金の取り分が、フランス王に比べて少額であるからである。わが大使たちは、フランス駐在のスペイン大使とこの協定について交渉し成立させるようにという指令を与えられる。そして、それに失敗した場合には、フランスとのみ署名せよというものである。しかし、協議や難しい交渉のために多くの時間が費やされた後、ルーアンがフランドルに赴いたために、すべては彼の帰国まで延期されねばならない。ルーアンのフランドル行きの理由については以下に述べられよう。(29-4)

(29-4) 第30章「反ヴェネツィア同盟」参照。

この時期、アレッサンドロ・ナージが選ばれて、ミラノのモンシニョール・ド・ショーモンのところに派遣されることになる。ミラノに着くと、ショーモンは数日前にフランスに旅立っている。このために彼は、引き続きフランスに行ってジョヴァンニ・リドルフィとともにこの条約の交渉に当たるよう委任される。ジョヴァンニの交渉が極めて不十分であることが歴然としてきたからである。(29-5)

この交渉が始まって間もなく、フィレンツェは数隻の船とともにバルデロットを傭う。ピサ人が海路、受け取る援助を遮断するためである。フィレンツェ人は依然として、飢えによってピサを屈服させようとしているのである。バルデロットは、ジェノヴァ人の海賊バルデルラの息子である。彼がフィレンツェの信頼を得たのは、船に乗り込んでいる海賊仲間に、ネリ・ディ・ナポレオーネ・カムビ、その他数名のフィレンツェ人が含まれていたからである。これらの船がポルト・ピサーノに集結している間、フランス王は条約へ向けての動きが緩慢なのを見て、われわれが彼を騙そうとしているのではないかと懼れる。すなわち、王に金を与える必要がなくなるように交渉が続けられている間にピサを取ってしまうつもりではないか、と懼れるのである。したがって、彼はバルデロットに、王の臣下である以上、フィレンツェに仕えるのをやめるよう命令する。バルデロットはこれに従わざるを得ぬであろう。それゆえ、われわれはピサが交渉中に取ることができても、既に条約が効力を有しているかのように条約条項を尊重するであろうと約束せざるを得ない。その後、フランス王はバルデロットが任務に着くのを許している。これより少し後、小麦を積んだ一隻のブリガンティーノ(29-6)がピサに向け航行しているのが発見される。それを簡単に取ることができると確信したバルデロットとネリは、軽率に少数の船をもってそれを攻撃する。しかしちょうどその時、コルシカから帰航中のピサ人の三隻のブリガンティーノが出現し、バルデロットとネリ、およびその船を捕える。船が失われたのを見て、

(29-5) 協定が結ばれるのは一五〇九年三月十三日になってのことである。詳細は第30章訳注(30-23)参照。

(29-6) 武装した二本マストの帆船。

フィレンツェはいまや、彼の父バルデッラとその数隻のガレー船を傭い入れる。次いでフィレンツェは、いっそう激しくピサ人に圧力を加えていく。作物を荒らし、日ごとに苦しい状況に追いつめていくのである。

この時期、フィレンツェとルッカは同盟条約を結ぶ。これをより良く理解するためには、その起源から説明せねばならない。昔はルッカ人は多くの機会にわがフィレンツェの同盟者となり、緊密な友人でもあった。しかし、フィレンツェがルッカに属していたバルディニエーヴォレを取り、次いでピサを取ると[29-7]、彼らはわれわれを疑いはじめ、恐れはじめる。そして最終的にはわれわれを憎悪するようになるのである。ミラノ公フィリッポとの戦いの間[29-8]、われわれは数度にわたってルッカを武力で取ろうとするが、これによって彼らの憎悪は限りないものとなる。したがって、何が生じたかというと、偶然の出来事から生まれた敵意が大きな真の、生来的な憎悪に変化していったということなのである。それにもかかわらず、われわれはルッカに極めて近く、極めて強力であったために、ルッカ人は時を稼ぎ、態度を曖昧にして時節を待たねばならなかったのである。とくに、われわれがピエトラサンタとセレッザーナを得た後は、そうせざるを得なかったのである。

ルッカとの対立、次いで合意の成立

しかし九四年、われわれがピサを失うと、ルッカは大胆にもピサを援助するようになる。ルッカにとってピサが独立していた方がより安全であることを知っているのである。それにしても、それほどまでわれわれは弱体化し、混乱していたのである。時には、彼らは、かつてパゴロ・ヴィッテルリの時代に三百の歩兵を送った時のように、公然と援軍を送ることもある。しかし、公然たると秘密たる

(29-7) フィレンツェがピサを獲得するのは一四〇六年である。本文三三頁訳注(1-7)参照。

(29-8) 一四二〇-三四年。この間フィレンツェはフィリッポ・マリア・ヴィスコンティと戦う。

とを問わず、ピサ援助を決して中断することはなかった。彼らは、フランス王やその他の君主たちにピサ援助を要請する。彼らはジェノヴァとシエーナと組んでピサの防衛に当たる。彼らは絶えずピサ人に糧食や時には金を送っている。もちろん、彼らは利益も得ている。ピサ人は、困窮すれば、そのたびに所有物をルッカで極めて安く売り捌いている。ルッカを、ピサ人はあたかも己れ自身の都市であるかのごとく利用しているのである。事実、ピサ人の品物はそのすべて、あるいは少なくともその多くがルッカで売られるか、あるいは他の形で処分されているのである。最初は最も貴重な品物が売られ、次いで必要が増大するにつれて、その他すべての物を売り尽くす。ごく小さな物をも売る。同時の中にはわが領土からの戦利品も入っている。ルッカはこの戦争で利益をあげているのである。同時に、われわれのすべての計画や作戦に大きな損害を与えたのである。これらのことはフィレンツェにおいて、よく知られ理解されている。しかし巧妙なルッカ人は、常にショーモンやその他フランス宮廷の有力者を傭い入れており、このため王によって保護され支持されている。事実、フィレンツェはフランス王を傷つけるのを恐れて、あえてルッカに暴力を加えることはしない。時折り、われわれは彼らを略奪し、ある程度の打撃を与えているが、決して公式に行っているのではない。われわれは常にフランスに対して自らを正当化し、弁明できるように偽りの口実のもとにそれを行っているのである。しかし、攻撃はこのように注意深くなされねばならなかったので、その攻撃も稀れにしかなされず、取るに足らないもので、ルッカ人をしてそのやり方を改めさせるような結果をもたらさなかったことは確かである。フランス人との交渉によって、彼らの性質というものをわれわれが理解するようになって、ルッカに対して用心深く当たるのはおよそ最悪のやり方であることが次第に明白になってくる。ルッカ人を服従させるためには、激しい攻撃しかないことは疑いを入れないことであった。その後に、われわれは簡単にフランスを宥めるための、数多くの口実や方法を見つけ出すことができるであろう。このことを認識した賢明な市民たちは、特別会議において次のように主張しはじめる。すなわち、ルッカ人に思い知らせ、今までやってきたやり方とは異なった風に彼らを扱うのが良い、と言うのである。しかしゴンファロニエーレはこれに疑いを抱き、確信が持てなかったので、われわれは数年間というもの、何もしないできたのである。これがわがフィレンツェの運命なのである。ゴンファロニエーレが好まない決断を下すことは難しいのである。たとえそれらの決断が他のすべての者によって承認されていたとして、でもある。

しかし少し後になると、彼も賢明な市民たちの立場に傾きはじめる。わがフィレンツェにおいて、ルッカ人の商業活動および利益追求を禁止する旨の法律を通すことを決定する。この法律は、彼らに書簡を送ったり、あるいは話しかけることも禁ずるものである。すなわち、事実上、われわれは、あたかも彼らが敵であるかのごとく彼らと一切の関係を有してはならないことになる。このような法律が成立すれば、ゲラルド・コルシニ、ランフレディーノ・ランフレディーニ、その他のフィレンツェ市民たちは、ルッカのブオンビシ、その他の市民たちとの貿易上のつながりや商業上の絆を断ち切らざるを得なくなろう。しかしゴンファロニエーレは、ともあれ、これを進める。その理由は、この法律がルッカ人を大いに困らせる原因となろうと思ったからか、あるいは少数のわが市民たちから彼らがルッカで行っている利益のあがる商売を奪い取ろうと望んだからか、そのいずれかである。彼はとくに、ランフレディーノ・ランフレディーニを脅迫したかったのかもしれないのである。ランフレディーニは政治的にゴンファロニエーレとうまく行っておらず、またルッカ人との商売に関してゴンファロニエーレの甥、トッマーゾ・ソデリーニと個人的にある対立関係にあったからである。ゴンファロニエーレは、この提案が特別会議でなされた場合には拒否されるであろうことを知っている。それである晩、これとは別の問題を議論させるために八十人会を召集した際に、それについて何びとも知らないうちに素早く法律案を作成させておいて、これをシニョリーアとコレッジで通過させたうえで八十人会に提案する。この法律案はルッカ人に大きな損害を与えるであろうと論じて、ゴンファロニエーレはこれを支持する。その後、この提案は通過する。このニュースがフィレンツェ中に伝わると、ゴンファロニエーレは多くの市民たちに非難される。彼らは多くの理由を引き合いに出して、このような措置はルッカ人に何の問題も生ぜしめないであろう、大きな損害を受けるのはわが少数の市民のみであることを指摘するのである。それにもかかわらず、ルッカ人に対する一般的な大きな憎悪のために、この措置は簡単にコンシーリオ・グランデで承認される。

この法律が実際にルッカ人に損害を与えたからなのか、あるいはこのような明白な敵意の表明の後に、より大きな敵対行為が確実に続くものと思ったからなのか、いずれにせよ、ルッカ人は直ちに反応して、フィレンツェにメッセル・ジァン・マルコ・デ・メディチとメッセル・ボノ・……[29-9]を大使として派遣してくる。そして数人の市民が、彼らと交渉するよう任命される。しかし、ピエトラサンタに対するわれわれの要求を撤回するよう大使たちが求めたために、いかなる協定にも達することができない。次いでこの年、一五〇八年、フランス王との交渉が続いている頃、われわれは、ピサがルッカを通して絶えず小麦を得ていることを耳にする。十人委員会の召集する特別会議の一つで、カッシーナのわがコッメサーリオに命令してヴィオレッジョ[29-10]を攻撃させ、あたかも戦争をしているかのようにヴィオレッジョを扱うよう決定される。この決定は数人の市民たちの熱狂的な支持を得たばかりでなく、ゴンファロニエーレの支持をも得る。しかし、メッセル・グァルテロッティ、ジョヴァン・バティ

(29-9) テキストには欠落している。ボノ・ベルナボーニである。

(29-10) ヴィアレッジョ（Viareggio）であるが、グイッチァルディーニはVioreggioと表記している。

スタ・リドルフィ、ピエロ・グイッチァルディーニ、それにアラマンノ・サルヴィアーティ、ヤコポ・サルヴィアーティたちは、この決定を厳しく批判する。彼らは別荘に行っていたために、この特別会議に出席していないのである。このような決定は時期が悪い、と彼らは言う。フランス王との交渉が続けられている間に新しい問題を惹き起こすのは賢明ではない、と言うのである。彼らの議論は極めて説得力があり、それを理解したゴンファロニエーレは、自分の行ったことを後悔している。時間があったならば、コッメサーリオへの命令を撤回させていたかもしれない。しかし、もはや遅すぎたのである。コッメサーリオは直ちに兵の一部をヴィオレッジョに派遣していたからである。彼らは倉庫を焼き、布地を盗み、これを焼く。至るところで家畜を盗んでは大損害を与える。怯え、かつ怒ったルッカ人は、フランスに、ローマに、その他、至るところに愁訴する。しかしその後、ジァンパオロ・ジーリオなる人物を、大使《オラトーレ》としてわれわれのところに派遣してくる。ルッカの一商人で、それほど大きな権威のある人物ではない。われわれの真意を探るためである。良き、有力市民《プリミ・チタディーニ・ベーネ》たちが歓迎しているのを知ると、彼はルッカに戻ってその旨を報告する。これを受けて彼らは、ジァン・マルコ・デ・メディチとこのジァンパオロを大使《インバシャドーリ》として送ってくる。事の出だしは上々である。なぜなら、ルッカ人はフランスに拒絶されたからである。われわれの弁明が効を奏したのである。ルッカへのこの攻撃は、より賢明な市民たちの意見に反してなされたのではあるが、それにもかかわらず良い着想であったことが明らかになる。そしてこのことは、慎重に慎重を重ねて行動し、あらゆることを予見しようと欲し、かつ大きな恐れを抱くことは有益であるが、時には害をなすこともあるのを示しているいる(29-11)のである。

フィレンツェは、とくに賢明な市民たちはルッカとの協定を望んでいた。なぜならば、これによっ

(29-11) 合理的な考量に基づいた賢明な政治行動が必ずしも期待通りの結果をもたらさないという現実は、マキァヴェリ同様、グイッチァルディーニの歴史思想、政治思想の次第に深まりつつあるペシミズムの源泉である。一五三〇年の『リコルド』に次のようにある。「賢人より愚か者の方が偉大な仕事を成し遂げるといったことは時に起こることである。このようなことが起こるのは次の理由からである。すなわち、賢人は強制されない限り、理性に訴えて運命の女神をあてにすることは少ないが、これに対し愚か者は運命に多くを頼り理性に訴えることが少ない。そして運命によってもたらされた物事は

てピサ人は強力な援助金を奪われ、生きて行くことができなくなることを知っていたからである。ルッカ人からの援助のある限り、飢えによってピサ人を征服することはほとんど不可能であると思われたからである。しかし、彼らからそれを奪い、次に海上ルートを閉鎖すれば、勝利は確実のように思われたのである。ルッカ人がこの協定を求めているのは、これによってわれわれを拘束するためであって、彼らは秘密裏にピサを援助し続けるであろうと懸念する者もいる。しかし、この疑惑はルッカ人自身によって払拭される。ピサが弱体化し、疲弊しきっていて、それ自体、長くは持ちこたえられないことを彼らは認識しているように思われた。ピサはわれわれの手に落ちざるを得ないか、あるいは、それをわれわれから十分守りきれるほど強力な他の者の手に落ちざるを得ないのである。仮に後者の可能性が実現でもすれば、ルッカは危険に曝され、その権力の思うがままに牛耳られることになろう。したがって、われわれが二、三の譲歩さえすれば、ルッカはピサと戦っているわれわれを援助することになり、これはルッカの利益となろう。そうなれば、われわれの間に昔日の友情が再び生まれることになろう。十人委員会のメンバーの一人、ロレンツォ・モレルリとその他四人の市民が、ルッカ人と交渉するために任命される。その市民たちは次の人びとである。メッセル・ジョヴァン・ヴェットーリオ・ソデリーニ、ジョヴァン・バティスタ・リドルフィ、ピエロ・グイッチァルディーニ、それにアラマンノ・サルヴィアーティである。メッセル・フランチェスコ・グァルテロッティは、フィレンツェを離れていた。ピストイアでカピターノ[29-12]として活動していたので、選出されなかった。

具体的な問題になると、ルッカ人は二つのことを強調する。第一に、この協定はわれわれにとって極めて有利なものとなろう、という点である。なぜなら、ピサからルッカ人の援助金と商取引、ルッカ地方の利便を奪うことはピサをわれわれの手に引き渡すも同然であるから、と言うのである。第二

時に信じがたいほどのことを成し遂げるからである。……これはまさに格言の言うところのものである。『運命の女神は大胆な者を愛するのである』(Audaces fortuna juvat)」(「C」一三六＝『グイッチァルディーニの訓戒と意見』参照)。

(29-12)「解説」三参照。ピストイアの統治、治安維持に当たる。

に、ピエトラサンタとムトローネ(29-13)がフィレンツェのものである限り、ルッカはその自由に確信が持てない、という点である。したがって、この友情が実現されるのであれば、われわれはこれら二つの都市に対するわれわれの要求権を放棄せねばならない。これはまたわれわれの側からの大きな譲歩とは思われない。なぜなら、これらの都市は既に彼らの手にあるからである。さらに、物事の真実を見れば、ピエトラサンタ(29-14)に対するわれわれの要求の根拠は薄弱である。またムトローネは廃墟と化した、荒れ果てた小さな町にすぎないのであるから、それほど高い賭け金と見なされるようなものではない。ルッカ人が約束を守ることに対しわれわれが確信を持てないがゆえに、このような譲歩を行うのを恐れているとするならば、この譲歩を最終的なものというより、むしろ臨時的なものと考えてもよい。ピサを取る期間は十分与えるつもりである。この譲歩がなされれば、一年かそこら彼らの費用で多くの重装騎兵をわれわれに用立ててもよい、と言うのである。

　これらがルッカ人の要求であった。任命された市民たちの間でこれが討議されると、意見は分かれる。ゴンファロニエーレ、メッセル・ジョヴァン・ヴェットーリオ、ピエロ・グイッチァルディーニは、それらを受け入れる方に傾いている。彼らの論拠となったのは、次のような考慮である。この協定が成立すれば、ルッカ人はその約束を守るか、あるいは守ろうとしないか、そのいずれかである。約束を守った場合には、ピサからルッカ人の援助が引き上げられることになり、これは疑いもなくピエトラサンタに関して譲歩するに十分値するほどの大きな価値のあることである。彼らが約束を守らず、ピサが回復されなかった場合には、何事も生じなかったことで、元のままである。ルッカ人はわれわれから譲歩を引き出せるという望みによって、それだけいっそう約束を守る気になるであろう。ピサがわれわれの手に回復されれば、彼らは欲するものを手に入れることになろうからである。さら

(29-13) モトローネ (Motrone) であるが、グイッチァルディーニは Mutrone と表記。

(29-14) ピエトラサンタの征服については本文一一四頁以下参照。

にわれわれは、ルッカ人が用立てようとしている金を利用できることを考慮すべきであろう。要するに、この協定はまことに有益である。譲歩する恥辱を埋め合わせて余りあるものである。とくに、ピエトラサンタに対してわれわれは正当な要求権を有していないのであるから、なおさらそうである。ムトローネについていえば、討議の末、ルッカ人は既にわれわれに譲歩しているではないか、と言うのである。

ロレンツォ・モレルリ、ジョヴァン・バティスタ、それにアラマンノ(29-15)は、逆の意見を抱いていた。譲歩は彼らにとって不名誉極まるものに思われたため、絶対に同意し得ぬものであった。後に十人委員会の召集した特別会議で、ほとんど全員が彼らの意見に賛成する。われわれの名誉をできるだけ傷つけることなく、ルッカを安心させる他の方法を見出すべきだと、彼らは主張するのである。かくしてルッカ人は彼らの要求を通すことができない。多くの議論を重ねた結果、別の提案が練りあげられる。一定期間の友好同盟条約を求める提案である。特定期間内にピサを取ることができれば、この条約は十二年間に延長される。このような条約は、ルッカを少なくとも安心させることになろう。すべての点においてではないにしても、少なくとも長期間にわたって安心させるものである。そしてこの期間中には多くの物事が生じるであろう、と言うのである。これはまた、ルッカよりもフィレンツェの方を考慮したものとなろう。ピエトラサンタに対する要求は放棄されたのではなく、単に延期されたのであるから。最終的にこの方針が承認されると、最初の同盟期間は三年にすべきであると提案される。その時、ピエロ・グイッチァルディーニは、ピサの征服のための期限を切ることに関して論じている。彼は期限を一年にすべきであると考える。ルッカ人にそれだけ条約に従って行動する理由を与えるためである。この条約は、包囲によってピサを取るというわれわれの思惑に基づいたものであ

(29-15) グイッチァルディーニの岳父となるアラマンノ・サルヴィアーティである。

る。一年間で成功しない場合には、希望は大方薄れていくであろう。

ジョヴァン・バティスタとアラマンノは、期間は同盟のそれと同じく三年にすべきであると考える。ピサが一年以内に取れない場合、同盟はまだ二年間の余裕があろう。しかし同盟延期の条件が消滅してしまえば、ルッカ人の態度は悪いものとなろう。われわれは二年間というもの、何の成果もなく彼らに保険をかけることになろう、と言うのである。これに対し、最初の期限が切れても、われわれはさらに一年、あるいは二年延長することができるであろうと答えても、彼らは依然として意見を代えようとはしない。しかし、この問題はとくに重大なものとは思われなかったので、五人全員が三年に同意する。この案が作成される。しかし、ゴンファロニエーレがこれを八十人会に提案した時には、一年期限の同盟案になっている。これが承認され、一定期間内にこれらの条件のもとで同盟を結ぶ権限が十人委員会に与えられる。ルッカの大使たちは、このような短い期間に対して怒りを示し、まず本国と話し合いたいとし、メッセル・ジァン・マルコが自らルッカに戻り、次のような指令を得て、フィレンツェに再び来る。すなわち、三年間に延長された場合にのみ同盟を結び、それ以外の場合は拒否すべしというものである。これに対して八十人会が召集され、ルッカ案が提案される。同時に、先に承認された一年案も再び提案される。なぜなら、先の十人委員会の任期が満了となっていたからである。いずれの提案も通らない。一つには、彼らがルッカ人を嫌っていたからであるが、一つには、同盟条約が名誉あるものと思われなかったからでもある。しかし、一年案を支持してゴンファロニエーレが熱弁をふるったので、最終的にはこれが通る。ゴンファロニエーレは、三年案に同意するくらいなら、いかなる条約も結びたくないと思っていたことがはっきりしたのである。

これにはいくつかの理由が考えられる。単純に気が変わって、ルッカとの協定の思い付きそのものを嫌うようになったのかもしれない。条約そのものを、一年案に固執することによって避けようとしていたのかもしれない。一年案ではルッカが受け入れないであろうことを知っていたからである。あるいは、彼の性格を考えると、ジョヴァン・バティスタ・リドルフィとアラマンノによって進められた措置に意に反して同意するよりも、たとえそれがフィレンツェに害を与えようとも、条約そのものを犠牲にする方を選んだのかもしれないのである。ともかく、ルッカ人は完全にこれを拒否し、直ちに出発しようとする。しかし多くの有力市民たちが激しく不満の声をあげたので、十人委員会はゴンファロニエーレに対して、八十人会と協議し、同意を与えるまでは散会しないように告げる。八十人会が召集されると、ゴンファロニエーレは彼らが同意しないであろうと確信して首席書記官《カンチェリエーレ・プリモ》メッセル・マルチェルロ(29-16)をして八十人会に、この煩わしい会議は十人委員会によって召集されたものであり、シニョリーアによるものではない、と告げ知らせる。次いで意見が戦わされはじめると、多数の有力市民が、なかでもピエロ・グイッチァルディーニが三年案を強く支持する演説を行ったので、大多数をもってそれが通る。

かくして、ルッカとの三年間の同盟条約が締結される。なお、先に述べた条件に従って、十二年延長されることになる。貿易の自由と一定の関税の引き下げについての他の条項も付け加えられる。さらにわれわれは、ルッカに大使を派遣することを決定する。ルッカ人を満足させるとともに、同時に彼らの動きを監視するためにである。しかし、大使を選出するために八十人会が召集されると、数人の人びとが破廉恥な態度をとりはじめる。とくに、ピエロ・アルディンゲルリとロレンツォ・マルテルリである。彼らは多くの票《ファーヴェ》をしっかり支配している。その晩、四回の票決がなされ、フィレンツェのすべての有力市民がそのポストの候補に立てられたが、誰も選出されない。その翌日の晩、召集さ

(19-16) 正式の名はマルチェルロ・ヴィルジーリオ・ディ・アドリアーノ・ベルティである。当時、著名な人文主義者である。グイッチァルディーニはラテン語とギリシャ語を彼について習ったようである。グイッチァルディーニは自らマルチェルロの弟子と称しているからである。マルチェルロは一四九八年二月十三日、フィレンツェ第一書記局の首席書記官に、同じく著名なバルトロメーオ・スカラの後任として就任している。マキァヴェリは第二書記局の第一書記官である。実はマキァヴェリもこの有名な学者のもとで学んでおり、書記官に任命されたのもマルチェルロの力によるものと考える説もある。

れた八十人会でピエロ・グイッチァルディーニが選出される。ピエロ・グイッチァルディーニがこれを拒絶すると、彼の代わりにジョヴァン・バティスタ・バルトリーニが選ばれる。ルッカは条約に批准するが、その大使たちは、任務を逸脱し一定の昔の協定を更新できなかった点で職務怠慢であったとして弾劾《アンムニーティ》(29-17)される。これによって、彼らは一定期間、役職に就くのを停止され、ルッカに蟄居させられる。ルッカの大使たちがフィレンツェに着くと、その協定を得ようと努めるが、これは許されない。わが大使の選出に際しての不正およびその後の混乱は、大きな不快感を醸し出す。その結果、一つの法律が制定される。それは、八十人会が大使やコッメサーリオ、あるいはその他の行政官を選出する際には、毎回、票を乞い求めた者には指名もしないし投票もしないという誓いを立てねばならない、というものである。これは票を乞い求めた者、とくにピエロ・アルディンゲルリにとっては一つの挫折であった。ピエロ・アルディンゲルリは名声もあり、家柄も良い若者である。したがって、世襲財産のほとんどすべてを、このような賭けで失わなかったならば、名誉の方で彼を追いかけて来ていたことであろう。

フィレンツェ大司教コジモ・デ・パッツィ

カッポーニとフィレンツェの大司教との交渉は、完全に中断されていた。(29-18) さてこの同じ年、新しい交渉が始められ、実を結ぶ。カッポーニの選出をあれほど根気強く阻止してきたゴンファロニエーレは、弟のためにそうしたのだと非難されているのを耳にすると、弁解しはじめる。弟のためにこのポストを手に入れることは彼の意図ではなかった、と彼は言う。フィレンツェ人である限り、優れた人物であればそれで良いのである。聖職者を改善できる良い人物なら、それで良いのである、と言うの

第一書記局は主としてシニョリーアに属し、大きな権威を帯びている。

(29-17) アンムニーレ。ammunire (ammonire) とは一定期間、官職に就くのを禁止する罰則である。

(29-18) 本文四四一頁以下参照。

である。一時期、彼はシニョリーアをして教皇に宛てて、これらの点を強調する書簡をたびたび送らせている。真実、それが彼の意図であったのか、あるいはそれを口実として年老いた大司教が死ぬまで交渉しつつ時を稼いでいたのか、そのいずれかである。大司教が亡くなれば、教皇は大司教職を彼の枢機卿に与えるであろうというのである。

他方、メディチ枢機卿がいる。現職者はメディチ枢機卿に対して、大司教職を放棄する際には後継者を誰にするか、その選択の自由を完全に与えている。メディチ枢機卿は、いま何事かを為さなかった場合には、フィレンツェの支持を得ているソデリーニ枢機卿が大司教が亡くなった時に、そのポストを手にするであろうことを知っている。それを阻止するためには、いかなることをも為そうと意気込んでいる彼は、パッツィ司教に好意を寄せる。パッツィ司教であれば、その名声からしても、家柄からしても、ゴンファロニエーレはカッポーニに対してしたように、彼に不利になるような公式書簡を何びとにも送らせることができないであろうことを、メディチ枢機卿は知っているのである。彼はこの計画が成功するのを確信している。また、このような行為がパッツィ司教とパッツィ家の好意をかち取るであろうことも確信している。司教と大司教の合意を得て、大司教の収入の保証をしてやった後、彼はに教皇の同意を得るのに何も欠けるところがない。ただし、司教に代わってシニョリーアからの書簡さえあればよい。フィレンツェにいるパッツィの親族は、書簡についての知らせを受け取ると、ゴンファロニエーレはそれを送れて満足している旨の身ぶりをする。彼はコレッジを召集して、書簡について提案する。これは二回目、あるいは三回目の票決で承認される。次いで書簡がローマに送られる。これが到着して二、三日後、メッセル・コジモ・デ・パッツィがフィレンツェの大司教になったという通知が教皇枢密会議から届く。フィレンツェの多数の者はこれを聞いて歓迎する。コジモ・デ・パッツィは大変学問のある、賢明な、優しい聖職者であるという評判であったからである。

二つの理由からして、ゴンファロニエーレは立腹していたと一般に信じられている。第一は、弟からこのポストが奪われたからである。第二は、大司教は明らかにゴンファロニエーレの思い通りになるような種類の人間ではなかったからである。さらに、大司教はおそらく彼の敵となろう。本来の、当然の理由からしても、また彼がメディチ家の友人となったからでもある。いまやピエロ・ソデリーニは、カッポーニの選出を阻止したことで後悔したかもしれないように思われる。カッポーニは敵ではあったが、性格も心も卑劣で堕落しているために、彼を懼れる必要は毫もなかったからである。ゴンファロニエーレが推薦状をシニョリーアによって承認させたばかりでなく、コレッジにもそれについて票決させたことは注目された。フィレンツェの一般的な支持を教皇に承知してもらいたかった、と言ってゴンファロニエーレはそれを正当化できるにもかかわらず、それでもこれについて次のように考える者もいたのである。すなわち、コレッジが承認していなかったならば、推薦の書簡を送らせなかったのではないか、と言うのである。事実、メッセル・コジモの良い評判を考えれば、それが阻止する唯一の方法であったであろう。それにもかかわらず、ゴンファロニエーレは立腹していたとある人びとは考えたのであるが、情熱に欺かれない人びとであれば、ゴンファロニエーレが何らかの怒りの色を現わしたことはまったくなかったということを告白せねばならない。ローマにいるソデリーニ枢機卿が任命を阻止するために、あらゆる可能な直接的・間接的な策略を行使していたことは確かであるとしても、である。後に、大司教は民衆の大歓迎のうちにフィレンツェに入城する。三十年間以上にもわたって、わが教会は一オルシニの手にあったが、彼は一度もフィレンツェに入ったことはなかったのである。彼は、その在任期間において、大司教代理を使い、時には教会を賃貸ししたり、その世俗的な財産だけでなく、教会財産までを売却したのである。

大司教の問題が解決した時、フィレンツェに一つの突発事件が生じる。これは何日間もフィレンツェを動揺させ、極めて重大な問題に発展するかのようである。これをより良く理解するために、それがどのようにして始まったかを物語ろうと思う。

第30章

フィレンツェ人と和解する際のメディチ枢機卿の賢明さ――ピエロ・デ・メディチの娘とフィリッポ・ストロッツィとの結婚、フィレンツェにおけるその影響――ピサ作戦の続行――反ヴェネツィア同盟

フィレンツェ人と和解する際のメディチ枢機卿の賢明さ

ピエロ・デ・メディチの追放とフィレンツェにおける民主政権の樹立の後、ピエロの態度はその野蛮な性格にふさわしく傲岸で激しく、およそ帰還を目指したものではなかった。フィレンツェはピサやその他の領土を失うことによって酷く打ちのめされ、手足を切断されてはいたが、それにもかかわらず依然として極めて強大であるということを、ピエロは知るべきであったろう。彼が力づくでフィレンツェに帰還するためには、大軍と並外れた支援が必要とされたであろう。しかし、その双方を彼が手にし得るのはほとんど不可能なことであった。フィレンツェに帰還する最良の方法は、フィレンツェに善意を生み出すことであることを、ピエロは理解すべきであった。彼の敵を宥めようと努めねばならなかったのである。そのためには、フランス王の自由通行を拒否したことで間違いを犯したのであるから、追放されても当然であると認めるべきであった。彼は、若さと悪い助言をあげて弁解することもできたであろう。しかし、今ではもう思い知って、将来戻ることが許されれば、思慮分別の

ある、良き市民たちを信頼していく、とも言えたであろう。政治権力《スタート》と政権《ゴヴェルノ》を彼らの手に委ねたいと言うこともできたであろう。静かにしていて、何の面倒も引き起こさず、復帰のために外国やイタリア諸国との陰謀などにも関わり合うことなどせず、フィレンツェ人に対しては、彼らのためにいかなる損害をも与えたくないということを示すこともできたはずなのである。彼はフィレンツェの人びとを宥め、同情させるよう努力することもできたであろう。過ちは若さのためであると釈明することもできたであろう。彼は政府あるいは国家の長としてではなく、単に私的な市民として祖国に復帰することを優しく求めることもできたであろう。これが、彼の目的を実現する唯一の道であったことは確かである。これがうまく行かなかったならば、他のいかなることもうまく行かないであろう。しかしそうせずに、彼の行動はまったく正反対であった。フィレンツェを離れるや否や、彼はフランチェスコ・ヴァローリ宛てに侮辱的な書簡を送る。帰国して敵を罰してやるぞ、と常に脅迫し続けるのである。彼は数度、武装してフィレンツェに進撃して来る。最初はアレッツォの国境地帯に、次いでアレッツォのカゼンティーノ門前に、といった具合である。彼は絶えずヴェネツィア人やミラノ、フランス王や教皇、ヴァレンティーノなどと陰謀を企んでいる。常にフィレンツェを敵に回して、である。彼はフィレンツェに絶えず失費を強い、恐怖や戦争や面倒を惹き起こさせている。フィレンツェに打撃を加えたいと望んでいる者のために、進んでその道具となっているのである。フィレンツェ内の彼の敵は、彼の動きに油断なく監視の目を光らせ、執念深く見張っているだけではない。大衆も彼を憎悪するようになるのである。

ピエロの首に賞金が懸けられる。次いで、弟のジュリアーノの首にも懸けられる。(30-1) フィレンツェは枢機卿の家に滞在するのを禁止する法律を通す。事実上、彼らの誰とであれ、いかなる交わりをも禁

（30−1）本文第17章二五八頁参照。

じている。それを犯した者は、極めて厳しい罰則を科せられるのである。これらの法はベルナルド・デル・ネロ、その他の者の処刑とあいまって、市民たちを完全に怯えさせている。したがって、ローマにおいて、またその他、メディチ家のいる場所において、極秘裏以外、あるいは用心に用心を重ねた後でなければ、彼らに話しかけようとする者はかつていない。したがって、メディチ家は完全に終わってしまったということもできよう。とくに、終身ゴンファロニエーレの選出とフィレンツェの政情安定後は、そのようにいえるのである。フィレンツェ内にもはや支持者がいないこととは別に、彼の財政もまた大混乱にある。反乱後、まだ所有していたものを、ピエロは様々な作戦ですべて使ってしまったからである。これは枢機卿に大きな失費と苦難を強いることになる。

終身ゴンファロニエーレが選出された後、一年ほどしてピエロはガリリアーノ河で溺死する。(30-2) いまや、枢機卿とジュリアーノは異なった方法を用いはじめる。彼らが生来、ピエロよりもより市民的で人間的であったからか、あるいはピエロの態度が実際には彼らの利益に合わないことを認識したからなのか、そのいずれかの理由による。彼らは、彼らの帰還を容易にする最良の方法は力と暴力を用いず、愛と慈悲心を示し、市民たちを利し、彼らを公けにも私的にも傷つけないことだと決意しているのである。彼らはフィレンツェ市民には誰であれ、その者がローマに住んでいようとも、あるいは単に通りがかりの者であれ関係なく好意を示す機会を決して見逃さなかった。彼らはフィレンツェ人に対して、そのあらゆる事業において助力と援助を与え、必要とする者には金あるいは信用を与えるのである。間もなく、枢機卿の邸宅全体、財産、資源、名声のすべてが、それらを利用したいと思うフィレンツェ人の誰にでも開放されていることがまったく明らかになる。これらのすべての効果は、貪欲で自己中心的なソデリーニ枢機卿がフィレンツェ人に対して何もしてやらないという事実によって高

(30-2) 本文第24章三九二頁参照。

められる。彼と比べれば、メディチ家の気前の良さと寛大な行為は、実際よりも、より大きなものに思われたのである。

その後、これらの事柄はフィレンツェで広く知られることになる。間もなく、ほとんどすべてのフィレンツェ人は、彼の敵であった者でさえメディチ枢機卿とじきじきにであれ、書簡を通してであれ接触しようと望むようになる。何らかの教会禄を手に入れるためであれ、事実上いかなる理由であれ、ローマの宮廷を利用する必要が生じた時には、いつでも接触しようとするのである。枢機卿はいつでも彼らに応える。そのため、メディチ家の愉快な記憶が古い友人の間だけでなく、その他多くの人びとの間で喚び起こされる。(30-3) 間もなく、ピエロが生きている間にはあれほど嫌悪されていたメディチ家の名が、彼が死んだいま、好意と同情を楽しんでいるように思われる。これは大部分、彼らの新たな態度によるものであり、メディチ家に対するすべての憎悪はピエロによって生み出されたという事実に基づいているのである。事実、枢機卿とジュリアーノはフィレンツェにいる間、公的にも私的にも何びとをも傷つけたことはなかったし、また後になっても、ピエロに唆かされた時以外は人を傷つけたことはない。さらに、彼らはピエロよりもはるかに善良な心と性格の持ち主であるとして、常に知られてきたのである。

メディチ家に対する好意が生まれたのは、ゴンファロニエーレに対する敵意のためでもある。彼は、コンシーリオを嫌っている、また政治権力を求めているすべての人びとから憎悪される。彼はまた、現政体を支持しているが、彼の態度に我慢できない多くの人びとによって嫌われる。これらすべての結果は何か。すなわち、今では市民たちは、かつてそうであったよりも、いっそう自由にメディチ家について語り合っているということである。いかなる種類の交わりも禁止している法律が施行されて

(30-3) ロレンツォ・イル・マニーフィコはサヴォナローラ時代、フィレンツェを堕落させた暴君として弾劾され、擁護論は影を潜めていた。しかし一五〇〇年代に入ると、ロレンツォの栄光化が始まる。ロレンツォの時代が黄金時代であったという伝説が形成されていく端緒となる。

いるにもかかわらず、多くの人びとが彼らに書簡を書き送っている。多くの市民たちが彼らのところに滞在し、あるいはローマやその他の地に彼らを訪ねている。とくに、彼らを必要としているわけでもないのに、である。こうした事態はゴンファロニエーレを心底、立腹させていたが、怒りを表に出さず、関係している人びとを罰そうともしない。メディチ家と公然と話し合いを始める者も出て来る。多くの富裕な若者がいまやローマを訪れた時に、彼らのところに引きつけられている。その父親たちは、九四年にメディチ家に対して敵対した人びとである。事実、彼らはメディチ家の良き友となったように思われたのである。ゴンファロニエーレに対して意趣ばらしをするためか、あるいはもっと多くのものを求めていたからである。おそらく、メディチ家の復帰すら求めていたのかもしれない。(30-4) そのような若者の一人にバルトロメーオ・ヴァローリがいる。彼の伯父フランチェスコ・ヴァローリは、メディチ家に対する憎悪を、まずメディチ派を追放する手助けをすることにより、次いで彼らを迫害することにより、最後にベルナルド・デル・ネロ、その他の者の首を刎ねることによって証明してみせたのである。(30-5) もう一人はピエロ・ディ・ブラッチョ・マルテッリである。彼の父はロレンツォに対しては友情を抱いてはいたが、九四年、ピエロに対しては強力な敵対者となっている。さらにもう一人、ジョヴァンニ・ディ・バルド・コルシがいる。彼の父はロレンツォに公職《アンムニート》を追放されている。そのために、九四年には二十人会のメンバーに選ばれ、次いで二度、ゴンファロニエーレに就任している。しかし、とくに能力のある人間とはいえなかった。次いでジーノ・ディ・ネリ・カッポーニがいる。彼の父は、フランス王シャルルがイタリアに侵入して来た時、フランスにいたが、ピエロを激しく弾劾している。それに、彼の伯父ピエロ・カッポーニは、ピエロを権力の座から追放するのに大きな役割を果たしている。もう一人はアントーニオ・フランチェスコ・ディ・ルーカ・ダントーニオ・

(30-4) メディチ家の復帰は一五一二年九月実現される。グイッチァルディーニが本書『フィレンツェ史』を執筆しているのは一五〇八年から九年にかけてのことである。

(30-5) 本文第15章「五人の市民の処刑」二二〇頁以下参照。

デリ・アルビッツィである。まだ子供ではあったが、傲岸で落ち着くことがない。彼の父はロレンツォの時代にあってさえ、メディチ家を憎悪していたが、九四年の出来事と、次いで五人の市民の斬首に際し一定の役割を果たし、フランチェスコ・ヴァローリのあとに従って行動したのである。アレッツォの反乱の時には、彼はフランスに大使として派遣されており、その使節の全期間を通してメディチ家に敵対して仕事を続けている。彼はフィレンツェに熱烈な公的書簡を書き送り、フィレンツェが自由を維持するよう、僭主政しか理解しない困窮し傷ついた市民たちの支配を受け入れないよう勧告している。

これらすべての人びとは、それぞれ時期は異なっているがローマにやって来て、枢機卿やジュリアーノによって温かく歓迎されている。このような親しさは、その他多くの者たちの道を拓く。そのためメディチ家は、まったく自由に人びとのしばしば訪れるところとなる。人びとはいまや、反逆者のところを訪れているといった意味ではなく、あたかもローマ駐在のフィレンツェ大使のところに出入りするように会いに行くのである。ベルナルド・ルッチェライ(30-6)の息子ジョヴァンニがそこを数度にわたって人知れず訪ねていたと、一般に信じられている。これが、ベルナルドはメディチ家と和解していたという憶測を呼ぶのである。ゴンファロニエーレに対するベルナルドの憎悪は、かつてのメディチ家に対する古い憎悪よりも大きかったからだというのである。ゴンファロニエーレの大敵フィリッポ・ブオンデルモンティについても、まったく同じことがいえる。以前は、このフィリッポもロレンツォおよびピエロの不倶戴天の敵だったのである。何人かの賢明な人びとは、メディチ枢機卿とのベルナルドの交際は単なる和解を越えるものであった、と判断している。モンシニョーレ・アスカーニオ(30-7)がまだ生存中の時、次いでバルトロメーオの攻撃がなされた時期には、とくにそのように思われたので

(30-6) 本文第26章「ベルナルド・ルッチェライ」以下参照。

(30-7) アスカーニオ枢機卿である。

ある。バルトロメーオの敗北[30-8]がベルナルド出奔の理由であった可能性が高い、とこれらの人びとは考えたのである。

ピエロ・デ・メディチの娘とフィリッポ・ストロッツィの結婚、フィレンツェにおけるその影響

これがメディチ家の状況であった。枢機卿はフィレンツェにできるだけ多くの友人を獲得し、多くの支持を得ようとしていた。また、己れの態度が実を結びつつあるのに自信を持っている。いまや彼は、ピエロ・デ・メディチの娘[30-9]をフィレンツェに嫁がせたいという意志を明らかにする。その持参金も五千か六千ドゥカーティを与える用意があると言うのである。ゴンファロニエーレにこれについて打診すると、冗談が返ってくる。しかし核心に触れると、ゴンファロニエーレはピエロの娘がフィレンツェに嫁ぐのを好んでいないのが明らかになる。したがって、枢機卿はその他様々な可能性を試みるが、結婚適齢の若者たちは持参金のためだけなら喜んで娘と結婚したいのであるが、それが国家に対する犯罪と見なされるのではないかという懼れのために、あえて踏み切れないのである。どのようなことになるかを見るだけのために、枢機卿は、彼女がピエロ・ディ・メッセル・ルーカ・ピッティの息子フランチェスコと結婚したと公表する。[30-10]これは本当のことではないし、そのような計画もなされていない。単に枢機卿は、これがフィレンツェでどのような結果をもたらすかを見たかっただけなのである。これを耳にしたゴンファロニエーレは、四十人法廷《クァランティーア》を組織する。そして、彼女を受け入れた者はいかなる者であれフィレンツェによって罰せられることを明らかにする。これは彼女を娶ってもよいと考えはじめた人びとの気を萎えさせてしまう。

（30-8）バルトロメーオ・ダルヴィアーノの敗北については本文第26章「アルヴィアーノの敗北」参照。

（30-9）クラリッサ・デ・メディチ。系図参照。

（30-10）本文四一九頁参照。

次いで、ヤコポ・サルヴィアーティの妻となっている妹のマドンナ・ルクレーツィアを介して、枢機卿はゴンファロニエーレと交渉を始める。ゴンファロニエーレの甥ジョヴァン・バティスタ・ディ・パオラントーニオ・ソデリーニに、少女を嫁がせようというのである。これにはゴンファロニエーレは耳を貸す。しかし、このことからは何事も生じない。その理由は、持参金について一致しなかったからか、あるいは初めからゴンファロニエーレが全体の事柄に用心していたからなのか、そのいずれかである。また彼が引き下がったのは、大衆が彼を非難し、疑いを抱くのを懼れたからなのかもしれない。ともかく、彼女の結婚問題は後に再びメッセル・フランチェスコ・メッセル・トッマーゾ・ミネルベッティを介して取りあげられる。ミネルベッティはサンタ・リペラータの副司教で、ローマから帰国したばかりである。彼らは、フィリッポ・ディ・フィリッポ・ストロッツィ(30-11)に彼女を嫁がせようと計画する。フィリッポは貴族中の貴族で、裕福な若者である。何カ月もの交渉の後、一五〇八年、結婚が成立する。それが公表される直前、フィリッポはナポリに向け出発する。次いで五月、結婚がフィレンツェで公表される。

人びとがこの問題を議論しはじめると、意見が様々に分かれる。憤激したゴンファロニエーレは、若きフィリッポが自らこのような決断に達したのではなく、もっと権威のある他の人びとに促され助言された結果であると確信する。それらの人びととは単に家族の結び付きを求めているのではない。本当はこれを利用して現政権を倒し、メディチ家を復活させる陰謀を始めようとしているのだと思うのである。このようなゴンファロニエーレの考えは、アントーニオ・カニジァーニ、ピエールフランチェスコ・トッシンギ、アレッサンドロ・アッチァイウォーリ、ニッコロ・ヴァローリ、アルフォンソ・ストロッツィ(30-12)、その他の人びとによって支持される。これらの人びとはすべて、一瞬たりともメディ

(30-11) フィリッポ・ストロッツィについては拙著『グイッチァルディーニの生涯と時代』上巻二〇五、二一一頁、下巻一〇三頁、および一五九、一七〇、三二五-六、三五三-三九〇頁参照。

(30-12) フィリッポ・ストロッツィの実兄である。

チ家に対する敵意を絶やすことのない人びとである。彼らは多くの市民たちを、若者も老人も含めてともに名指しで非難する。非難された者の中には、新しく就任した大司教がいる。フィリッポ・ブオンデルモンティがいる。ベルナルド・ルッチェライと、その息子のパッラとジョヴァンニがいる。マドンナ・ルクレーツィア、ジョヴァンニ・コルシ、それにフィリッポの仲間であるアントーニオ・フランチェスコ・アルビッツィなどがいる。これらの人びとがこの結婚を準備し成立させた張本人たちである、と彼らは言うのである。これらの人びとは、政府を転覆しようとしていると中傷され疑われている。いつもは彼らの側に立っていた多くの人びとは、いまや彼らの感情を隠す。事実、そうなれば、彼らは喜んでこの事件の底まで見極め、犯人を罰することに協力したであろう。他方、若者のフィリッポ・ストロッツィは、ほとんどすべてのストロッツィ家の人びとによって擁護される。それを率いているのは、メッセル・アントーニオとマッテオである。彼はまた、先にメディチ家の友人として触れられたすべての人びとによっても擁護される。また、アントーニオ・ジァコミーニによって、またゴンファロニエーレの多くの敵によって擁護される。とくに、ジョヴァン・バティスタ・リドルフィとアラマンノ・サルヴィアーティがいる。しかし、両人ともやや慎重に行動している。これらの人びとがフィリッポを弁護したのは、ある者は家族の絆からであり、ある者はメディチ家に対する愛情のためであり、他の者はゴンファロニエーレを憎悪し、この問題で彼を挫折させれば彼に打撃を加えられるであろうと思ったからである。彼らは等しく、フィリッポほどの人間が国家の反逆者、敵である人びとと関係し、彼を危険に曝すかもしれないような結婚をするなどというのは大変軽はずみなことであった、と認めている。なぜなら、フィリッポは高貴な家柄からしても、大きな財産からしても、際立って素晴らしい社会的地位を与えられているではないか、と言うのである。しかし懲罰に関していえば、彼はいかなる罪にも値していないという。この結婚はそれ自体の価値に基づいてなされたのであり、政治的な考慮が混入しているわけでもないし、他の人びとの助言や要請に基づいたものではないから、と言うのである。彼が為したことは単に、亡くなった一反逆者の娘と結婚することであった。しかし、そのような事件を扱う法律は存在していない。例外として、おそらく一定の法令があろうが、これは四千リラほどの罰金を課すものである。これは当然ながら施行されねばならない。いずれにせよ、懲罰はゴンファロニエーレ、あるいはその他の者の意志に基づいてなされてはならない。フィレンツェの法の要求する限りのものでなければならない。

　事態がこのように推移する中、ストロッツィ家の人びとが集まりシニョリーアに赴いて、この結婚が成立したのかどうか、あるいはこれから阻止され得るものかどうか分からない、と言う。結婚が成立しているのであれば、彼らの知らぬ間に、また彼らの同意なしになされたのだと申し立てて、自らを正当化している。しかし、まだ時間が残されているならば、それを阻止すべく可能なあらゆることをしよう、と言うのである。シニョリーアの許可を得て、フィリッポのもとに至急、使者を立てて結婚に進まないよう書簡をもって強く説得する。この時、アルフォンソ・ストロッツィは、弟のフィリッポから受け取った一通の書簡を暴露する。この中で、フィリッポは結婚したことを認め、可能な結婚相手に不足しているがために結婚に踏み切ったと言い、さらに下層民《フォッジエティーニ》(30-13)の判断などまったく気にもしていないと付け加えている。このような暴露のために、フィリッポは多くの人びとの目に疑わしいものと映る。なぜなら、彼は身分が高いために、フィレンツェではふさわしい結婚相手を見出すことができないと考えているように思われたからである。それに、フィレンツェの大衆を下層民とすることによって、彼はコンシーリオ・グランデと民主政体を茶化しているからである。しかし事実からいえば、

(30-13) foggiettini

この後段の部分は彼自身の考えではなく、アルフォンソからの書簡に答えたものなのである。アルフォンソは彼に対して、もしこの結婚を進めたら下層民《フォッジエティーニ》の審判に直面せねばならなくなろう、と告げていたのである。

たまたま当時、アレッサンドロ・アッチァイウォーリが病に臥している。ある晩、彼の邸宅で集会がある。ここにアントーニオ・カニジァーニ、ピエールフランチェスコ・トッシンギ、ニッコロ・ヴァローリ、その他数名の者が集まる。これらの人びとはすべてヴァローリ派として知られている。フランチェスコ・ヴァローリ（30-14）の支持者であったからである。アルフォンソ・ストロッツィは積極的に兄弟に対抗していたが、その彼もやって来る。彼らは問題を議論し、行動方針を決定する。事実、これはこのあと実行される。翌朝、あるいは翌々日、ゴンファロニエーレはシニョリーアの議長をしていたが、ここで二つの決議案を提案する。第一は、フィリッポ・ストロッツィは十二月二十五日までにシニョリーアに出頭するよう命ぜられる。拒否した場合にはナポリ王国に十年間の監禁に処せられる、というものである。第二は、彼の母親、兄弟たち、それに彼の財産を管理している者に対し、いかなる物も送ってはならないと命じる。違反した場合には、そのつど一万ドゥカーティの罰金を課せられるというものである。これらの提案は、シニョリーアの九人のメンバーの全員一致で通過する。しかし、それらの決議案は、中立の立場をとる人びと、および情熱なしに判断する人びとの間に、ゴンファロニエーレに対する厳しい批判を喚び起こす。なぜなら、ゴンファロニエーレは単独に行動することによって、これを公共の事件ではなく、私的な問題として処理しているように思われたからである。一人の市民を特別会議にもかけず、あるいは通常の一定の手続きを経ることなしに、六票で有罪に付すことは悪い前例となるように思われたのである。プリオーレたちは、彼の言うがままになったとし

（30-14）本文一六四頁以下参照。

て非難される。とくに、ルイジ・ディ・ピエロ・グイッチァルディーニ(30―15)がそうである。彼は父の立派な地位からしても、その他の理由からしても、その決定の重大性に対してもっと考慮すべきであったし、それに反対すべきだったというのである。しかし、彼らはすべて考えもなく過ちを犯したのである。

これらの決議案が通り、フィリッポが出頭するかどうか人びとが見守る中、新しい八人委員会が選出され、一月に任務に就くことになる。フィリッポに対する告訴は、古い八人委員会に提出されている。彼を、政府転覆を望んでいる者として告発したものである。ゴンファロニエーレがこの告訴を古い八人委員会に提出したのは、新しい者が扱い難いものとなろうと彼が考えたからであると、一般に信じられている。彼は、八人委員会がこの事件を四十人法廷に差し戻すように望む。ここなら厳しい判決が下されようと思ったからである。しかし彼の策略は徒労であった。なぜなら、この件は古い八人委員会の任期の切れた日の午後に審理されることになっていたからである。それにフィレンツェの法令によれば、それは新しい八人委員会の管轄権下にあるからである。あたかもこの告訴がその任期中に提出されたかのように扱えるのである。

ほぼこれと同じ時期に、新しいシニョリーアが選出されねばならない。慣習に従って、ゴンファロニエーレはコンシーリオのメンバーに良い選択を行うよう勧めるが、その中で彼は、彼らが大きな権限と平和的な政権を享受していること、さらにこれらを評価し、これらを維持するようにと念を押している。これらの言葉は、現政権を転覆するために結婚が結ばれたのだという恐怖心を煽ることを狙っている。コンシーリオが彼の意に沿うようにプリオーレを選ぶのを狙ったのである。しかし、これは〝コリント人への言葉(verba ad corinthios)〟であることが分かる。なぜなら、すぐ明らかになる

(30―15) 本書の著者フランチェスコ・グイッチァルディーニの長兄である。ルイジの態度は父ピエロを怒らせたようである。ルイジはまたマキァヴェリとの往復書簡でも知られている。これについては、拙著『グイッチァルディーニの生涯と時代』上巻三三頁参照。

ように選挙人たちは彼に注意を払わず、自分の好む人を選んだからである。後になって、もう一つの告訴が八人委員会に提出される。それは次のように指摘したものである。すなわち、わが法令の一つに従えば、ピエロ・デ・メディチと彼の子孫はすべて反逆者と見なされねばならない。なぜなら、アレッツォの反乱の際、ピエロ・デ・メディチは武装して（armata manu）フィレンツェにやって来たからである、というものである。告訴によれば、フィリッポ・ストロッツィは反逆者の娘と結婚しようとしたことで罰せられるのではなく、反逆者と結婚しようとしたことで罰せられねばならないというのである。さらにこれより後、教皇からの勅書がシニョリーアに届く。この結婚を阻止しないよう彼らに求めたものである。ゴンファロニエーレの命令で、シニョリーアは幾分か激しい口調で答えている。われわれはボローニァの反逆者に関する事柄で、教皇に何の要求もしなかったが、それと同様にわれわれにもこのような要求をしないでいただきたい、といった内容のものである。

　フィリッポの期限が近づくにつれて、彼は秘密裏にフィレンツェに来る。数人のプリオーレが先に行ったことを悔いて彼にフィレンツェに来るように促し、安全を約したからである。ゴンファロニエーレもまた、ストロッツィ家に強く彼の出頭を要求する。したがって、その期日が来た時にはフィリッポはフィレンツェにいるのである。ゴンファロニエーレがフィリッポに対するこうした措置を特別会議にもかけずに通した時、彼は厳しく非難され、そのようなことを二度と再び行わないように警告される。そのようなことが起これば、シニョリーアは持ちこたえられないであろうというのである。とくに、ピエロ・グイッチァルディーニはこの点について、ジョヴァン・ヴェットリを介してゴンファロニエーレに了解させている。[30-16] これらすべてにもかかわらず、ゴンファロニエーレはシニョリーアがフィリッポに、彼らの許可なしにわが領土を離れることのないよう命じた方が賢明である、と提案し

（30-16）ピエロ・グイッチァルディーニのこの問題に対する態度は興味深い。かつて、メディチ派であったビジとして心情的にストロッツィ家を支持していたようである。

ている。ここで十分な支持を得られないのを悟ると、ゴンファロニエーレはこの問題を強く押して来ない。事実、メッセル・フランチェスコ・ディ・バルトロメーオ・パンドルフィーニ、アントーニオ・ディ・レオーネ・カステルラーニ、ルイジ・グイッチァルディーニ、フランチェスコ・ディ……[30-17]・カルデリーニたちは、公然とゴンファロニエーレに反対し、告訴は八人委員会で未解決のままなので、シニョリーアはこれに干渉する権利はないと言うのである。この問題は翌二月まで延期される。なぜなら、次のシニョリーアもまた干渉したくなかったからである。そのメンバーは次の人びとである。ストロッツィ家の親族であるネリ・ディ・ジーノ・カッポーニ、ラファエルロ・ディ・アルフォンソ・ピッティ、アヴェラーノ・ディ・……[30-18]・ペルッツィ、フェデリーゴ・ディ・ジュリアーノ・ゴンディ、ジェンティーレ・デ・……[30-18]・サセッティ、ウゴリーノ・ディ・ジュリアーノ・マッツィンギ、ヴィアッジョ・ディ・……[30-18]・モンティ、それにジローラモ・ディ・……[30-18]・デルロ・ストラッファである。

八人委員会の手で判決がなかなか出て来ないこともあって、感情が激しく沸き立ちはじめる。一方では、先に触れた市民たち、その他、ジョヴァン・バティスタ・リドルフィ、またサルヴィアーティ家は、さらにフィリッポの支持者と見なされて、政府転覆を望んでいるとして攻撃される。他方、ゴンファロニエーレは多くの点で非難される。まず、彼はロレンツォがパッツィ家の娘たちにしたように為すべきであった[30-19]。すなわち、彼は少女がフィレンツェの貴族に嫁ぐのを許すべきであった、という点である。ただし、その者に疑惑を抱く必要のない場合である。それを望まないのであれば、それを禁止する法を定めるべきであった。フィレンツェに彼女を嫁がせようという交渉が進んでいるのを知っていたのであるから。そうしていれば、このような災難が生じるのを素早く賢明に阻止することができたであろう。災難が生じてからでは対処できないではないか、と言うのである。したがって、

(30-17) テキストには欠落している。

(30-18) テキストには欠落している。

(30-19) これについては本文第9章「ロレンツォの肖像画」一三七頁参照。

このような混乱はゴンファロニエーレの怠慢のせいであるとされたのである。さらに、フィリッポの結婚が罪であるとするならば、ゴンファロニエーレもまた罰せられねばならない。なぜなら、彼女を甥のジョヴァン・バティスタに嫁がせようと交渉していたではないか、と言うのである。さらにそのような交渉がローマでなされている間、枢機卿はピエロの息子ロレンツォの帰還に言及し、ゴンファロニエーレの合意をほのめかしていたではないか、ロレンツォの帰還などはゴンファロニエーレの許可なしには為し得ないことであろう。(30-20) ゴンファロニエーレが結婚を禁止する法律をつくることをしなかったのは、彼の怠慢によるものではなく、彼女の結婚相手を決定する当人になりたいと望んでいたからなのである。なぜなら何びとも、彼の許可なくして彼女を娶ることはなかろう、と信じていたからである。

日一日と過ぎ去るごとに、この問題はますます熱気を帯びてくる。アルフォンソ・ストロッツィは、フィレンツェを癒すためには、大司教の首とともに、ベルナルド・ルッチェライ、フィリッポ・ブオンデルモンティ、ジョヴァンニ・コルシ、その他多くの者どもの首を刎ねねばならない、と言う。アレッサンドロ・アッチァイウォーリは、ジョヴァン・バティスタ・リドルフィが問題を惹き起こすために若者の指導者になろうとしている、と言う。このため、ジョヴァン・バティスタは取り調べを受けている。ベルナルド・ルッチェライはヴェネツィアにいたが、厳しく非難されたために、シニョリーアに対して弁明書を書き送らざるを得ないと思い、そこでロレンツォ、ピエロ、サヴォナローラ時代以来の、彼のすべての活動を挙げて、いかに熱心にフィレンツェの自由と平和を望んで来たかを示そうとするのである。

ついに八人委員会は、この事件の判決を下そうと決意する。なぜならば、この事件がいかに大きな

(30-20) ピエロ・グイッチァルディーニがソデリーニに対し、市民としてメディチ家の帰還を許した方が賢明である、と助言したのはこの時期であろうか。『リコルド』「B」一一二に次のようにある。「ピエロ・ソデリーニに対し私の父がわれわれ同様の一市民としてメディチ家の帰還を受け入れるように申し出たが、それは秀れた忠告であった。そのような措置をとっておれば、われわれは亡命者をもつことはなかったであろう――亡命者を出すことは国家にとって最悪のことだから……」云々。

紛争を惹き起こしているかを見て取っていたからである。また彼らは、この事件を四十人法廷に引き渡せば、フィレンツェが弱体化し、さらに分裂を深めるのを理解していたからである。彼らはまた、ゴンファロニエーレからその判決に同意する旨の内諾を得ていたのかもしれない。八人委員会を率いているのは、とくにベルナルド・ディ・カルロ・ゴンディ、カルロ・ディ・リオナルド・デル・ベニーノ、ジョヴァン・フランチェスコ・ファントーニなどである。八人委員会は次のような判決を下す。すなわち、フィリッポは五百金ドゥカーティの罰金刑を科せられ、三年間、ナポリ王国内に監禁されることになる。彼らは、これらの問題を扱っている法令に従って、ピエロの息子ロレンツォは反逆者であると宣言するが、少女は反逆者でないとする。なぜなら、女性を除外する他の法令が発見されたからである。少数の人びとは判決が厳し過ぎると考える。他の少数の人びとは軽過ぎると考える。しかし一般的には妥当なものと見なされ、八人委員会は日ごとに大きくなっていく火災を消し止めたことで称讃されたのである。

この事件が四十人法廷に回されていたならば、どのようになっていたかについては意見が様々に分かれている。もちろん、四十人法廷にどのような人間が選ばれるかによって大きく左右されるであろう。私の意見は、中立的な人びとが選ばれていたならば、フィリッポはより厳しい判決を言い渡されていたであろう、というものである。なぜならば、多くの人びとは政府を転覆しようという計画が進んでいると疑っていたからである。さらに多くの人びとは、大家門で強大なストロッツィ家がそのような政府転覆を企てるのに対し立腹していたし、彼らを打倒した方が良いと思っているのである。この事件が明るみに出た時、ゴンファロニエーレが直ちに特別会議を召集して、参加者に、文書であれ、あるいは票決によってであれ、その意見を申し述べるように求めていたならば、結果は厳しい判決となっていたであろうと、広く一般に信じられている。しかしいつものごとく、彼は市民に対して疑い深く、すべてのことを一存で処理しようと望んだのである。この結果、フィリッポの行為に立腹していた多くの人びとも、いまや退いて何事も為さなかったのである。そして他の多くの人びとも、ゴンファロニエーレが公けの物事をあたかも彼自身の私的な問題のごとく処理していくのを見て憤慨したのである。これらすべてにもかかわらず、ストロッツィ家が精力的に努力しなかったならば、若者は悪い結末を迎えていたことであろう。しかしストロッツィ家は努力した。なぜなら、彼らはこの問題で激怒していたからである。フィリッポの兄アルフォンソはゴンファロニエーレ側につき、弟のロレンツォはまだ若かったため、マッテオが問題を処理する。ヤコポ・サルヴィアーティが彼に秘かに助言し、援助している。かくして、結果はすべてうまく行ったのである。

ピサ作戦の続行

ピサへの圧力は続けられる。後でより詳しく触れるが、フランスとの交渉が結論に向けて進行していたので、フィレンツェはあらゆる努力を傾けて、小麦がピサに入るのを阻止しようと決意する。ジェノヴァで小麦がピサに向け船出するために積み込まれているというニュースが、ジェノヴァのリヴィエラやリヴォルノ、その他多くの場所から入って来ると、フランス王がその船出を命令したのではないかという懼れが生じる。しかし、友好的な書簡がフランスから絶えずやって来るし、わが大使たちもそれが王の意志に反してなされたものであると書き送って来るので、フィレンツェはそれを阻止しようと決意する。わが艦隊を強化するために、数千名の歩兵とともに重装騎兵若干をサン・ピエロ・ア・グラード方面に投入する。二隊に分けて、一隊はアルノ河の手前、一隊は対岸の土堤に沿って進軍させる。敵の船はこれを見て、あえて進んで来ようとはしない。直ちに引き返している。後になって聞くところによると、このジェノヴァの船隊はさして重大なものではなかった。ジェノヴァの私人によって組織されたもので、公的にジェノヴァの船が関与したものではなく、数日間傭われた私的な外国の船隊であることが判明している。しかし、次の援助はより強力なものになるのではないかと怖れたフィレンツェは、アルノ河に橋を架けて予防措置を取ろうとする。その地点はサン・ピエロ・ア・グラードである。これはわれわれの先祖がピサを取る際、取った手段である。[30-21] わが宿営にはフィレンツェを代表するものとして十人委員会の書記ニッコロ・マキァヴェリしかいなかったために、八十人会は、この事業により大きな威信と秩序を与えるために、ヤコポ・サルヴィアーティとアラマンノ・サルヴィアーティを、コッメサーリオとして派遣することに決定する。[30-22] これによって、サルヴィアーティ家の名声は一気に上昇するのである。しかし後になって、フィレンツェは彼らを同時に任務に就かせるのは違法であることに気づき、アラマンノの得た票が少なかったのでヤコポが残り、アントーニオ・ダ・フィリカイアが加わる。しかし、コレッジの一員であったヤコポがその地位を拒絶したので、アラマンノがヤコポに取って代わる。したがって、アントーニオ・ダ・フィリカイアとアラマンノ・サルヴィアーティが、コッメサーリオとしてピサ領に赴く。ニッコロ・カッポーニをカッシーナに残し、必要な備えを取らせた後、アラマンノはサン・ピエロ・ア・グラードに残り、アントーニオはリブラファッタに行き、アルノ河の対岸でわが宿営の管理に当たる。

　ピサでは未だ飢えのために死んだ者はいなかったが、食糧不足が深刻で苦窮にあるのをわれわれは知っていた。ピサ人がもはやルッカからの援助が来ないのを知り、またフランスとわれわれとの協定についての知らせを聞けば合意に応ずるものと多くの人びとが望んでいる。ピオムビーノの領主がフィ

（30−21）一四〇六年のピサ攻略を指す。

（30−22）市民軍を編成したのはマキァヴェリである。しかもその市民軍がピサ作戦に投入されている。マキァヴェリの功績は大きなものがある。それにもかかわらず、マキァヴェリは一書記官にしか過ぎないのである。

レンツェに、ピサ人が安全通行証を得られれば条件を話し合うために彼のところにやって来るのを望んでいると知らせてくると、ゴンファロニエーレは好機と見てそれを許可する。マキァヴェリがピオムビーノに派遣されて、彼らの条件を聞くことになる。約二十人ほどのピサ市民と農民がやって来るが、交渉は実りのないことが判明する。彼らには協定を結ぶ権限が与えられていないからである。事実、彼らは協定を結ぶためにやって来たのではないことが明白となる。強情極まるピサの指導者たちがこれらの交渉を進めさせたのは、大衆を宥め、できるだけ彼らを抑えておくためだけなのである。事実、大衆の間では、あのような欠乏や困窮に耐えるよりも合意に達したいと望んでいる者が多数いたからである。

反ヴェネツィア同盟

この年の終わりに、フランスとの協定が実現する。これは先に概略を示したものとは異なったものとなっている。この問題についてより良く理解するためにも、また同時に、この時期に大きな混乱を惹き起こす原因となったことに注意を喚起するためにも、その起源から話さねばならない。先にローマ王はヴェネツィア人と不名誉な休戦協定を結ばざるを得なかった。これによって休戦期間中、王の失った土地はヴェネツィア人の手に握られている。ただし、その収入は引き続き受け取っている。(30-23) 次いでローマ王は、重い心を抱いてフランドルに赴かざるを得ない。この地のヘルデルラント公がフランスの支援を得て面倒を起こしていたからである。フランス人が公を援助したのは、皇帝をイタリア作戦から外らすためである。皇帝は孫たちの国々を守ってやらねばならないからである。これらの国を統治している娘のマルガレーテ姫とフランス人との、このような小競り合いを望んでいない臣下た

(30-23) マクシミーリアーンとヴェネツィアとの休戦協定は一五〇八年六月六日に成立している。詳細は訳注(29-1)参照。

ちの要求に応じて、皇帝はフランスと和平を結ぼうとする。フランス王の望んでいるのもまさにこれであった。なぜなら、このドイツ人との戦争は金がかかるばかりでなく、大損害の危険ばかり大きく、何の利益も期待できなかったからである。交渉が始まり、双方とも懸命に合意に達しようとしているように思われる。そのような時、ルーアンがフランドルに来て、マルガレーテ姫と協議する。彼らはついに協定に達し、同盟を結ぶ。ローマ王、フランス王、スペイン王の同盟である。(30-24) この同盟によって、フランス王はローマ王によって占有移転を保証される。しかし彼には莫大な金額を支払わねばならない。この同盟には多くの秘密の協定や条項が含まれている。それらすべての意図は、三人の君主がそれぞれ所有していた領土を取り戻すために、ヴェネツィア人に対する戦争を直接宣言することである。教皇もまたロマーニァに取り戻すべき領地を持っていたので、彼らは同盟に教皇のための席を取っておく。これらすべては、教皇の了解と同意のもとに行われるのである。事実、彼はこれら君主間に生じ得る対立の調停者であると宣言する。また教皇は、金をもってしてであれ、あるいは兵をもってしてであれ、作戦を支援することになると期待される。

　この協定が成立し公表されると、フランス王は直ちにマクシミーリアーンに金を与え、次いで大軍を集め、ヴェネツィアに対抗するためにイタリアに進撃を開始する。ヴェネツィアから常駐の大使を引きあげ、フランスにいるヴェネツィア人の大使を帰国させる。この間、宮廷に戻っていたルーアンは、わが大使たちを呼び寄せ、ヴェネツィア人に対する戦争は大変金がかかる、と告げる。フィレンツェはしばしば、フランスにヴェネツィア人と戦えと要請してきたではないか。いまフランスはその戦争を行おうとしている。また、それはフィレンツェにとっても大きな利益となるのであるから、五万ドゥカーティを用立てるようにとフィレンツェに要求する。その代償として、彼とスペイン王は三

(30-24) カムブレ同盟の成立するのは十月十日である。後になって教皇、サヴォイ公、マントヴァ侯、フェラーラ公もこれに加入する。教皇は長い間、態度を明確にしない。正式に加入するのは一五〇九年三月二十五日である。ヴェネツィアに対する攻撃がその目的である。ルイ一二世はロンバルディアで、マクシミーリアーンはフリウリで、ユリウス二世はロマーニァで、フェルディナンドは海上でそれぞれ、ヴェネツィアを攻撃するのである。教皇はラヴェンナ、チェルヴィア、ファエンツァ、リーミニを手に入れる。マクシミーリアーンはパドヴァ、ヴィチェンツァ、ヴェローナ、ロヴェレード、トレヴィーゾ、フ

年間、フィレンツェを保護することを約束する、と言うのである。また、われわれのピサ作戦を支援する、とも付け加えている。一年以内にピサを取れば、彼に五万ドゥカーティを与え、同額をスペイン王に与える。ピサが取れない場合には、これ以上求めないだけでなく、われわれが貸与する五万ドゥカーティを返還しよう、というものである。

大使たちはこうした要求についてフィレンツェに書き送ってくる。これは極めて奇妙に思われる。先の議論に従えば、ピサを再占領するまでは、彼らは一文も受け取れないことになっていたからである。たしかに彼は、ピサが占領できなければ金を返還することを約束している。しかし、それを真剣に受け取った者はいない。それでも、ピサを奪還できるという希望は魅惑的なものであった。それに、それを拒否すれば、われわれの作戦の失敗を意味するであろうことを忘れてはいけなかった。さらに、フランス王が強力な軍を率いてイタリアに来るとすれば、われわれは彼の敵ではなく友人であると見なされた方が良いであろう。これらすべての理由からして、フィレンツェは条件を受け入れる決意をする。そして大使たちに協定を結ぶ権限を与える。条約がまさに調印されようとしている時、王は、われわれをいかなる者に対しても、皇帝に対してさえ守ろう、と言う。しかし皇帝に対する敬意から、とくに皇帝の名を挙げるのを控え、一般的な言葉でのみ含めたい、と言う。必要が生じた場合、義務を守ることを、彼は言葉と行為をもって約束する。これについて大使たちが報告してきた時、フィレンツェはこれをもって協定を不成立に終わらせてはならないと決意する。皇帝の名がはっきり明示されていても、王はその気になれば協定を守ることはなかろう。守りたいと望めば、言葉上の約束に基づいて守るであろう。かくして、大使たちは再び権限を受け取り、条約はいま述べたようなやり方で締結される[30-25]。この知らせは、一五〇八年の最後の日々に[30-26]フィレンツェに届く。この時期、モンシニョー

リウリを獲得する。ルイ一二世の取り分はブレッシア、ベルガモ、クレマ、クレモナ、ギアラダッダである。他方、フェルディナンドは、ナポリ王国内でヴェネツィアによって占領されているすべての土地を回復する（ブリンディシ、オトラント等々である）。サヴォイ公はキプロス王国、マントヴァ侯とフェラーラ公はヴェネツィアに奪われた土地の回復である。攻撃は一五〇九年四月一日に始まる。この時点まで同盟は秘密にされている。

（30-25）一五〇九年三月十三日締結。フィレンツェはルイ一二世に十万ドゥカーティ、フェルディナンドに五万ドゥカーティ、二万五

ル・ド・ショーモンがヴェネツィア人に対する作戦のために必要な準備を行うために、急拠、ミラノに着いたという知らせを受け取ったフィレンツェは、彼のところにフランチェスコ・パンドルフィーニを大使として派遣する。

千ドゥカーティをジョルジョ・ダンボアース（ルーアン）に支払い、ピサ戦の続行を許される。

（30-26）グイッチァルディーニはフィレンツェ暦を用いているので、実際は一五〇九年三月二十五日直前の日々ということになる。

第31章 ピサ作戦が続行する

一五〇九年には、極めて重要な出来事と動きが生じる。この年の初め、フィレンツェは二つの問題に関係している。一つは、ピサ包囲である。他の一つは、同盟した諸君主によるヴェネツィア遠征(31-1)である。これら二つの作戦はほぼ同じ時期に行われたが、混乱を避けるために、私はそれらを別々に語りたいと思う。

われわれの熱望していた、ピサに対する勝利の希望が、多くの物事によって養われ、高まっている。われわれはピサに対して二つの陣営を設置している。一つはサン・ピエロ・ア・グラードに、一つはリブラファッタにである。われわれはルッカと条約を結んでいる。ピサには食糧はほとんど残されていない。しかし条約にもかかわらず、われわれがピサを奪還するのを忌み嫌っているルッカ人は、こっそりと、できるだけ食糧を彼らのもとに送り続けている。ピサ人は絶えず夜闇に乗じてピサを出て、ルッカ領およびわが領土に食糧を受け取りにやって来る。この地方は広く、また沼沢地である。ルッカ近くは山地である。そのため、遠く離れて二つの陣営に分かれているわが兵は、それを阻止することができない。また、われわれ自身の領にも食糧を与える人びとが多くいるのである。その中には、先にピサを出た人たちもいる。いま彼らは祖国愛のために援助しているのである。あるいは、ピサにまだ友人か、あるいは親族がいるためなのかもしれない。多くの者は金を儲けるためにそこで商売を

(31-1) 三月から四月にかけてフランス軍はミラノに集結。ヴェネツィア軍を指揮するのはピティリアーノ伯とバルトロメーオ・ダルヴィアーノである。四月二十七日、教皇はヴェネツィア人を破門。ルイ一二世とフランス軍、五月八日、ミラノを出発。アッダ河を越え、ダルヴィアーノ軍と遭遇。アニァデルロ(ヴァイラ)の戦い。ヴェネツィア軍の大敗(五月十四日)。フランス軍はベルガモ、ブレッシア、カラヴァッジョ、クレマを取る。ピティ

しているのである。ピサ人は高い値段で買い取るからである。フランチェスコ・デリ・アルビッツィの息子たち、とくにベルナルドは、この不法な取引に関係していると公然といわれている。トッマーゾ・ディ・パオラントーニオ・ソデリーニは、その共同出資者ともいわれている。たしかに、そのようなことがいわれる理由が多くあるように思われた。ベルナルドはその冬、大量の小麦を買い付けている。したがって、彼がそれをピサで売るか、あるいはルッカ領にいる誰かある者に売り、その者からピサ人がそれを買い取るといったことを信じるのは容易であった。また、トッマーゾ・ソデリーニが関係していると信じることも容易であった。なぜなら、彼が家畜を含むその他の市場取引でベルナルドと緊密に仕事をしていることは誰も知っていたからである。後に、この噂は下層民《ヴルゴ》の間だけでなく、有力市民やコレッジの間でも極めて大きくなっていく。これはフィレンツェにとって極めて重要な事柄であったため、ゴンファロニエーレはそれについて何事かを為すのが当然のことのように思われた。しかし彼はそうせずに、取り繕おうとする。トッマーゾと親族関係にあったからである。ピサ領に借地権を持っていたピエロ・ディ・ジァンノッツォ・ストロッツィも批判される。しかし彼は、ルッカで小麦を売ったと言って弁解する。そして、その許可をコッメサーリオのニッコロ・カッポーニから得た、と言うのである。これはまたニッコロに少なからざる非難をもたらす。しかし、この問題は言葉以上に出ることはなかったので、間もなく収まる。

ピサを飢えで取るつもりならば、もっと激しく圧力を加えることが必要であると考えた三人のコッメサーリオは、その中心となる隊長たちをオソリに集めて、何をする必要があるかを議論させる。海上ルートを遮断することが必要である点については全員が一致する。しかし、それを行うためにはアルノ河を閉ざすサン・ピエロ・ア・グラードの橋は十分ではない。フィウメ・モルトから絶えず食糧

リアーノ伯、ヴェローナに撤退。ウルビーノ公（フランチェスコ・マリア・デルラ・ローヴェレ）指揮の教皇軍、ロマーニァに侵入、ファエンツァ、リーミニ、チェルヴィア、ラヴェンナを回復。皇帝軍、フリウリ、ヴェローナ、ヴィチェンツァ、パドヴァ、トレヴィーゾを取る。フランスはその目的を達成すると、戦争に興味を失い、ユリウス二世と新しい条約を結んでフランスに撤退。これによってヴェネツィアは救われる。

が入って来るからである。それでこれも橋を建設して閉ざさねばならない。橋には砦を築いて、サン・ピエロ・ア・グラードの陣営を指揮している者が、これを監視するのである。ルッカ方面に展開する兵はサン・ヤコポに移動し、ここで、ヴァル・ディ・セルキオとルッカからリブラファッタ経由で来る食糧を遮断することができる。そこは広大な地域で、山や谷間が多い。ピサ人はこの地域に通じ、今でもこれを利用している。いかなる努力も惜しまず、食糧を背に担いで運び入れているのである。われわれはメッツァーナに陣営を設置し、ルッカからのすべての通路を閉ざし、物がヴァル・ディ・カルチとその他近くの土地から入って来るのを阻止せねばならないであろう。この方面のすべての道路を封鎖して、新鮮な食糧が一切ピサに届かないようにする、あるいは少量に抑えて数日間しか持たないようにする。この点ではすべての者が同意している。しかし、それらの通路が閉ざされなかったならば、われわれの成功のチャンスは小さなものになるのである。これについてコッメサーリオがフィレンツェに書き送ると、この要求は承認され、彼らの計画が実行される。これらのそれぞれの陣営は千名の歩兵から成るが、その三分の二以上が新しくつくられた大隊からのものである。騎兵は数が等しく配置されることになる。アントーニオ・ダ・フィリカイアが……[31-2]とともにサン・ヤコポに留まり、アラマンノはムツィオ・コロンナとともにサン・ピエロ・ア・グラードに、ニッコロ・カッポーニはメッツァーナに。彼とともにいるのは……[31-2]である。

　これらの計画は、これまでピサとの戦争を行ってきた人びとが、いかに自らを欺いてきたかを示すのに役立つ。前年、農地を荒らした時、多くの人びと、とくにゴンファロニエーレとコッメサーリオのニッコロ・カッポーニは、農地が荒らされる以前に農民は反乱を起こすであろうからピサは落ちるであろう、そうでなくとも数カ月以内に飢えのために降伏を余儀なくされるであろうと、固く信じて

（31–2）テキストには欠落している。当時、フィレンツェと傭兵契約を結んでいた隊長はルーカ・サヴェッリ、ヤコポ・サヴェッリである。またマルカントーニオ・コロンナ、マラテスタ・ディ・カルロ・マラテスティ、ムサッキーノ等もその可能性がある。残念ながら、これらの傭兵隊長の誰がどこに配置されたのかは不明である。グイッチァルディーニはおそらく後で確認するつもりでいたのであろう。

いたのである。農地の荒廃が意に反して目立った結果をもたらさないとなると、海上の輸送ルートが閉鎖されない限り、ピサは持ちこたえていくであろうことがはっきりする。このため、バルデロットが傭い入れられる。これはゴンファロニエーレや十人委員会、有力市民たちを大いに喜ばす。いまや数カ月以内にピサは落ちるであろうと信じたからである。これらの期待も裏切られる。ルッカからの援助が届く限り、農地の荒廃も、艦隊も十分でないことがはっきりする。次いで多くの討議の末、先に触れたルッカとの条約が成立する。しかし、艦船のみでは小麦が入って来るのを阻止できないことが分かると、サン・ピエロ・ア・グラードに橋が架けられる。また、陸上ルートを完全に封鎖するために、リブラファッタに陣営が設置される。これですべての輸送ルートが閉鎖されたと、誰もが信じる。しかし数週間もしないうちに、さらなる対策が取られねばならぬことがはっきりする。ピサ人は必要とするものを依然としてルッカ領とわが領土から手に入れているだけではなく、さらに重要なことに、海上ルートが完全に封鎖されていないのである。フィウメ・モルトとオソーリがあるからである。したがって、先に述べたような措置が取られねばならなかった。すなわち、フィウメ・モルトに橋を架け、砦を備え、またメッツァーナに第三の陣営を設営するのである。同じような問題を今後扱わねばならぬ人びとにとって、これは範例として役立つであろう。敵の計画を潰すためには、敵が現在行っていることを阻止することのみを考えてはならない。先に進んで敵の最初の計画をひとたび防げた場合、次に敵はどうするかを考えねばならないのである。さもなければ、適切な予防措置を取ったことにはならないのである。[31-3] なぜなら、一定の方策を取らざるを得なくなった場合、人はその方策が断たれると、たとえどれほど大きな困難を伴うにせよ、それとは別の方策を見出すものだからである。しかも必要は多くの発明を生み出すので、敵が何事かを考え出すのをとどめることは極めて難し

（31-3）歴史から一般的な教訓を引き出そうというグイッチャルディーニの知的意志がここにも示されている。『リコルディ』「C」一六六に次のようなものがある。「相手に攻撃をかけるもの、たとえば、ある国土に軍を進める者は敵のほどこす防禦についてすべてをあらかじめ見通すことができると考えてはならない。当然ながら、熟達した原告にとっては被告のとる普通の手段を予見することはできる。しかし危険と必要は被告をして、原告自身、同じような苦境にいないかぎりとうてい考えも及ばないような異常な手段を見つけ出さしめるからである」

いのである。

三つの陣営を決定し、それにすべてのわが騎兵と約三千の歩兵を投入する。その約三千の歩兵のうち三分の二、あるいはそれ以上のものが新しくつくられた大隊の兵(31−4)から成る。このように、すべてを整然と備えた後、陰謀によってピサを取る試みがなされる。これはフィレンツェにとって極めて危険であることが証明される。なぜなら、それは一つの詭計《きけい》であったからである。何カ月も前、アレッサンドロ・ナージがカッシーナのコッメサーリオであった頃、アルフォンソ・デル・ムトロと名乗る一ピサ人が捕虜となり、フィレンツェに収監されている。彼は身分の低い鍛冶屋の息子で、明らかにその行動からして思慮分別のある人物ではなかったが、しかし腕力が強く勇敢で、われわれに対する戦いで大きな役割を演じていて、そのためピサの多くの武装した荒くれどもを手下に持っていた。この時まで、彼は捕虜として一年以上にもわたってスティンケに入れられている。そこでの彼の監視人は、カナッチョ・プラートヴェッキオである。獄中生活の間、金やあらゆる種類の必需品を与えたりして、彼の面倒を見てきた親しい友人である。カナッチョは彼を説得しようと努める。すなわち、アルフォンソがピサに戻るようなことがあれば、フィレンツェ人のピサ再征服の手助けをすべきであるというのである。当初、アルフォンソはそれに耳を貸そうとはしない。しかし次第に、他の計画を思いついたのか、同意するような振りをする。

カナッチョは、ゴンファロニエーレと十人委員会のメンバーの一人であるゲラルド・コルシニと協議して、アルフォンソをピサに帰国させるための何らかの方策を考え出そうとする。ゲラルドは、これに関係したくないと答える。アルフォンソを信頼できないと思ったからである。このためカナッチョは、もう一人の十人委員会のメンバーであるアントーニオ・ダ・フィリカイアに話を持ちかける。ア

(31−4) 新しくつくられた大隊の兵は、その徴集から訓練までをマキァヴェリが行っている。ピサへの攻撃が続く中、マキァヴェリは一五〇九年二月初旬、前線に派遣される。責任ある仕事の多くがマキァヴェリの手に移る。アントーニオ・ダ・フィリカイアとアラマンノ・サルヴィアーティがコッメサーリオとして派遣され、カッシーナでマキァヴェリとカッポーニに合流するのが三月十日。三つの陣営がつくられる。同日、マキァヴェリはピサ代表と交渉するためにピオムビーノに行くよう指令を受け取る。三月十四日、ピオムビーノに到着。交渉は何の結果ももたらさない。四月一杯、マキァヴェリは三つの

ントーニオは次いでゴンファロニエーレに会っている。たまたま、バルデッラは、ピオムビーノの水路で捕虜となった息子を取り返そうと切望しているが、息子とアルフォンソ・デル・ムトロとを交換させるよう要求している。ピサ人が喜んでそれに応じるのを知っているからである。十人委員会は躊躇している。なぜなら、アルフォンソがピサ問題での重要人物であるように思われたからである。しかし、ゴンファロニエーレとアントーニオの強い要請のために、彼らは同意する。ゲラルド・コルシニを除いて、彼らは他の問題について何一つ知らされていない。アントーニオはゲラルドに対し、この計画に賛成するかと尋ねた時、彼は支持もしないし反対もしないと答えている。

決断がなされると、アルフォンソは、ゴンファロニエーレ、アントーニオ、それにカナッチョと次のような協定を結んでいる。すなわち、アルフォンソは一つの市門と塔を占領する。既にコッメサーリオに選出されていたアントーニオと日時を打ち合わせて、カナッチョと多数の兵を塔に引き上げる。アルフォンソは、このようなことをするのはすべてピサのためである、と言う。しかし、裏切り者と絶対に疑われたくないので、ピサ人を呼んで、フィレンツェが市門と塔を支配しているのを彼らに告げるつもりである。フィレンツェ人が平和的に入城するのをピサ人が望めば、彼は彼らに対して既に協定条件を手にしていることを告げ知らせよう。彼はピサ人が武器を置くものと信じている。しかしそうでない場合には、フィレンツェ人にピサに入るのを許そうというものであった。

ゴンファロニエーレはこの話を信じる。アルフォンソはピサに行って、この陰謀をアントーニオと話し合う。しかし、他のコッメサーリオには話さない。このため、アラマンノはピサ占領の栄光に関与することはなかろう。彼らは聖土曜日の朝早く、ルッカ門で事を起こそうと決定する。アントーニオ・ダ・フィリカイアがその兵を率いて到着する。実行に移す直前までこの計画について知らされな

陣営の指揮、監督に忙殺される。五月二十日、ピサの降伏提案。五月二十四日、ピサの使節団がサルヴィアーティおよびマキァヴェリと会見。翌日、使節団はサルヴィアーティ、マキァヴェリとともにフィレンツェに向かう。五月三十一日、ピサの無条件降伏。六月八日、フィレンツェ軍、ピサに入城。

かった他のコッメサーリオたちも到着する。他の兵の一部も参加する必要があったからである。結果は次のようなものである。アルフォンソは、カナッチョとカゼンティーノ市民兵の約三十名ほどの兵の一隊を引き上げると、数名の者を殺し、他の者を捕虜にする。次いでわれわれに対し大砲をもって挨拶し、パゴロ・ダ・パルラーノを傷つける。彼はその後、しばらくして死ぬ。わが兵はそれぞれ、その陣営に撤退する。このように小さな成果のために、アルフォンソたちがこのような陰謀を仕組んだことに誰もが不思議に思っている。しかし、われわれは後になって知るのであるが、彼らの計画はわが陣営を奇襲をもって攻撃し、大混乱に陥れようとするものであったのである。あるいは、サン・ピエロ・ア・グラードの橋とその宿営地を攻撃するものであったといわれている。彼らがそうしなかったのは、タルラティーノの説得によるものである。彼はピサ人が攻撃に出るのを許さなかったのである。それはピサ人があまりにも弱いものと思っていたためか、あるいはアルフォンソが何かど偉いことをしでかすのではないかと懼れたからか、そのいずれかである。

後にメッツァーナに陣営が設営されると、ピサは圧力をいっそう感じはじめる。小麦の値段は一スタイオ当たり十リラに跳ね上がり、さらに高くなり続ける。ピサではいまや小麦が残り少なくなっている。山道は効果的に封鎖されているため、小麦はほとんど入って来ない。それでもなお、彼らは頑固である。大衆を、一部は恐怖によって、一部は外国の援助や新しい収穫の希望をもって抑え込んでいる一群の指導者たちがとくにそうである。その収穫を奪うために、われわれは農地を荒らすことを決意する。畑は豊かで、作物の出来は良い。これを破壊することができなければ、ピサ人はなお数カ月間、持ちこたえることができるであろう。市内で栽培されている作物も、少ないながらあるからである。数日以内に、われわれは市壁周辺に生育しているものを破壊する。その作業は大砲によるために大変危険ではあった。

いまや五月中旬である。ピサ人が和平の条件を求めて来ないのを見て、ゴンファロニエーレは大砲による攻撃を始めるべきだと考える。十人委員会の召集した特別会議で、ゴンファロニエーレの提案は多くの理由からして、メッセル・グァルテロッティ、ジョヴァン・バティスタ・リドルフィ、ピエロ・グイッチァルディーニ、ヤコポ・サルヴィアーティなどによって反対される。特別会議の他のメンバーたちも彼らに同調したために、ゴンファロニエーレはこの提案を八十人会に持ち出す。彼は八十人会に特別拡大会議を召集させる。しかし、賢明な市民たちがこの攻撃の考えを嫌っているという噂が広がっていたために、多数の者が彼らに同調する。このため、提案は脇に押しやられる。この計画に反対する立場には正当な理由が存している。第一に、過去の経験が示しているように、そのような攻撃からは成功が期待され得ないこと、次いで、ピサ人はいつもより弱体化しているが、同じことがわれわれにも言えるからである。われわれには金がない。良い傭兵隊長もいない。名声のある歩兵隊長もいないし、経験を積んだ歩兵もいない。ピサを力づくで取ろうとすれば、わが大隊の援助をもって行わねばならないであろう。しかし、それらは信頼されていない。これらの理由は、その時は説得力のあるもののように思われたかもしれない。しかし後になって分かったことからすれば、それらの理由はおそらく正しくなかった。なぜなら、ピサには少数の兵士しかいなかったという事実、そして普通よりはるかに少数であったという事実とは別に、彼らの多数は飢えのため体力が弱っていた。かつてそうであったように、勇敢に市壁によってピサを守ることはできなかったであろう。また、かつてのごとく、素早く破損箇所を修繕することもできなかったであろう。かつては常にあれほど見事に修復したために、彼らはピサを何度も救ったのである。

攻撃の考えは完全に捨て去られる。しかし、包囲は続けられる。彼らの困窮は日ごとに悪化していっていると、われわれは耳にし続ける。ピサに残っている食糧の値段は急騰している。小麦が一スタイオ当たり三ドゥカーティもするので、それを買うことのできる人はいないとのことである。大衆は極度に窮迫している。そして、いまや飢えて死ぬ者も出はじめている。状況はこのように日々悪化しつつある中、彼らの最終的な破滅も間近かに迫っているように思われる。多くの人びとの強情さも飢えによって克服された今、合意に達しようという気になっている。しかし彼らには、彼らの意見を代表し、それに反対する者と戦う者がいない。しかし運命《フォルチュナ》の女神は常にいかに道を見出すかを知っていて、彼らのために道を拓くのである。

　ピサの大使たちが協定を求める振りをしてピオムビーノに来た時、[31-5]彼らの中に農民を代表しているフィリッポ・ディ・プッチェレルロなる者がいた。フィリッポは、取り巻き連中のいる、またフィレンツェにとって名だたる敵の一人であった。彼は、究極的にはフィレンツェが勝利を手にするであろう、したがって先に進んで、一定の条件で合意を求めた方が得策ではないかと思うようになっている。彼以上に強情なピサ人たちは、彼が何を考えているかを理解している。ピサに戻ったら問題を惹き起こすのではなかろうかと危惧して、彼らは彼に、ピオムビーノに残って、そこの領主を介してなお協定交渉を続けるよう説得している。彼はピオムビーノに留まる。そしてピサが三軍によって封鎖されている期間、そこにいる。なぜそこに取り残されたのかを理解すると、もはやピオムビーノに留まっていようとはしない。しかし、ピサに帰ることはできなかったので、レリチに行く。数日間そこに留まった後、この問題に決着をつけようと決意する。彼はアラマンノ・サルヴィアーティに、サン・ピエロ・ア・グラードに喜んで赴きたい旨を知らせる。話し合いのためである。このあと彼は安全通行

（31-5）四月十四日である。訳注（31-4）で触れたように、この時のフィレンツェ代表はマキァヴェリである。

証を受け取り出掛けて行く。次いで彼は、多くの理由と約束をもって彼の善意を彼らに納得させて、次いでピサに行く。ここで彼は公然と言い放つ。すなわち、食糧が底をついている、収穫の見込みもない、外国の援助の望みもまったくない、したがって、ぎりぎりのところにまで追い詰められ、そうせざるを得なくなる前に、敵との合意に達すべく努力した方が賢明である、と言うのである。

彼は多くの動揺と苦悩をもたらす。ピサの反乱は農民にとっても、市民にとっても、ともに満足すべきものであったが、そのあとピサの実権は、最も高貴な、最も富裕な、最も高い名声のある人びとの手に握られる。あらゆる点で支配するに適した人びとである。彼らは、プリオーレ職、戦争の十人委員会のポスト、外交使節のポストを分担する。要するに、すべての責任を負うのである。しかし戦争が続き、危険が日ごとに市門にまで迫って来ると、人びとは武装して街中を歩き回らざるを得なくなる。このような中で武力に長じた者が、貴族であれ、平民であれ、大きな名声を博すようになり、間もなくそのような者が集まってすべての物事の支配権を掌握する。自由を得たばかりの都市、また絶えざる危険な戦争によって狂わされたような都市では、緊急事態は、通常の市民生活において慣習となっている以上に狂暴な形で対処される。かつて統治に当たっていた人びとの権威は、いまや地に落ちはじめる。さらに、フィレンツェ人が農村部全体をほとんど占領すると、これらの人びとは所有地を失い、収入を失っていく。次いで被疑者となっていく。なぜなら大衆は、財産を回復するために彼らがフィレンツェとの協定を望んでいるのではないかと考えはじめるからである。かくしてすべての物事の運営は、武装した、失うものを何物も持っていない連中の手に掌握されていくのである。その他、すべての者は抑え付けられる。反乱の間にフィレンツェの財産を没収した者、あるいはフィレンツェ人に債務のある者は別である。

これらの武装した連中は、農民に支持されている。農民たちは数多くいるので良い待遇を与えられ、政治や議論に参加するようになる。しかし、彼らは粗野で無知な人間であるために、決定がなされねばならない時には、これら他の連中は卑劣な手段や策略を用いて彼らを思うように扱うことができる。農民は望むものを手に入れれば、それで満足するのである。しかし、彼らは年々収穫が荒らされていくのを見て、この長引いた戦争に嫌気を感じはじめ、重圧のために屈服しはじめる。しばしば彼らはフィレンツェ人と合意に達しようとしたはずである。ただ、フィレンツェ人は容赦しないであろうという恐怖をこれら他の人びとに吹き込まれていたために、怖じ気づいていたのである。しかし、いまやフィリッポ・ディ・プッチェレルロの言うことを信じはじめる。アラマンノ(31-6)は約束を守る人間であるという、ある種の信頼もあったので(31-6)、彼らは合意の方向に動く。彼らは市民たちに理解させようとする……………………………

（31-6）アラマンノ・サルヴィアーティはピサ開城の英雄として大きな名声を得る。グイッチァルディーニは義父に会うためにピサに赴いている。『フィレンツェ史』は最終段階に入ったピサ攻略戦の最中に突然中断される。中断の理由については不明である。

解説　フランチェスコ・グイッチァルディーニと『フィレンツェ史』

一　グイッチァルディーニの生涯

グイッチァルディーニは一四八三年、フィレンツェの名門貴族の家に生まれている。一四世紀以来、グイッチァルディーニ家は代々、ゴンファロニエーレその他大使、コッメサーリオなどの要職を占めてきた家柄である。一五世紀に入って、グイッチァルディーニ家はメディチ家とのつながりを強める。一四三四年、コジモ・デ・メディチが亡命先のヴェネツィアから帰還するのに大きな役割を果たし、その後、ピエロ、大ロレンツォの代を通してメデイチ家との提携を持続している。フランチェスコの父ピエロは温和な学者肌の人物で、権力抗争に深く関わることがなかったため、ロレンツォの死後、一四九四年、フランス王シャルル八世のイタリア侵入の際、メディチ家が追放されフィレンツェに民主政権（governo populare）が成立した時も、とくにその影響は受けなかった。ピエロは精神的にサヴォナローラを信奉しており、フランチェスコもその影響を受けている。しかし、政治的にサヴォナローラ派に属することはなかった。したがって、サヴォナローラが一四九八年に処刑された後も安泰であった。

フランチェスコはフィレンツェの貴族階層に通常の古典教育を受け、哲学者マルシーリオ・フィチーノの教えも受けている。ラテン語だけでなくギリシャ語も習わされたが、「ギリシャ語は法律の勉強を始めたため数年のうちに忘れてしまった」(1)と言っている。法律はフィレンツェ、フェラーラ、パドヴァ各大学で学んでいる。

一五〇五年、グイッチァルディーニは学業を終え、フィレンツェで法学博士号を取得している。これでメッセルと人に呼ばれる身分となる。弁護士を開業し、若くして名声を博している。

一五〇八年、マリア・サルヴィアーティと結婚。愛のためでもなく金銭のためでもなく、フィレンツェ政界での勢力を築くためである。(2)当時、サルヴィアーティは、終身ゴンファロニエーレ、ピエロ・ソデリーニの最大の政敵であり、実力者である。グイッチァルディーニがソデリーニではなくその政敵のサルヴィアーティを選んだことは注目される。グイッチァルディーニの野心は、フィレンツェ政界に進出することであった。

結婚と同時に、グイッチァルディーニは一族の回想録を書き、同時に『フィレンツェ史』も執筆しはじめている。著述家グイッチァルディーニの誕生である。これについては後に触れる。

一五一一年になるとスペイン大使に任命されるが、年齢からしても、任務の重大性からしても、これは前例のない抜擢であった。(3)ちなみにこの時、外交のための十人委員会の書記としてマキァヴェリがいる。グイッチァルディーニに与えられた外交上の指令を書いたのはマキァヴェリである。スペイ

(1) Roberto Ridolfi: Vita di Francesco Guicciardini (Roma 1960) p.11.

(2) ibid. p.31.

(3) ibid. p.37.

ンに出発するのは一五一二年になってからである。フェルディナンド王のもとに滞在している間、先に触れたように、皮肉にも当のフェルディナンド王の意志でフィレンツェに政変が起こり、ソデリーニ政権が倒れ、メディチ家が復帰する。その後、フィレンツェはレオ一〇世、クレメンス七世の影響下で次第に君主国の色彩を強めていく。メディチ家が復帰すると、グイッチァルディーニは早速、メディチ家に書簡を送って歓心を買っている。(4) スペインから帰国後、一五一五年、シニョリーアの一員に任命され、翌一六年にはレオ一〇世によってモーデナの代官に抜擢されている。これは困難な任務であった。モーデナは地理的にも歴史的にも強大なフェラーラ公国に属していたうえ、治安が乱れていたからである。グイッチァルディーニは峻厳な態度で統治、力量を発揮している。(5) これが認められ、一七年にはレッジョの代官も兼ねる。レッジョもつい最近、フェラーラから回復された問題の都市である。

レオ一〇世は一五二一年十二月、突然没する。グイッチァルディーニにとって屈辱の季節が始まるが、それでもたとえ名目的ではあっても代官職に留まっている。次いで、ジューリオ枢機卿がクレメンス七世として教皇位に就くとともに、グイッチァルディーニの昇進が始まる。一五二四年にはロマーニァ全体の総督に任命される。ラヴェンナ、チェゼーナ、リーミニ、イーモラ、フォルリ等々を含む地域である。イタリアの中でも最も分裂し、党派的に相対立しており、教皇の統治下に入ったり離れたりしている地域である。ここでもグイッチァルディーニは有能さを発揮して、その峻厳な統治によって法と秩序の回復に成功している。この間、イタリアおよびヨーロッパの国際政治は大激動期を迎え、時代は急を告げている。パーヴィアの敗戦後、フランス王フランソワ一世はマドリッドの獄でマドリッド条約を結んで釈放されるが、釈放後、直ちにマドリッド条約を反古としたために神聖ローマ皇帝カー

(4) ibid. p.63.

(5) ibid. p.100. ff.

ル五世との新たな対立が始まる。この間、グイッチァルディーニはクレメンス七世のもとでコニャック同盟の熱心な推進者となって、教皇庁軍の教皇総代理として一五二六年から二七年にかけてカール五世と戦っている。この結果は悲惨なものであった。

一五二七年五月六日から、カール五世の傭兵軍による「ローマ劫略」がなされ、クレメンスはサン・タンジェロ城に幽閉され、フィレンツェでは政変が起こり、メディチ家は追放され、共和政権が樹立されている。グイッチァルディーニは失脚し、この間一時、フィレンツェに戻っているが、メディチ派として共和政権の急進派から疑惑の目をもって見られ、この時期はグイッチァルディーニの危機の時代であった。『リコルディ』「B」がまとめられるのはこの時期である。

メディチ家追放後のフィレンツェ共和政権下におけるグイッチァルディーニの立場は微妙であった。長期間にわたるメディチ家との関係のため、共和政権内の急進派はグイッチァルディーニに疑惑を抱き、信頼していない。法廷に召喚されるのを予想して、架空の「告発状」(Oratio accusatoria) とそれに対する「弁護」(Oratio defensoria) を秘かに準備したのは、この時期、すなわち一五二七年のことである。[6] いかにも弁護士らしい対応の仕方である。総じて、グイッチァルディーニの思想行動には法律家的な特徴が指摘され得るかもしれない。

当時の共和政府のゴンファロニエーレは友人のニッコロ・カッポーニであったがため、カッポーニがそのポストに留まる限り、グイッチァルディーニの立場は安泰であったが、カッポーニの失脚とともにフィレンツェを離れ、亡命している。事実、予想通り、グイッチァルディーニは一五三〇年、共和政府から召喚され、本人欠席のまま裁判が行われ、有罪を宣告され、財産を没収されている。[7] フィレンツェはこの間、教皇クレメンス七世と和解したカール五世軍に包囲されていたが、ついに降伏

(6) これについては Felix Gilbert;Machiavelli and Guicciardini (Princeton. University Press 1965) pp.274–275 また Roberto Ridolfi. Vita di Francesco Guicciardini. p.291 ff.

(7) ibid. pp.321–323.

（八月）、共和政府は最終的に崩壊している。『リコルディ』「C」が書かれるのはこの時期である。『リコルディ』「C」の冒頭は皇帝軍のフィレンツェ包囲と共和政府の英雄的な抵抗について報告している。

共和政権崩壊後、新たにクレメンス七世の命を受けてフィレンツェに帰国したグイッチァルディーニは、共和派に対して容赦ない復讐を行っている。クレメンスの疑惑を買っていたこともあって、復讐は苛酷であった。その後、メディチ家のアレッサンドロに仕え、彼のもとで影響力を発揮している。放蕩者のアレッサンドロが三七年に暗殺されると、共和政権の可能性もあったが、グイッチァルディーニはあえて、メディチ家のコジモに政権を委ねるべく工作している。後の絶対主義国家トスカーナ大公国の基礎を築くことになる。

コジモ擁立に関しては、いろいろなことが語り継がれている。娘をコジモに嫁がせたいと望んでいたというのもその一つである。もう一つはヴァルキィの報告である。コジモは当時、十七歳のスポーツ好きの軽薄な若者と思われている。グイッチァルディーニの思惑は、この若者に、毎年金貨一万二千フロリーニを与えて政治の実権は自分が握ろうというものであった、と言うのである。「一万二千、これはちょっとした額だ」（è un bello spendere）と言ったという。いずれにせよ、グイッチァルディーニはコジモ擁立に成功するが、この若者は軽薄どころか、いったん権力を握ると、さっさとグイッチァルディーニを閑職に追いやってしまう。晩年の大作『イタリア史』はこうして成立する。グイッチァルディーニの没するのは一五四〇年五月二十二日である。

フィレンツェ出身の同時代人ベネデット・ヴァルキィのグイッチァルディーニ観は次のようなものであった。注目すべきは、ここには既にモンテーニュによって指摘され、デ・サンクティスやシモンズによって完成されるグイッチァルディーニ観のすべてが原初的な形で表明されていることである。「メッセル・フランチェスコはその地位からしても、財産からしても、法学博士の称号からしても、また教皇の代官、教皇総代理を勤めたという点からしても、並々ならぬ名声を博したのであるが、単にそれだけにとどまらず、彼の名声をいっそう高めたのは、世界の事柄、人間の事柄についての彼の知識である。しかも、単なる知識だけではなく実際の豊富な経験を通して、それらについて素晴らしい論評をものしたことにもよる。しかし彼は、これらの力を当然期待されるようには行使しなかった。なぜならば、非常に傲慢で、人に厳しかったという事実は別としても、彼をしばしば、節度ある市民にふさわしい行動を超えて極端な行動に駆り立てたものは、彼の野心と貪欲さなのである」(8)。

グイッチァルディーニは同時代人に好かれなかった。傭兵隊長、封建貴族、反乱分子、共和派のフィレンツェ市民、いずれもグイッチァルディーニに反感を抱いたのである。しかし例外もあった。「私はメッセル・フランチェスコ・グイッチァルディーニを愛する。私は自分の魂よりも祖国を愛する」(amo messer Francesco Guicciardini, amo la patria mia più che l'anima.)。このように書いたのはマキァヴェリである。これは一五二七年四月十六日、フランチェスコ・ヴェットリ宛ての書簡に見える言葉である(9)。

二　『フィレンツェ史』について

著述家としてのグイッチァルディーニを考える場合、一五〇八年という年は重要である。すでに触れたように、『わが一族の追憶』が書かれるのはこの年である。また、すでにわれわれが資料として

(8) ibid. p.417

(9) これについてはまたFederico Chabod: Machiavelli and the Renaissance (translated by David Moore, Harper Torchbooks 1958) pp.109—115. なおグイッチァルディーニの生涯についての詳細は拙著『グイッチァルディーニの生涯と時代』(太陽出版)上・下参照。

利用している、ある種の日誌ともいうべき『リコルダンツェ』も『フィレンツェ史』も、同時にこの年に書きはじめられる[10]からである。『リコルダンツェ』には「本書を書きはじめたのは一五〇八年四月十三日」とある。そして誕生以来のことを書き記すのだ、と言っている。興味深いのは、『わが一族の追憶』にしろ『フィレンツェ史』にしろ、後になってから付けられたタイトルであるという点である。グイッチァルディーニは、タイトルを付けずにひたすら書き綴っているのである。とくに出版を前提として書かれたものであるかどうかは分からない[11]。さらに興味深いのは、これら三つの著作が内面的に深い関係を有していることである。すなわち、グイッチァルディーニ家一門についての関心が基本的モティーフなのである。こうした関心は名門サルヴィアーティ家と姻戚関係を結んだことと関係があるかもしれない。

『フィレンツェ史』が初めて世に出るのは、ジュゼッペ・カネストリーニが一八五九年から一八六七年にかけて次々と出版したグイッチァルディーニの『全集』(*Opere inedite di Francesco Guicciardini*)第三巻においてである。『フィレンツェ史』が書かれて実に三百五十年を経ている。この間、この書は人の眼に触れることなくひそかにグイッチァルディーニ家の文書室に埋もれていたことになる。この書の出版はヨーロッパの史学界に驚嘆をもって迎えられ、多くの称讃が寄せられる。『マキァヴェリの生涯と時代』『サヴォナローラの生涯と時代』といった有名な伝記を著わしたヴィラリなども、大いにこの書を利用している。

この書の自筆原稿には、先にも触れたように、タイトルがない。しかも書物の形式もとっていない。巻別、章別の区分も一切なされていない。ただ叙述のみが蜿蜒と続くだけである。その叙述も突然、中断される。未完の書である。中断されたのは一五〇九年、フィレンツェ軍によるピサ包囲中の叙述

(10) R. Ridolfi, Vita pp.33–34.

(11) ibid. p.441.note 12. なお、Francesco Guicciardini The History of Florence. Translation, Introduction, and Notes by Mario Domandi (Harper Torchbooks, 1970). Intro. pp. xxviii–xxxvii.

の最中である。『フィレンツェ史』のテキストに「今日、すなわち、一五〇九年二月二十三日[12]」という記述があり、このことからこの時点でグイッチァルディーニの叙述が一五〇〇年に達していたのはテキストからして明らかである。しかしそれ以後、中断した時を正確に確定することはできない。いずれにせよ、ピサの降伏は六月八日であり、そのあとグイッチァルディーニは岳父アラマンノをピサに訪ねているから、おそらくこの時期ではなかったかと推定されるのである。しかし、これについては異議があろう[13]。

タイトルのない『フィレンツェ史』にタイトルを付け、章分けしたのはカネストリーニである。タイトルは『コジモ・デ・メディチの時代からゴンファロニエーレ・ソデリーニの時代に至るフィレンツェの歴史』(*Storia fiorentina dai tempi di Cosimo de' Medici a quelli del Gonfaloniere Soderini*)というものであった。今世紀に入って、新たにロベルト・パルマロッキの監修で『フィレンツェ史』がより正確な形で出版される。一九三一年のことである。ロベルト・リドルフィなどによって、グイッチァルディーニの文献学的な研究、発掘、調査が徹底的に開始されようとしていた時期である。パルマロッキはタイトルをカネストリーニのものと違って『一三七八年から一五〇九年にかけてのフィレンツェの歴史』(*Storie fiorentine dal 1378 al 1509*)としている。この方が一六世紀の慣用法にぴったり合っているからである[14]、と言うのである。ちなみに、カネストリーニの場合、Storia fiorentina《ストーリア・フィオレンティーナ》と単数扱いであるが、パロマロッキはStorie fiorentine《ストーリエ・フィオレンティーネ》と複数形にしている。本訳書はパルマロッキのものに従っている。

『フィレンツェ史』はパルマロッキの指摘した通り、一三七八年から一五〇九年までのフィレンツェの歴史であるが、その叙述は不均衡が目につく。すなわち、一三七八年のチオンピの反乱からコジモ・

(12) R. Ridolfi, Vita. p.36.

(13) The History of Florence. by M. Domandi. pp. xxviii–xxix.

(14) ibid. p.xxxviii. footnote 22.

デ・メディチが亡命先のヴェネツィアから帰還する一四三四年に至る五十六年間は、わずか数ページほどの分量である。ここでは、チオンピの反乱が起こった時のゴンファロニエーレがルイジ・グイッチァルディーニであったこと、コジモのフィレンツェ帰還にあたって最も功のあったのがルイジの長男ピエロであったことなどが記されている。次いで一四五四年のロディの平和までの二十年間も、同程度の短さで要約される。ここではコジモの内政・外政にわたる政策が簡潔に語られ、二つの同盟間の対立、すなわち、一方におけるミラノ公フランチェスコ・スフォルツァとフィレンツェのコジモ、他方におけるヴェネツィアとナポリ王アルフォンソとの武力対立がロディの平和によって解消され、イタリア諸国間に一般的な平和が回復される経緯が示される。その際、グイッチァルディーニは「ロディの平和から今日に至る時期については、何びともその歴史を書いていないので、私はそれらについて詳細に語り、知っていることを告げようと思う[15]」と決意を述べているが、その約束は完全には果たされない。ロディの平和から一四六九年十二月、ピエロ・デ・メディチの死に至る十五年も同じような要約である。ここではピエロ・デ・メディチの政権および政権内部の軋轢、ピエロ殺害の陰謀、首謀者の追放などが扱われる。また、このようなフィレンツェの騒擾を見てのヴェネツィアによる反フィレンツェの動き、それに対するミラノ、ナポリ、教皇などの動向が、簡潔かつ明瞭に示される。ヤコポ・グイッチァルディーニ、兄のルイジ・グイッチァルディーニの外交使節としての活躍についても、もちろん触れられる。

しかし、ピエロの死んだ一四六九年からロレンツォ・イル・マニーフィコの死に至る二十三年間については、記述はかなり詳細になる。ここで扱われる問題も多様となる。イタリア諸国の対トルコ同盟結成の動きについての叙述から始まり、諸国家間の複雑な利害関係、外交関係の考察、教皇シクス

(15) *Storie Fiorentine* in Op. vol. VI. p.8. 本訳書四一頁。

トゥスとフィレンツェとの関係、フィレンツェとヴォルテルラとの戦争（ロレンツォはヴォルテルラで発見された明礬《みょうばん》鉱を手に入れたかったのである）、パッツィ陰謀事件の詳細、弟ジュリアーノ・デ・メディチの暗殺、パッツィ一門に対するロレンツォの復讐、己れの権力掌握、それに続く教皇とナポリを相手にしての戦争、フィレンツェとロレンツォの危機、ロレンツォのナポリ行と平和、ロレンツォのフィレンツェ凱旋、フィレンツェの政治改革、ヴェネツィアとフェラーラとの戦争、教皇インノケンティウス八世の即位、最後にロレンツォの死およびその評価などが具体的に記述されている。『フィレンツェ史』の叙述が一年一年を追って詳細に、いっそう具体的になるのは一四九四年からである。以後、ピサ包囲中の一五〇九年に至る十五年間が、実に『フィレンツェ史』全体の三分の二の分量を占めている。

こうした扱い方の不均衡さは、グイッチァルディーニの利用した資料によるものと考えられている。[16] ニコライ・ルビンシュタイン（N. Rubinstein）によれば、グイッチァルディーニは時にフィレンツェの公けの記録、あるいはその抜き書きを利用したこともあろうが、これを原則としてはいないという。むしろ、グイッチァルディーニ家に残されている書簡や日記、その他の古文書類に依存しているように思われる。[17] さらに父ピエロや岳父アラマンノ・サルヴィアーティ、あるいは母シモーナの親族、その他の多くの友人たちから直接耳にした情報を基にして『フィレンツェ史』を書いているのである。彼らは、すべてロレンツォ・イル・マニーフィコの時代から、その子ピエロ、サヴォナローラ、ソデリーニの時代にかけて、フィレンツェの政治や様々な社会的事件に深く関わってきた人びとである。いま流行しているオーラル・ヒストリの類である。

『フィレンツェ史』には公式の文書類などからは知る由もないいろいろな噂、挿話が盛り込まれて

（16）The History of Florence. tr. by M. Domandi. pp.xxxii–xxxiii.

（17）Nicolai Rubinstein, The 'Storie fiorentine' and the 'Memorie di Famiglia' by Francesco Guicciardini. Rinascimento, vol. IV（1953）, pp. 173–225.

いる。また、様々な登場人物の様々な行動の裏に隠された動機や目的などについても記されているが、その情報源はすべて事情に通じている彼らからのものと考えてよかろう。ピサ包囲中の諸々の記述は、あるいはアラマンノ・サルヴィアーティその人から得ていたかもしれないのである。

『フィレンツェ史』については、作品として未完成で、統一的な形式も欠如し、全体として不均衡が目立つにもかかわらず、数多くの称讃が寄せられている。文体は生き生きとした自然の話し言葉で、簡潔である。事実の記述だけでなく、その隠された原因についての考察もなされている。人間の心理を見抜く洞察力も至るところに見て取れる。[18] ロレンツォ・イル・マニーフィコやサヴォナローラの総合的な評価となると、あたかも一つの独立した論稿の趣きがある。いずれにしても、一五世紀から一六世紀初頭にかけてのフィレンツェの政治生活を躍動的に描いた、こよなく面白い読み物となっている。もちろん、今日の歴史感覚からすれば奇異な点も見られる。たとえば、重大な事件が起こる場合には必ず前兆とか予兆とかが現われ、それについての報告が蜿蜒となされるといった点である。ロレンツォの死は、その死を予知する様々な前兆が現われたということで、重大事件としての意味を持たされるのである。これは人文主義的歴史叙述の一つの定型である。

『フィレンツェ史』についてのヴィットリオ・デ・カプラリース（V. de Caprariis）の評価はよく知られている。すなわち、「歴史書ではなく」（non opera di storia）「政治批判の書」[19]（ma libro di critica politica）であるというものである。『フィレンツェ史』は「偉大な政治的パンフレット」[20]（un grande pamphlet politico）なのである。リドルフィはこれについて大筋として認めつつも、次のように応えている。「本書（『フィレンツェ史』）において歴史家（グイッチァルディーニ）を導いているものが政治的思考（il pensiero politico）であるという点では同意できる」。しかしグイッチァルディー

（18） R. Ridolfi, Vita. p.34.

（19） Vittorio de Caprariis, Francesco Guicciardini. Dalla politica alla storia. (Bari, G. Laterza & Figli. 1950) p.61.

（20） ibid. p.104.

ニが「タイトルを付けなかったのはおそらく将来、書くことになるであろう、しかも正当にそのタイトルに値するはずの書物を予想していたからである」、あるいはグイッチァルディーニが「心の中でこの若い時代の作品（習作）が歴史というタイトルに値するものではないと気付いていたからである」などと論ずるのは、「無邪気な若気の過ち」[21]（un peccato d'ingenuità giovanile）であるとしている。一五二八年のいわゆる第二の『フィレンツェ史』ともいうべき『フィレンツェ事情《コーセ・フィオレンティーネ》』（*cose fiorentine*）も、一五四〇年の『イタリア史』も、タイトルが付けられてはいなかったではないか、と言うのである。『リコルディ』ですら本来、タイトルがないのである。しかし、カプラリースの「偉大な政治的パンフレット」という指摘は『フィレンツェ史』を読む場合、それなりに参考になろう。

（21） R. Ridolfi, Vita. p.441. note 13.

三　フィレンツェ行政組織の歴史

一四九四年、コジモ以来、六十年間にわたってフィレンツェに君臨してきたメディチ家政権が崩壊する。ピエロ・デ・メディチの対外政策の失敗のためである（これについては本文第11章参照）。ピエロは亡命し、フィレンツェには新しい民主政権（governo popolare）が成立する。この民主政権は様々な問題を抱えつつも一五一二年、スペイン軍の援助のもとにメディチ家が復帰するまで存続する。

この民主政権の諸制度は、一四九四年十二月二十二日－二十三日に成立した有名な法律に基づいている。メディチ政権時代の諸制度、諸機関は廃止される。改革に当たってフィレンツェ人の目指したのはかつて存在していた、古き良き時代の諸制度に復帰することであった。これは極めてルネサンス的な感覚といえる。新しい政権の中核となるのは、一般にコンシーリオ・グランデ（大会議）と呼ばれているものである。当初、これは「民衆《ポポロ》と共同体《コムーネ》の会議《コンシーリオ》」（el Consiglio del popolo et comune）と称された。本来、これは古い起源の二つの独立したコンシーリオであった。一三二〇年代の改革によって、ポデスタ（Podestà）の諮問機関として「コンシーリオ・デル・コムーネ」（構成員二百名）が設置される。「コンシーリオ・デル・ポポロ」（構成員三百名）はカピターノ・デル・ポポロ(22)（Capitano del popolo）の諮問機関である。「コンシーリオ・デル・コムーネ」のメンバーには貴族も選ばれたが、「コンシーリオ・デル・ポポロ」には平民しか認められなかった。任期は四カ月である。法律の制定に当たっては、これら二つのコンシーリオの三分の二以上の賛成が必要であった。ただし、コンシーリオそのものには立法権はない。メディチ政権下では次第にその権限は他の機関に移されていく。一四九四年、この二つのコンシーリオは解散され、コンシーリオ・グランデの核となっていく。

コンシーリ・グランデのメンバーになる資格のある人びととは、次のような人びとである。すなわち、一定期間、フィレンツェに居住し、税金を収めている人びとで、本人の名、あるいは父親の名、あるいは祖父の名が三大要職（「シニョリーア」、「十二人の良き人びと」、「十六人ゴンファロニエーリ・ディ・コンパニーア」）のいずれかに、その候補者として袋《ボルサ》に入れられた人びとである。実際にその職に就いたことがあるかどうかは問わない。候補者となっただけでよい。また、コンシーリオ・グランデのメンバーになるには年齢が二十九歳になっていなければならない。法的にはこれらの条件を満たす人びとのみがフィレンツェ市民といえる。したがって、コンシーリオ・グランデとは近代的な議会ではない。フィレンツェ全市民によるコンシーリオである。当時、フィレンツェのこのような市民の数は三千名を少し越える程度であったと考えられている。

コンシーリオ・グランデはまた審議機関でもない。その最も重要な機能は票決と官職選出である。

（22）ここでポデスタ職とカピターノ・デル・ポポロ職について簡単に触れておきたい。ポデスタ職は一二世紀後半、あるいは一三世紀前半に制定されたもので、その起源は古い。当時、ポデスタがフィレンツェの最高の官職であった。任期は当初一年であったが、一二九〇年に至ってポデスタの権力を抑えるために六カ月に短縮される。ポデスタになり得る資格はまず、外国人であること、次いで貴族であること、ゲルフ党に属する者である。ポデスタは国家の首長として、条約に署名し、裁判を行い、戦時には軍すなわち、法案と課税の承認をめぐる票決と、様々な官職者の選出である。したがって、コンシーリオ・グランデと政府諸機関との間には密接な関係が存する。しかも、コンシーリオ・グランデの成員三千人の一人ひとりが官職に就く権利を有している。官職者の選出の方法は、基本的にはくじ引きの方式である。メディチ政権下では手によって（a mano）官職者任命を操作している。コンシーリオ・グランデにおいてはくじ引きと名札による選挙の双方を兼ねるようになる。これについては以下に具体的に触れる。

一四九四年の改革は既存の官僚機構をそのまま温存している。もちろん、メディチ政権下での「百人会《チェント》」、「七十人会《セタンタ》」、「十七人会《ディチアセッテ》」、「八人委員会《オット・ディ・プラティケ》」等々は廃止されたが、古くからの機関は、あるいは復活され、あるいはそのまま引き継がれるのである。

「シニョリーア」（政庁）は国権の最高機関である。これは審議機関でもある。シニョリーアのみが立法権を持つ。立法権といってももちろん、最終的にはコンシーリオ・グランデの承認が必要である。したがって、正確には法案の提出権とでもいうべきであろう。条例に関しては、それ自身の権限で出すことができる。また国事犯に関しては、これを裁くことができる。外交問題に対しても大きな権限を有している。シニョリーアが制定されたのは一二八二年である。商人ギルドが隆盛に向かっていた時期である。当初、シニョリーアを構成するプリオーレに選ばれるのは、七つの大ギルドのいずれかに属する者である。次いで、五つの中ギルドに属する者も資格を認められ、一二九三年以降は九つの小ギルドに属する者も認められる。最初に、プリオーレは三人であった。このシニョリーアがその二カ月の任期を終えた後、プリオーレは六人となる。フィレンツェの三つの区域から二人ずつ選出されるのである。一三四三年、フィレンツェ市は四つの行政区域に分割される。これ以後、プリオーレの

の総司令官を兼ねる。しかし一四世紀以降、とくに一五世紀のメディチ政権下に至ってポデスタの大きな権限は次々と他の行政職に奪われていく。わずかに裁判上の権限のみに限定される。さらにその裁判上の権限も縮小され、最後には三大要職の選出に立ち会う程度の機能しか果たさなくなる。一四九八年に再びその法的権限を回復するが、これも一五〇二年、正義の協議会《コンシーリオ・ディ・ジュスティーツィア》、通称ルオタ（輪）に取って代わられる。ルオタについては本文三二七頁参照。

カピターノ・デル・ポポロは一二五〇年、第一民主政《プリモ・ポポロ》（primo popolo）の成立とともに制定される。カピターノ・デル・ポポロの資格もポデスタのそ

数は八名となる。任期は二カ月、報酬はない。名誉職《オノーレ》(onore)である。八名のプリオーレのうち六名は大ギルドから、二人が小ギルドから選出される。プリオーレの選出はまず、有資格者の審査(scrutinio)会議を経た後、資格者の名札が袋《ボルサ》に入れられ、次いでくじ引きの仕方で袋から引き出された名札の者が選ばれるのである。しかし一四三四年以降、くじ引きの仕方が変化する。手による操作が行われるようになるからである。アッコピアトーリ(accoppiotori)の仕事は通常では資格審査会議の決定に従って、三大要職に就ける有資格者の名札を適切に袋に入れていくことである。シニョリーアの選出に当たっては、二種類の袋が用いられる。一般の袋《ボルサ・ジェネラーレ》(borsa generale)と、小さな袋《ボルセリーノ》(borsellino)である。全部で七つの袋が使われる。小ギルドから選出される二名は、同一の袋が使われるからである。当然ながら、小さな袋に入れられた場合、選出される確率は高くなる。アッコピアトーリには名札をどの袋に入れるかを決定する権限が与えられている。その前に資格審査会議がある。メディチ政権はこの審査会議をも支配している。選出が手で行われる限り、アッコピアトーリはその結果に決定的な影響力を発揮し得たのである。

　シニョリーアを主宰するのは「正義のゴンファロニエーレ」(Gonfaloniere di Giustizia)である。一二九三年、正義の法令によって制定される。フィレンツェ共和国の首長である。任期はプリオーレと同じく二カ月である。ゴンファロニエーレの選出方法もプリオーレと同様、くじである。ゴンファロニエーレになる資格は小ギルドに属する者には与えられていない。一五〇二年、ゴンファロニエーレ職は終身となる。選出されたのはピエロ・ソデリーニであるが、一五一二年、メディチ家の帰還とともに追放され、終身ゴンファロニエーレ制は廃止される。

　シニョリーアは二つの諮問機関を持つ。いわゆる本文でコレッジといわれているものを構成する。

れとまったく同じである。任期は一年であったが一二九〇年、六カ月に縮小される。裁判上の権限以外、カピターノ・デル・ポポロは市民軍の指揮官である。ポデスタは総司令官であったが、ポデスタの率いるのは騎兵である。市民軍はフィレンツェ市民で二十中隊、農村部で九十六である。この中隊はゴンファーニと呼ばれる。ゴンファーニは軍旗を意味する。シニョリーアとゴンファロニエーレ・ディ・ジュスティーツァが登場するまで、ポデスタとカピターノ・デル・ポポロがフィレンツェの最高職であった。一四世紀になると、権限は他の機関に奪われていく。メディチ政権下では政治犯を裁くバリすなわち「十二人の良き人びと」(Dodici Buonuomini) と、「十六人ゴンファロニエーリ・ディ・コンパニーア」(Sedici Gonfalonieri di Compagnia) である。「十二人の良き人びと」は一三二一年、シニョリーアを監視するために制定される。「十六人ゴンファロニエーリ・ディ・コンパニーア」は当初は十九名であったが、一三四三年、フィレンツェが四つの区域に分割された時に十六名となる。これらはシニョリーアとともに、フィレンツェの三大要職 (i tre maggiori) といわれている。シニョリーアが法案を作成し、それを通過させるためにはまずこれら二つの機関に諮り、その後、コンシーリオ・グランデに上程されるのである。「十二人」の任期は三カ月、「十六人ゴンファロニエーレ」は四カ月である。選出方法はくじ引きであった。しかし、グイッチァルディーニの時代にあっては、コレッジは既に政治的な意味を失っている。しかしその権威は高かった。

この他、フィレンツェの行政機関で重要なものは次の三つである。「八人委員会《オット・ディ・グァルディア》」、「十人委員会《ディエチ・ディ・バリーア》」、「モンテ局」(Ufficiali di Monte) がそれである。「十人委員会」は一三八四年に制定されたものである。対外戦争と外交を担当する。一四九四年以降は「自由と平和の十人《ディエチ・ディ・リベルタ・エ・パーチェ》」(Dieci di libertà e pace) と呼ばれる。任期は六カ月、場合によっては延長される。シニョリーアとコレッジによって選出される。グイッチァルディーニは本文ではなぜか「自由と平和の十人」とは呼ばず、旧来の「ディエチ・ディ・バリーア」を用いている。マキァヴェリが書記官として仕えたのは、この「自由と平和の十人」である。

「オット・ディ・バリーア」(八人委員会) はチオンピの乱の鎮圧直後、一三七八年に設置されたもので、政治犯の逮捕、審問を行う。その後、一般の刑事・民事事件も扱うようになる。任期は六カ月、後に四カ月となる。選出はくじ、あるいはシニョリーアによって選出される。この機関で解決できな

ーア (大権) を与えられたりするが、次第にオット・ディ・グァルディアに取って代わられ、一四七七年、カピターノ・デル・ポポロは廃止される。一四九八年、再び導入されるが、ポデスタ同様、これも一五〇二年、ルオタに取って代わられる。

かった重大な国事犯は、特別の「四十人法廷《クアランティア》」(Quarantia)に委ねられる。「モンテ局」は一三四三年に設置されたもので、公債を扱ったが、次第に税の徴集、その他、有力市民によるフィレンツェに対する貸し付け金の徴集など、広くフィレンツェの財政問題を扱うようになる。五年に一度、あるいは必要が生じた場合、モンテの改革が行われる。主として利率の変更がその目的である。一四九四年以降、改革は定期的に毎年行われることになる。

この他、支配下の都市を統治するために派遣される重要な役職がある。ポデスタあるいはカピターノ(Capitano)という古色蒼然たる称号を有す。ピサ、ピストイア、アレッツォ、ヴォルテルラ、コルトナ、リヴォルノ等々に派遣される。任期は一年である。この他、フィレンツェには病院の監督官、警察長官《バルジェルロ》(Bargello)、警吏、獄吏、風俗取締官などの役職もある。「ノタイオ・デルレ・リフォルマジョーニ」(notaio delle riformagioni)を「立法公証人」として訳しておいたが(本文一六四頁)、これには説明が必要であろう。公証人であるが、法案を作成し公認する仕事を行う。また、様々なコンシーリオでの票決の記録も行う。コンシーリオでシニョリーアを代表して演説し、また、各演説者の記録を行うことができる。シニョリーア付きの公証人である。

最後に、フィレンツェにとって重要な特別職を二つあげねばならない。まず、インバシァドーレ(Imbasciadore)、あるいはオラトーレ(Oratore)と呼ばれている。外国に派遣されるいわゆる外交官である。インバシァドーレもオラトーレも、本文では大使あるいは使節と訳してある。任命されるのは主として名門貴族層である。これには高額の報酬が保証されている。もう一つはコッメサーリオである。これは緊急の問題が生じた時に任命される特別職である。とくに戦争の際に任命される。フィレンツェが戦争を行う際、兵の徴集、糧食の調達等々を行う広汎な権限を持っている。ただし、兵の指揮権はない。「特別委員」という訳語も考えたが、あえて訳さなかった。なお、コッメサーリオ・ジェネラーレ（Commesario generale）という役職も登場するが、複数のコッメサーリオが任命された場合、全員を代表する上位の役職を意味している。コッメサーリオに任命されるのは通常、名門貴族層である。ピサ作戦では、マキァヴェリも例外的にこれに任命されている。

　フィレンツェの行政職の特徴は、任期が極めて短期間であるという点に存する。こうした措置の目的は、できるだけ素早く役職を、税金を支払って一定期間、フィレンツェに在住しているすべての市民の間に回転させることにある。これはフィレンツェが未だ小さな都市であった時代のシステムである。当時は、役職に就くことは市民の義務であった。任期が短いことは、市民が本業に専念するための時間を不当に奪われないことを保証するものであった。しかし時の経過とともに、短い任期の意味が変化してくる。すなわち、僭主の出現を防ぐためのものと考えられるようになる。さらにフィレンツェが成長するにつれて、その行政も拡大され、役職に就く態度も変わってくる。三大要職は無給であった。名誉職《オノーレ》（onore）である。やがてフィレンツェの驚異的な経済的・政治的発展の結果、報酬の支払われる官職が増加し、官職に就くことはかつては義務であったが、いまや積極的に追い求める魅力あるものとなる。官職に就くことは利益《ウティーレ》（utile）をもたらすのである。一四九四年以後、コンシーリオ・グランデがこれらすべての官職を選出することになるが、コンシーリオ・グランデのメンバーはすべて官職に就く資格を有しているのである。フィレンツェの市民はすべて官職に就き、その利益を享受する権利を持っているのである。しかし官職の数は限られており、二十九歳以上の市民の数は三千を越えている。したがって、官職の循環を市民の間に公平に行うために、様々な禁止条項（divieti）が設けられる。一定の官職に就いた者は一定期間、他の官職に就くことはできない。同一家族の成員も同時に就くことはできない。一定の重要な官職については年齢制限も設けられる。それでは具体的にどのような手続きによって官職に就けるのか。重複を厭わず、次に整理する。

すべての市民が官職に就かねばならぬというフィレンツェ初期の考え方、また、権利として官職に就けるという一四九四年以後の考え方は、市民を官職に任命するその方法に示されている。まず、それぞれの官職に対して資格のあるすべての市民の一覧表が、資格審査会議を経て作成される。（当然ながら、これらの一覧表は絶えず修正され作り直される）。次いで、有資格者の姓名の書かれた名札がアッコピアトーリによって赤い革の袋《ボルサ》に入れられ、その袋からくじ引きの要領で取り出された者が官職に就くことになるが、その前に税を収めているかどうか、禁止条項に触れないかどうかが検討される。これらすべてをクリアした後に初めて、官職に就くことが可能となる。メディチ政権時代は手によって操作されていたことは先に触れた通りである。

以上、複雑なフィレンツェの行政機構を単純に概括したが、しかし実際は不明な点が多いのである。同じ名称でも時代によってその機能が変化し、実際にはどのような役割を果たしたかうかがい知れないのである。グイッチァルディーニ自身、フィレンツェの諸制度については詳細に語ってくれないのである。曖昧な点が残るのである。かつて、グイッチァルディーニは歴史家について次のように語ったことがある。

「すべての歴史家は例外なく次の点において誤りを冒してきたように私には思われる。すなわち、同時代にあってよく知られている多くのことを誰もが知っているからという前提のもとに書き残すのを怠ったという点においてである。このことからして今日、ギリシャ史やローマ史、その他の歴史における極めて多くの点についての知識が望まれているという次第である。たとえば、種々の行政官の間の権威や相違について、政権について、軍隊組織について、都市の大きさについて、その他、著者の時代にはよく知られており、そのために省略された多くの物事について、知識を欠いているのである。もし歴史家が、時とともに諸都市は滅亡し物事の記憶は失われていくこと、歴史とは物事の記憶を永久にとどめておくためにのみ書かれるということを考えたなら、彼らはもっと注意して勤勉にそれらを書き残したであろう。そうなれば、遠く隔たった時代に生を享けた者もそこに描かれている同時代の人びと同様、すべての物事を眼の前にあるかのごとく知ることができるであろう。まさに歴史の目的はそれなのである。」(『リコルディ』「C」一四三、拙訳『グイッチァルディーニの訓戒と意見』参照)。

なお、本稿一は拙訳『グイッチァルディーニの「訓戒と意見」』(太陽出版)の解説の一部を加筆訂正したものである。

二は同じく、拙著『グイッチァルディーニの生涯と時代』(同)上巻より一部をそのまま転載したものである。

三を執筆するに当たっては、次の書を参照した。

Machiavelli and Guicciardini. Politics and History in Sixteenth-Century Florence by Felic Gilbert. Princeton Univ. Press. 1965 pp.7～19.

Glossary by Mario Domandi, in The History of Florence, Harper Torchbook.

人名索引

ア行

アウレーリオ・ダ・カステルロ Aurelio da Castello ……333
アッチァイウォーリ，アニョーロ Acciaiuoli Agnolo ……34,50,52-3,55,64
アッチァイウォーリ，アレッサンドロ Alessandro ……200,229,263,318
アッチァイウォーリ，ツァノービ Zanobi ……245
アッチァイウォーリ，ロベルト（ルベルト）・ディ・ドナート Robert di Donato ……263,403,406-7,425
アッピアーニ，ヤコポ Appiani Iacopo，ピオムビーノの領主 ……77,253,389,480
アディマリ，ピエロ Adimari Piero ……303,306
（アドリアーニ）マルチェルロ，（Adriani）Marcello，フィレンツェの首席書記官 ……458
アラゴナ〔ナポリ王家〕，アルフォンソ〔１世〕，在位1435-58 Aragona（da），Alfonso ……37,39,40,42-3,48,103
アラゴナ〔 〃 〕，アルフォンソ〔２世〕，カラブリア公→国王在位1494-95 ……49,67,84,90,99,100,106-12,118-20,122,125,152-56,186
アラゴナ〔 〃 〕，イザベルラ Isabella ……125
アラゴナ〔 〃 〕，フェデリーゴ Federigo，国王，在位1496-1500 ……49,155-6,251,261,320-1,426-9
アラゴナ〔 〃 〕，フェルランド Ferrando，カラブリア公→国王，在位1458-94 ……43-5,48-9,54-5,57-8,60,62,65-8,75-6,83-4,89,90,94,96-7,99-102,105,108,110,113-4,117-8,120-3,130,133,143,148-52,251,322
アラゴナ〔 〃 〕，フェルランド〔２世〕，通称フェルランディーノ Ferrandino，在位1495-96 ……156-7,186-7,192-3,250-1
アリドーシ，フランチェスコ Alidosi Francesco，パーヴィア枢機卿 ……424
アルビッツィ（デリ），アントーニオ・フランチェスコ・ディ・ルーカ・ダントーニオ Albizzi（degli），Antonio Francesco di Luca d'Antonio ……467,471
アルビッツィ（デリ），ジローラモ Girolamo ……91,94,138
アルビッツィ（デリ），ピエロ・ディ・フィリッポ Piero di Filippo ……32
アルビッツィ（デリ），ピエロ・ディ・ルーカントーニオ Piero di Lucantonio ……203,360
アルビッツィ（デリ），フランチェスコ（フランチェスキーノ）Francesco ……177,203,241,486
アルビッツィ（デリ），ベルナルド・ディ・フランチェスコ Bernardo di Francesco ……486
アルビッツィ（デリ），マーゾ Maso，ゴンファロニエーレ ……32
アルビッツィ（デリ），リナルド Rinaldo ……34

アルビッツィ（デリ），ルーカ・ダントーニオ Luca d'Antonio ………200,224,
257,266,279–80,300–2,307,327,331,336,344,347,369
アルビッツィ（デリ），ルーカ・ディ・マーゾ Luca di Maso …………………34
アルディンゲルリ，ピエロ・ディ・ニッコロ Ardinghelli, Piero di Niccolo
………252,303,363,458–9
アルベルティ（デリ），ピエロ Alberti (degli) Piero ……199,212,235,238,431
アルベルティ（デリ），ベネデット Benedetto ……………………………………32
アルベルティネルリ，〔フランチェスコ〕Albertinelli,〔Francesco〕 ………398–9
アレクサンデル（アレッサンドロ）6世，教皇 Alessandro VI →ボルジア，
ロドリーゴ
アレグリ（モンシニョーレ・ディ）イヴォ，Allegri Ivo ………………………291
アングレーム Angoulême →ダングレーム
アンテルラ（デルラ），フィリッポ Antella (della) Filippo ……………………128
アンテルラ（デルラ），ラムベルト Lamberto ……………………………………220
アントーニオ・ジェンナロ Antonio Gennaro ……………………………………150
アントーニオ・ダ・コルレ →グイドッチ・アントーニオ
アントーニオ・ディ・サッソ di Sasso，20人アッコピアトーリの一員 ………176
アントーニオ・ディ・プッチョ di Puccio →プッチ・アントーニオ
アントーニオ・ディ・ベルナルド→ ディニ
アンボール Imbault ……………………………………………………………………346
イザベルラ・ディ・カスティーリア Isabella di Castiglia ………………………408
インギルラーニ，バルド Inghirlani Baldo …………………………………………213
イングラーティ（デリ），カルロ Ingrati (degli) Carlo …………………213,253
インノケンティウス（インノチェンツォ）8世，教皇 Innocenzo VIII ……105,114,
117–8,122,127–8,130,133–4,147,149,375
ヴァレンティーノ Valentino →ボルジア，チェーザレ
ヴァローリ，ニッコロ，Valori Niccolò ……………………396,425–7,434,470,473
ヴァローリ，バルトロメーオ Bartolomeo ………………………………442,467
ヴァローリ，フランチェスコ Francesco ………138,145,148,155,164,174–6,178,
181,188,194,199,202,209–10,213,
215,220,224,226–9,232,234,236–8,
240–1,246,250,454,467–8,473
ヴィスコンティ，ガレアッツォ Visconti Galeazzo ………………………………264
ヴィスコンティ，ジァン・ガレアッツォ Gian Galeazzo，ミラノ公 ……………32
ヴィスコンティ，フィリッポ・マリア Filippo Maria，ミラノ公 ………33,37–8
ヴィッテルリ，ヴィッテロッツォ Vitelli, Vitellozzo ……253,280,307,316–9,328,
333,337–41,345,366,370,372–3,375–6,396
ヴィッテルリ，カミルロ Camillo ……………………………………189,193,212
ヴィッテルリ，ジューリオ Giulio ……………………………………………335,376
ヴィッテルリ，ジョヴァンニ Giovanni ……………………………………………376
ヴィッテルリ，ニッコロ Niccolò ……………………………………………76,106,375
ヴィッテルリ，パゴロ（パオロ）Pagolo …………212,248,253,258–9,262,264–8,
271–5,277–86,307,449
ヴィーニァ（デル），アントーニオ Vigna (del) Antonio ……………………310

ヴェスプッチ，グイドアントーニオ Vespucci Guidantonio ……89,103,128,152,176,186,193,199,213,215–6,222–3,229,241–2,252–4,257–8,266,292,307,353
ヴェスプッチ，ジョルジョ・アントーニオ Giorgio Antonio …………………245
ヴェスプッチ，ピエロ Piero ……………………………………………277,279
ヴェットリ，ピエロ Vettori Piero …………………………………124–5,138,177
ヴェットリ，フランチェスコ・ディ・ピエロ Francesco di Piero ………431,435
ウッザーノ（ダ），ニッコロ Uzzano (da) Niccolò ………………………………33
ウルビーノ公 Urbino (duca di) →モンテフェルトロ Montefeltro
エウゲニウス（エウジェーニオ）4世，教皇 Eugenio Ⅳ ………………………37
エステ（デ），アルフォンソ Este (d') Alfonso，フェラーラ公 ………321–2,331
エステ（デ），エルコーレ Ercole，フェラーラ公 …………66–7,84,89,90,92,94,105,113,262–3,267–9,274,292,321–2,347
エステ（デ），ジスモンド Gismondo ……………………………………………94
エステ（デ），ボルソ Borso，フェラーラ公 …………………………………54
オリヴェロット（リヴェロット）・ダ・フェルモ Oliberotto (Liverotto) da Fermo ……………………………367,375–6
オルシニ，ヴィルジーニオ Orsini Virginio ………………106,118–9,149–51,186
オルシニ，オルガンティーノ Organtino ……………………………………118
オルシニ，ジァン・ジョルダーノ Gian Giordano ………………………………380
オルシニ，ジューリオ Giulio …………………………………………………118
オルシニ，ニッコラ Niccola，ピティリアーノ伯 …………85,118–9,186,329,439
オルシニ，パオロ Paolo ………………………………………163,316,335,375
オルシニ，バティスタ Battista，枢機卿 …………………………………118,375
オルシニ，ファビオ・ディ・パオロ Fabio di Paolo ……………………………335
オルシニ，フランチェスコ Francesco，グラヴィナ公 duca di Gravina ……375
オルシニ，リナルド Rinaldo，フィレンツェ大司教 ……………74,375,441,460–1

カ行

カイアッツォ伯 →サンセヴェリーノ（ダ）ジョヴァン・フランチェスコ
カヴァルカンティ，ジョヴァンニ Cavalcanti Giovanni …………………162,184
カステルラーニ，アントーニオ・ディ・レオーネ Castellani Antonio di Leone ………476
カステルロ（ダ），アウレーリオ Castello (da) Aurelio →アウレーリオ
カステルロ（ダ），チェルボーネ →チェルボーネ
ガッディ，タッデオ Gaddi Taddeo ……………………………………………209
カッポーニ，カッポーネ・ディ・バルトロメーオ Capponi Cappone di Bartolomeo ………………257
カッポーニ，グリエルモ Guglielmo ……………………………391,441–2,459–62
カッポーニ，ジーノ・ディ・ネリ・ディ・ジーノ・ディ・ネリ Gino di Neri di Gino di Neri ……………………………………103
カッポーニ，ジーノ・ディ・ネリ・ディ・ジーノ・ディ・ピエロ Piero ………467
カッポーニ，ジーノ・ディ・ロドヴィーコ Gino di Lodovico …………………221
カッポーニ，ニッコロ・ディ・ピエロ Niccolo di Piero ……254,444,480,486–7

カッポーニ，ネリ・ディ・ジーノ・ディ・ネリ ……………………………34,37,43,141
カッポーニ，ネリ・ディ・ジーノ・ディ・ピエロ …………………………193,467,476
カッポーニ，ピエロ Piero ……………………125,138,152,161–2,166,174–6,178,
181,183,199,202–3,210,246,467
カナッチ，ジョヴァンニ Canacci Giovanni …………………………199,213,239
カナッチョ・ダ・プラートヴェッキオ Canaccio da Pratovecchio ………489–91
カニジァーニ，アントーニオ Canigiani Antonio ……199,213,224,229,263,279,
396,470,473
カニジァーニ，ジョヴァンニ Giovanni ……………………………………138,236
カープア（ダ），マッテオ Capua (da) Matteo →マッテオ
カムビ，ジョヴァンニ Cambi Giovanni ……………………………………221,225
カムビ，ネリ・ディ・ナポレオーネ Neri di Napoleone ……………………448
カムビ，ネロ Nero ゴンファロニエーレ ……………………………………126–7
カリストゥス（カリスト）3世，教皇 Calisto III ……………………44,147,386
ガリレイ，アレッサンドロ Galilei Alessandro ………………………………333
カルヴァジァル，ベルナルディーノ Carvajal Bernardino,
サンタ・クローチェ枢機卿 ………………431
(カルコンディラス) デメトリオ (Calcondilas) Demetrio ……………………135
カルドゥッチ，フィリッポ Carducci Filippo …………………………………336
カルネセッキ，ピエールアントーニオ Carnesecchi Pierantonio ……………164
カルネセッキ，ピエロ・ディ・シモーネ Piero di Simone …………………311
カーン（ベイリ・ディ）Caen (bali di)，フランスの傭兵隊長 …………378,,382
カンディア（ガンディア）公 →ボルジア，ジョヴァンニ
カンポフレゴーソ（ダ），アゴスティーノ Campofregoso da Agostino ………100
カンポフレゴーソ（ダ），ロドヴィーコ Lodovico ……………………………100
キアリート Chiarito ……………………………………………………………305
ギナッツァーノ（ダ），マリアーノ →マリアーノ
キメンティ，チェルペローネ Chimenti Cerpellone …………………………162
グァスコーニ，ジョヴァキーノ Guasconi Giovacchino ……196,200,279,284–5,
310,353,368,441
グァスコーニ，ジョヴァン・バティスタ Giovan Battista ……………………418
グァダーニ，ベルナルド Guadagni Bernardo，ゴンファロニエーレ …………33
グァルテロッティ，グァルテロット Gualterotti Gualterotto …………………161
グァルテロッティ，ピエロ Piero，ゴンファロニエーレ ………………303,305
グァルテロッティ，フランチェスコ Francesco ……164–5,199,205,207,220,224,
229,235,251,290,307,310,339,344,354,362,370,
377,396,409,421,424–5,434,445–6,452,454–6,492
グイッチァルディーニ，ピエロ・ディ・ヤコポ・ディ・ピエロ Guicciardini
Piero di Iacopo di Piero，フランチェスコ・グイッチァルディーニの父である。
………127–8,150,155–6,166,177–8,200,206,212–3,
224–5,254,258,266,306,336,409,421,431,
433–4,445,447,453–4,458–9,475,492
グイッチァルディーニ，ピエロ・ディ・ルイジ・ディ・ピエロ
Piero di Luigi di Piero，コジモ帰還に功績のあった人物である。 …………34

グイッチァルディーニ，ルイジ・ディ・ピエロ・ディ・ギーノ
Luigi di Piero di Ghino，1378年チオンピの乱の時，ゴンファロニエーレであった。……31
グイッチァルディーニ，ルイジ・ディ・ピエロ・ディ・ヤコポ
Luigi di Piero di Iacopo，フランチェスコ・グイッチァルディーニの兄である。……474,476
グイッチァルディーニ，ルイジ・ディ・ピエロ・ディ・ルイジ，
グイッチァルディーニの大叔父である。……50–1,54,68–9,84,96,103,138
グイッチァルディーニ，ヤコポ・ディ・ピエロ・ディ・ルイジ，
グイッチァルディーニの祖父に当たる。……50,54,57,61–2,65,70,84–5,90,114–5,119,124–7,138
グイドゥッチ，フランチェスコ Guiducci，Francesco ……279
グイドッティ，アントーニオ・ダ・コルレ Guidotti Antonio da Colle ……338,370
グラヴィナ伯 →オルシニ，フランチェスコ
ゲラルディ，フランチェスコ Gherardi Francesco，ゴンファロニエーレ ……272–3,275,277–8
ケルビーノ・ダ・ボルゴ・サン・セポルクロ Cherubino da San Borgo Sepolchro ……280
コッキ，ニッコロ Cocchi Niccolo，ゴンファロニエーレ ……34
コッポラ，フランチェスコ Coppola Francesco，サルノ伯 ……122
コリオーネ（コレオーニ），ディ・バルトロメーオ Coglione (Colleoni) di Bartolomeo ……41,47,54
コルシ，ジョヴァンニ・ディ・バルド Corsi Giovanni di Bardo ……467,471,477
コルシ，バルド Bardo ……176,189
コルシニ，アメリゴ Corsini Amerigo ……200
コルシニ，ゲラルド Gherardo ……451,489–90
コルシニ，ピエロ Piero ……161,166,177,224,258,270,277–8,353
コルシニ，ルーカ Luca ……161–2,166,184,224
コルテ・ダ・ベルナルディーノ →ベルナルディーノ
コルドヴァ（ダ），ゴンサルヴォ（コンサルヴォ）Cordova (da) Gonsalvo ……320,379,383,392–3,400,403,405–7,420,423,429
コルビッツィ，フィリッポ Corbizzi Filippo ……188,202,223,237
コルビネルリ，パンドルフォ Corbinelli Pandolfo ……221
コルラード Corrado，パオロ・ヴィッテルリの秘書 ……266
コレルラ（ダ）ミケーレ →ミケーレ
コロンナ，プロスペロ Colonna Prospero ……407
コロンナ，マルカントーニオ Marcantonio ……402,421
コロンナ，ムツィオ Muzio ……402,487
コンサルヴォ・エルナンデス・アヒラール・ダ・コルドヴァ →コルドヴァ（ダ）ゴンサルヴォ
ゴンツァーガ，ジァン・フランチェスコ Gonzaga Gian Francesco，
マントヴァ侯 ……187,190–1,193,254,275–6,328,

347,370,387–8,392,402–3
ゴンツァーガ，フェデリーゴ（１世）Federigo，マントヴァ侯 …………89,91–2,
94,109
ゴンツァーガ，フランチェスコ Francesco，枢機卿 ……………………………109
ゴンツァーガ，リドルフォ Ridolfo ………………………………………………191
ゴンディ，フェデリーゴ・ディ・ジュリアーノ Gondi Federigo di Giuliano
………476
ゴンディ，ベルナルド・ディ・カルロ Bernardo di Carlo ……………………478

サ行

サヴォイア（ディ）ボーナ Savoia (di) Bona ……………………………69,70,94
サヴォナローラ，ジローラモ（イエロニモ）Savonarola Girolamo ……162,170,
176–181,183,185,188–90,187–201,209,211,
214,219–20,229–35,238–9,241–6,248–50
サケッティ，ニッコロ・ディ・アンドレオーロ Sacchetti Niccolò di Andreolo
………176
サケッティ，ニッコロ・ディ・マッテオ Niccolò di Matteo …………………363
サセッタ（デルラ）リニエーリ Sassetta (della) Rinieri ……………………274–5
サセッティ，ガレアッツォ Sassetti Galeazzo ……………………………………221
サセッティ，ジェンティーレ Gentile ………………………………………………476
ザッケリーア（デル），ヤコポ Zaccheria (del) Iacopo，20人アッコピアトーリ
の一員 ……………176
サッソ・ディ・アントーニオ →アントーニオ・ディ・サッソ
サルヴィアーティ，アラマンノ・ディ・アヴェラルド Salviati Alamanno di
Averardo，フランチェスコ・グイッチァルディーニの妻マリアの父である。
岳父に当たる。 ……………200,290,306,328,342–3,346,349,356,360,363,369,
388,394,397,403,421–2,427,431,433,438,445,
447,453–4,456–8,470–1,480,487,490,493,495
サルヴィアーティ，アラマンノ・ディ・ヤコポ Alamanno di Iacopo …………34
サルヴィアーティ，ジュリアーノ Giuliano …………176,178,184,199,229,310,
336,397
サルヴィアーティ，フランチェスコ Francesco，ピサ大司教 ……………74,76–9
サルヴィアーティ，ヤコポ Iacopo ………………………………………………79
サルヴィアーティ，ヤコポ・ディ・ジョヴァンニ Iacopo di Giovanni
……178,200,221,228,306,363,369,377,
394,397,424–5,447,453,479–80,492
サルヴィアーティ，ロレンツォ・ディ・ロット Lorenzo di Lotto,
ゴンファロニエーレ …………317
サルノ伯 →コッポラ，フランチェスコ
サン・ジョルジョ枢機卿 →リアリオ・ラファエルロ
サンセヴェリーノ（ダ），アントーニオ・マリア Sanseverino da Antonio Maria
………143–4
サンセヴェリーノ（ダ），ガスパーレ（フラカッソ）Gaspare (Fracasso)
………118,256,258,264,330–1,347

サンセヴェリーノ（ダ），ガレアッツォ Galeazzo …………110,173,276,286–7,296
サンセヴェリーノ（ダ），ジョヴァン・フランチェスコ Giovann Francesco,
カイアッツォ伯 ………………110,118,173,191,256,258
サンセヴェリーノ（ダ），ルベルト（ロベルト）Ruberto,
フィレンツェの傭兵隊長 ………54,57,69,90,94,106,108–13,
117–8,120,122,143,330
サンタ・クローチェ枢機卿 →カルヴァジァル，ベルナルディーノ
サンタ・プラッセデ枢機卿 →パラヴィチーニ，アントーニオ
サン・ピエロ・イン・ヴィンクラ枢機卿 →ローヴェレ（デルラ）フランチェスコ，
およびジューリオ
サン・マロ枢機卿 →ブリソンネ，ギヨーム
ジァコミーニ，アントーニオ Giacomini Antonio，ピサ戦のコッメサーリオ
………330,336,369,381,398,404,471
ジアーノ・デルラ・ベルラ Giano della Bella ……………………………………35
ジァンニ，トッマーゾ Gianni Tommaso ……………………………………242
ジァンフィリアッツィ，ボンジァンニ Gianfigliazzi Bongianni,
グイッチァルディーニの母方の祖父 ……………65,80,85,90–1,103,108,115,138
ジァンフィリアッツィ，ヤコポ Iacopo ……………………………160,221,441
ジェナツァーノ（ダ），マリアーノ →マリアーノ
ジェンティーレ，アレッツォ司教 →ベッキ Becchi
シクストゥス（シスト）4世，教皇 Sisto Ⅳ ………60,64,72–3,83,105,114,391
ジノーリ，ジーノ Ginori Gino ……………………………………………200
シモネッタ，チェッコ Simonetta Cecco ……………………………45,65,70,92
シャルル8世，フランス王 Charles Ⅷ（Carlo Ⅷ）…………120–1,150–1,153–66,
169–75,180,185–7,189–96,204–6,245,248,
250,276,288,299,342,375,413,469
ジュスティーニ，ロレンツォ Giustini Lorenzo，パッツィ陰謀に荷担した
チッタ・ディ・カステルロの代官 ……………76,106
ジューニ，アンドレア Giugni Andrea ……………………………………214
ジューニ，バルトロメーオ Bartolomeo，20人アッコピアトーリの一員 ………176
ジューニ，ピッポ Pippo ……………………………………………………242
ジューニ，ベルナルド Bernald ……………………………………………51
ジョヴァンニ，ジョヴァン・バティスタ・ディ・フランチェスコ・ディ・
トッマーゾ Giovanni Giovann Battista di Francesco di
Tommaso，ゴンファロニエーレ ………………………………341
ジョヴァンニ（セル），ディ・セル・バルトロメーオ・ダ・プラートヴェッキオ
(ser) di ser Bartolomeo da Pratovecchio …………139,164,177
ジョヴァンニ・ダ・ティニァーノ da Tignano ……………………………202
ジョヴァンニ（ディ），ニッコロ・ディ・ドメニコ・カムビオ
(di) Niccolò di Domenico Cambio ……………………224
ショーモン（ド），シャルル Chaumont (de) Charles (Carlo) ……337,341,374,
403,448,450,483
ジョヴァン・フランチェスコ（ダ）トレンティーノ Giovann Francesco (da)
Tolentino …………………76

ジョルジョ，ベニーノ Giorgio Benino，人文主義学者 ……………………135
ジーリオ・ジァンパオロ Giglio Giampaolo ……………………………453
シルヴェストロ師 →マルッフィ（Maruffi）
ジローラミ，フランチェスコ Girolami Francesco …………………224,391
スカラ，バルトロメーオ Scala Bartolomeo ………………………………139
スカラムピ，ルイジ Scarampi Luigi，枢機卿 ……………………………48
スカーリ，ジョルジョ Scali Giorgio ………………………………………32
スカルファ（デルロ），フランチェスコ Scarfa Francesco，ゴンファロニエーレ ………162,176
スカルラッティ，ルイジ Scarlatti Luigi ………………………………294
ステーファノ Stefano，ヤコポ・デ・パッツィの秘書 …………………77,81
ストゥーファ（デルラ），アニョーロ Stufa (della) Agnolo，ゴンファロニエーレ ………63
ストゥーファ（デルラ），ジスモンド Gismondo ………………………87
ストゥーファ（デルラ），ルイジ Luigi ……………137,200,277,318,344,353,370
ストラッファ（デルロ）ジローラモ Straffa (dello) Girolamo ………………476
ストロッツィ，アルフォンソ Strozzi Alfonso …………317,470,472–3,477,479
ストロッツィ，アントーニオ Antonio ……………………………223,263,471
ストロッツィ，アンドレア Andrea ………………………………………177
ストロッツィ，カルロ Carlo ……………………………………………200,224
ストロッツィ，トッマーゾ Tommaso ………………………………………32
ストロッツィ，ピエロ・ディ・ジァンノッツォ Piero di Giannozzo …………486
ストロッツィ，フィリッポ・ディ・フィリッポ Filippo di Filippo……463,469–79
ストロッツィ，マッテオ Matteo ……………………………………391,471,479
ストロッツィ，ロレンツォ Lorenzo ………………………………………479
ストロッツィ，ロレンツォ・ディ・フィリッポ Lorenzo di Filippo …………145
スピーニ，ドッフォ Spini Doffo，コンパニァッチの首領 ……………………238
スピッネッタ侯 →マラスピーナ
スフォルツァ，アスカーニオ Sforza Ascanio，枢機卿 ……69,94,147,275,287, 295–6,387–8,400–3
スフォルツァ，イッポリータ Ippolita ……………………………………48
スフォルツァ，エルメス Hermes ……………………………………148,297,325
スフォルツァ，カテリーナ Caterina ……………………216,253–4,256,291–2,296
スフォルツァ，ガレアッツォ Galeazzo，ミラノ公 ………51,54–8,60–2,65–9,75, 133,216,322
スフォルツァ，コンスタンツォ（ゴスタンツォ）・ディ・ペーザロ Constanzo (Gostanzo) di Pesaro …………………………93,95
スフォルツァ，ジョヴァン（ジァン）・ガレアッツォ Giovan (Gian)，ミラノ公 ………68,112,125,148,158,297
スフォルツァ，ジョヴァンニ Giovanni，ペーザロ公 …………………297,315,321
スフォルツァ，ドルシアーナ Drusciana ……………………………………45
スフォルツァ，フランチェスコ Francesco …………37–42,44–5,47–9,51,69,136
スフォルツァ，ロドヴィーコ（イル・モロ）Lodovico (il Moro) ……69,94,105, 109–12,117,119,123,134,136,143–4,147–52,154,

156,158,161,184,187,190–3,195–6,198,205,
207–8,216,219,250–1,253–4,256,259,261–2,
264,270,272,274,276,282–3,286–90,294–7
セッコ，フランチェスコ Secco Francesco，リアリオ・ジローラモの傭兵隊長 ………183,255
セッサ公，Sessa (duca di) ……44
セッリストーリ，アントーニオ Serristori Antonio ……279
セッリストーリ，ジョヴァンニ Giovanni ……119,127,155
セッリストーリ，バティスタ Battista ……200,211,257
ソデリーニ，ジョヴァン・ヴェットーリオ Soderini Giovann Vettorio ………370,377,422,445,454
ソデリーニ，ジョヴァン・バティスタ・パオラントーニオ Giovan Battista Paolantonio ……470,477
ソデリーニ枢機卿 →ソデリーニ・フランチェスコ
ソデリーニ，トッマーゾ Tommaso ……50,54,58,63,68–9,88,96,131,138
ソデリーニ，トッマーゾ・ディ・パオラントーニオ Tommaso di Paolantonio ………231,391,451,486
ソデリーニ，ニッコロ Niccolò ……50–1,53,55
ソデリーニ，パオラントーニオ Paolantonio ……126,138,144–7,151,154,176–7,
194,199,212–3,215,230,
238,241–2,263,277–8
ソデリーニ，ピエロ Piero，終身ゴンファロニエーレ（1502–12） ………151,249,
298,300,306,310,312–3,315,318–9,
334–6,341,344,346,351,362,368–9,
371,394–9,401,407,413,461
ソデリーニ，フランチェスコ Francesco，ヴォルテルラ司教（枢機卿に昇進） ………103,193,196,263,324,332,345,381,
388,402,407,421,433,460–1,465

タ行

ダヴァーロス（ダヴォーレス），アルフォンソ Davalos (Davoles) Alfonso……55
ダヴァンツァーティ，フランチェスコ・ディ・ロレンツォ Davanzati Francesco di Lorenz ……211
タッデオ，フランチェスコ・ダントーニオ・ディ →フランチェスコ・ダントーニオ
タルラティーノ Tarlatino ……491
ダルヴィアーノ，バルトロメーオ D'alviano Bartolomeo ……211,296,329,392,
400,402,404–5,439,468,469
ダンギアーリ，バルダッチョ →バルダッチョ
ダングレーム，フランチェスコ D'Angoulême Francesco，ルイ12世の娘婿 ………400
ダンジュ，ジァン D'Anjou，Jean (Angio〔d〕Giovanni)，カラブリア公 ………44–5
ダンボアーズ，ジョルジョ Amboise（d'）Giorgio，ルーアン枢機卿 ……300,322,324,346,367,370,373,378,

383,387-8,400,424,427,447,487
チェルペローネ，キメンティ →キメンティ
チェルボーネ・ダ・カステルロ Cerbone da Castello ……………………280,318
チボー，フランチェスコ（フランチェスケット）Cibo Francesco (Franceschetto) ………123,149
ツァーティ，ニッコロ Zati Niccolò ………………………………224-5,309,336
ディアッチェート（ダ），ベルナルド Diacceto (da) Bernardo …………199,360
ディエティサルヴィ・ディ・ネローネ →ネローニ
ティニアーノ（ダ），ジョヴァンニ→ ジョヴァンニ
ディニ，アントーニオ・ディ・ベルナルド・ディ・ミニアート Dini Antonio di Bernardo di Miniato，ロレンツォの下で「17人会」のメンバー ………127,139,155,164,177（グイッチァルディーニはディニを省略してアントーニオ・ディ・ベルナルドと表記する）
デティ・オルマノッツォ Deti Ormanozzo ………………………………………242
デメトリオ →カルコンディラス
デュマ，ジョヴァンニ Dumas Giovanni（モンシニョール・ド・リーユ）……195
デル・モントーネ→ モントーネ（ダ）
（ドヴィツィ），ピエロ・ダ・ビッビエーナ (Dovizi) Piero da Bibbiena ………145-7,160,164,257
（ドヴィツィ），ベルナルド・ディ・ビッビエーナ (Dovizi) Bernardo Bibbiena ………164
トッシンギ，トッマーゾ Tosinghi Tommaso ………………………………224,229
トッシンギ，ピエールフランチェスコ Pierfrancesco ……224,229,271,319,336,421,427,470,473
ドメニコ師ダ・ペッシア Domenico (Fra) da Pescia ……230,232-3,235,238,240,244,247
トリヴィサーノ，マルキオンネ Trivisano (Trevisan) Marchionne …………191
トリウルチ（トリウルツィ）→トリヴルツィオ
トリヴルツィオ，ジァン・ヤコポ Trivulzio Gian Iacopo ……122,286,289,439
トルナブオーニ，シモーネ Tornabuoni Simone，フランチェスコ・ヴァローリを殺害する ………………236
トルナブオーニ，ピエロ・ディ・レオナルド Piero di Leonardo ……………161
トルナブオーニ，ロレンツォ Lorenzo ……………………178,218,221-2,225,236
トルリアーニ，ドメニコ Torriani Domenico，サヴォナローラの裁判のためにローマから派遣されるコッメサーリオ。本文では氏名が出ていない。………242
トレムイユ（ド・ラ），Tremouille (de la) ……………………344,347,382,387-8
トロン，フィリッポ Tron Filippo ………………………………………………196
トンデネルリ，ベルナルディーノ Tonndenelli Bernardino ………………333,338

ナ行

ナージ，アレッサンドロ Nasi Alessandro ………229,378,396,427,444,448,489
ナージ，バルトロメーア Bartolomea，ロレンツォの愛人 ……………………136-7
ナージ，ピエロ・ディ・ルトッツォ Piero di Lutozzo …………………………103
ナージ，ベルナルド Bernardo ……………………………………………199,224,229,396

ニコラウス（ニッコラ）5世 Niccola V，教皇 ……39,42,60,67
ニッコリーニ，アニョーロ Niccolini Agnolo ……63,127,138,146–7,150,155,160,164–5,178–9,213
ニッコリーニ，オット Otto ……40,50,57,61
ニッコリーニ，フランチェスコ Francesco ……162
ニッコリーニ，ミケーレ Michele ……200
ネリ・ディ・ジーノ →カッポーニ，ネリ・ディ・ジーノ・ディ・ネリ
ネルリ（デ），タナイ Nerli (de') Tanai ……166,175–6,188,199,213
ネルリ（デ），ベネデット・ディ・タナイ Benedetto Tanai ……199,213,238,254,318,322
ネルリ（デ），ヤコポ・ディ・タナイ Iacopo di Tanai ……161–3,166,188,199,238
ネレッティ，ベルナルド Nerretti Bernardo ……224
ネロ（デル），ニッコロ Nero (del) Niccolò ……422
ネロ（デル），ベルナルド Bernardo ……64,127,138,155,165,177,210–1,213,215–7,220–2,226–7,229,236,465,467
ネローニ，ジョヴァンニ Neroni Giovanni，フィレンツェの大司教 ……52
ネローニ（ネローネ），ディエティサルヴィ (Nerone) Dietisalvi ……40,47,50,52–3,55,64
ノビリ（デ），ジョヴァン・バティスタ Nobili (de) Giovann Battista ……334
ノリ，フランチェスコ Nori Francesco ……78

ハ行

パウルス（パオロ）2世 Paolo II，教皇 ……47,56,64,67
パオロ（パゴロ）・ダ・パルラーノ Paolo (Pagolo) da Parrano ……491
バジーリオ Basilio，大修道院長バジーリオ ……259
パッツィ（デ），アントーニオ Pazzi (de') Antonio ……72
パッツィ（デ），アンドレア Andrea ……81
パッツィ（デ），ガレオット Galeotto ……81
パッツィ（デ），グリエルモ Guglielmo ……72,81,176,221,224,252,307,332–3,353,431
パッツィ（デ），コジモ Cosimo，アレッツォ司教 ……206,249,318,332–3,338,391,443,459,460–1
パッツィ（デ），ジョヴァンニ Giovanni ……81
パッツィ（デ），ニッコロ Niccolò ……81
パッツィ（デ），ピエロ Piero ……72
パッツィ（デ），フランチェスコ（フランチェスキーノ） Francesco (Franceschino) ……72–3,76–7,79,80
パッツィ（デ），ヤコポ Iacopo ……72,76–80
パッツィ（デ），レナート Renato ……72,80
パラヴィチーニ，アントーニオ Pallavicini Antonio，サンタ・プラッセデ枢機卿 ……388,390
バリオーニ，ジァンパオロ Baglioni Giampaolo ……316,323,335–8,367,376,398,400,402–4,421

バリオーニ，モルガンテ Morgante ……337–8
バルダッチョ，ダンギアーリ Baldaccio d'Anghiari ……37
バルデㇽラ Bardella，ジェノヴァの海賊 ……448–9,490
バルデロット Bardelloto ……448–9,490
バルトリ，コジモ Bartoli Cosimo ……138
バルトリーニ，ジョヴァン・バティスタ Bartolini Giovann Battista ……310,459
バルバドーリ，ドナート Barbadoli Donato ……32
バルバドーリ，ニッコロ Niccolò ……34
バルバリーゴ，アゴスティーノ Barbarigo Agostino，ヴェネツィアのドージェ ……196
バンキ，シモーネ Banchi Simone ……335
パンチァティキ，ピエロ Panciatichi Piero ……303,306
バンディーニ，ピエールアントーニオ Bandini Pierantonio ……277–8
バンディーニ，ベルナルド Bernardo ……81
パンドルフィーニ，ドメニコ Pandolfini Domenico ……103
パンドルフィーニ，ピエールフィリッポ Pierfilippo ……64,119,125–7,138,148,155–6,165,178–9,199,200,206,209,213,215,226,229
パンドルフィーニ，フランチェスコ・ディ・ピエールフィリッポ Francesco di Pierfilippo ……254,396,426,434,484
パンドルフィーニ，バティスタ Battista ……171
パンドルフィーニ，ヤコポ Iacopo ……177,239,308
ピウス（ピオ）2世 Pio II（アエネアス・シルヴィウス・ピッコロミーニ），教皇 ……44,47,388
ピウス（ピオ）3世 Pio III（フランチェスコ・ピッコロミーニ），教皇 ……378,387–8,390
ピエトロ・パオロ・ダ・ウルビーノ Pietro Paolo da Urbino ……245
ピエリ，ピエロ Pieri Piero ……177
ピエロ・ダ・ビッビエーナ →ドヴィツィ
ピエロ・ダントーニオ・タッデオ Piero d'Antonio Taddeo ……225
ピオㇺビーノの領主（シニョーレ・デ）→アッピアーニ
ピーコ，ジョヴァンニ・デㇽラ・ミランドラ Pico Giovanni della Mirandola，ミランドラ伯 ……135,180
ピッコロミーニ，フランチェスコ Piccolomini Francesco →ピウス3世
ピッチニーノ，ニッコロ Piccinino Niccolò ……42,49
ピッチニーノ伯ヤコポ ……41–2,44–5,47–9,101
ピッティ，ピエロ・ディ・ルーカ Pitti Piero di Luca ……221,469
ピッティ，フランチェスコ・ディ・ピエロ Francesco di Piero ……419,469
ピッティ，ヤコポ・ディ・ルーカ Iacopo di Luca ……236,254
ピッティ，ラファエㇽロ・ディ・アルフォンソ Raffaello di Alfonso ……476
ピッティ，ルーカ Luca ……36–7,43,47–9,52–3,64
ピッティ，ルイジ Luigi ……48
ピティリアーノ伯 →オルシニ，ニッコラ
ピㇽロ・ダ・マルチアーノ Pirro da Marciano ……280

292,345,421–2,431
ペーポ Pepo, パンドルフォ・ペトルッチの秘書 ……332
ペルッツィ，アヴェーラノ Peruzzi Averano ……476
ヘルデルラント (Ghelleri) 公 ……481
ベルナルディーノ・ダ・コルティ Bernardino da Corti ……287
ベルナルド（ディ）アントーニオ Bernardo (di) Antonio →ディニ，アントーニオ・ディ・ベルナルド・ディ・ミニアート
ベンティヴォーリオ，エルコーレ Bentivoglio Ercole ……183,330,340,398,404–5,407
ベンティヴォーリオ，ジョヴァンニ Giovanni ……109,299,305,316,367,374,422
ボーナ，マドンナ →サヴォイア（ディ）ボーナ
ポポレスキ，ピエロ Popoleschi Piero ……176,199,230,239,431
ボーモン・デ・ウーゴ Beamont de Ugo ……299
ポリツィアーノ，アニョーロ Poliziano Agnolo ……135
ボルゴ（ダ），ケルビーノ Borgo (da) Cherubino ……280
ボルゴ（ダル），パオロ (dal) Paolo ……114
ボルジア，ジョヴァンニ Borgia Giovanni, ガンディア公 ……214,249
ボルジア，チェーザレ Cesare, ヴァレンティーノ公 ……214,248–9,260,286,291–2,295,310–1,315–23,326,329–31,336–8,340,342,344–6,351,363–7,369–70,372–8,380–4,386,388,391–2,396,408,464
ボルジア，ルクレーツィア Lucrezia ……315,321,385
ボルジア，ロドリーゴ Rodrigo, アレクサンデル6世 ……143,147,180,211,214,248,291,378,382,385,387–8,391
ポルティナリ，トッマーゾ Portinari Tommaso ……135
ボンシ，ジョヴァンニ Bonsi Giovanni ……138
ボンシ，ドメニコ Domenico ……176,199,257
ポンタノ・ジョヴァンニ・ジョーヴィアーノ Pontano Giovanni Gioviano ……122

マ行

マキァヴェリ，ニッコロ・ディ・アレッサンドロ Machiavelli Niccolò di Alessandro ……279
マキァヴェリ，ニッコロ・ディ・ベルナルド Niccolò di Bernardo ……279,370,401,403,408–9,430–1,437,480–1
マクシミーリアーン Maximilian (Massimiliano), ローマ王，ドイツ皇帝 ……187,202,204,206,208,297,322,325,379,420,423,426,430,432,481–2
マッツィンギ，ウゴリーノ・ディ・ジュリアーノ Mazzinghi Ugolino di Giuliano ……476
マッツィンギ，ドメニコ Domenico ……201–2
マッテオ・ダ・カープア Matteo da Capua ……91
マネッティ，アントーニオ Manetti Antonio ……215
マネッティ，ジョヴァンニ Giovanni ……266

マネルリ，アレッサンドロ・ディ・レオナルド Mannelli Alessandro di Leonardo ……415–9
マネルリ，グイド Guido ……177
マネルリ，フランチェスコ Francesco ……417
マラスピーナ，スピネッタ Malaspina Spinetta，フィヴィッツァーノ侯 ……70
マラテスタ，シジスモンド Malatesta Sigismondo ……41–2,56
マラテスタ，パンドルフォ Pandolfo ……309,315
マラテスタ，ルベルト（ロベルト）Ruberto ……56–7,89–93,95,100,106–7
マリアーノ師，ジェナッツァーノ（ギナッツァーノ）Mariano（Fr）da Genazzano ……219,221
マリスコッティ，アガメンノーネ Mariscotti Agamennone ……316
マリニョルリ，ピエロ Marignolli Piero ……333
マルゲリータ Margherita，マクシミーリアーンの娘 ……482
マルチアーノ伯リヌッチョ →リヌッチョ
マルチアーノ・ダ・ピルロ →ピルロ
マルティーニ，ルーカ Martini Luca ……224
マルチェルロ →アドリアーニ
（マルッフィ）シルヴェストロ師（fra）Silvestro ……238,247
マルテルリ，ピエロ・ディ・ブラッチョ Martelli Piero di Braccio ……467
マルテルリ，ブラッチョ Braccio ……174,176,199,252,279
マルテルリ，フランチェスコ・ルベルト（ロベルト）Francesco Ruberto ……221
マルテルリ，ロレンツォ Lorenzo ……458
マレゴンネルレ，アントーニオ Malegonnelle Antonio ……155,200,263,310,322,368,391,415,417,419
マントヴァ侯 →ゴンツァーガ
（マンフレディ）アストルレ（2世）Astorre，ファエンツァの領主，グイッチァルディーニはアストーレ Astore と表記 ……55
（マンフレディ）アストルレ（3世）……310,315
ミケーレ（ミケレット）・ダ・コレルラ Michele da Corella ……408–9,411
ミケーレ・ディ・ランド Michele di Lando，ゴンファロニエーレ ……31
ミネルベッティ，トッマーゾ Minerbetti Tommaso ……147–8,155
ミネルベッティ，ピエロ Piero ……103
ミネルベッティ，フランチェスコ Francesco ……470
ミランドラ伯 →ピーコ・ジョヴァンニ・デルラ・ミランドラ
ムトロ（デル），アルフォンソ Mutolo（del）Alfonso ……489–91
ムラン（ミローネ）Melun（Milone）……346
メディチ（デ），アヴェラルド Medici（de'）Averardo ……33
メディチ（デ），アントーニオ Antonio ……103
メディチ（デ），アンドレア Andrea，ブッタ Butta と綽名される ……137
メディチ（デ），ヴィエーリ Vieri ……242
メディチ（デ），クラリーチェ（クラリッサ）Clarice，Clarissa，ピエロ・デ・メディチの娘 ……469
メディチ（デ），コジモ・ディ・ジョヴァンニ Cosimo di Giovanni ……31,33–9,43–7,52,130,136,141–2,167,178

モンテ（ダル）ピエロ Monte（dal）Piero ……………………………………280
モンテフェルトロ（ディ），グイドバルド Montefeltro di Guidobaldo,
ウルビーノ公 ………………259,345,367,369,385,389
モンテフェルトロ（ディ），フェデリコーゴ Federigo，ウルビーノ公 ……54–5,
57,65–6,76,84–5,90,93,100,106–8
モントーネ伯カルロ Montone（da）Conte Carlo ……………………………89–90

ヤ行

ヤコポ（セル）マルティノ Iacopo（ser）Martino …………………………………397
ユリウス（ジューリオ）2世 GiulioII，教皇 ………120,149,290,378,390–2,400,
415,420,424

ラ行

ラスカリス，コスタンティーノ（コスタンティン）Lascaris Costantino
………382–3
ラディスラス（ナポリ王）Ladislas（o）……………………………………………33
ラーンクル Lancre ……………………………………………………………346
ランテ（デル），フランチェスコ Lante（del）Francesco ……………………445
ランフレディーニ，ジョヴァンニ Lanfredini Giovanni ………………………138
ランフレディーニ，ヤコポ Iacopo ……………………………………………103
ランフレディーニ，ランフレディーノ Lanfredino …………200,230,403,431,451
ランポニァーノ（ダ），ジョヴァンニ・アンドレア
Lampognano（da）Giovanni Andrea …………………68
リアリオ，オッターヴィアーノ Riario Ottaviano ………………………………253
リアリオ，ジローラモ Girolamo ………………………72–3,75–8,80,106,109,216
リアリオ，ラファエルロ Raffaello，サン・ジョルジョ枢機卿 ……………76–7,83
リヴェロット →オリヴェロット・ダ・フェルモ
リオーニ，ロベルト Lioni Roberto ……………………………………………53
リカソリ（ダ），ピエール・ジョヴァンニ Ricasoli Pier Giovanni …………259
リッチ（デ），ミケーレ Ricci（de）Michele ……………………………………445
リドルフィ，アントーニオ Ridolfi Antonio ……………………50,54,70,103,138
リドルフィ，ヴィンチェンツォ Vincenzo ……………………………………236
リドルフィ，ジョヴァンニ・ディ・トッマーゾ Giovanni di Tommaso
………427,429,437,448
リドルフィ，ジョヴァン・バティスタ Giovann Battista ……154,199,213,235,
238,240–2,263,290,294,300–1,307,354,359,
389,398,409,416,421–2,427,431,442,
445,447,452,454,456–8,471,476–7,492
リドルフィ，ニッコロ Niccolò ……………………127,146,155,165,177,213,218,
221,223,226–7,236
リドルフィ，ピエロ・ディ・ジュリアーノ Piero di Giuliano …………161,223
リドルフィ，ピエロ・ディ・ニッコロ Piero di Niccolò ………………………223
リドルフィ，ベルナルド・ディ・インキレーゼ Bernardo di Inghilese ……223
リドルフィ，リドルフォ・ディ・パニョッツォ Ridolfo di Pagnozzo ………176

付記

本書の出版に当たっては、就実学園に心から感謝したい。学園の出版助成金なしには、この仕事はなされなかったからである。また太陽出版社主の籠宮良治氏にも感謝の意を申し述べたい。氏の懇切丁寧な、しかも適切な校正上の忠告なしにはこの書の出版はかくも迅速にはなされなかったであろう。

平成十一年三月吉日　記

フィレンツェ史

末吉孝州（すえよし・たかくに）
1935年、東京生まれ。早稲田大学大学院博士課程修了。専門はヨーロッパ近代思想史および精神史。2001年、教職を退いて『イタリア史』の翻訳に専念していたが、2003年4月22日病没。1998年、第21回マルコ・ポーロ賞受賞。
〈著書〉『第一次世界大戦とドイツ精神』（1990年、太陽出版）、『グイッチァルディーニの生涯と時代』（上・下巻、1997－98年、太陽出版、マルコ・ポーロ賞受賞作）。〈訳書〉『グイッチァルディーニの「訓戒と意見」（リコルディ）』（1996年、太陽出版）、『フィレンツェ史』（1999年、太陽出版）、『ルネサンス哲学における個と宇宙』（1999年、太陽出版）、『フィレンツェの政体をめぐっての対話』（2000年、太陽出版）、『イタリア史』（2001年～，太陽出版）。〈主要論文〉「マキァヴェリと近代世界」（史観・第72冊、第73冊）、「古代英知論再考――フランシス・ベーコンの世界」（就実女子大学史学論集第7号）、その他。

2006年5月5日　新版第1刷

著　者――F.グイッチァルディーニ
訳　者――末　吉　孝　州
発行者――籠　宮　良　治
発行所――太　陽　出　版

東京都文京区本郷 4-1-14 〒113-0033 ☎03(3814)0471
http://www.taiyoshuppan.net/

装幀＝中村　浩（セイエ）
米子プリント社／井上製本
ISBN4－88469－461－9

イタリア史

全9集 Ⅰ～Ⅸ（原書＝全20巻）

F・グイッチァルディーニ＝著　末吉孝州＝訳　川本英明＝訳

同時代人　F・グイッチァルディーニの知られざる不朽の傑作
『イタリア史』の翻訳、遂に成る!!

近代ヨーロッパ国際政治の開幕を告げるイタリア戦争の、詳細にしてダイナミックな歴史。シャルルのイタリア侵入、ボルジア家の野望と挫折、教皇ユリウスの冒険、フランソア一世と皇帝カールのパワー・ゲーム、迫りくるトルコ帝国の脅威、パヴィーアの戦い、ローマ却略……など、息をのむ面白さ――五百年の時を超えて第一級の史料、いま甦る!!

◉Ａ５判／上製／定価五二〇〇円～六〇〇〇〇円＋税

グイッチァルディーニの生涯と時代【上・下】

——グイッチァルディーニ研究序説——

末吉孝州＝著

◉近代政治思想・歴史思想の源流を探る

イタリア・ルネサンス期に生きた理想主義者マキァヴェリと並ぶ、知的現実主義者フランチェスコ・グイッチァルディーニの精神・思想・人間性を、門外不出の訓戒の書『リコルディ』を通して究明し、ルネサンス崩壊期の時代精神とその質的転換の軌跡に光をあてる。本書『フィレンツェ史』の著者の詳細な伝記。

★第21回「マルコ・ポーロ賞」受賞!!

「未知のルネサンスの代表的人物を日本に初めて紹介」―同賞選考委員会

◉A5判／上製／［付］口絵、地図、年表——

［上巻］三五二頁／本体四五〇〇円＋税

［下巻］四四八頁／本体五八〇〇円＋税

グイッチァルディーニの「訓戒と意見」―【リコルディ】

フランチェスコ・グイッチァルディーニ／末吉孝州＝訳・解説

◉イタリア・ルネサンス期における一政治家の「訓戒と意見」を完全収録――

近代政治思想史の泰斗・理想主義者マキァヴェリと並ぶ、知的現実主義者F・グイッチァルディーニの慧眼。卑俗な世渡りの智恵から高度な政治的行動の格率に至るまで、門外不出の『リコルディ』が時代を超えていま、現代によみがえる。

四六判／上製／二八〇頁／価格二七〇〇円＋税

『グイッチァルディーニの生涯と時代』を補完する第一級の歴史的資料。